En una reunión social, la mera mención de la Biblia despierta a menudo una cierta medida de ansiedad. Un debate serio sobre la Biblia puede acarrear abierto menosprecio. Por consiguiente, es muy refrescante encontrar esta evaluación atrayente e informada del profundo impacto de la Biblia sobre el mundo moderno. Allí donde Bloom lamenta el cierre de la mente moderna, Mangalwadi introduce un optimismo refrescante.

DR. STANLEY MATTSON,
PRESIDENTE FUNDADOR DE LA C. S. LEWIS FOUNDATION

Una lectura fascinante y necesaria. Aunque el tema es de una importancia enorme para entender la civilización occidental, incluyendo la iglesia, rara vez he visto que se tratara este asunto con la amplitud y variedad con que se trata aquí. Si bien hay muchos libros que presentan una cosmovisión bíblica, pocos abordan la necesidad de su importancia vigente. Al mismo tiempo, Vishal hace referencia a las rivales «pretendidas verdades» de otras visiones del mundo y argumenta cómo son inadecuadas para aportar esperanza a un mundo en creciente convulsión. Estoy convencido de que la lectura de este libro llegará a ser una parte importante del plan de estudios de las universidades cristianas.

DR. EUGENE HABECKER,
PRESIDENTE DE LA UNIVERSIDAD TAYLOR, UPLAND, INDIANA

Esta es una importantísima obra, de enormes implicaciones a nivel mundial. Desde hace tiempo, Occidente ha estado coqueteando con una cosmovisión naturalista que ha puesto en peligro los aspectos más sagrados de la vida. Si la tendencia a atacar la Biblia sigue presente en las aulas y las instituciones que dan forma a la cultura occidental, el resultado será nuestra autodestrucción. Por consiguiente, Vishal nos trae un mensaje oportuno y muestra hasta qué punto es profunda y significativa la receta que la Biblia da para traer sanidad a las naciones que nunca han conocido la dignidad humana o las libertades sociales, económicas y políticas.

DR. RAVI ZACHARIAS, ESCRITOR Y CONFERENCIANTE

El libro de Vishal es único; amplio en su panorámica y profético en su mensaje. Si no conseguimos escuchar y recuperar la importancia de la Biblia en la vida pública y privada, puede que sea el ocaso de Occidente. Este libro es un tratado para nuestros tiempos y deben leerlo todos los que tengan interés en causar impacto en nuestra cultura.

DR. ART LINDSLEY,
SOCIO PRINCIPAL DEL C. S. LEWIS INSTITUTE, WASHINGTON DC

La perspectiva de la India es una bocanada de fascinante aire fresco para los lectores estadounidenses. Es mi deseo y mi oración que halle lectores dispuestos a ver sacudidos sus corazones y mentes. Sí, corazones agitados también.

JAMES W. SIRE,
ESCRITOR Y EX PRESIDENTE DE INTERVARSITY PRESS

Hay una epidemia de amnesia entre los intelectuales de hoy. En dicho «olvido» entra la negación de la influencia positiva de la Biblia para forjar la civilización occidental y sus instituciones distintivas, su perfil político y su visión moral. *El libro que dio forma al mundo* analiza de forma incisiva la influencia transformadora de la Biblia. Sus perspectivas profieren una clara llamada para que recordemos lo olvidado. Utilizando un punto de vista global único, Vishal Mangalwadi nos entrega una enérgica voz de alarma y una clara esperanza para la cultura de Occidente.

DR. SCOTT B. KEY, PROFESOR DE FILOSOFÍA,
CALIFORNIA BAPTIST UNIVERSITY

Cuando Alexis de Tocqueville llegó a Estados Unidos vio lo que no podían ver quienes estaban aquí e incluso quienes estaban construyendo el país, porque él miraba con ojos franceses. El filósofo indio Vishal Mangalwadi ha vivido en la India y en Estados Unidos y ha viajado y enseñado por muchos países. El doctor Mangalwadi se ha convertido en los nuevos ojos para ver Occidente. No muy distinta de la de Tocqueville, su interpretación de la importancia de las verdades incorporadas en la Biblia judeocristiana para la formación de Occidente es crucial. Nunca ha sido tan urgente que escuchemos. Él ve lo que nos hizo fuertes en el pasado y las consecuencias de nuestro rechazo de las verdades bíblicas para forjar nuestras vidas y nuestra nación. Tengamos oídos para oír y ojos para ver.

MARY POPLIN, PROFESORA DE LA CLAREMONT GRADUATE UNIVERSITY;
AUTORA DE *FINDING CALCUTTA*

¡Hacía tiempo que esperábamos este libro! Si hay un libro que ha dado forma en Europa a su arte, arquitectura, comercio, educación, ética, vida familiar, libertad, gobierno, sanidad, derecho, lengua, literatura, música, política, ciencia, reforma social y mucho más, es la Biblia. Pero el analfabetismo bíblico se ha generalizado casi totalmente en la Europa actual. La ignorancia o los prejuicios han dejado a la Biblia fuera de los planes de estudio en todos los niveles, con serias consecuencias. Necesitamos la voz de Oriente, clara, profética, que nos trae Vishal para que nos sacuda y nos lleve de regreso a la realidad antes de que nuestro rico legado bíblico se nos escurra entre los dedos.

Jeff Fountain,
director del Schuman Centre for European Studies, Holanda

En este libro de visión amplia y perspicaz, Vishal Mangalwadi no solo nos permite ver desde su especial perspectiva la importancia de la Biblia para fundamentar muchas de las bendiciones de la cultura occidental que con demasiada facilidad damos por sentado, sino que también hace que veamos con mayor claridad los peligros que conlleva alejarse de la cosmovisión bíblica. He aprendido mucho y doy gracias, no solo por la comprensión que me ayuda a tener de la cultura, sino por el agradecimiento que me hace sentir hacia la Palabra de Dios. Sinceramente, recomiendo el libro a todos los que quieren ver con nuevos ojos y renovar su corazón en cuanto a su preocupación por el mundo al que el Señor nos ha llamado.

Gary Inrig,
pastor principal de la Trinity Evangelical Free Church, Redlands, CA

Desde que era niño me he preguntado qué hizo que Occidente fuese tan rico y poderoso. Tras mi investigación de décadas, y sin demasiado orden, me he quedado de piedra ante la explicación clara, sistemática y asequible del doctor Mangalwadi. Aunque no estoy de acuerdo con todo lo que escribe, creo que todo el que desee entender el mundo moderno debe leer este libro. Explica no solo lo que hizo que Occidente fuera grande, sino también por qué está cayendo, y da a entender qué hay que hacer para conducir la globalización de manera que salga de su actual volatilidad, vulnerabilidad e injusticia, para construir un sistema mundial responsable con el medio ambiente, estable, próspero y humano.

Profesor Prabhu Guptara,
director ejecutivo de Organisational Development, Wolfsberg;
ciudadano londinense y miembro de la Worshipful Company of
Information Technologists; miembro colegiado del Chartered Institute
of Personnel and Development; miembro del Institute of Directors,
de la Royal Commonwealth Society, y de la Royal Society for the
Encouragement of the Arts Commerce and Manufactures —Suiza

Este es un libro al alcance de la gran mayoría, en parte autobiografía espiritual, en parte historia intelectual y en parte advertencia profética sobre el declive de Occidente. La perspectiva de Mangalwadi es la de un cristiano ampliamente documentado, perteneciente al «Sur global». Partiendo de ello, aporta una sobria y poco halagadora evaluación de nuestra crisis de identidad, mostrando que es el resultado de una cosmovisión desnutrida, seriamente atrofiada, cada vez más apartada del fundamento bíblico que en otro tiempo nos dio coherencia y un sentido de propósito que nos trascendía.

DAVID LYLE JEFFREY, PHD., FRSC, DISTINGUIDO PROFESOR DE LITERATURA Y HUMANIDADES (HONORS COLLEGE); SOCIO PRINCIPAL Y DIRECTOR DE MANUSCRIPT RESEARCH IN SCRIPTURE AND TRADITION, INSTITUTE FOR STUDIES IN RELIGION, BAYLOR UNIVERSITY; PROFESOR INVITADO DE LA UNIVERSIDAD DE PEKÍN

El libro que dio forma al mundo refuerza lo que dije hace ya ocho años, que Vishal Mangalwadi entiende nuestro país mejor que nuestros dirigentes.

HUGH MACLELLAN, JR, PRESIDENTE EJECUTIVO DE THE MACLELLAN FOUNDATION, INC.

EL LIBRO

QUE

DIO FORMA

AL MUNDO

EL LIBRO QUE DIO FORMA AL MUNDO

CÓMO LA BIBLIA CREÓ EL ALMA DE LA CIVILIZACIÓN OCCIDENTAL

VISHAL MANGALWADI

GRUPO NELSON
Una división de Thomas Nelson Publishers
Desde 1798

NASHVILLE   DALLAS   MÉXICO DF.   RÍO DE JANEIRO

© 2011 por Grupo Nelson®

Publicado en Nashville, Tennessee, Estados Unidos de América. Grupo Nelson, Inc. es una subsidiaria que pertenece completamente a Thomas Nelson, Inc. Grupo Nelson es una marca registrada de Thomas Nelson, Inc. www.gruponelson.com

Título en inglés: *The Book That Made Your World*
© 2011 por Vishal Mangalwadi
Publicado por Thomas Nelson, Inc.

Editora general: *Graciela Lelli*

Traducción: *Miguel A. Mesías E.*

Adaptación del diseño al español: *Grupo Nivel Uno, Inc.*

ISBN: 978-1-60255-526-6

Impreso en Estados Unidos de América

11 12 13 14 15 HCI 9 8 7 6 5 4 3 2 1

Para el sinceramente respetado intelectual público,
parlamentario y
exministro del
Gobierno de la India,
el honorable Arun Shourie,
cuyas críticas a la Biblia
impulsaron esta investigación.

CONTENIDO

CONTENIDO

PREFACIO

En una reunión social, la mera mención de la Biblia despierta a menudo una cierta medida de ansiedad. Un debate serio sobre la Biblia puede acarrear abierto menosprecio. Por consiguiente, es muy refrescante encontrar esta evaluación atrayente e informada del profundo impacto de la Biblia sobre el mundo moderno.

El libro que dio forma al mundo, de Vishal Mangalwadi, trae a la mente el clásico de principios del siglo XIX, *La democracia en América,* de Alexis de Tocqueville. Las valiosísimas ideas de un visitante francés observador en Estados Unidos son ahora «lectura obligatoria» para casi todos los universitarios de Estados Unidos.

De una manera similar, el erudito de la India, autor y conferenciante mundial, Vishal Mangalwadi, ofrece en estas páginas una evaluación fresca y amplia del impacto de la Biblia en la cultura occidental. *El libro que dio forma al mundo* contiene la investigación cuidadosa y las observaciones de un «extraño» viendo la cultura occidental desde dentro. Lo que Mangalwadi descubre sorprenderá a muchos. Su libro relata la asombrosa influencia de la Biblia en el desarrollo de la sociedad occidental moderna. Muestra por qué una seria reevaluación de la pertinencia de la Biblia en el discurso público y la educación contemporáneos a todo nivel, público y privado, secular y religioso, es una necesidad urgente y debería ser un deseo acuciante.

Una cultura casi ni puede empezar, mucho menos sostener, cualquier esfuerzo serio intergeneracional para comprender, interpretar y responder a los enigmas de la vida y el universo a menos que tenga una cosmovisión razonablemente exhaustiva. En *El cierre de la mente moderna,* Allan Bloom, profesor judío conservador, reconoce que fue la Biblia la que dio los ímpetus esenciales, y sostuvo, el esfuerzo intelectual occidental por examinar todas las ideas importantes, ya fueran verdaderas o falsas. Bloom escribió:

En Estados Unidos, la Biblia era, en la práctica, la única cultura común, que unía al sencillo y al sofisticado, a ricos y a pobres, a jóvenes y a viejos; y, al ser el modelo de una visión del orden de todas las cosas, así como también la clave para el resto del arte occidental, cuyas mayores obras fueron de alguna manera respuestas a la Biblia, proporcionó el acceso a la importancia de los libros. Con su gradual e inevitable desaparición, la misma idea de tal libro total está desapareciendo. Y padres y madres han perdido la idea de que la más alta aspiración que pudieran tener para sus hijos es que sean sabios, como los sacerdotes, profetas o filósofos son sabios. La competencia especializada y el éxito es todo lo que pueden imaginarse. Al contrario de lo que comúnmente se piensa, sin el libro, incluso la idea del todo se pierde.[1]

Mangalwadi subraya que fue la cultura occidental la que dio a luz a la universidad, en su esfuerzo decidido y apasionado de buscar la verdad. Siguiendo las pisadas de las grandes universidades de Bolonia, París, Oxford y Cambridge, la primera institución de educación superior en Estados Unidos, Harvard, fue fundada sobre el lema *Veritas*, la verdad. En el curso del siglo pasado, sin embargo, se ha despojado al lema de todo significado. «Pensadores de vanguardia» de dentro de la academia han logrado convencer a muchos de que la «verdad» como tal es principalmente una función del convencionalismo social. El clima reinante de pesimismo en cuanto a nuestra capacidad de conocer verdaderamente algo significativo fue articulado con gran intensidad por el finado Richard Rorty, indiscutiblemente el más influyente de los pensadores estadounidenses de los últimos cuarenta años.

En *What's the Use of Truth?* (*¿Para qué sirve la verdad?*), Rorty argumenta que no hay ninguna posición privilegiada, ningún tipo de autoridad, que pueda proporcionar un punto de partida racionalmente justificable desde el cual uno pueda conocer el mundo «real». La palabra *verdad*, insiste, no tiene significado significativo. Las distinciones tradicionales entre lo verdadero y lo falso se deben abandonar. En su lugar, podemos pensar y hablar solo en términos de telarañas lingüísticas que exhiben mayor o menor grado de «lisura» y homogeneidad. Para Rorty, toda aseveración de la verdad es solo provisional —en su misma esencia, una forma de ilusión— porque el idioma mismo es meramente producto de la sociedad humana. Nuestras palabras no se refieren a nada, excepto en la medida en que interpretan nuestra experiencia. En consecuencia, Rorty rechaza cualquier esfuerzo por interpretar la realidad como significativa mediante algún medio que no sea abrazarla como una realidad social humana en el constructo lingüístico, y de referencia propia.

Esta misma argumentación, sin embargo, también privó a Rorty de una base racional para respaldar su defensa, o la de cualquier otro, de cualquier estructura social o concepto de la realidad, por convincente o deseable que fuese. En realidad, los que son coherentes al adoptar esa idea ni siquiera pueden investigar las condiciones históricas que establecieron las estructuras sociales que desean. En *El futuro de la religión,* Rorty reconoció esta incapacidad intelectual profunda, admitiendo: «Puede ser simplemente un accidente histórico que la cristiandad estuviera allí donde fue reinventada la democracia al servicio de la sociedad de las masas, o tal vez esa reinvención haya sucedido dentro de una sociedad cristiana. *Pero es inútil especular al respecto*» (énfasis añadido).[2]

Prediciblemente, la obra de Rorty, y la de sus colegas del mundo académico, ha conducido a un abandono global de cualquier aspiración por buscar la verdad, el conocimiento y la racionalidad como se entendían en el largo transcurso de la civilización occidental. La cultura intelectual que Rorty representa no solo denigra los textos clásicos que produjeron el mundo moderno de justicia, libertad y oportunidad económica, sino que también niega toda responsabilidad de presentarles a los estudiantes las ideas fundamentales que con mayor certeza contradicen la ideología filosófica reinante. Al hacerlo así, el tan valorado «mercado libre de las ideas» ha quedado material y lamentablemente en peligro. Porque, si no hay verdad que descubrir —si toda la verdad es meramente función de constructos sociales—, la razón misma no tiene autoridad genuina y, en su lugar, la moda académica y el mercadeo determinan lo que una cultura cree. Más espeluznante todavía, existe el riesgo real de que la coacción abierta pueda reemplazar a la autoridad que el mundo moderno atribuyó en un tiempo a la verdad. Las preguntas respecto a la naturaleza de la realidad, el significado de la vida, del honor, de la virtud, de la sabiduría y del amor se entienden como nada más que curiosas reliquias de un pensamiento anticuado.

C. S. Lewis, que no fue extraño a los dictados de la moda académica, le atribuye a su colega Owen Barfield la liberación de lo que Barfield llama «esnobismo cronológico», es decir:

> La aceptación acrítica del clima intelectual común de nuestra propia época y el dar por sentado que todo lo que ha quedado obsoleto queda por esa razón desacreditado. Uno debe preguntarse por qué quedó obsoleto. ¿Fue alguna vez refutado (y si fue así, por quién, dónde y hasta qué punto lo fue concluyentemente) o murió si más como todas las modas? Si es lo último, esto no nos dice nada en cuanto a su verdad o falsedad... Nuestra propia época es también «un período» y ciertamente tiene, como todos los períodos, sus propias ilusiones.[3]

¿Dónde nos deja eso, individual y culturalmente? Si optamos por seguir la pista de Rorty y la moda del día, nuestro único recurso es unirnos a Cándido en el cultivo de «nuestro huerto». Nada es «significativo», salvo en función de que satisfaga nuestras necesidades y deseos individuales. Al abandonar la verdad, abandonamos el único medio viable de potenciar comunidad real; i.e., mediante la humilde, y sí, «antigua», búsqueda común de lo Bueno, lo Verdadero y lo Hermoso.

Está claro que nuestra «edad irónica» necesita desesperadamente un espejo más fiable con el que recuperar y evaluar nuestro pasado casi olvidado. Necesitamos re-visualizar una esperanza común y universal para la sociedad humana. Necesitamos aprender de nuevo de las fuentes que en un tiempo tan profundamente cautivaron nuestra imaginación, ordenaron nuestra razón e informaron nuestras voluntades. Fue de estas fuentes y mediante ellas como Occidente realizó la transformación de la vida de individuos, familias y comunidades enteras que dio forma al mundo moderno como lo conocemos. Dado el creciente caos intelectual y espiritual de nuestro tiempo, me impacta la extrema importancia de rastrear las huellas de esas características únicas de Occidente que ayudaron a promover estos cambios fértiles.

La inmensa contribución de Vishal Mangalwadi en las páginas que siguen puede parecer antiintuitivo. Si es así, se debe precisamente a que su ardua investigación establece el hecho de que la Biblia y su cosmovisión, al contrario de la opinión que prevalece hoy, se combina para servir como *la más poderosa fuente única en el surgimiento de la civilización occidental.*

Allí donde Bloom lamenta el cierre de la mente estadounidense, Mangalwadi introduce un optimismo refrescante. Él comienza estudiando la Biblia en serio en una universidad de la India, solo después de descubrir que la filosofía occidental ha perdido toda esperanza de hallar la verdad; en cuanto a intención y propósito, ha llegado a estar «esencialmente en bancarrota». La Biblia despertó su interés en la historia del mundo moderno. Su estudio de la historia mundial, a su vez, dio a luz a una esperanza renovada que resuena por todas las páginas de este libro extraordinario.

Mangalwadi es un intelectual de Oriente. Posee un conocimiento personal de la amplia variedad de pensamientos y culturas orientales, y también se ha beneficiado en gran medida de su extensa exposición a las tradiciones e instituciones intelectuales y espirituales de Occidente. Este acceso al pensamiento tanto de Oriente como de Occidente le ha permitido una perspectiva única para la mente y el corazón de la cultura occidental. Le permite hablar a la crisis de nuestro tiempo con claridad incisiva y valentía profética.

Estas páginas nos presentan a los más pobres de los pobres de la India rural, así como también a los pensadores más influyentes de la civilización occidental. Por todas partes, Mangalwadi demuestra que la cosmovisión bíblica se presenta como la fuente crucial e inequívoca de la visión única del pensamiento, los valores y las instituciones occidentales. Hablando de cuestiones que surgieron en los escritos de Rorty, documenta que la Biblia, entendida como la revelación de Dios para la humanidad, proporcionó la base para una sociedad humana, que se confiesa imperfecta, pero que aun así es asombrosa. Fue, sobre todo, una civilización en la que se entendía que la verdad era algo real, donde la búsqueda colectiva de la virtud forjaba la conducta de las personas, y donde la obra redentora de Dios en la persona de Jesucristo daba una respuesta redentora radical e históricamente verificable al abismo del egoísmo, corrupción y pecado humanos.

Entretejiendo cuidadosos análisis con relatos cautivadores, Mangalwadi ofrece a sus lectores encuentros concretos con la amplia variedad de la virtud y la corrupción humanas, y da un toque de atención a Occidente para que no olvide, para que recuerde la única fuente de su misma vida y vuelva a ella. En la tradición de Ezequiel, este «atalaya sobre el muro» del siglo XXI ha hablado. Que sus palabras echen raíces y promuevan una renovación, muy necesitada, del entendimiento y el espíritu estadounidense.

J. STANLEY MATTSON, DR. EN FIL.
REDLANDS, CALIFORNIA
1 ENERO DEL 2010

Stanley Mattson, fundador y presidente de la C. S. Lewis Foundation, Redlands, California, obtuvo su título en Historia Intelectual Estadounidense en la University of North Carolina–Chapel Hill en 1970. Antiguo miembro del profesorado de Gordon College, director de la Master's School of W. Simsbury, Connecticut, y director de relaciones corporativas y fundacionales de la University of Redlands, el doctor Mattson fundó la C. S. Lewis Foundation en 1986. Desde entonces ha servido como director de sus programas en Oxford y Cambridge, Inglaterra. La fundación está dedicada actualmente a establecer el C. S. Lewis College como un Great Books College cristiano, con una facultad de artes visuales y escénicas, justo al norte del área de Five College en el oeste de Massachusetts. (Para mayor información, visite el sitio web de la C. S. Lewis Foundation en www.cslewis.org.)

Prólogo

¿POR QUÉ ESTE PEREGRINAJE AL ALMA DEL MUNDO MODERNO?

n 1994 los obispos católicos romanos de la India invitaron a uno de los intelectuales públicos más influyentes del país, el doctor Arun Shourie, para que les explicara cómo ve un hindú las misiones cristianas. Puesto que su ilustre familia era un fruto de la educación misionera, los misioneros tal vez esperaban que elogiase a las misiones. Shourie, sin embargo, las condenó como conspiración del imperialismo británico.

El argumento de Shourie fue que, cuando Gran Bretaña colonizó militar y políticamente la India, se trajeron misioneros para colonizar la mente de los nativos. Las misiones fueron la peor forma de colonialismo, puesto que cosecharon nuestras almas; subvirtieron nuestra cultura. De reprochar a las misiones, pasó a atacar a Jesús y a ridiculizar la Biblia como un libro irracional e inmoral. Luego amplió su conferencia a dos libros.[1]

Los libros de Shourie aparecieron cuando el partido hindú Bharatiya Janata (BJP) se preparaba para la batalla por las elecciones nacionales, en las que el partido alcanzó la suficiente representación en el Parlamento como para formar una coalición con el gobierno. El BJP usó el libro de Shourie para promover su plataforma. Dijo que no se debía votar por los partidos hindúes liberales, tal como el Congreso Nacional de la India, porque el hinduismo liberal había permitido que cristianos y musulmanes convirtieran a nuestro pueblo y subvirtieran la cultura del país.

Una vez que el poder de un partido nacional respaldó los libros de Shourie, estos se convirtieron en éxitos nacionales de librería. Su tésis fue traducida a las lenguas vernáculas de la India y se publicaron resúmenes en las columnas de periódicos nacionales y regionales.

Yo ya sabía que el movimiento misionero occidental, al que el BPJ pintaba como el villano de la India moderna, era, de hecho, la fuerza particular más importante que contribuyó al nacimiento de la India contemporánea.* Sin embargo, gracias a los libros de Shourie, a los misioneros de vanguardia, que venían del sur para servir en el norte de la India, se les empezó a acusar de ser peligrosos agentes de la CIA. De algunos de los mejores servidores públicos de la India, sacrificadamente dedicados a elevar a las víctimas «intocables» de la filosofía hindú y de su opresivo sistema de castas, dijo que tenían fondos de la CIA para abrir camino a los designios neocoloniales del Pentágono. A la Biblia —el libro que empezó y sostuvo la educación, emancipación y modernización completa de toda la India— se la denunció como solo apta para tontos.

Arun Shourie había asistido a la mejor universidad cristiana de la India y obtuvo un doctorado de una prestigiosa universidad estadounidense, establecida por una denominación protestante para enseñar la Biblia. Había servido como funcionario del Banco Mundial y encabezaba la mayor cadena periodística de la India. Es un cruzado moral a quien muchos de nosotros amábamos y todavía amamos. ¿Por qué un hombre preparado como él tiene tan pésima visión de la Biblia y del papel de la misma en el surgimiento del Occidente actual y de la India moderna? ¿Por qué no entendió que la educación que recibió, el sistema económico estadounidense que estudió, la prensa libre que él defendía, las libertades políticas que apreciaba y la vida pública de india que él luchaba por mantener libre de corrupción, todo ello

---

* Esto incluye a muchos evangélicos británicos que trabajaron como servidores públicos, soldados, jueces y maestros.

había brotado de la Biblia... aunque buena parte estuviera ahora secularizado e incluso corrupto?

La ignorancia del señor Shourie no fue culpa suya. El problema fue que incluso sus profesores cristianos de la India y Estados Unidos tenían muy poca idea de la importancia de la Biblia y de cómo ella produjo el mundo moderno, incluyendo sus universidades, ciencia, economía y libertades. La ignorancia y la incredulidad son comprensibles, pero escoger distorsionar la propia historia de uno es un prejuicio inexcusable. Y se paga caro. Socava los cimientos intelectuales y morales del mundo moderno. El reinado de este prejuicio ignorante en las universidades occidentales suscita la pregunta: *¿Debe el sol ponerse en Occidente?*

Respondí al primer libro del doctor Shourie en una serie de cartas que se publicaron como *Missionary Conspiracy: Letters to a Postmodern Hindu* [Conspiración misionera: Cartas a un hindú posmoderno]. Respondí a su segunda obra en mi prefacio al libro *Fascism: Modern and Postmodern* [Fascismo: Moderno y posmoderno] de Gene Edward Veith.[2] Mi sitio web www.RevelationMovement.com pronto empezará a responder a los detalles de sus críticas contra la Biblia. *El libro que dio forma al mundo* celebra el IV Centenario de la Biblia King James en inglés, que fue el libro del milenio pasado. Este libro también se propone servir a aquellos que, como Shourie, procuran edificar sus naciones. Un poco de humildad permitirá que todos se beneficien de la comprensión de cómo surgió el mundo moderno.

El sol no tiene por qué ponerse en Occidente. Europa y Estados Unidos pueden revivir. La luz puede brillar de nuevo en las naciones a las que las universidades y medios de comunicación occidentales han confundido y hecho descarriar.

La palabra *mito* tiene muchas acepciones. Algunas son de muy útiles; sin embargo, si el mito es una noción de la realidad inventada exclusivamente por la mente humana, entonces, por definición, el ateísmo es un mito. Durante el siglo XX, este mito ha producido caos en la Europa del Este. Ahora tiene a Occidente agarrado del gaznate.

Una mirada superficial puede dar la impresión de que este libro trata sobre la Biblia. Quienes lo lean verán que trata sobre la literatura y el arte en sus expresiones supremas; sobre la ciencia en su más alto sentido y la tecnología liberadora; sobre el auténtico heroísmo y la forja de una nación; sobre las grandes virtudes y las instituciones sociales. Si tuviese usted un incontable número de piezas de un rompecabezas, ¿empezaría a unirlas para componer el cuadro sin saber cuál es la imagen que forma? La Biblia dio a luz el moderno mundo de la ciencia y el saber porque nos entregó la visión que el Creador tiene acerca de lo que es la realidad. Esto es lo que hizo a Occidente una civilización lectora y pensante. Los posmodernos ven escaso valor en leer libros que no contribuyan directamente a sus carreras o placer. Este es un resultado lógico del ateísmo, que ahora se ha dado cuenta de que la mente humana posiblemente no puede saber lo que es correcto y bueno. Este libro se publica con la oración de que ayude a revivir un interés mundial en la Biblia y en todos los grandes libros.

VISHAL MANGALWADI
DICIEMBRE DEL 2010

Parte I

EL ALMA DE LA CIVILIZACIÓN OCCIDENTAL

La Biblia trajo su noción de Dios, el universo y la humanidad a todos los principales idiomas occidentales y de este modo al proceso intelectual del hombre occidental... Desde la invención de la imprenta, la Biblia ha llegado a ser más que la traducción de una literatura oriental antigua. No se ha visto como un libro extranjero y ha sido la fuente, y árbitro, más asequible, familiar y confiable de los ideales intelectuales, morales y espirituales de Occidente.

—H. GRADY DAVIS

Capítulo uno

OCCIDENTE SIN SU ALMA

DE BACH A COBAIN

*Nos pasamos doscientos años aserrando y aserrando y aserrando
la rama en que estábamos sentados. Y al final, mucho más
repentinamente de lo que nadie predijo, nuestros esfuerzos fueron
recompensados, y caímos. Pero, por desgracia, ha habido una pequeña
equivocación: lo que había en el suelo no era un lecho de rosas después
de todo; era un pozo ciego lleno de alambre de púas... Parece que la
amputación del alma no es un trabajo quirúrgico sencillo, como que le
extirpen el apéndice a uno. La herida tiene tendencia a infectarse.*

—GEORGE ORWELL

Notes on the Way, 1940

El 8 de abril de 1994, un electricista descubrió accidentalmente
un cadáver en Seattle, Washington. Un escopetazo había des-
trozado la cabeza de la víctima reduciéndola a fragmentos irre-
conocibles. La investigación policial concluyó que la víctima de esta
horrorosa tragedia era la leyenda del rock Kurt Cobain (n. 1967) y que
se había suicidado unos días antes. Los intentos previos de Cobain
para suicidarse con sobredosis de drogas habían fracasado. Se dice
que su hermosa esposa, la cantante Courtney Love, había llamado a
la policía en múltiples ocasiones para pedirle que le confiscaran las
armas antes de que se matara o hiciera daño a otros.

Cobain, cantante y talentoso guitarrista del grupo de rock
Nirvana, captó la pérdida de ancla, centro o alma de su generación

tan efectivamente que de su álbum *Nervermind* se vendieron diez millones de ejemplares, desplazando a Michael Jackson en el primer lugar de las listas de popularidad.

La frase «never mind» significa «no te preocupes», «no hagas caso». ¿Para qué preocuparse, si nada es verdad, bueno o hermoso en ningún sentido absoluto? ¿Debería un hombre preocuparse porque su adorable hija necesita continuamente un padre? «No te preocupes» es una virtud lógica para el nihilista que piensa que no hay nada allá afuera que dé sentido o significado a algo aquí, sea la hija, la esposa o la vida de uno. En contraste, el Occidente moderno fue edificado por personas que dedicaron su vida a lo que creían que era divino, verdadero y noble.

Nirvana es el término budista para referirse a la salvación. Significa extinción permanente de la existencia individual de uno, la disolución de nuestra individualidad ilusoria en el *shunyata* (vacío, nada, o vacío). Es liberarnos de esa infeliz ilusión nuestra de que tenemos un núcleo permanente en nuestro ser: un yo, alma, espíritu o *atman*.

Esta es una muestra de la poesía de Cobain que expresa su concepto de la salvación como silencio, muerte y extinción:

> *Silencio, aquí estoy, aquí estoy, silente.*
> *La muerte es lo que soy, vete al infierno, vete a la cárcel...*
> *Muérete.*[1]

Conforme se extendieron las noticias del suicidio de Cobain, algunos de sus fanáticos emularon su ejemplo. La revista *Rolling Stone* informó que a su muerte trágica le siguieron por lo menos sesenta y ocho suicidios por imitación.[2]

«¡Hey, hey, jo, jo, la civilización occidental tiene que desaparecer!» Los estudiantes de Stanford de la década de los sesenta que repetían esta frase para la desaparición de la civilización occidental estaban disgustados por la hipocresía e injusticias de Occidente. Sin embargo, su rechazo del alma de su civilización produjo algo muy diferente a la utopía que soñaban. Diana Grains, en *Rolling Stone*, notó que antes de la década de los sesenta, el suicidio de adolescentes casi no existía entre los estadounidenses. Para la década de los ochenta, casi cuatrocientos mil adolescentes intentaban suicidarse cada año. En 1987, el suicidio había llegado a ser la segunda causa de muerte de adolescentes, después de los accidentes automovilísticos. Para la década de los noventa, el suicidio había bajado al tercer lugar debido a que los adolescentes se estaban matando unos a otros con frecuencia similar a la del suicidio. Grains explicó estas crecientes cifras entre la descendencia de la generación de los sesenta:

> La década de los ochenta les ofreció a los jóvenes una experiencia de violencia social y humillación sin precedentes. Traumatizados por ausentes o abusivos padres, educadores, policías y gurús, atascados en empleos sin sentido y sin un salario digno, desorientados por instituciones que se desintegraban, muchos jóvenes se sintieron atrapados en un ciclo de inutilidad y desesperación. Los adultos... [lo arruinaron] todo por todas partes, abandonando a una generación entera al no proveer para ellos ni protegerlos o prepararlos para la vida independiente. Sin embargo, cuando los jóvenes empezaron a exhibir síntomas de descuido, reflejado en sus tasas de suicidio, homicidios, abuso de fármacos, fracaso en los estudios, imprudencia y desdicha general, los adultos los condenaron como apáticos, analfabetos y perdedores amorales.[3]

Según sus biógrafos, los años de infancia de Cobain habían sido felices, llenos de afecto y esperanza. Pero, cuando tenía nueve años, Cobain se vio atrapado en el fuego cruzado del proceso de divorcio de sus padres. Como demasiados matrimonios de Estados Unidos, el matrimonio de sus padres se había convertido en un campo de batalla verbal y emocional. Uno de los biógrafos de Cobain, comentando sobre un retrato de la familia de cuando Kurt tenía seis años, dijo: «Es un retrato de una familia, pero no un cuadro de un matrimonio».[4] Después del divorcio, la madre de Kurt empezó a salir con hombres más jóvenes. Su padre se volvió impositivo, más con miedo de perder a su nueva esposa que de perder a Kurt. Este rechazo paternal lo dejó desplazado, incapaz de hallar un centro social estable, incapaz de mantener lazos emocionales constructivos, ya fuera con sus iguales o con la generación de sus padres. Esa inestabilidad hirió profundamente el alma de Cobain, que no pudo sanar ni con música, fama, dinero, sexo, drogas, licores, terapia, rehabilitación o programas de desintoxicación. Su angustia interior le hizo fácil aceptar la primera verdad noble de Buda: que la vida es sufrimiento.

La psicoterapia le falló. Habiendo cuestionado la misma existencia de la psique (algo semejante al yo o el alma), la psicología secular es ahora una disciplina en declive. Sigmund Freud y Carl Jung creían en la existencia del yo,[5] pero sus seguidores ahora reconocen que la fe en el «yo» fue un efecto residual del pasado cristiano de Occidente; el padre de Jung, por ejemplo, fue ministro religioso.

Los verdaderos seguidores seculares de Jung, como James Hillman, están forjando de nuevo la esencia de su teoría. Un número creciente de pensadores reconocen que teóricamente es imposible practicar la psicología sin teología. Seis siglos antes de Cristo, Buda ya sabía que, si Dios no existe, el yo humano tampoco puede existir. Por consiguiente, analizó la idea hindú del alma. Cuando uno empieza a pelar la piel de cebolla de la psiquis propia, descubre que no hay un núcleo sólido en el centro de su ser. El sentido de yo de uno es una ilusión. La realidad es no yo (*anatman*). Uno no existe. La liberación, enseñó Buda, es darse cuenta de la irrealidad de la existencia propia.

Este nihilismo es lógico si uno empieza con la presuposición de que Dios no existe. Sin embargo, no es fácil vivir con la consecuencia de esta creencia, o mejor dicho, esta no creencia, en el propio ser. Decir: «Yo creo que "yo" no existo» puede ser devastador para almas sensibles como la de Cobain. Su música —alternativamente sensible y grotesca, entusiasta y deprimida, ruidosa y ominosa, anárquica y vengativa— reflejaba la confusión que vio en el mundo posmoderno que le rodeaba y en su propio ser. Aunque estaba comprometido a un conjunto pequeño de principios morales (tales como el activismo ecologista y la paternidad), fue incapaz de hallar una cosmovisión estable en la cual centrar esos principios.

Naturalmente, se sintió atraído hacia la doctrina budista de la *transitoriedad*: no hay nada estable o permanente en el universo.

Nadie puede nadar dos veces en el mismo río, porque el río cambia a cada momento, como el ser humano. Uno no es la misma «cosa» que fue un momento atrás. La experiencia de Cobain de la falta de un centro emocional, social y espiritual para su vida tuvo consecuencias trágicas. Adoptó el vacío filosófico y moral que otras bandas elogiaban como la «Autopista al infierno».[6]

MÚSICA DESPUÉS DE LA MUERTE DE DIOS

El filósofo alemán Federico Nietzsche (1844–1900 A.D.) se dio cuenta de que, habiendo matado a Dios, Europa probablemente no podría salvar los frutos de la civilización de su fe en Dios. Pero ni siquiera Nietzsche se dio cuenta de que una implicación filosófica de la muerte de Dios sería la muerte de su propio yo. Los mil quinientos años previos a Nietzsche, Occidente había seguido a San Agustín (354–430 A.D.) afirmando que todo ser humano es una trinidad de existencia (ser), intelecto y voluntad. Después de negar la existencia del ser divino, se hizo imposible afirmar la existencia del ser humano. Por consiguiente, muchos intelectuales están acudiendo a la idea budista de que el yo es una ilusión. Como el psicólogo jungiano contemporáneo Paul Kuglar explicó, en la filosofía posmoderna, Nietzsche (el sujeto que habla) está muerto, nunca existió, porque la individualidad es solo una ilusión producida por el idioma.[7]

Los decontruccionistas culpan al lenguaje de producir la ilusión del yo, pero Buda culpaba a la mente. No puede ser imagen de Dios. Por tanto, la mente tiene que ser un producto de la ignorancia cósmica primitiva, *Avidia*. El rechazo de Buda del yo tuvo sentido para escépticos clásicos como Pirro de Elea (360–270 A.C.), que viajó a la India con Alejandro Magno y se relacionó con filósofos budistas. Al regresar a Grecia estableció una nueva escuela de filosofía escéptica para enseñar que nada es verdaderamente cognoscible. Si es así, ¿por qué alguien tenía que pagarles a los filósofos para que enseñen algo? Con razón la educación, la filosofía y la ciencia declinaron en Grecia.

La negación de la realidad de un núcleo espiritual como esencia de todo ser humano hace difícil hallar sentido en la música, porque la música, como la moralidad, es cuestión del alma. Los que piensan que el universo es solo sustancia material y el alma una ilusión, hallan difícil explicar la música. Tienen que dar por sentado que la música evolucionó de los animales, pero ninguno de nuestros supuestamente primos en evolución hace música. (Algunos pájaros, en efecto, «cantan», pero nadie ha propuesto que nosotros, o nuestra música, evolucionamos de ellos.) Charles Darwin pensaba que la música evolucionó como una ayuda para el apareamiento. Eso se pudiera creer si los violadores llevaran bandas musicales para seducir a sus víctimas. Según la psicología evolucionista, la violación se puede ver como una forma natural de apareamiento y la moralidad como un control social arbitrario.

La música no sirve a ningún propósito biológico. Como Bono, cantante de U2, dice: «la música es asunto del espíritu». Algo de la música contemporánea se mueve hacia Dios; por ejemplo, los cantos evangélicos. Otros géneros, como el *blues*, pueden alejarse de Dios y buscar la redención en otras partes. Con todo, «uno y otro género reconocen el eje de que Dios está en el centro de ese camino de búsqueda».[8] Incluso en la Biblia, no toda poesía profética entona alabanzas a Dios. Empezando con Job, la poesía bíblica incluye un penetrante cuestionamiento de Dios frente al sufrimiento y la injusticia. La música que culpa a Dios por el mal afirma a Dios como la única fuente disponible para darnos significado y derecho a dictar un juicio moral.

El escepticismo budista que Pirro trajo a Europa es lógico y poderoso. Occidente escapó de su influencia paralizadora solo porque pensadores como San Agustín lograron refutarlo. Agustín afirmó la certeza del yo humano debido a que la Biblia enseñaba que Dios existía y había creado al hombre a su imagen. Agustín también afirmó la validez de las palabras. Creía que el lenguaje puede comunicar verdad porque la comunicación es intrínseca en el Dios trino y el hombre fue creado a imagen de un Dios que se comunica. Ahora, habiendo rechazado esos cimientos bíblicos, Occidente no tiene base para escapar del pesimismo radical de Buda.

A pesar de, o tal vez debido a, su caos interior, Cobain siguió siendo tan popular que en 2008 la industria musical le catalogó como el «artista muerto» número uno. Sus discos se vendieron más que los de

Elvis Presley. Años después de su muerte, en 2002, su viuda pudo vender los fragmentos y garabatos de sus diarios a la empresa Riverehead Books por (según se dice) cuatro millones de dólares. Hace dos décadas, todo editor de cualquier parte del mundo hubiera rechazado sus notas como garabatos carentes de sentido y con pésima ortografía. En la aurora de Estados Unidos del siglo veintiuno, los guardianes de la cultura reconocen con acierto que Cobain representa las carencias de alma de Estados Unidos mejor que la mayoría de los famosos. Como muestra de lo relativamente significativo de su ausencia de significado, escribió:

> Me gusta el rock punk. Me gustan las chicas de ojos extraviados. Me gustan las drogas. (Pero mi cuerpo y mente no me permiten tomarlas.) Me gusta la pasión. Me gusta jugar mal mis cartas. Me gusta el vinilo. Me gusta sentirme culpable por ser varón blanco, estadounidense. Me gusta dormir. Me gusta hostigar a los perros pequeños, que ladran, en coches estacionados. Me gusta hacer que la gente se sienta contenta y superior en su reacción a mi aspecto. Me gusta tener opiniones firmes sin nada que las respalde excepto mi sinceridad primitiva. Me gusta la sinceridad. Yo no tengo sinceridad... Me gusta quejarme y no hacer nada para que las cosas mejoren.[9]

He visto notas similares a los diarios y versos de Cobain en diarios privados de estudiantes en exposiciones de arte en las universidades estadounidenses. Antes de Cobain, en los años sesenta y setenta, los estudiantes contraculturales de estas universidades pensaban que estaban a punto de inaugurar la utopía. Para el tiempo de Cobain sabían que el nihilismo conduce solo al escapismo. Steven Blush estudió la música de principios de los ochenta, directa predecesora de Cobain tanto cronológica como estilísticamente. Popularmente se le llamó «hardcore», género marcado por su insolencia y por mantenerse deliberadamente fuera de la corriente principal. Él concluyó:

> El *hardcore* era más que música; se convirtió también en un movimiento político y social. Los participantes constituyeron una tribu

por derecho propio. Algunos de ellos sufrieron alienación o abuso, y hallaron escape en la música extrema. Algunos buscaban un mundo mejor o destrozar el statu quo, y estaban muy coléricos. La mayoría de ellos simplemente quería atizar el caos. Atrevidos e implacables... Muchos muchachos trastornados «se hallaron a sí mismos» mediante este estilo empedernido... la estética era intangible. La mayoría de bandas no podían realmente tocarla bien, y sus canciones por lo general carecían de arte. Dedicaban poco esfuerzo para lograr las normativas acostumbradas de producción. Sin embargo, LO tenían: una combinación contagiosa de música ultra rápida, letra de pensamiento insinuante, y una actitud de olvido.[10]

Los «rebeldes sin causa» posmodernos estaban

Viviendo en su propio mundo.[11]

La música de Cobain apelaba al Estados Unidos contemporáneo porque estaba llena de una completamente acelerada desarmonía, cólera, angustia, odio, desesperanza, sinsentido y obscenidad. Algunos títulos de canciones suyas son «Me detesto, quiero morir», y «Viólame» (más tarde cambiado a «Abandóname»). La mayor parte de lo que Cobain cantaba no se puede descifrar y mucho de la letra que sí se puede descifrar no tiene ningún significado evidente. Lo supiera o no, sus versos eran *zen koans*, dichos contrarracionales como «¿Cómo suena la palmada de una sola mano?» Son palabras que no tienen sentido, porque (en la ausencia de revelación) la realidad misma no tiene sentido. Las palabras son meramente mantras: sonidos sin sentido; que hay que recitar o gritar.*

Cobain se suicidó porque la Nada como realidad última no lleva a nada positivo. No puede dar alegría al mundo, y mucho menos significado o esperanza para el caos en la vida de uno. Su única consecuencia es inspirar a la gente a buscar una salida del mundo: el Nirvana. Una cultura de música no florece en el terreno del nihilismo. El

---

* Véase en el capítulo 6 más explicación de cómo considerar mantra al lenguaje afecta a las estructuras culturales más amplias.

talento de Cobain como músico floreció debido a que había heredado una tradición singular de música.

La música parece una parte natural, tal vez incluso básica, de la vida de la mente occidental, porque ha sido una parte integral del culto y educación tradicionales. Por ejemplo, las universidades de Oxford y Cambridge han jugado un papel central en la forja del segundo milenio. Sin embargo, una persona que nunca ha visitado estas ciudades tal vez no sepa que son ciudades de iglesias y capillas. La capilla es el edificio más importante en las universidades tradicionales y un órgano de tubos es a menudo la pieza central de una capilla. Este no es el caso en todas las culturas.

Turkmenistán es el último país que ha puesto restricciones sobre la música: en las fiestas estatales, en las trasmisiones por televisión, en eventos culturales organizados por el estado, en lugares de asambleas masivas, y en las bodas y celebraciones organizadas por el público.[12] Naciones tales como Arabia Saudita han tenido restricciones sobre la música durante mucho tiempo. En Irán y Afganistán, las mujeres no pueden cantar en la radio, mucho menos en televisión o en persona ante públicos mixtos. En el Irak posterior a Sadam, los musulmanes radicales han asesinado a vendedores de cedés de música. Las mezquitas no tienen teclados, órganos, pianos, orquestas, ni grupos de alabanza, porque según el islam tradicional, la música es *jaraam* o ilegítima.*

Estas culturas ven la música occidental como inseparablemente mezclada con el libertinaje inmoral. Para ellos, músicos como Kurt Cobain son modelos ejemplares indeseables. De hecho, en la cubierta de su disco *Nevermind*, Cobain mostró sin vergüenza los valores por los que vivía: un bebé bajo el agua con un pene bien visible y tratando de agarrar un billete de un dólar enganchado en un anzuelo. En la cubierta posterior, la mascota de Cobain, una ardilla listada, sentada

---

* La idea de que la música es «jaraam» se basa en el Corán 17.64, 31.6, y 53.59–62. Históricamente, los teólogos islámicos que trabajan en la tradición de la interpretación coránica desarrollada por Ibn Masud, Ibn Abbas y Jaabir, de después de la muerte del profeta Mahoma, han interpretado estos pasajes como condena de toda música. Otros intérpretes modernos aducen que el Corán no prohíbe la música.

sobre una vagina. El libertinaje era parte de la música «pagana» hasta que la Biblia la sacó de ahí centrándola de nuevo en Dios.

> No os embriaguéis con vino, en lo cual hay disolución; antes bien sed llenos del Espíritu... cantando y alabando al Señor en vuestros corazones; dando siempre gracias por todo al Dios y Padre, en el nombre de nuestro Señor Jesucristo.[13]

Los monjes budistas de Asia desarrollaron filosofía, psicología, ritos, y sofisticadas técnicas psicológicas en su intento de escapar de la vida y sus sufrimientos. Perfeccionaron técnicas como el *vipasana*[*] para silenciar no solo sus lenguas, sino también sus pensamientos. El budismo se originó en la India y antes de su desaparición gozó de un poderoso mecenazgo político de siglos. Construyó monasterios tan gigantescos que el arte budista es un aspecto muy preciado de nuestra herencia nacional. Sin embargo, el budismo no dejó ninguna tradición o instrumento musical discernible en la India. Ningún monje budista empezó una banda como Nirvana, porque en el budismo la salvación no es un cielo lleno de música.[14] Como filosofía pesimista de silencio no podía producir música de esperanza y gozo. El budismo no podía celebrar la existencia, porque veía el sufrimiento como la esencia de la vida. Algunas formas de budismo moderno han abrazado la música, parcialmente debido a los esfuerzos de convertidos occidentales, como Kurt Cobain, que injertó la tradición occidental de música religiosa en una fe budista.

Decir que la música es un fenómeno nuevo en los templos budistas no es sugerir que el Tíbet o la China prebudistas no tuvieran música.[15] La música es intrínseca en el universo y en la naturaleza humana incluso a pesar de que algunas cosmovisiones, incluyendo el darwinismo, no la entienden, reconocen o promueven. Los cultos de fertilidad y ritos sexuales en China incluían coros de muchachos y muchachas cantando alternativamente y juntos para simbolizar el

---

[*] El yoga intenta controlar la respiración en su búsqueda de descubrir el *yo*. El *vipasana* considera la respiración como medio de silenciar la mente propia para experimentar que no hay yo o alma dentro de nosotros, sino solo Nada, vacío, vaciedad, *shunyata* o no existencia.

dualismo del Yin y el Yang ya en el 2000 A.C. Mil años antes de eso, los adoradores de Sumeria o Mesopotamia usaban la música en los ritos de sus templos.

Las *ragas* musicales de los ritos de magia hindú han sobrevivido tres mil quinientos años. La mayoría de los vedas son himnos y cantos. Los sacerdotes vedas entendían el sonido tan bien como cualquier otro en el mundo y desarrollaron un sistema altamente complejo de canciones, aun cuando los monjes y sacerdotes hindúes no desarrollaron la música hasta el medio complejo en que se ha convertido la música occidental. Felizmente, eso está cambiando ahora. Bollywood ha jugado un gran papel para inspirar a algunos ashrams hindúes para producir una música genial. También ha levantado el estándar de *oahuali*, que empezó como parte de la tradición sufí,* pero que ahora les encanta tanto a hindúes como a musulmanes, incluso en Pakistán.

Cómo escribir música en el ADN de Occidente

San Agustín, autor de la obra de seis volúmenes *Sobre música*, fue una figura clave para insertar la música en la educación y cosmovisión occidental. Sus primeros cinco volúmenes son técnicos y pudiera haberlos escrito un filósofo griego. Pero Agustín se entusiasmó más con su sexto libro, que da una filosofía bíblica de la música. La música es, por supuesto, parte integral de la Biblia, cuyo libro más largo es Salmos. El último salmo, por ejemplo, llama a la creación a alabar a Dios con trompeta, lira, arpa, panderos, cuerdas, flautas y címbalos.

¿Por qué pueden hacer música todos estos instrumentos físicos? Agustín vio que la base científica o esencia de la música está en los «números» matemáticos o compases de la esencia de la creación. Puesto que la música es matemática, argumentaba Agustín, debe ser racional, eterna, inmutable, significativa y objetiva; consiste en armonía matemática. No podemos hacer un sonido musical con una

---

* Suníes y chiíes consideran el sufismo una herejía musulmana.

cuerda cualquiera. Para conseguir una nota precisa, una cuerda tiene que tener una longitud, anchura y tensión específicas. Esto implica que el Creador ha codificado la música en la estructura del universo. Esta noción no era nueva. Ya la había notado Pitágoras (570–490 A.C.), a cuya escuela asistió Platón antes de empezar su Academia. Agustín promovió esta noción «pagana» porque la Biblia presentaba un concepto de la creación que explicaba por qué la materia podía hacer música.

Agustín enseñó que, aunque este código musical es «corporal» (físico), lo hace y disfruta el alma. En el libro de Job, que trata del problema del sufrimiento inexplicable, Dios mismo le explica a Job la conexión entre la música y la creación: «¿Dónde estabas tú cuando yo fundaba la tierra ... Cuando alababan todas las estrellas del alba, y se regocijaban todos los hijos de Dios?»[16]

La enseñanza de la Biblia de que un Creador soberano (en lugar de un panteón de deidades con propósitos enfrentados) gobierna el universo para su gloria, y que es poderoso para salvar a hombres como Job de sus problemas, ayudó a desarrollar la creencia occidental del cosmos: un universo ordenado donde toda atención y conflicto quedará en última instancia resuelto, justo como Job, después de un período de sufrimiento inexplicable, fue grandemente bendecido.

Esta creencia en el Creador como un Salvador compasivo llegó a ser un factor subyacente de la música clásica occidental y su tradición de tensión y resolución. Hasta fines del siglo XIX, los músicos occidentales estaban impregnados del presupuesto de que el universo era un cosmos, no un caos. Compusieron consonancia y concordancia aun cuando experimentaron disonancia y discordia. Con ello no sugerimos que la música clásica no exprese la gama completa de las emociones humanas. La expresa. Un compositor afligido compondría una pieza trágica; alguien abandonado por su amor expresaría su desolación. Pero esas muestras de un corazón roto se entendían como instantáneas de la vida real. Dado el poder cultural de la cosmovisión bíblica, nadie pensaba en ellas como lo hacía Kurt Cobain, como prueba de la ruptura del orden cósmico o de la no existencia de orden en el universo.

En la novela *El silmarillion*, J. R. R. Tolkien nos da una exposición hermosa, mediante ficción, de la perspectiva agustina de la relación de la música, la creación, la caída (el mal) y la redención. La Tierra Media de Tolkien experimentó mucho más sufrimiento que la India de Buda. La «tierra» de Tolkien iba a ser capturada, corrompida y virtualmente controlada por el mal. El sufrimiento era real, brutal y horroroso. Sin embargo, la Biblia le enseñó a Tolkien que el Creador Todopoderoso, que también es un Redentor compasivo, tenía suficiente amor y poder como para redimir a la tierra del mayor caos, pecado y sufrimiento posibles. Esto ayudó a Tolkien a celebrar la creación, en sus orígenes tanto como en su destino último:

En el principio estaba Eru, el Único, que en Arda es llamado Ilúvatar; y primero hizo a los Ainur, los Sagrados, que eran vástagos de su pensamiento, y estuvieron con él antes que se hiciera alguna otra cosa. y les habló y les propuso temas de música; y cantaron ante él y él se sintió complacido. Pero por mucho tiempo cada uno de ellos cantó solo, o junto con unos pocos, mientras el resto escuchaba; porque cada uno solo entendía aquella parte de la mente de Ilúvatar de la que provenía él mismo, y eran muy lentos en comprender el canto de sus hermanos. Pero cada vez que escuchaban, alcanzaban una comprensión más profunda, y crecían en unisonancia y armonía....

Entonces les dijo Ilúvatar: —Del tema que os he comunicado, quiero ahora que hagáis, juntos y en armonía, una Gran Música.

Entonces las voces de los Ainur, como de arpas y laúdes, pífanos y trompetas, violas y órganos, y como de coros incontables que cantan con palabras, empezaron a convertir el tema de Ilúvatar en una gran música; y un sonido se elevó de innumerables melodías alternadas, entretejidas en una armonía que iba más allá del oído hasta las profundidades y las alturas, rebosando los espacios de la morada de Ilúvatar; y al fin la música y el eco de la música desbordaron volcándose en el Vacío, y ya no hubo vacío.[17]

Antes de convertirse en seguidor de Cristo, Agustín había sido profesor de filosofía griega. Sabía que aunque la música estaba codificada en la estructura del universo físico, siendo finita, nunca podía proveer significado último a la vida.[*] Por consiguiente, razonó que, para ser significativa, a la música había que integrarla en la meta última de la vida humana, que era amar a Dios y al prójimo. Amar al prójimo es «preocuparse» por su bienestar.

Con el correr de los siglos, la influencia de la filosofía bíblica de la música según Agustín siguió creciendo. Originalmente, en la música de iglesia predominaban los cantos llanos monofónicos, con una sola línea de melodía, como en el canto gregoriano. Las iglesias católicorromanas empezaron a desarrollar música polifónica. Este estilo, que combina varias partes y voces diferentes simultáneamente empezó a florecer en Notre Dame, (París) hacia el siglo XI. Este desarrollo en el culto cristiano puso el cimiento de toda la variedad de la música clásica occidental, religiosa y secular.[**]

En el siglo X, la filosofía bíblica de la música según Agustín inspiró a un grupo de monjes benedictinos para construir el órgano de tubos más grande del mundo en la catedral de Winchester, Inglaterra. El órgano necesitaba setenta hombres y veintiséis fuelles para proveer viento para sus cuatrocientos tubos. Tecnológicamente, el órgano de tubos fue la máquina más avanzada del mundo hasta la invención del reloj mecánico. Los órganos de Europa se levantaban como emblema del deseo y capacidad, singulares de Occidente, de usar las artes, la ciencia y la tecnología para la gloria de Dios tanto como para alivio del sufrimiento y luchas de la humanidad.[***]

La filosofía bíblica de la música según Agustín fue un importante afluente que alimentó el caudal del río de artes mecánicas que empezó a brotar de los monasterios e iglesias cristianas. Esta tradición usaba la tecnología para adorar a Dios y amar al prójimo.

---

[*] Platón, maestro intelectual de Agustín, creía que, epistemológicamente, ningún finito particular puede tener sentido sin un punto infinito de referencia.

[**] Agustín no tuvo mucha influencia sobre la iglesia oriental y esa puede ser una razón por la que su música no se desarrolló mucho más allá del canto llano.

[***] Véase en el capítulo 7 una explicación de por qué la tecnología occidental se convirtió en medio de la emancipación humana.

SE LLEVA LA MÚSICA A LAS MASAS

Martín Lutero (1483–1546 A.D.) sacó la filosofía bíblica de la música según Agustín del claustro y del coro y la llevó a las masas de Europa. Monje agustino y pionero de la Reforma protestante, Lutero fue y sigue siendo una figura polarizadora. Algunos lo aman; otros lo aborrecen. Sin embargo, muchos críticos concuerdan en que Lutero puede haber sido la figura más influyente del segundo milenio.

Lutero fue «protestante» porque vio en su mundo mucho contra lo cual protestar. Pero no se convirtió en reformador simplemente porque protestaba. Cambió Europa porque halló algo por lo que cantar, algo por lo que vivir y algo por lo que morir. Halló una relación de pacto con el Dios Todopoderoso.* Una relación en la que él podía contar. Era una fe, una cosmovisión, sobre la cual su decadente mundo podía ser reconstruido. Sin embargo, era mucho más que una idea o credo. Era una relación vibrante con alguien por quien valía la pena morir, un asunto de amor que merecía canciones.

Lutero se emocionaba con la Biblia en parte porque ella enseñaba que no él podía *ni necesitaba* hacer nada para merecer el amor de Dios. La salvación —el perdón del pecado y la restauración de la relación de la persona con Dios— era una dádiva de gracia que las manos vacías de la fe debían recibir. La Biblia le dio a Lutero una seguridad profunda, como la de Abraham, interna, de la aceptación de parte de Dios. La amistad de Dios le dio tal valor y significado a su vida que encontró algo por lo que cantar. Sí, en un mundo que se había rebelado contra el Creador, había sufrimiento. Sin embargo, debido a que Dios es amor, hay esperanza de perdón, paz, progreso y prosperidad. Este evangelio hizo de Occidente una civilización optimista, capacitándola para cantar «Joy to the world» [Al mundo, alegría]; mensaje opuesto al de Cobain.

---

* Más tarde, algunos pensadores del Siglo de las Luces secularizaron la idea bíblica de pacto divino como «contrato social». La idea subyace en la raíz del moderno constitucionalismo. Permitió que Occidente se convirtiera en una sociedad edificada singularmente en la confianza. Véase Robert N. Bellah, *The Broken Covenant: American Civil Religion in Time of Trial* (Nueva York: Crossroad Books, 1975).

Lutero ayudó a que esta cosmovisión bíblica se convirtiera en el alma de la civilización occidental. Sus seguidores espirituales resumieron su descubrimiento de la esencia de la Biblia en cantos de esperanza, seguridad y certeza tales como «Sublime gracia», compuesto por el traficante de esclavos reformado Juan Newton (1725–1807):

> *Sublime gracia del Señor*
> *Que a mí pecador salvó;*
> *Fui ciego mas hoy miro yo,*
> *Perdido y Él me amó.*

Lutero se hizo reformador porque se dio cuenta de que, para conformarse a la Palabra de Dios, todos los hijos de Dios necesitarían tener esa Palabra en su propia lengua. Tradujo la Biblia a su propio dialecto alemán. Su traducción llegaría a imprimirse en cientos de ediciones y convertiría su dialecto en el «alemán estándar» para todo el mundo que habla ese idioma. Junto con el himnario alemán de Lutero, su Biblia forjó el alma de las naciones germanófonas. La obra de Lutero inspiró a otros reformadores, como Guillermo Tyndale, que empezó a traducir la Biblia al inglés. Ese crucial principio hizo de la Biblia el alma también del mundo de habla inglesa.*

Siguiendo a Jesús y a los apóstoles, la iglesia inicial entonó unida los cantos de adoración hasta que, en el siglo V, Jerónimo el Grande instó a los sacerdotes a apoderarse de la adoración cantada. Desde entonces y hasta el tiempo de Lutero, las congregaciones rara vez cantaban durante el culto cristiano; y entonces solo en latín, que no entendían. Era tarea casi exclusiva del sacerdote adorar y orar. Lutero redescubrió la doctrina del Nuevo Testamento del sacerdocio de todos los creyentes,** que hizo necesario que toda la congregación adorara a Dios tanto cantando como con la oración y otros medios. «Dios», creía él, «ha creado al hombre con el propósito expreso de adorarle y exaltarle».[18] Debido a su creencia en el sacerdocio de todos los creyentes,

---

* Véase capítulo 9, «Revolución: ¿Qué convirtió a los traductores en transformadores del mundo?»
** Como veremos más adelante en capítulo 15, este profundo descubrimiento basado en 1 Pedro 2.9, Apocalipsis 1.6, etc., se convirtió en una fuente importante del desarrollo económico y la libertad política de Occidente.

Lutero compuso himnos en la lengua de su pueblo, el alemán, y llevó la música a los pulmones y labios de hasta el más pobre campesino de la congregación.

Para Lutero, la reforma de la universidad seguía en importancia solo a la reforma de la iglesia, y la música debía tener un papel prominente en la educación también.

> Siempre me encantó la música; quienquiera que tiene habilidad en este arte es de buen temperamento, apto para todas las cosas. Debemos enseñar música en las escuelas; un director de escuela debe tener habilidad en la música, de lo contrario no lo consideraría; tampoco ordenaría a jóvenes como predicadores a menos que estén bien ejercitados en la música.[19]

Al poner la música en la esencia del culto y en la médula de su programa de educación, Lutero simplemente siguió la tradición judía (bíblica) de los músicos y cantantes del templo que eran «profetas» o «hijos» de los profetas. La frase bíblica «hijos de los profetas» solía referirse a los aprendices de profetas. Un significado temprano de la expresión «profetizar» era el canto en éxtasis acompañado de música.[20] El rey David, fuerza impulsora tras el culto del templo en Jerusalén, fue el músico de Israel, cantante y poeta por excelencia. La Biblia le llama «profeta».[21] El Nuevo Testamento llama a los seguidores de Cristo a buscar el don de la profecía.[22] A la luz del Antiguo Testamento, esa exhortación tenía que incluir el aprendizaje de la música, como lo hacían los «hijos de los profetas».

El Occidente moderno confirmó la filosofía educativa de Lutero de que la alfabetización musical produce personas con una conciencia intuitiva de un universo lógico y ordenado. No es coincidencia que universidades tales como Oxford y Cambridge, que tienen una herencia distintivamente cristiana, todavía guarden por la música mayor respeto que la mayoría de las universidades fundadas sobre el secularismo durante el siglo veinte.

FLORECIMIENTO DE LA MÚSICA OCCIDENTAL

Lleva apenas cinco minutos caminar desde la casa de Bach en Eisenach, Alemania, a la casa donde Lutero vivió cuando estudiante, y lleva menos de diez minutos subir hasta el castillo de Wartburg, donde Lutero tradujo el Nuevo Testamento al alemán. Para cuando nació Juan Sebastián Bach (1685–1750), esa región se había convertido en provincia luterana. Filosóficamente, Johannes Kepler reforzó la noción bíblico-agustina-luterana de la creación y la música enseñando que esta refleja la armonía matemática divinamente ordenada del universo. Bach fue un genio musical porque fue un genio matemático que recibió como parte de su educación esta perspectiva bíblica (no politeísta) de una creación ordenada. En ese marco mental, la estética era inseparable de la armonía última. Uno de sus biógrafos, Wilfred Mellers, dijo:

> En la escuela a la que Bach asistió en Ohrdruf, el sistema de educación distaba muy poco de la antigua receta [agustina-luterana]. La música le seguía en importancia solo a la teología, y la enseñaba el mismo maestro, que creía que la música dejaba el corazón listo y receptivo a la palabra y verdad divinas, tal como Elisius [Eliseo] confesaba que con el toque del arpa halló el Espíritu Santo.[23]

Para Bach, tanto como para Lutero, «la verdadera música» persigue como su «último fin y meta final... honrar a Dios y recrear el alma». Bach creía que la música era una «eufonía armoniosa para la gloria de Dios».[24]

Obviamente, esto no pretende sugerir que el talento musical de Bach se nutrió solo de creencias teológicas. Su familia fue un factor clave en el desarrollo de su talento. En el capítulo 15 veremos que fue la exposición que Lutero hizo de la Biblia lo que provocó que la familia de Bach fuese diferente de la de Cobain.

En sus años formativos, Bach echó mano del legado musical de su familia, que se extendía hasta su tatarabuelo. El clan Bach se había desarrollado en una amplia red de aprendizaje y estímulo musical. Esta red demostró ser vital en el desarrollo de Bach.

Bach y Cobain tenían en común más que su talento por la música. Ambos perdieron a sus padres cuando tenían nueve años; Cobain por el divorcio, y Bach por la muerte. Un evento tan trágico como la muerte de los padres podía haber trastornado irreparablemente el equilibrio emocional de Bach. Pero entonces la «familia» era más que padres e hijos. Juan se fue a vivir con su hermano mayor, quien le enseñó a tocar el órgano y desarrolló sus talentos como compositor. Siguiendo el ejemplo de su hermano, Juan más tarde guió como tutor a sus propios hijos, quienes llegaron a ser algunos de los mejores músicos de su generación. Su hijo menor se convirtió, por derecho propio, en una de las influencias más importantes de la obra de Mozart.

Es tentador interpretar el orden y armonía de la música de Bach como un reflejo metafórico del orden de su familia. La estabilidad y respaldo de su familia le dio a Bach la fuerza emocional para superar sus dificultades. Esta fortaleza se refleja no solo en su vida, sino también en su trabajo.* Sin embargo, la familia sola no puede explicar su capacidad para celebrar «La pasión» (sufrimiento) de San Juan o San Mateo. Esta capacidad para celebrar el sufrimiento vino de su fe en la resurrección: el triunfo de Dios sobre el sufrimiento y la muerte.

Filosóficamente hablando, el poder interno de Bach para superar la muerte de sus padres vino de su creencia en un Dios soberano y de amor. Su vida y sus composiciones estaban saturadas del *libro* que le había dado profunda esperanza personal y social.[25] La vida le enseñó que el mal era real y poderoso, pero la Biblia le enseñó que Dios está obrando para redimir al mundo, haciendo que todo resulte para bien.[26] Esta fe bíblica había sido la clave del optimismo y la música de la civilización occidental; para Agustín, mientras el Imperio Romano se derrumbaba a su alrededor; para Lutero, mientras su propia vida estaba amenazada por un imperio poderoso y unos dirigentes religiosos corruptos; y para Tolkien, al atravesar los horrores de dos guerras mundiales.

---

* El capítulo 15 se concentrará en la familia occidental, porque fue una de las fuentes más importantes de la grandeza de Occidente y la monogamia fue un producto propio del Nuevo Testamento. Sin la Biblia, Occidente ni siquiera puede definir la familia, mucho menos defender su idea tradicional de la familia frente a las tormentas de la vida.

Estas personas conocieron el mal y el sufrimiento tanto como Buda y Cobain, pero la diferencia fue que la Biblia les dio una base para la esperanza tanto en esta vida como en la venidera. Esta fe bíblica en un Creador que hizo a los seres humanos a su imagen y los amó lo suficiente como para venir a salvarlos, hizo posible que Occidente cantara: «Venid, fieles todos, gozosos y triunfantes». En contraste, la carrera de Cobain demuestra que, sin esta fe, la esperanza y celebración de Occidente se convierten en una especie de abyecta desesperanza. Si pudiéramos tomar prestado el lenguaje de los musicólogos, Occidente está perdiendo su «tonalidad»; su «nota base, nota clave», su alma, su centro, el punto de referencia que permitiría la relajación o resolución de la tensión.

LA PÉRDIDA DE LA «TONALIDAD» EN LA MÚSICA OCCIDENTAL

Durante siglos, la música occidental fue tonal; es decir, su característica central era la lealtad a una nota tónica o nota base. Toda pieza le daba preferencia a esta nota singular (la tónica), haciendo de ella el centro tonal con el cual todos los demás tonos se relacionaban. La ruptura de la tonalidad en la música occidental se dice que empezó con el héroe de Adolf Hitler, Richard Wagner (1813–1883), que experimentó con la «atonalidad» en su ópera *Tristán e Isolda*. Claude Debussy (1862–1918), Gran Maestro de las logias ocultas rosacruces de Francia, llevó ese experimento más lejos. El descenso de Occidente al caos de la atonalidad se aceleró en el siglo XX en Viena, capital de la decadencia cultural de Europa.[*]

Con el correr del tiempo, los compositores atonales tuvieron que producir una nueva organización en su arte para reemplazar la tonalidad: una tonalidad artificial llamada *serialismo*. Al disminuir la tonalidad, el centro, perdieron algo que no habían tenido en cuenta: la forma. Técnicamente, Cobain retenía la tonalidad, pero, en un sentido filosófico, la pérdida de la tonalidad en la cultura occidental culminó

---

[*] Por ejemplo, la Segunda Escuela de Viena, de Schoenberg, Webern y Berg.

en la música de Cobain, icono del nihilismo estadounidense y víctima desdichada de una civilización que está perdiendo su centro, su alma. Hay que añadir en su defensa que al suicidarse Cobain demostró que practicaba lo que predicaba. Su sinceridad le convirtió en un icono legítimo. La mayoría de nihilistas no viven en manos de lo que creen que es verdad central en cuanto a la realidad. Por ejemplo, los existencialistas franceses Sartre y Camus abogaban por la capacidad de elección a pesar del nihilismo que abrazaban. Al hacerlo así, abrieron el camino para salir del problema de Cobain. Para ellos el suicidio no era necesario si uno podía producir sus propias realidades mediante decisiones.

Cobain sigue siendo popular porque, aunque muchos afirman ser nihilistas, no lo ponen en práctica por completo. Él sí. Vivió sin producir su propia realidad mediante decisiones. (O tonalidad mediante técnicas en serie.) Vivió en el nihilismo, en la «atonalidad», y en tal nihilismo murió.

En ese sentido, Cobain se alza como el opuesto directo a la vida, pensamientos y obra de J. S. Bach. En tanto que la música de Bach celebraba el significado de la vida como reposo eterno del alma en el amor del Creador, Cobain se convirtió en símbolo de la pérdida del centro y significado en el Occidente contemporáneo.

En tanto que la música occidental ha atravesado docenas de fases con miles de permutaciones desde el tiempo de Lutero y Bach, de alguna manera fue solo durante la década de los ochenta cuando fue posible un fenómeno como Kurt Cobain. El rechazo de un Dios bueno, de amor y todopoderoso, y la negación de la filosofía bíblica del pecado aseguró que no había manera de hallar sentido al sufrimiento: personal, social o medioambiental. La realidad llegó a ser sin sentido, desesperada y dolorosa.

La amputación del alma

Hoy, muchos rechazan la Biblia porque consideran que es irracional e irrelevante. Otros están convencidos de que es responsable de los prejuicios raciales, las intolerancias sectarias, la esclavitud, la opresión de las mujeres, la caza de brujas, la oposición a la ciencia, la destrucción del medio ambiente, las guerras religiosas y la discriminación contra los homosexuales. Sin embargo, estas críticas revelan en sí mismas la poderosa influencia que la Biblia ha tenido durante el último milenio. Durante ese tiempo, una posición intelectual o una práctica social difícilmente podía integrarse en la cristiandad a menos que se pudiera defender sobre una base bíblica, real o equivocada; y ninguna creencia o práctica podía ser cuestionada para reformarse a menos que sus oponentes demostraran que su apelo a la reforma era bíblico.

Las críticas contra la Biblia son el reconocimiento de su poder cultural singular. Ha sido la brújula intelectual y moral de Occidente, el «toldo sagrado» (Peter Berger) que dio legitimidad a sus valores e instituciones. El rechazo de parte de Occidente de la Biblia dio paso a lo que el historiador Jacques Barzun llamó su «decadencia».[27] Desató un fin abrupto a la Edad Moderna* justo cuando la civilización occidental parecía dispuesta a ganarse el mundo. Ahora, habiendo amputado a la Biblia, la maquinaria educativa de Occidente está produciendo «descarriados», perdidos como Cobain. Puede hacer buenos robots, pero ni siquiera puede *definir* a un hombre bueno. La universidad posmoderna puede enseñar cómo se puede viajar a Marte, pero no cómo vivir en tu casa o tu nación.[28]

George Orwell (1903-50), autor británico nacido en la India, era socialista, inclinado al ateísmo. Los horrores del fascismo, el nazismo, el comunismo y las dos guerras mundiales le obligaron a enfrentar las consecuencias de la «amputación del alma». En sus «Notes on the Way» [Notas en camino], Orwell escribió que entre los escritores que cercenaron el alma de Occidente estaban «Gibbon, Voltaire, Rousseau, Shelley, Byron, Dickens, Stendahl, Samuel Butler, Ibsen, Zola, Flaubert, Shaw, Joyce; de una manera u otra todos ellos son destructores, derribadores, saboteadores». Estos escritores del «Siglo de las Luces» condujeron a Occidente a sus actuales tinieblas.

---

* Con esto me refiero al período desde el siglo XVI hasta mediados del XX, en los que la Biblia se mantuvo como la fuerza dominante que forjaba la cultura, aunque los escépticos, agnósticos y ateos seguían condenándola.

En su ensayo, Orwell estaba reflexionando sobre el libro *The Thirties* [Los años treinta] de Malcolm Muggeridge, que describe el daño que estos escritores habían hecho a Europa. Muggeridge, en ese entonces todavía ateo, fue lo suficientemente astuto como para percibir lo siguiente:

> Estamos viviendo una pesadilla precisamente *debido a que* hemos tratado de establecer un paraíso terrenal. Hemos creído en el «progreso», confiado en el liderazgo humano, y le hemos dado a César lo que es de Dios... No hay sabiduría sino en el temor de Dios; pero nadie teme a Dios; por consiguiente, no hay sabiduría. La historia del hombre se reduce al surgimiento y caída de civilizaciones materiales, una torre de Babel tras otra... hasta descender a abismos que son horribles de contemplar.[29]

Yo descubrí la Biblia en mis años de universitario en la India. Me transformó como individuo y pronto aprendí que, al contrario de lo que mi universidad me enseñaba, la Biblia era la fuerza que había producido la India moderna. Permítame, por consiguiente, empezar nuestro estudio del libro que ha construido nuestro mundo contándole mi propia experiencia.

Parte II

UN PEREGRINAJE PERSONAL

Lámpara es a mis pies tu palabra, y lumbrera a mi camino.

—Salmos 119.105

Capítulo dos

SERVICIO

¿O un boleto a la cárcel?

Tendemos a dar por sentado que nuestro mundo es normativo hasta que nos encontramos con una sociedad que es fundamentalmente diferente. Mi choque cultural se produjo en enero de 1976, cuando mi esposa y yo dejamos la India urbana para ir a vivir la zona rural del centro. Empezamos nuestro servicio a los pobres desde nuestra casita en las afueras del pueblo de Gatheora, en el distrito Chhatarpur, entonces tristemente célebre por las pandillas de bandidos armados, llamados *dacoits*.* Andaban por todas partes saqueando, secuestrando para pedir rescate, y matando, a la vez que solían edificar templos para sus deidades patronas. El espacio, el terror y la protección que les ofrecían otros miembros de su casta les hacía fácil evadir el arresto. El más temido de estos *dacoits*, Murat Singh, había dirigido su banda durante treinta años. Su entrega a un líder gandhiano,[1] justo antes de que llegáramos a Chhatarpur, había catapultado a nuestro distrito a las noticias nacionales. Pero para 1976, su pandilla se había reagrupado alrededor de su hijo, Ram Singh.

En 1978, nuestros vecinos nos advirtieron que Ram Singh planeaba atacarnos. Notamos algunos motociclistas que mostraban un

---

* Un *dacoit* es un miembro de una clase de criminales que se dedica al robo y asesinato organizado.

interés nada habitual en nuestra granja. Se detenían varias veces al día para hablar con los campesinos que trabajaban en granjas vecinas. En ese entonces se consideraba peligroso vivir en una granja. Los granjeros vivían en poblaciones agrupadas, escondidos detrás de paredes de barro junto con sus parientes. Esto les proveía algo de seguridad, pero atrincheraba su pobreza. Un agricultor no podía cultivar legumbres o fruta, ni tener gallinas y conejos, ni instalar una bomba eléctrica a menos que viviera en la granja para protegerlos.

Los miles de años de ausencia de ley, orden y justicia efectivas se habían cobrado un precio que debilitaba a nuestro pueblo. Habían sido forzados a pensar que era insensato ser rico. La riqueza, o por lo menos su apariencia, era una invitación a problemas. Si una familia se las arreglaba para ahorrar dinero para un «por si acaso», no lo invertían en una vida cómoda ni en generar más dinero. Más bien, enterraban su efectivo y joyas en los suelos y las paredes, sepultando su riqueza.

Esta timidez y temor es típica de culturas inseguras que enseñan a la gente a guardarse su magro capital. Las familias no se atreven a «despilfarrarlo» en creatividad cultural y avance personal. Nuestros vecinos vivían en chozas de barro iguales a las de sus antepasados de dos milenios atrás. Nuestra historia estaba congelada. Una ausencia de ahorros e inversiones había asegurado que nadie inventara artefactos agrícolas o domésticos. La India se estancó mientras Occidente avanzaba. Soñar, invertir y cambiar el statu quo exige valentía; pero el valor para derretir la Edad de Hielo no crece en todos los contextos culturales.

CULTURA Y POBREZA

Las culturas moribundas son campo fértil para cosmovisiones temerosas y fatalistas. Solo astrólogos, adivinos, brujos y hechiceros prosperan en tales glaciares. El temor de nuestra gente envolvía su religión folclórica, la medicina, la hechicería, la educación de los hijos, la agricultura, los negocios, los viajes y los hábitos personales. Ponían su «fe» en el destino, no en un Dios viviente que les había planeado un destino y les capacitaba para alcanzarlo. Muchos de ellos eran devotamente religiosos; sin embargo, su temor a las estrellas y espíritus, a los ríos y montañas, al karma y la reencarnación, a los dioses y diosas, los hacía vulnerables a la explotación y la opresión. Su fe fomentaba el terror, no la aventura.*

Si bien las escrituras hindúes se pueden interpretar de modo que respalden un caso de utilización de las armas para fines justos, no veíamos evidencia de una defensa de los débiles motivada por la religión. Ram Singh, el nuevo líder *dacoit* de la banda de su padre, representaba una tradición feudal que evitaba que los campesinos se mudasen del pueblo para vivir en la granja.** La promoción del cambio en un clima así requería más que proyectos de desarrollo aprobados por el Banco Mundial. Requería la infusión de una nueva perspectiva en la gente a la que queríamos servir. Pero la nueva fe tiene que mostrarse con un modelo. Sentimos que vivir en una granja amplia haría posible instalar digestores de biogás para generar nuestro propio gas para cocinar.[2] El gas natural para cocinar ni siquiera se conocía en áreas rurales en 1976. En lugar de ello, los leñadores y mujeres que pasaban horas derribando árboles estaban agotando los bosques. Todos los días recogían excrementos de vaca y hacían tortas con ellos para usarlas como combustible. Nuestras hermanas quemaban este abono, destruyendo su valor como gas para cocinar y causando daño a sus pulmones.

La electricidad había llegado a nuestro distrito poco antes de que nosotros nos mudáramos al pueblo. Mi hermano Vinay había instalado una bomba eléctrica en nuestro pozo excavado a mano. Otros agricultores se mostraban renuentes a comprar bombas de agua porque temían que se las robaran. La electricidad no estaba disponible para uso doméstico en los pueblos. Y aunque lo hubiera estado, nadie había oído de artefactos eléctricos para la cocina ni tenía el dinero

---

* Más adelante veremos cómo la Biblia libró a Occidente del fatalismo y cómo Occidente ha ayudado al mundo no occidental a superar algunos de los efectos empobrecedores de las cosmovisiones tradicionales. La nueva prosperidad de la India y China ha impulsado a algunos antropólogos a preguntarse si el fatalismo necesariamente resulta en la pobreza.

** En aquellas partes de la India donde el cristianismo ha tenido mayor influencia, por ej., Kerala, la gente ha vivido durante siglos en granjas y ha hecho un mucho mejor uso de la tierra disponible.

para comprarlos; tampoco lo considerarían una prioridad. («¿Qué van a hacer las mujeres con el tiempo que no tendrán que dedicar a recoger estiércol o acarrear agua?»)

Nuestros vecinos no comprendían nuestra decisión de vivir en una granja aislada y sin protección. ¿Qué nos proponíamos? ¿Cómo nos podríamos defender de los inevitables ataques de los ladrones? Nuestros vecinos «sabían» que la curiosidad de los motociclistas armados era más que simple curiosidad natural. Decían en voz baja: «Son de la banda de Ram Singh. Están planeando atacarles».

Al vivir en nuestra granja éramos muy vulnerables. Ruth, Nivedit (nuestra hija de meses) y Fufa (mi anciano tío) vivíamos en nuestra casita con maltrechas puertas de madera que se podían abrir con un empujón. Estábamos solo a ocho kilómetros de las afueras de Chhatarpur, pero nos llevaba treinta minutos llegar allá en nuestras bicicletas. (Las bicicletas eran un lujo reciente para unos pocos hombres de la casta más alta; la mayoría de las personas caminaban o iban en carretas tiradas por bueyes.) No teníamos armas para defendernos de una banda. Nuestro vecino más cercano estaba a más de un kilómetro de distancia. Nadie tenía teléfono; ¡y no había un número telefónico para llamar en caso de emergencia!

Así que oré. Al leer la Biblia me sentí inspirado a enfrentarme a Ram Singh cara a cara, tal como Moisés se enfrentó al faraón que había estado oprimiendo los hebreos. El oír la voz en la zarza convenció a Moisés de que Dios quería que le hablase al faraón, que estaba esclavizando a su pueblo.[3] Mi búsqueda intelectual comenzada en la universidad me había llevado a creer en la Biblia. Mi peregrinaje en la fe me enseñó a confiar en la promesa de Dios en la Biblia de que él sería mi «escudo» y «galardón sobremanera grande».[4]

Ram Singh operaba desde una suite en el hotel Gupta, cerca de la parada de autobuses de Chhatarpur. Hasta que entré en sus habitaciones, yo había dado por sentado que las cuevas de los gánsteres eran invenciones de los directores de películas. A lo que entré no fue a un escenario de películas. Criminales armados endurecidos por las peleas, con enormes mostachos enroscados, protegían la habitación llena de humo, con botellas de licor vacías esparcidas por el piso. Había como una docena de hombres bebiendo y de juerga.

—¿Quién eres? —gruñó uno de los guardaespaldas bloqueándome la entrada.

—Vengo a hablar con Ram Singh —le dije, sorprendido por mi propia resolución.

—¿Sobre qué? —preguntó un segundo.

No tuve que responder. Después de llenar otro vaso con licor, Ram Singh se presentó a sí mismo con impresionante cortesía.

—Yo soy Ram Singh —dijo, dirigiéndose a mí con las manos plegadas (la manera tradicional de saludar respetuosamente a las personas)—. ¿Qué puedo hacer por ti?

—Yo soy Vishal Mangalwadi —respondí algo torpe en contraste con su gracia—. Me han dicho que usted planea atacarme. Así que he venido para ahorrarle el trabajo de buscarme.

El silencio cayó sobre la habitación. La cortesía de Ram Singh se convirtió en incomodidad. Aunque aturdido por mi audacia, trató de permanecer al mando de la situación. Estaba tratando de figurarse qué era lo que yo tenía en la manga; ¿era yo un señuelo de la policía? Notando que yo parecía no tener armas, hizo una seña a sus guardaespaldas para que bajaran sus rifles. Entonces protestó diciendo que los rumores no tenían base, que los extendían para hacerle daño.

—¿Cómo podría yo hacer algo así? Es la banda de MR la que está activa en esa zona. Ellos cometen los crímenes y me echan la culpa a mí. Ya basta. No voy a aguantar esto más.

Echando chispas, se volvió a dos de sus seguidores y les ordenó groseramente:

—Vayan al instante a ver a MR. Díganle que no ponga sus manos sobre esta buena gente, o esta vez se encontrará con una pelea de verdad.

Antes de que pudiera recuperarme de mi sorpresa, dos de sus hombres arrancaron en una motocicleta, con sus rifles cruzados a la espalda. Cortésmente decliné su oferta de un cigarrillo y whisky y volví en mi bicicleta a nuestra granja.

Ese encuentro terminó tan bien que no me di cuenta de que Ram Singh había hecho que MR se pusiera en contra de nosotros dos. MR

ganaría las próximas elecciones y llegaría a ser el político más poderoso de nuestra región.

Dos años después (1980), yo estaba sentado en una mecedora
en los amplios patios del superintendente de policía de Chhatarpur.
¡Amenazó con matarme si yo no cancelaba nuestra próxima reunión
de oración! ¿No recibía el SP, el superintendente de policía, su salario
entre otras cosas para protegerme? ¿No había jurado defender la constitución laica, liberal, democrática de la India, que garantizaba mis
derechos fundamentales? Sin embargo, allí estaba él, declarando algo
que yo solo atribuiría a un *dacoit*.

Este conflicto con las autoridades de nuestro distrito brotó debido
a nuestro trabajo de auxilio. Una semana antes de mi conversación
con el SP, estaba recuperándome de una cirugía menor en el hospital
misionero donde nací treinta años atrás. La cosecha de la cebada estaba en marcha y el trigo estaba madurando. Entonces una granizada
en el tiempo de la cosecha produjo el caos. Duró apenas dos minutos,
pero el granizo durante la cosecha es catastrófico para los agricultores empobrecidos. Antes de que su chasquido se apagara, se oían los
lamentos de la gente fuera de mi habitación del hospital.

Nadie se había hecho daño, porque se protegieron bajo el techo de
la entrada del hospital cuando cayeron las primeras gotas. Finalmente, pude descifrar sus lamentos y entender por qué lloraban. Algunos
maldecían al dios de la lluvia por haber aplastado sus cosechas. El granizo destrozaba las tejas hechas a mano, medio cocidas, de sus techos.
El dinero ahorrado con gran esfuerzo o pedido prestado para la dote
de la hija ahora tenía que dedicarse para volver a techar y para el pan
diario. Su deuda no pagada subiría hasta las nubes debido al ruinoso
interés compuesto.*

Oí a los campesinos maldecir su suerte, a sus estrellas caprichosas
y a sus crueles dioses de la lluvia y el granizo. Me arrodillé junto a la
cama y le pedí a Dios que nos mostrará que él, «Padre de misericordias y Dios de toda consolación»,[5] era el Gobernador de este universo,

---

* Aunque la economía de la India está creciendo rápidamente, esto no se traduce en alivio para
los campesinos. La deuda empuja a los agricultores a vender sus riñones. Entre 1927 y 2004, la
deuda empujó a suicidarse a 25,000 agricultores.

y que estaba mal resignarnos a la suerte. Dios, según aprendí en mi Biblia, deseaba que todos sus hijos sean una familia, cuidando a los que no pertenecían al mismo clan, casta o cultura. ¿Por qué no debían los afortunados compartir con las víctimas desdichadas de esta calamidad natural? ¿No podrían tales tragedias ser ocasiones hermosas para afirmar nuestra hermandad; si en verdad todos descendemos de los mismos padres originales?

Al día siguiente temprano recibí a un visitante inesperado, el señor Chatterjee, de la agencia de auxilio EFICOR de Nueva Delhi. Había leído en una revista fragmentos de mi libro *The World of Gurus* [El mundo de los gurús].[6] En sus círculos de auxilio y desarrollo, la gente hablaba de esta «devota pareja» que había dejado la vida de la ciudad y las oportunidades de Occidente para servir en una aldea pobre, remota, retrasada y peligrosa. Puesto que estaba pasando por nuestra región para ver los templos de Khajuraho,* decidió visitar nuestro trabajo.

El señor Chatterjee describió cómo la granizada cayó momentos después de que se apeara del autobús. Había visto la reacción de los campesinos. Le ayudé a entender mejor el dilema de ellos. Él ofreció respaldo para nuestro esfuerzo de auxilio si presentábamos una propuesta de proyecto detallando el daño.

Un modesto periódico convirtió nuestra propuesta de auxilio en titulares de primera plana; pero eso ni vislumbraba la sensación que produjo, puesto que ese relato dejó perplejo al distrito. Cinco días habían pasado y todo el mundo sabía que la tempestad había derribado cosechas en más de cien pueblos. Ni los administradores de distrito, ni los políticos poderosos, ni los líderes religiosos mencionaron ni en sueños un alivio. Sin embargo, allí estábamos nosotros, unos pocos obreros sociales jóvenes, viviendo en chozas de barro en un pueblo «olvidado por Dios»** con una entrada de diez a quince dólares al mes; con la audacia de prometer ayuda a esas víctimas del desastre.

Yo no tenía ni idea de que ese sencillo alivio en el desastre pudiera ser una amenaza para unos dirigentes enquistados y egocéntricos. Me

---

* Estos templos de mil años de antigüedad con explícitas esculturas eróticas eran lo único que daban fama a nuestro distrito.
** En 1979, nos habíamos trasladado a una nueva granja, en las afueras del pueblo de Kadari.

aturdió, por ende, recibir por mensajero especial después del horario de oficina la orden del DM (el magistrado del distrito) ¡prohibiendo nuestro trabajo de auxilio! ¿Su razón? El periódico había animado a los adinerados de nuestro distrito a contribuir para nuestro esfuerzo de auxilio. ¡Eso violaba la ley estatal que prohibía que entidades privadas recojan donativos de auxilio para catástrofes sin permiso del gobierno!

Prometí respetar la ley y no recoger donativos. Solamente ofreceríamos auxilio. El DM insistió en que abandonáramos nuestro proyecto. ¿Por qué? Si no están recogiendo donativos, ¿cómo pueden brindar auxilio? ¡Su proyecto de auxilio no tiene autorización y es ilegal!

El magistrado del distrito era funcionario de los Servicios Administrativos de la India (IAS),* que representaba lo mejor de la sociedad de la nación. Pero, como la mayoría de la burocracia secular, socialista, los acomodos morales lo habían corrompido. Ahora era títere del mismo gánster convertido en político electo a quien Ram Singh había ordenado que no nos tocara. Decidimos obedecer el mandato bíblico de honrar y obedecer a nuestras autoridades civiles.[7] Le informé de mi resolución de obedecer su orden, dejar de ofrecer trabajo de auxilio y simplemente orar por auxilio. La Biblia me había enseñado que Dios puede resolver las cosas mejor que yo.

La ayuda vino de una fuente inesperada: el Gandhi Ashram nos invitó a celebrar una reunión de oración no sectaria, pública, en sus edificios. Esa institución altamente respetada había negociado la rendición de los *dacoits* antes de nuestra llegada a Chhatarpur. No me di cuenta de que su culto público también había enfurecido a las autoridades del distrito. Estaban envidiosos porque el éxito del Gandhi Ashram había dejado al descubierto su fracaso para arrestar a los *dacoits*.

Los líderes del Gandhi Ashram sentían una afinidad de espíritu con nosotros y nuestra obra. Sin embargo, esta reunión conjunta de oración enfureció a las autoridades como un reproche público que legitimaba nuestra obra. Amplificó la amenaza potencial en que yo me había convertido para los líderes establecidos. Por consiguiente, precipitó la tercera orden del DM: ¡Sus reuniones de oración quedan

---

* Hasta la década de los ochenta, los Servicios Administrativos de la India (IAS) atraían a los mejores talentos del país; los mejor preparados, educados y relacionados.

prohibidas! El magistrado juzgaba que nuestra oración era una amenaza a la ley y el orden, «que con toda probabilidad perturbará la paz y tranquilidad del distrito».

Nos reunimos para considerar esta orden. Para 1980, nuestra familia había crecido hasta scr una comunidad de unas treinta personas.[8] Algunos miembros de la comunidad eran altamente educados; otros, analfabetos. Nuestra comunidad incluía a jóvenes idealistas que vinieron para servir a otros, parias sociales, una exprostituta y algunos criminales que buscaban una nueva vida. Todos convinimos en que obedecer esta orden sería abandonar la libertad que Dios nos había dado, protegida por la constitución de la India. Nuestra comunidad estudiaba la Biblia a diario, y la Biblia forjaba una cosmovisión que chocaba con la de las autoridades. Sabíamos que nuestras libertades venían de Dios, no de la generosidad del gobierno. El gobierno había sido instituido por Dios para proteger nuestra libertad y no para privarnos de ella. En consecuencia, podíamos en buena conciencia desobedecer al gobierno. El Estado no era absoluto. No tenía la última palabra. Había una Palabra por encima de las palabras humanas.

Sin embargo, nuestra libertad o derecho a la asamblea pacífica no era la cuestión. Tampoco era simplemente el auxilio a víctimas del desastre. La cuestión que enfrentábamos era: ¿Hasta qué punto era real nuestra dedicación a los pobres y genuina nuestra fe en Dios? El DM no pidió respuesta, así que no le envié ninguna. La publicidad boca a boca para la propuesta reunión de oración continuó y yo me recluí para reflexionar y orar antes de decidir mi curso de acción.

El entusiasmo de la gente por la reunión de oración intranquilizó al liderazgo local. Ordenaron al superintendente de policía que me intimidara. Me ordenó que fuera a su casa, hizo que me sentara y me aseguró que había leído las recensiones de mi libro y que me respetaba como servidor público. No obstante, estuvo dos horas tratando de asegurarse de que yo entendía que desobedecerle me costaría la vida. El SP percibió que yo no lo tomaba en serio. Yo no tomaba sus palabras por lo que oía, porque ingenuamente confiaba en la democracia, la justicia y la libertad de prensa de la India. ¿Cómo podía un oficial de policía asesinar a un inocente obrero social y salirse con la suya?

Tal vez las autoridades habían leído erróneamente mis motivos para convocar la reunión de oración. Para la mayoría de los nativos de la India bien colocados, las demostraciones públicas de piedad son simplemente trucos políticos que la gente usa para oscurecer sus motivos reales. Pero, para mí, la oración no era ni un truco público ni un ejercicio privado de relajación. Yo creía en la oración y esperaba que Dios contestara, porque creía en la invitación de Dios en la Biblia: «Pedid, y se os dará»[9] y «No tenéis lo que deseáis, porque no pedís».[10]

De regreso a casa esa noche, hablé y oré con mi esposa y la comunidad. Un colega nos recordó que la vida nos advierte que no subestimemos la ceguera espiritual de líderes humanos. Sin embargo, nuestro consenso fue que suspender la reunión de oración sería traicionar nuestra dedicación a servir a nuestro pueblo. La Biblia nos autoriza a desobedecer a las autoridades a fin de obedecer a Dios.[11] Aunque no podíamos prever el futuro, la fe exigía una disposición para aceptar las consecuencias de nuestras decisiones.[12] La fe afirmaba que los poderosos gobernantes criminales y nuestras comunidades impotentes no eran los únicos protagonistas. Si había en realidad un Poder Más Alto, entonces debíamos hacer la voluntad de Dios y confiar en él.

La administración debía de tener espías en nuestra comunidad. Al amanecer del día siguiente, dos camiones llenos de policías antidisturbios armados llegaron para detenerme. El oficial al mando fue cortés. Me permitió desayunar con mi familia y orar con nuestra comunidad antes de llevarme al cuartel de la policía de Bamitha. Me presentaron ante el SDM, el magistrado de subdivisión, del cuartel del distrito, acusándome de «amenazar» la ley y el orden. El SDM me dijo que me dejaría en libertad si depositaba una declaración jurada de que no perturbaría la paz y tranquilidad del distrito. Firmar esa declaración, decidí, sería esclavitud. Sería mejor que me encarcelaran y me quitaran la libertad de orar. Esa decisión fue el boleto de mi primer viaje a la cárcel.

Los funcionarios temían que los vecinos se amontonarían para verme si me encerraban en la cárcel local. Así que me encarcelaron en la prisión Tikamgarh, como a tres horas en autobús. Las autoridades estaban doblemente irritadas, porque nuestra reunión de oración estaba programada para un miércoles, día de mercado, cuando miles de personas venían a la ciudad para comprar y vender. Aplastar nuestra reunión de oración les llevó un tremendo esfuerzo. Convirtieron a la ciudad entera en una verdadera fortaleza. Pusieron barricadas en cada punto de entrada a la ciudad. A los posibles asistentes a la reunión de oración se les advirtió que se mantuvieran lejos del Gandhi Ashram.

La policía detuvo a mis seguidores clave todo el miércoles. Sin embargo, las autoridades pensaban que era una necesidad táctica permitir que unas pocas mujeres, incluyendo mi esposa, Ruth, llegaran al local y orarán bajo la dirección del doctor D. W. Mategaonker, el altamente respetado superintendente médico del hospital cristiano. Era médico misionero del estado de Maharashtra, y se le conocía por pasar hasta dieciocho horas al día sirviendo a los enfermos. Servía como presidente honorífico de nuestra junta. Las autoridades debieron de pensar que parecerían diabólicamente opresores si también arrestaban al Dr. Mategaonker, a las mujeres y a los líderes del Gandhi Ashram que se habían reunido para orar.

Ponerme en la cárcel se convirtió pronto en un bochorno para los funcionarios. Una vez que el periódico descubrió que su entusiasmo había precipitado mi arresto, decidió llevar mi vida en la cárcel a los titulares de primera plana, pidiendo diariamente a las autoridades que volvieran a sus cabales. Una semana de tal bombardeo obligó a las autoridades a ponerme en libertad incondicionalmente. En mi regreso emprendí una *padiatra* (caminata) por unas treinta poblaciones, celebrando reuniones de oración y explicando lo que había sucedido. El sentarme en las casas de los campesinos y comer de su comida ejerció un profundo efecto en mí: su suerte ya no era cuestión política. Cuando el cheque de auxilio de EFICOR finalmente llegó, ignoramos las órdenes anteriores del DM y ofrecimos ayuda a los necesitados. Habiéndose quemado las manos en la confrontación previa, las autoridades del distrito decidieron no enfurecer a los campesinos. Hicieron la vista gorda y decidieron esperar hasta que se presentara una ocasión más oportuna.[*]

---

[*] Los edificios y vehículos de nuestra comunidad fueron incendiados en 1984 durante los motines antisijs auspiciados por el gobierno tras el asesinato de nuestra primera ministra, la señora Indira Gandhi.

Mi encarcelamiento se convirtió en una bendición. El carcelero de Tikamgarh no tenía por qué temer a un politicastro de otro distrito. Puesto que la prensa local publicó mi experiencia, me concedió el estatus de «prisionero político». Tuve un salón espacioso y bien ventilado para mí solo, junto con buena comida. La cárcel se convirtió en un retiro excelente: tiempo para hacer ejercicio, orar y reflexionar en lo que edificar una nación significaba a la luz de mi experiencia de la India real (no ideal). Volví a mis preguntas previas:

¿Cómo obtuvo la India moderna su prensa libre, sistema judicial independiente, y prisiones reguladas por el ejercicio de la ley?

¿Qué es una sociedad justa y libre, y cómo se la desarrolla?

¿Por qué mi gente es tan pobre, y cómo otras naciones llegaron a ser tan prósperas?

¿Cómo libraron ellas sus instituciones nacionales de gente sin escrúpulos, corrupta y sedienta de poder?

¿Es suficiente dar auxilio a los marginados y dirigir proyectos de desarrollo, o deberíamos buscar maneras para edificar una mejor India: una nación donde las instituciones se dirigen en interés del pueblo, no de los gobernantes; donde los gobernantes son pastores, y no lobos?

Algunos de mis compañeros presos me contaron experiencias horrorosas de haber sido encarcelados por acusaciones ficticias de violación y asesinato, por ofender a algún político o policía. Me preguntaba si el superintendente de policía, que despreciaba la ley y mis derechos constitucionales, cumpliría su amenaza de matarme.

¿Era sabio defender principios y sufrir?

¿Cómo sé que estos principios bíblicos son verdad?

Si mis creencias no son verdad, sino solo preferencias personales, ¿es prudente arriesgar mi vida por ellas?

¿Se equivocan aquellos amigos que prefieren unirse a los corruptos antes que resistir al mal?

Durante ese encarcelamiento empecé a escribir *Truth and Social Reform* [Verdad y reforma social], que con el tiempo llegó a ser *Truth and Transformation* [Verdad y transformación].

Capítulo tres

BÚSQUEDA

¿Pueden los ciegos reconocer al elefante?

Mi peregrinaje espiritual empezó con una lucha moral. Siendo muy niño había empezado a robar y a mentir. Uno de mis primeros recuerdos fue robar castañas de agua. Yo tenía como seis años. Se suponía que las castañas eran para la familia después del almuerzo, pero yo me las acabé antes de almorzar. Cuando me regañaron dije que las que yo me comí me las había dado un amigo que las sacó de un charco.

¿Por qué mi imaginación no hizo reír a mi padre?

Él podía haber dicho: «Tu fértil imaginación te serviría bien en Hollywood». Pero él era más bien chapado a la antigua. Creía que, aunque la imaginación era buena, la integridad era más importante. Así que me exigió que confesara la verdad.

Insistí en que estaba diciendo la verdad.

¡Pero él no estaba interesado en *mi* verdad! Él quería *la* verdad.

Exasperado por mi insistencia en que tenía que respetar *mi* afirmación, me pidió que lo llevara a ver a mi amigo.

Después de que buscamos durante lo que me parecieron «siglos», le dije que mi amigo debía de haber salido de la ciudad a visitar a algún pariente.

Mi padre entonces me pidió que lo llevara al estanque de donde sacamos las castañas. Le hice caminar «eternamente», esperando que se diera por vencido. Él siguió caminando, esperando que yo confesara y me arrepintiera. Su enojo, frustración, disciplina, paciencia y amor no sirvieron de nada. Robar y mentir se hicieron un hábito.

El valor trivial de los bienes que robaba o la insignificancia relativa de las mentiras que decía no me importaban. Lo que me fastidiaba era la falta manifiesta de fuerza de voluntad para controlar mis palabras y acciones. A menudo, por la mañana decidía: «Hoy voy a usar toda mi fuerza de voluntad para dominarme». Pero al anochecer, cuando volvía a revisar el día, me avergonzaba de que había vuelto a caer en la misma conducta que detestaba y que mis esfuerzos de reforma propia habían fracasado. Estaba convencido de que mis acciones estaban mal.

¿Por qué hacía lo que sabía que estaba mal? En medio de este conflicto interno oí las noticias de que Jesucristo vino para salvar a los pecadores. Esas fueron «buenas noticias» para mí, tanto como lo serían para cualquier alcohólico o adúltero que sabe que está arruinando su vida y su familia. En efecto, yo necesitaba que alguien me salvara, así que le pedí a Jesús que fuera mi Salvador. Él me cambió. Entonces pude ir a los almacenes en donde había robado, ofrecer restitución y pedir perdón. Jesús llegó a ser la persona más preciada en mi vida.

PENSAR O NO PENSAR

Cuando llegué a la universidad, acercándome a los 20, encontré una serie de retos a mi fe. Mis estudios de filosofía, ciencias políticas y literatura inglesa hicieron difícil que creyera en la Biblia; que era las lentes con las cuales había visto mi experiencia en mi adolescencia. Un evento que me hizo cuestionar mi creencia fue un debate universitario: «Esta casa cree».*

¿«Cree» qué?

No se trata de «qué». La cuestión era si «conocemos» la verdad o «creemos» la verdad. ¿Era la mente humana (lógica + información obtenida por los sentidos) capaz de conocer la verdad o necesitábamos

---

* Este debate, en efecto, tuvo lugar. Sin embargo, su contenido, según lo presento aquí, es «literario» y no «literal». He condensado en un incidente varias ideas que se desarrollaron en muchos meses. Mi uso de este artificio literario en otros lugares debe ser obvio.

algo más, como fe, intuición o experiencia mística? ¿Necesitábamos revelación de extraterrestres, de espíritus o de Dios?

Cierto orador se identificó como racionalista y ateo. Era tan elocuente que estábamos seguros de que recibiría el primer premio. El siguiente expositor no era muy agudo, pero desafió a los racionalistas a *demostrar* que Dios no existe, ya que afirmaban no creer más que lo que se podía demostrar. Si no podían probarlo, tenían que limitarse a creer que Dios no existe.

Cierto, David Hume había demostrado que la lógica no puede probar que Dios existe, pero, *¿puede demostrar que Dios no existe?* Si no, ¿cómo puede un racionalista ser ateo? El racionalista cree únicamente en la lógica. No puede demostrar que el universo esté sujeto a la lógica. ¿Qué es nuestra lógica? ¿Es algo más que un producto de la cultura occidental? La filosofía de Occidente produjo el racionalismo únicamente porque Occidente creía que el *logos* (la lógica divina) era el poder que creó y gobernaba el universo. Esta creencia nunca ha sido demostrada. Occidente cree en la razón tan solo porque asume que la mente humana está hecha a imagen de un Dios racional. ¿Y si no hay Dios? ¿Y si la racionalidad no es una propiedad de la divinidad? ¿Y si los filósofos indios están en lo cierto al creer que la verdad únicamente se puede experimentar mediante la aniquilación del pensamiento lógico, a través de la meditación?

Ninguno de los que hablaron después respondió satisfactoriamente a mi reto. Cuando se sometió a votación la proposición, la asamblea concluyó que «Esta casa cree» ¡que la universidad no sabe lo que es verdad!*

Debates informales posteriores revelaron que ni un solo profesor creía que la razón podría conducir a los seres humanos a la verdad. Nuestros existencialistas de la universidad favorecían un «salto ciego de fe». El principal invitado, jefe del Departamento de Inglés, sugirió que la meditación, y no la búsqueda racional, podría darnos una experiencia mística (no racional) de la verdad. Su esperanza en una experiencia intuitiva, no racional, mística, «del lado derecho del cerebro»,

---

* En el capítulo 5 consideraremos si el sentido común es algo más que una creencia cultural.

estaba ganando terreno en todo el mundo, como más tarde descubrí. Estaba reemplazando la confianza de Occidente en la capacidad de la razón humana para conocer la verdad.

Ningún profesor se molestó por atacar mi fe de juventud. Me vi empujado a la duda por profesores que parecían tener más conocimientos que los líderes religiosos que yo conocía. Si hombres entendidos no estaban seguros de la verdad, ¿cómo podían los pastores, pescadores y fabricantes de carpas que escribieron la Biblia tener tanta certeza? Dudar de la Biblia no fue difícil; la pregunta era: ¿qué creer?

Decidí creer lo que los mejores filósofos y científicos sabían que era verdad. Así que empecé a revisar mi curso de filosofía. Al poco tiempo:

> Sabía
> que mis profesores sabían
> que los filósofos sabían
> que no sabían
> y que *no podían* saber la verdad.[*]

Ninguna persona entendida mantenía esperanza alguna de que la lógica humana pudiera descubrir la verdad, sin revelación divina. La esperanza humanista de que el hombre puede descubrir la verdad mediante su sola razón recibió respaldo filosófico de René Descartes a mediados del siglo XVII. Para 1967, cuando yo entré en el mundo universitario, esta confianza en la razón humana se había convertido en el completo pesimismo (epistemológico) de la élite intelectual. Esta duda de la capacidad humana para conocer la verdad era desconcertante.[**] Justo cuando llegaba a darme cuenta de la profunda desesperanza intelectual de los intelectuales posmodernos, el hombre estaba a poco meses de aterrizar en la Luna. ¡Qué triunfo de la mente humana! Darse cuenta en ese impactante momento de que nuestra Edad de la

---

[*] En el capítulo 6 hablo de cómo la civilización occidental primero llegó a ser una civilización pensante y por qué está retornando a las supersticiones y misticismo Nueva Era, despreciando la lógica (lado izquierdo del cerebro) y exaltando los sentimientos o intuición (lado derecho del cerebro).

[**] Eso implicaba saber la verdad de que era sabido que la verdad es incognoscible..

Razón terminaba en fracaso deprimente* confundía por completo. Me llevó cuatro años de filosofía moderna** aprender lo que los antiguos místicos griegos e hindúes pudieran habernos dicho desde un principio: que la razón humana sola no puede saber la verdad.

Buda (563–483 A.C.) pudiera haberles ahorrado a los filósofos modernos muchos problemas. Vi que llevaban siglos dando vueltas como ciegos en un cuarto oscuro tratando de hallar la puerta; y que no era ese el lugar donde empezar. Innecesariamente, se hicieron necios unos a otros y en última instancia a todo su clan. Años de pensar, estudiar y buscar la verdad llevó a Buda a darse cuenta de que la mente humana no puede descubrir la verdad última. De este modo, Buda describió el intelecto humano como la fuente de la ignorancia.*** Sus enseñanzas eran conocidas en la Grecia precristiana, pero los filósofos occidentales modernos solo las redescubrieron al final de nuestra Edad Moderna. Muchos conocen ahora la «verdad» de que el intelecto humano es incapaz de conocer la verdad o ponerla en palabras.

Cinco ciegos y un elefante

Según una parábola budista, cinco ciegos trataban de entender un elefante. Palpando sus patas, uno sentenció: «El elefante es como una columna».

Apoyándose contra el costado del elefante, el segundo se mofó: «¡Eso es una tontería! El elefante es como una pared».

«Ni lo uno ni lo otro», disputó el tercero. «¡El elefante es como una cuerda!», exclamó, tomándolo de la cola.

---

* Véase el capítulo 6, sobre la racionalidad.

** En todo este discurso, el uso del término «moderno» y sus derivados se refiere a la era moderna (1517–década de los 60) de la historia intelectual y cultural, a diferencia de lo premoderno o posmoderno.

*** No siempre es fácil discernir lo que Buda mismo enseñó, a diferencia de lo que añadieron sus seguidores. Es probable que Buda creyera, en efecto, que la «ignorancia» (*Avidia*) era la raíz de la creación. Para una explicación de *Paticcasamuppada* o la «Cadena de origen dependiente», véase el capítulo 6 sobre la racionalidad. Dando por sentado que la creación, incluyendo el cuerpo humano, la conciencia propia y la racionalidad, fue producto de la «ignorancia» cósmica, Buda buscó la iluminación mística marginando la racionalidad, eliminando la conciencia propia y escapando del cuerpo y del mundo.

El cuarto, furioso, declaró: «¡Ninguno de ustedes sabe la verdad! El elefante es como un aventador». Se refrescaba con las orejas.

El quinto pensó que los primeros cuatro estaban locos. «El elefante es como una piedra afilada y pulida», dijo, frotando el colmillo del animal.

Nuestras mentes finitas son como esos ciegos. Durante nuestra breve vida podemos experimentar solo una pequeña fracción de la realidad. ¿Podemos afirmar que algo es verdad más allá de nuestra experiencia limitada? ¿Podrían aquellos cinco ciegos saber la verdad real, incluso combinando su información? O, ¿es el único camino saber la verdad mediante la experiencia mística no racional, como mis profesores estaban empezando a creer?

¿Y si había un sexto hombre, que podía ver? Él podía decirle al primer ciego: «Señor, usted está sosteniendo la pata del elefante, pero si se pone de pie y se mueve un metro, palpará la parte de la pared, que es el costado del elefante».

Eso sería revelación. Otros me revelaron la mayoría de lo que yo sabía. No podía demostrar que la Tierra giraba sobre su eje o alrededor del Sol. Lo creía porque mis ancianos dijeron que los expertos lo dijeron. Esa creencia me ayudaba a entender las puestas de sol y los amaneceres, y por qué el verano daba paso al invierno.

Un ciego podría probar (verificar o refutar) muchas de las afirmaciones de la sexta persona. Pero si se le dice que el colmillo es blanco, debe aceptarlo por fe. Habiendo nacido ciego, no podría comprender la blancura, mucho menos verificarla. ¿Sería «ciega» esta fe? No, si probamos las otras afirmaciones del sexto hombre respecto al elefante y hallamos que es digno de confianza. Intolerancia es dar por sentado que todos son ciegos; y que nadie sabe, ni puede saber, ni comunicar la verdad, ni un extraterrestre ni un Creador.

¿Existirían los ojos si no hubiera luz?

Mis profesores hablaban como si, aunque ellos podían hablar, su Creador nunca podría hablar. Sostenían que, aunque ellos escribían libros, su Creador nunca podría presentar su punto de vista. Eso parecía arrogante.

¿Y si resulta que ellos escribían libros debido a que fueron hechos a imagen de alguien que originó el pensamiento y la comunicación?

Algunos amigos sostenían que la Biblia no puede ser el libro de Dios porque fue producto de una cultura humana en particular. Cada uno de los libros de la Biblia lleva la huella de su autor humano. El lenguaje, vocabulario y argumentación de Pablo son diferentes de los de Juan. Este argumento parecía convincente hasta que me detuve a mirar una flor de loto en nuestro jardín. Era preciosa. Claramente dependía de la química y del clima. Era química. También era vulnerable a los insectos y a los seres humanos. Pero, ¿podría también ser obra de la mano de Dios? Cada uno de nosotros escribía lo que nuestros profesores nos revelaban. Mis notas eran diferentes a las de mis amigos, tal como cada flor de loto es diferente de todas las demás. Sin embargo, lo que mis amigos y yo escribíamos eran palabras y pensamientos del mismo profesor. ¿Por qué no podrían las palabras que llevan la firma de varios autores ser Palabra de un solo Dios?

Aunque existen los ciegos, ¿podría existir alguien que ve? ¿Alguien que ve al elefante y se lo comunica a los ciegos? La «ceguera» existe solo porque existe la vista. Si nadie pudiera ver, nadie hablaría de ceguera.

Los filósofos de principios del Siglo de las Luces, como Descartes, cometieron un error sencillo.* Dieron por sentado que, puesto que tenemos ojos, podemos ver por nosotros mismos sin ninguna ayuda no humana. Nuestros ojos son tan maravillosos como nuestro intelecto, pero, como ven, los ojos necesitan luz. ¿Por qué iban a existir los ojos si no hubiera luz? Si el intelecto no puede saber la verdad, tal vez necesita la luz de la revelación. De hecho, el intelecto no puede saber nada sin revelación.** Me parece que la existencia del intelecto requiere la existencia previa de la revelación y la comunicación. Descartar a priori la revelación era poner confianza en los ojos mientras se excluye a la luz.

Por otro lado, el descreimiento parecía invencible. El conocimiento humano obviamente tenía alguna validez. En una época en que algunos

---

* En muchos sentidos, Descartes siguió a Agustín. Sin embargo, su confianza exagerada en la razón procedía de los escritores del Renacimiento, como Pico della Mirandola. Agustín escapó de la trampa de la arrogancia humanista y equilibró su creencia en el intelecto con una creencia en una fe razonable porque el escepticismo era parte de su medio ambiente intelectual.
** Incluyendo lo que los teólogos llaman la «revelación general» o «gracia común».

buscaban comunicación con extraterrestres, descartar la revelación de Dios parecía una intolerancia arrogante. Decidí leer las más conocidas escrituras del mundo para ver si el Creador había dado revelación.

Mi profesor de filosofía de la India se esmeró por cultivar en nuestra clase un respeto profundo por las escrituras hindúes. Sin embargo, nunca nos pidió que leyéramos los vedas, los textos hindúes primarios y más santos. Así que decidí estudiarlos. Me fui a la librería de la Gita Press, en Gorakhpur, el equivalente a la Sociedad Bíblica de la India. Para mi sorpresa, se me dijo que podía comprar comentarios de los vedas, ¡pero que los vedas mismos nunca se habían publicado en hindi, mi lengua materna e idioma nacional de la India!

«¿Por qué?» le pregunté al librero. «¿No quieren los sacerdotes que conozcamos la revelación de Dios?»

El librero me explicó gentilmente que los vedas nunca podrían ser traducidos porque eran demasiado sagrados y difíciles de entender. Además, la comprensión no era necesaria. No fueron escritos para enseñar verdad. Eran mantras que había que memorizar y entonar correctamente con pronunciación, enunciación y entonación prolijas. Su magia estaba en el sonido, no en el significado. Para aprender los vedas, debía hallar un gurú competente y pasar años a sus pies practicando el arte de los cantos vedas, ofreciendo a la vez los sacrificios prescritos.

Desilusionado, investigué el Corán. *Allajabad*, el nombre de mi ciudad, quiere decir «la morada de Alá». De nuevo me sorprendí al enterarme de que el Corán tampoco estaba publicado en hindi, y ni siquiera en urdu, lenguaje que entendía debido a que mis amigos musulmanes lo usaban todo el tiempo. Puesto que mi pasión era saber la verdad, tenía poca motivación para aprender árabe para estudiar el Corán. Así que volví a la Biblia, que yo ya había leído, para ver si en realidad era la revelación de Dios.

Tuve la dicha de que mis padres, mi hermana mayor y varios amigos me animaron a leer la Biblia. Sin embargo, el decidir examinarla exigía valentía. Tenía que ir en contra de mi entorno universitario.

Hallé algunas partes de la Biblia emocionantes, otras aburridas, y algunas incluso repugnantes. Pero descubrí mucho más de lo que esperaba.

Capítulo cuatro

EL YO

¿Soy perro o Dios?

La universidad me hizo fácil dudar de Dios. Mi reto era descubrir quién era yo.

La Introducción a la Psicología era un curso obligatorio para los que estudiábamos Filosofía en la Universidad de Allajabad. El Departamento de Psicología era el orgullo de nuestra universidad. A fines de la década de los sesenta el Departamento estaba dominado por el behaviorismo, escuela de psicología promovida por B. F. Skinner. El behaviorismo presupone que no hay ni Dios ni alma. En consecuencia, los seres humanos son sustancias químicas convertidas en animales, cualitativamente nada diferente de los perros. La sustancia química no tiene alma ni «libre albedrío».* Funciona como un sistema cerrado, determinista, de causas y efectos. Los behavioristas usaban los experimentos de perros de Pavlov para explicar cómo los seres humanos están condicionados y cómo se les puede recondicionar. Esto reducía a los seres humanos a máquinas psicoquímicas determinadas por el medio ambiente, la química, la casualidad y el condicionamiento cultural. Las máquinas se pueden dañar, reparar y reprogramar, pero siguen siendo simplemente máquinas.

Al empezar a leer de nuevo el primer capítulo de la Biblia, hallé una noción radicalmente diferente del yo humano. Dice que Dios creó

---

* Para más debate de este tema por favor véase el capítulo 13.

a los seres humanos a su imagen («hombre»; varón y mujer). Por un lado, tanto los perros como yo somos criaturas. Somos similares de muchas maneras. Por ejemplo, ambos somos mamíferos. Sin embargo, en sentidos fundamentales, somos muy diferentes. Yo no puedo conocer la *esencia* de mi humanidad estudiando a los perros. Si soy hecho a imagen de Dios, ¿no sería el conocer a Dios esencial para conocerme a mí mismo? ¿Qué me dice este primer capítulo de Génesis en cuanto a Dios y a mí mismo?

La Biblia empieza declarando: «En el principio creó Dios los cielos y la tierra». Dios es el Creador. Un perro es solo una criatura. ¿Qué soy yo? Si Génesis tiene razón, entonces yo soy una criatura (hecha por Dios) y un creador (hecho a imagen del Creador). Soy una criatura creadora.

Eso fue una epifanía para mí. Esas pocas frases de Génesis se compaginaban con mi experiencia mejor que las voluminosas palabras del Departamento de Psicología. Las palabras bíblicas tenían sentido porque se ajustaban a lo que yo sabía de mí mismo. Las máquinas producen. Los seres humanos crean. ¿Cuál es la diferencia? Nosotros creamos lo que *escogemos* crear. Libertad, u opciones, es la esencia de la creatividad. El determinismo explica solo una parte de mí. Ingiero alimentos cuando me impulsa la química de los retortijones del hambre. Pero puedo escoger ayunar. Puedo escoger ayunar hasta morirme o escoger interrumpir mi ayuno. En la esencia de mi ser, soy libre.

Irónicamente, esa luz de la verdad brilló en mi mente en una noche realmente oscura. Volví a casa para encontrarme con que el resto de la familia había salido. Subiendo las escaleras con nuestra perra Jackie por delante, busqué a tientas el interruptor y lo encendí. Pero no había electricidad. Hallé nuestra llave escondida, abrí la puerta y, palpando, llegué a la mesa donde tenemos fósforos y velas, solo para comprobar que no había fósforos en la caja.

Mi medio ambiente «determinó» mi opción. Me senté en el sofá, llame a Jackie para que se sentara mi lado y dejé que mi mente divagara.

¿Y si mi familia no vuelve en horas? ¿Y si las pilas de la linterna que mi madre lleva por la noche se agotan? Pues bien, creo que esta noche no hay tareas de estudios. Así que me voy a la cama.

Pero, ¿y si no hay electricidad mañana y tampoco tenemos fósforos? ¿Y si no se hubieran inventado los fósforos? Pues bien, entonces, tal vez tendría que tomar dos piedras y frotarlas hasta lograr una chispa. Entonces tendríamos luz. Pero, ¿por qué necesitamos luz? ¿Por qué a Jackie no le importa si hay luz u oscuridad?

¿Soy yo diferente a los perros? ¿Podría ser que yo hago luz, aunque Jackie no, debido a que yo fui creado a imagen de alguien que creó la luz?

Este último pensamiento fue interesante. Jackie acepta lo que *es*; incluso la oscuridad. Yo me imagino lo que *podría* ser o *debería* ser y trato de cambiar lo que es. Eso es creatividad. Soy parte de la naturaleza, pero no soy mera y exclusivamente una parte de la naturaleza. Al usar mi imaginación, puedo trascender la naturaleza. Puedo cambiar la naturaleza para que llegue a ser como mi imaginación. Puedo inventar fósforos, velas y lámparas eléctricos. ¿Es eso lo que la Biblia implica cuando llama a Dios «Creador» y dice que yo estoy hecho a su imagen?

El relato de la creación en Génesis 1.2–4 continúa: «Y la tierra estaba desordenada y vacía, y las tinieblas estaban sobre la faz del abismo... Y dijo Dios: Sea la luz; y fue la luz. Y vio Dios que la luz era buena».

Otra luz se encendió dentro de mí. Tal vez este elemento creativo en la naturaleza de un ser humano fue la razón por la que Jesús dijo: «Yo soy la luz del mundo; el que me sigue, no andará en tinieblas».[1] Los contemporáneos de Jesús tenían lámparas, pero andaban en oscuridad: oscuridad moral, religiosa, social, económica y política. Jesús llamó a sus discípulos para que fueran luz en su mundo oscuro. ¿Cómo podemos cambiar nuestro mundo si somos meramente parte del mismo? Podemos inventar aleaciones que no se hallan en la naturaleza y cultivar flores y frutas que no crecen en la naturaleza. Esto muestra que hay algo en nosotros, imaginación creativa, que trasciende la naturaleza, cultura e historia. Debemos ser libres por dentro para hacer una diferencia por fuera; en la naturaleza o en la cultura.

El determinismo (y otras formas de reduccionismo) implica que no existimos como seres individuales, sino que somos solo productos de nuestra química, genes, medio ambiente, cultura o idioma. Mis profesores acunaban estas ideas en terminología científica y académica. ¿Hacía eso de estas ideas algo mejor que el fatalismo tradicional? El fatalismo es una cosmovisión con las gigantescas consecuencias sociales que podía ver por todas partes a mi alrededor: pobreza, enfermedad y opresión. Culturas como la mía se habían resignado históricamente a su «destino». La civilización occidental, por otro lado, creía que los seres humanos son criaturas creativas y, por consiguiente, podían cambiar «la realidad» para mejorarla. Esto permitió que Occidente eliminara muchas de las enfermedades que todavía plagan a mi pueblo.

Pero, dije para mis adentros, *si eres como Dios, ¿esperarías a que tu familia volviera? ¿Acaso no dirías: «Hágase la luz», y habría luz?*

¡Un momento! (Estaba ejerciendo mi libertad interior para argumentar conmigo mismo.) *¿Cómo hacemos electricidad?*

¿Acaso no leemos y enseñamos la ciencia y la tecnología de generar y aplicar la electricidad antes de que podamos hacer luz? Las palabras, en efecto, vienen antes de la luz. Los perros no aprenden a hacer luz porque no tienen el don del lenguaje. Yo uso el lenguaje, pero Jackie no. ¿Evolucionó nuestra capacidad para usar el idioma, o fuimos hechos con esa capacidad porque fuimos creados a imagen de alguien que usa palabras?

El lenguaje no meramente nos permite ser creativos. El lenguaje en sí mismo es creativo. La mejor literatura es lenguaje «inspirado». La inspiración también es clave para descubrimientos científicos, irrupciones técnicas y obras maestras de la literatura. La inspiración viene de *«en espíritu»*; en el Espíritu. En la quietud oscura de ese cuarto, aprendí lo que Hellen Keller (1880–1964) había aprendido de una manera mucho más dramática: que el lenguaje nos hace humanos, personas.

Helen era ciega y sorda. Debido a que su enfermedad se había producido cuando ella tenía apenas diecinueve meses, también era muda, incapaz de usar significadores orales (palabras) para la comunicación. Durante años, Helen no pudo aprender nada, porque estaba encerrada en su propio mundo de frustración y cólera. En *Helen Keller, la historia de mi vida*, Helen describió su momento de epifanía cuando tenía siete años:

Recorrimos el sendero a la casa del pozo, atraídas por la fragancia de la madreselva con que estaba cubierto. Alguien estaba sacando agua y mi maestra me puso la mano debajo del grifo. Conforme el torrente frío chorreaba sobre una mano, deletreó en la otra la palabra *agua,* primero lentamente, luego rápidamente. Yo todavía estaba quieta, con toda mi atención fija en los movimientos de sus dedos. De repente sentí una conciencia nebulosa como de algo olvidado, una emoción de un pensamiento que vuelve; y de alguna manera el misterio de lenguaje se me reveló. Supe entonces que «a-g-u-a» quería decir ese maravilloso algo frío que me corría por las manos. Esa palabra viva me despertó el alma, dándole luz, esperanza, alegría, ¡haciéndola libre![2]

Su descubrimiento del lenguaje le permitió aprender a hablar para cuando tenía diez años. Aprendió a escribir usando una máquina de escribir Braille. Se convirtió en autora prolífica, defensora de los ciegos, y una voz poderosa en muchos asuntos sociales.

El entusiasmo de Helen en cuanto al lenguaje era opuesto al de los místicos de la India. La mayoría de los místicos iluminados de la India cultivaban el silencio. Veían el intelecto y lenguaje como la fuente de la ignorancia y esclavitud humanas. Entre mis amigos, Tripathi fue el único hindú que tuvo el valor para coincidir con los sabios de la India. Pensaba que los profesores que enseñaban que el hombre no era más que un animal evolucionado estaban mal informados. El hombre, sostenía Tripathi, era Dios: la realidad última, conciencia pura, sin pensamiento. Lo impregna todo. Es todo. Está dentro de nosotros, y la alcanzamos al meditar alejando de nuestra mente todo pensamiento y palabras. Los seres humanos, creía Tripathi, necesitábamos alcanzar un estado de conciencia donde todas las dualidades, todos los opuestos, se combinan para llegar a ser uno.

Einstein evitó que yo siguiera a mis profesores de psicología por un lado y a Tripathi por otro. La guerra de la India con China había suscitado la pregunta de si nuestro país se convertiría en potencia nuclear. Estábamos orgullosos de la reverencia del mundo por nuestro rechazo gandhiano de la guerra, la violencia y la industrialización.

Nos encantaba nuestra imagen de ser una nación no violenta, pero, ¿explotaría China nuestra falta de poder nuclear?

En cierto sentido, la era nuclear empezó con la ecuación $E=MC^2$ de Einstein. Einstein no llegó a esta ecuación partiendo un átomo o midiendo la energía liberada. Llegó a esa conclusión mediante su imaginación racional y el razonamiento matemático. ¿Cómo puede un trozo de barro (convertido en grasa) —la mente humana— conocer las leyes invisibles que gobiernan este universo y captarlas en palabras, palabras que se pueden probar y determinar si son verdaderas o falsas? El misticismo no racional, no verbal, de la India, producía mantras y magia. Para desarrollar potencia nuclear necesitábamos ecuaciones e ingeniería.

Dado que el lenguaje es revelador (como da por sentado la ciencia occidental), un equipo de ingenieros y científicos puede comunicar su conocimiento para planear un viaje a la Luna. Usamos palabras todo el tiempo para revelarnos verdad unos a otros. También usamos palabras para engañar y manipular a otros. Pero, ¿por qué funciona el idioma? Si el hombre es meramente otro animal, como un perro, ¿cómo pueden las leyes o verdades que gobiernan este universo ser puestas en palabras? Einstein escribió que este problema «nos deja maravillados, pero nunca lo entenderemos... Porque el eterno misterio del mundo es su comprensibilidad... El hecho de que podamos comprenderlo es un milagro».[3] Sin embargo, él sabía algunas cosas con certeza. Sabía que la Tierra era redonda y que giraba alrededor del Sol. Conocemos suficiente verdad del sistema solar como para soñar con un viaje a Marte. Aquellos que mantienen que las palabras no tienen nada que ver con la verdad están claramente equivocados. La experiencia de Helen Keller da credibilidad a la idea bíblica de que nuestras palabras son reveladoras y creativas porque detrás del universo hay palabras: las palabras del Creador.

Las palabras son herramientas que usamos para distinguir entre un sólido y un líquido, el agua y la leche, y la leche caliente y la fría. Si la realidad fuera una, como Tripathi pensaba, no podríamos saber la verdad sin matar el lenguaje repitiendo mantras insulsos o sonidos como el *om*. Las categorías verbales, trascendentes, intelectuales, no bastarían. Tripathi decía que los sabios iluminados tenían que trascender incluso el bien y el mal. Solo entonces podían amalgamarse en la conciencia divina. Palabras como moral, pensaba, nos alejan de la realidad (unicidad) en dualidad o pluralidad. Nuestra persistencia en hacer juicios de valor era prueba de nuestra ignorancia metafísica.

Tripathi era profundamente religioso. Sin embargo, en ese tiempo nadie le tomaba en serio. Estaba prácticamente solo en su creencia, y a veces no estaba seguro de si creía en ella él mismo. Su sistema de creencias adquirió algo de respetabilidad en la India solo en la década de los ochenta; después del interés occidental en los gurús indios, se convirtió en el movimiento Nueva Era.

El principio de la Biblia me dio una perspectiva que difería del hinduismo de Tripathi y del ateísmo académico. Dios no meramente dijo: «Sea la luz». Juzgó que la luz era buena. Mi perra, Jackie, puede tener una preferencia entre recibir un bistec entero o un hueso de sobras. Pero no parecía juzgarme como bueno o malo por darle lo uno o lo otro. Hacer juicio de valores era únicamente humano.

Mi mente volvió al loto de mi jardín. *¿Por qué era tan hermoso? Las plantas se valen de flores fragantes para atraer a las mariposas, pero, ¿por qué poseían belleza? ¿Qué pasa con las plantas que no necesitan atraer insectos? No era solo que las flores fueran hermosas. ¡Algunos árboles también se veían hermosos! ¿Por qué las mariposas y los árboles son hermosos?*

Si la belleza era meramente un medio para atraer a individuos del sexo opuesto, ¿por qué los árboles y las mariposas nos parecen agradables a nosotros? Su carácter agradable parece hacer daño a las flores y a las mariposas: las chicas arrancan flores y los chicos persiguen mariposas (¡antes de empezar a perseguir a las muchachas!).

Tanto los amigos que veían el universo como producto de la casualidad ciega, como Tripathi, que veía el universo como sinónimo de Dios, rechazaban la noción de bueno y malo. Para ellos, todos los juicios de valor (bueno o malo, hermoso y feo, verdadero y falso) eran subjetivos, en el mejor de los casos, y dañinos, en el peor. Los muchachos aducían que nada era hermoso o feo en sí mismo, sin embargo, seguían buscando muchachas hermosas, como si la belleza estuviera en la muchacha, y no en sus ojos. Las muchachas, a su vez, se esforzaban para verse hermosas. Las normas de belleza, como las de moral, diferían de cultura a cultura y de época a época. ¿Hacía eso que todos los valores fueran subjetivos? Incluso en el siglo XX teníamos castas enteras en la India cuya profesión socialmente aceptada era robar. ¿Es entonces robar una mera preferencia cultural, o es malo en sí mismo?

Sentado en ese cuarto oscuro, mi mente fue iluminada por la breve frase: «Y vio Dios que la luz era buena». Dio una explicación creíble a por qué hacemos juicios de valor.

Juicios morales: Esto es bueno; eso es malo.
Juicios estéticos: Esto es hermoso; eso es feo.
Juicios epistemológicos: Esto es verdad; eso es falso.

El capítulo 2 de Génesis explica la belleza cuando dice que Dios plantó un huerto e hizo «todo árbol delicioso a la vista».[4] En los capítulos 3 a 6, Génesis describe las decisiones y acciones humanas que Dios dijo que no eran buenas. ¿Podría ser que hacemos juicios de valor debido a que son intrínsecos a lo que significa ser una persona (como Dios), a diferencia de ser meramente animales?

Mi medio ambiente intelectual me decía que cometemos un error cada vez que hacemos un juicio de valor. Los que decían que no debemos juzgar seguían juzgando a los que juzgaban. Eso mostraba que hacer juicios de valor es una parte integral, inevitable, de lo que somos como seres humanos. Es esencial a la creatividad cultural y a la posibilidad de reforma. No reparamos lo que no está dañado. Para cambiar algo, primero debemos juzgar lo que no está bien, o no es correcto, o no es verdad. Los primeros capítulos de la Biblia, por consiguiente, parecen encajar en la realidad mejor que las opciones intelectuales que me ofrecían la universidad o mis amigos. Empecé a entusiasmarme por la Biblia porque me proporcionaba explicaciones. Me daba un mayor sentido de quién era yo, una persona, como Dios, con capacidad de saber, experimentar y disfrutar la bondad, la belleza y la verdad.

Aunque hallé los primeros capítulos del Génesis emocionantes, no tardé mucho en llegar a las partes tediosas y repugnantes de la Biblia. Para cuando llegué a los libros de los Reyes y Crónicas, me había hartado. Estaba a punto de tirar la toalla. ¿Por qué estaba leyendo historia judía? Casi ni sabía nada de la historia de la India. ¿Para qué tenía que leer experiencias de reyes judíos ya llevaban siglos muertos y desaparecidos?

Justo cuando estaba considerando cerrar este aburrido libro de una vez por todas, algo me intrigó. Nuestra historia folclórica nos habla de gobernantes grandes y gloriosos. Este libro judío, por el contrario, me hablaba de la perversidad de los gobernantes judíos. ¿Por qué?

Los sacerdotes deben de haber escrito la Biblia, pensé. Era típico de los sacerdotes (los llamamos brahmines en la India) detestar a los gobernantes (los kshatriyas). Pero no. La Biblia decía que los sacerdotes, en verdad toda la clase religiosa de los judíos, se corrompió tanto que Dios destruyó su propio templo y envió a sus sacerdotes a la esclavitud.

Pues bien, entonces, la Biblia debe de ser historia «de personajes de segunda», escrita por personas ordinarias, oprimidas tanto por los sacerdotes como por los reyes. Pero no, este libro judío parecía ser más antisemita que cualquier cosa que Hitler hubiera escrito. Estas escrituras judías (el Antiguo Testamento) condenaban a los judíos[*] como corruptos, codiciosos, pillos, necios, duros de cerviz y rebeldes.[**]

En ese caso, pensé, *la Biblia tiene que ser obra de los profetas*. A ellos les encanta condenar a todos. Otra mirada a esos aburridos libros de Reyes y Crónicas, sin embargo, mostró que la mayoría de los profetas eran falsos profetas y que los buenos perdieron. Ni siquiera pudieron salvarse a sí mismos, mucho menos lograr su misión de salvar a la nación. Su nación se desintegraba ante sus propios ojos.

La Biblia era una narración e interpretación muy selectiva de la historia judía. Afirmaba ser explicación de Dios de por qué la nación entera fue destruida y cuándo, por qué y cómo sería reconstruida. Aunque estudié ciencias políticas (además de filosofía), ninguno de mis profesores nos dijo que estos libros «aburridos» de la Biblia fueron la misma fuente de la democracia moderna, incluyendo en la India.

---

[*] Incluyendo a los israelitas. No todo descendiente de Jacob es judío, pero en este libro estoy siguiendo el uso popular corriente.

[**] Más tarde me di cuenta de que la Biblia condenaba a los judíos por su inmoralidad, y no por ser judíos. No toda crítica de un pueblo es racismo. Los padres que aman más a sus hijos los consideran más responsables de sus malas acciones.

Pensaban que nuestra democracia había venido de Atenas. Más adelante en este libro examinaremos tales mitos seculares. Para continuar con mi peregrinaje, la lectura de esos libros «tediosos» me ayudó a entender una diferencia básica entre literatura y revelación.

La literatura es algo que interpretamos. La revelación también nos interpreta y nos evalúa a nosotros. Se yergue sobre nosotros, nos juzga y nos llama a que volvamos a la cordura. Repetidamente en toda la historia de la Biblia, los judíos degeneraron hasta la perversidad. La revelación, sin embargo, siguió siendo un estándar trascendente que promovía la autocrítica y la reforma. Incluso deconstruía las ideologías falsas que la gente edificaba alrededor de la revelación. Esa tradición profética de autocrítica hizo de los judíos una bendición para el mundo. La revelación fue la fuente por la cual la humanidad podía conocer el amor y el castigo de Dios simultáneamente. Esto me ayudó a entender por qué la Biblia hizo posible que Occidente se reformara repetidas veces, a pesar de los muchos períodos de degeneración moral e intelectual. Dios declaró por el profeta Isaías: «Yo estimo a los pobres y contritos de espíritu, a los que tiemblan ante mi palabra».[5] Solo la persona humillada por una autoridad más alta podría experimentar verdadera reforma.

Pero, ¿por qué debía yo, un joven de la India, molestarme en leer la Biblia, incluso si fuera en realidad la interpretación divina de la historia judía?

No tenía ni idea de que esa sencilla pregunta iba a determinar el rumbo de mi vida. A primera vista, la Biblia parecía ser una recolección de libros de historia, poesía, ritos, filosofía, biografía y profecía, sin relación alguna, unidos solo por el hilo y pegamento de la encuadernación. Pero solo tuve que leer Génesis 11 y 12 para darme cuenta de que los libros de la Biblia, al parecer, no relacionados y diferentes, tenían una trama clara, una hebra que unía a todos los libros, así como también al Antiguo y Nuevo Testamentos. El pecado había traído una maldición sobre todas las naciones de la tierra. Dios llamó a Abraham a que le siguiera porque quería bendecir a todas las naciones de la tierra por medio de los descendientes de Abraham.[6] No me llevó mucho tiempo darme cuenta de que el deseo de Dios de bendecir a los seres humanos empieza en el capítulo 1 de Génesis y culmina en el último capítulo del último libro con una gran visión de sanidad de todas las naciones.[7]

La implicación era obvia. La Biblia estaba afirmando que debía leerla porque fue escrita para bendecirnos a mi nación y a mí. La revelación de que Dios quería bendecir a mi nación de la India me sorprendió. Me di cuenta de que era una predicción que podía probar. Podía confirmar o negar la fiabilidad de la Biblia. Si la Biblia es Palabra de Dios, entonces ¿ha cumplido él su palabra? ¿Ha bendecido él «a todas las naciones de la tierra»? ¿Había sido mi nación bendecida por los hijos de Abraham? Si es así, eso sería una buena razón para que yo, ciudadano de la India, pusiera a prueba este libro.

Mi investigación de si Dios de verdad había bendecido a la India mediante la Biblia produjo descubrimientos increíbles: la universidad donde yo estaba estudiando, el municipio y la democracia en que vivía, la Corte Suprema de detrás de mi casa y el sistema legal que representaba, el lenguaje hindi moderno que hablaba como lengua materna, el periódico secular para el cual había empezado a escribir, el cuartel del ejército al oeste del camino en que vivía, el jardín botánico al este, la biblioteca pública que había cerca de nuestro huerto, las líneas ferroviarias que cruzaban mi ciudad, el sistema médico del que yo dependía, el Instituto Agrícola al otro lado de la ciudad; todo esto llegó a mi ciudad debido a que algunas personas tomaron la Biblia en serio.

Siempre había oído que el «renacimiento de la India» del siglo XIX empezó con Raja Ram Mojan Roy. Me sorprendió descubrir que en realidad empezó con la llegada de la Biblia. Siempre se nos decía que la libertad de nuestra nación era resultado de la lucha de Mahatma Gandhi; para mí fue una sorpresa descubrir que, en realidad, la libertad de la India fue fruto de la Biblia. Antes de la Biblia, nuestra gente ni siquiera tenía las nociones modernas de nación o libertad. Los generales hindúes mantenían el gobierno mogol en la India. Pero eso fue solo el principio.

La Biblia era la misma alma de la civilización occidental.
Había sido el libro del segundo milenio después de Cristo
Llegó a ser la fuerza que extendió mundialmente la
civilización occidental.[8]

Parte III

SEMILLAS DE LA CIVILIZACIÓN OCCIDENTAL

La Biblia fue un libro que se podía esperar que los estadounidenses alfabetizados de los siglos XVII, XVIII y XIX conocieran bien. Las imágenes bíblicas proporcionaron el marco de trabajo básico para el pensamiento creativo en Estados Unidos hasta tiempos muy recientes, e, inconscientemente, su dominio sigue siendo formidable.

—ROBERT N. BELLAH

Capítulo cinco

HUMANIDAD

¿Cuál es el más grande descubrimiento occidental?

Hace mil años, la civilización islámica había superado a Europa en casi todos los aspectos. Los gobernantes islámicos eran más ricos, los ejércitos islámicos eran más poderosos y los intelectuales islámicos habían avanzado más en artes, erudición, ciencia y tecnología.

Pero algo cambió. Ahora, los pobladores de España traducen al español tantos libros *cada año* como los árabes han traducido al árabe en los últimos mil años. Si se saca el petróleo de la ecuación, los 5 millones de finlandeses exportan más bienes y servicios cada año que los 165 millones del mundo árabe. El petróleo se puede sacar de la ecuación porque los británicos lo descubrieron en el Medio Oriente, las compañías estadounidenses empezaron a extraerlo y refinarlo, su producción la mantienen ingenieros reclutados del mundo occidental, y buena parte del negocio depende de que las fuerzas militares de los EE.UU. impidan que tiranos y guerrilleros incendien los pozos de petróleo o trastornen su flujo.

¿Qué produjo este notable surgimiento de Occidente en tanto que el resto del mundo se estancó? Mis profesores seculares nos enseñaron que el secreto fue el «descubrimiento» de Occidente de la dignidad humana durante el Renacimiento. Es verdad. Pero también enseñaban que los filósofos humanistas del Renacimiento descubrieron este concepto en los clásicos griegos y latinos. Eso es un mito. Aunque los escritores clásicos sostenían muchos ideales nobles, el valor y dignidad inherentes de cada ser humano no estaban entre ellos. Esta idea única vino de la Biblia.

La muerte de Sheela y un vistazo a mi mundo

En 1976, Ruth y yo dejamos la India urbana para ir a vivir con los pobres en la zona rural en las afueras de la aldea de Gatheora. Cuando llegamos, Ruth decidió visitar a cada familia del pueblo. Todos los días visitaba a unas pocas familias para ver cómo podíamos servirles. En una de tales visitas, Ruth conoció a Lalta, una niña de diez años, de una familia de casta baja. Le preguntó a Lalta:

—¿Cuántos hermanos y hermanas tienes?

—Cuatro... o tal vez tres —respondió Lalta.

—¿Son tres o cuatro? —preguntó Ruth curiosa.

—Bueno, tres. La cuarta está casi muerta.

—¿Puedo verla?

La niña se llamaba Sheela. En el centro de un cuartucho sin ventanas, en penumbra, un esqueleto viviente de dieciocho meses yacía en un catre de lona pelado, con pus brotando de llagas que le cubrían el cuerpo y la cabeza, con las moscas recubriéndola porque ni siquiera podía levantar la mano para espantarlas. Sus muslos tenían el grosor del pulgar de un adulto. Sheela estaba tan débil que ni siquiera podía llorar. Solamente lanzaba suspiros.

Las lágrimas afloraron en los ojos de Ruth.

—¿Qué tiene? —le pregunto a la madre.

—Ah, no come nada —contestó la madre medio sonriendo—. Vomita todo lo que le doy.

—¿Por qué no la llevan al hospital?

—¿Y cómo podemos darnos el lujo de ir a ver a un médico?

—¡En serio! —Ruth quedó aturdida por el alcance de su pobreza—. Yo pagaré para que la atiendan.

—Pero, ¿de dónde sacamos el tiempo para ir al hospital? —preguntó la madre.

—¿Qué quiere decir? Su hija se está muriendo, ¿y usted no tiene tiempo para llevarla al hospital?

—Tengo otros tres hijos —dijo la madre—, y un marido que cuidar. Además, siempre me pierdo en el hospital.

—Pídale al esposo que la acompañe —sugirió Ruth.

—Él no tiene tiempo. Tiene que cuidar el ganado y los sembrados.

—Dígale que yo pagaré para que él contrate a alguien que cuide el campo por un día. También yo la acompañaré. Muchos del hospital son amigos nuestros.

La madre halló una manera conveniente para que dejase de fastidiarla.

—Hablaré con mi esposo.

Ruth quedó encantada.

—Le diré a mi esposo que venga esta noche para hablar con el suyo. Por la mañana, yo la llevaré al hospital.

Ruth se apresuró a volver a casa para asegurarse de que yo haría mi parte en su misión para salvar a Sheela. Cuando visité a la familia esa noche, salieron de la casa para hablar conmigo. Algunos vecinos también vinieron para ver qué estaba sucediendo. La pareja había decidido que no iban a ir al hospital.

—¿Por qué? —pregunté sorprendido.

—No tenemos dinero.

—Pero mi esposa le dijo que nosotros lo pagaremos.

—No queremos endeudarnos.

—Pues bien, voy a poner por escrito frente a estos testigos —dije, señalando a los vecinos— que nunca le pediré que me devuelva el dinero. Es un regalo.

—No tenemos tiempo.

—Pero mi esposa le dijo que pagaremos para que emplee a un peón por un día.

—¿Por qué se molestan por nosotros? —Estaban irritados por mi persistencia—. Es nuestra hija.

No podía aceptar que ellos quisieran que su hija muriera, porque no pensaba que un padre pudiera ser tan cruel. Sin embargo, no podía interpretar su conducta de ninguna otra manera. Así que decidí usar la presión de la opinión pública para convencerlos.

—¿Están matando a la niña? —les pregunté de sopetón alzando ligeramente la voz.

—¡Por supuesto que no! Pero ¿qué podemos hacer si ella no quiere comer y vomita todo lo que le damos?

—Si ustedes no pueden hacer nada por ella, entonces, ¿por qué no permiten que los médicos hagan algo?

—Porque no podemos darnos ese lujo. —Ellos estaban tan tercos como yo.

—Miren —se me había agotado la paciencia—. Si ustedes no llevan a la niña al hospital mañana, yo voy a ir a la policía para informar que están matándola. ¿Cómo pueden ser tan crueles? ¿Por qué no empuña un cuchillo y la apuñala? ¿Por qué la deja sufrir esa manera? —Luego me volví a los vecinos—. ¿Por qué no dicen nada? ¿No les importa nada esta niña desvalida?

Yo había esperado que los vecinos ofrecieran respaldo moral; pero se quedaron mirándome como si yo fuera un necio. Finalmente, un vecino anciano ayudó a resolver la disputa. Les dijo a los padres de Sheela:

—¡Miren! En realidad él podría ir a la policía. Si la policía se lleva a Sheela al hospital, entonces ustedes tendrán que pagar los gastos. Por consiguiente, es mejor que vayan con ellos.

El doctor Mategaonker le dio el ingreso a Sheela y la puso bajo medicación y alimentación intravenosa. Después de una semana o algo así, el personal médico pudo empezar a darle de comer mediante un tubo por la nariz. Después de otra semana, recomendaron que la lleváramos a nuestra casa y que siguiéramos dándole de comer sus líquidos por el mismo tubo hasta que tuviera suficiente fuerza como para comer por sí sola.

Para ese tiempo, nuestra familia había empezado a ampliarse hasta convertirse en una comunidad. Unos pocos jóvenes vivían con nosotros, como Mark, estudiante del programa HNGR (siglas en inglés de Necesidades Humanas y Recursos Globales) de la Universidad Wheaton, de Estados Unidos. Les encantaba cuidar a Sheela, incluyendo lavar a mano sus pañales sucios y hediondos. Sheela respondió al cariño y atención tanto como a los medicamentos y la comida. Se convirtió en un deleite.

Pero no duró mucho. Una mañana, su madre vino refunfuñando.

—La gente del pueblo dice que ustedes están corrompiendo a nuestra hija. Si ella come en su casa, nuestra casta quedará contaminada y Sheela se hará cristiana.

Ruth procuró asegurarle a la madre que bien podía llevarse a Sheela a su casa. Estábamos contentos con lo que habíamos podido hacer y nos alegramos de entregarles a la niña de nuevo a sus padres. A las pocas semanas, sin embargo, nos enteramos de que Sheela había vuelto a su condición previa.

Hubo que repetir todo el proceso. Ruth fue a persuadir a la madre. Luego yo fui para persuadir y amenazar al padre. Ruth llevó a Sheela y la madre al hospital. A Sheela le insertaron un tubo intravenoso, le dieron de comer por la nariz y la enviaron a nuestra casa. Entonces su madre vino a pelear. Ruth daba por sentado que la madre había aprendido su lección, así que dejó que se llevara a Sheela de nuevo a su casa. Antes de que lo supiéramos, Sheela había muerto.

Los padres de Sheela la dejaron morir de hambre porque la veían como una carga. Ya tenían una hija que cuidara a sus hijos y limpiara y cocinara para la familia. Una segunda hija era una carga innecesaria. Tendrían que darle de comer diez o doce años. Luego tendrían que endeudarse para conseguir una dote para casarla. Sus parientes políticos podrían torturarla para sacarles más dinero. En esos días, según contaba nuestra prensa nacional, cada año los parientes políticos mataban alrededor de trescientas jóvenes esposas en la capital de nuestra nación, en un esfuerzo por sacarles más dote a los padres.[*] Pero una dote no era el fin de los gastos. La hija volvería a la casa de

---

[*] Véase http://www.indianchild.com/dowry_in_india.htm. «Según cálculos del gobierno, a nivel nacional, en 1993 hubo un total de 5,337 muertes por cuestiones de la dote». Esas cifras deben considerarse inferiores a la realidad, puesto que muchos asesinatos se registran como accidentes o suicidios.

sus padres para dar a luz a sus hijos. ¿Por qué asumir toda esa carga vitalicia, aun cuando alguien ofreciera atención médica gratuita y leche por unas pocas semanas?

Ruth y yo no podíamos entender a los padres de Sheela porque nuestra cosmovisión era muy diferente a la de ellos. Ellos miraban a los hijos como bienes o costes, conveniencias o cargas. Nosotros los mirábamos como seres humanos con valor intrínseco. Creíamos que el mandamiento de Dios de «no matarás» le da a toda persona un derecho fundamental a la vida. No esperábamos ganar nada de Sheela. Creíamos que amar a Dios nos exigía que la amásemos a ella.

Intervinimos porque pensábamos que la Palabra de Dios nos ordena: «¡Levanta la voz por los que no tienen voz! ¡Defiende los derechos de los desposeídos! ¡Levanta la voz, y hazles justicia! ¡Defiende a los pobres y necesitados!»[1]

Desde la perspectiva de su propia cultura, los padres de Sheela no eran personas perversas. Eran seres humanos ordinarios, tan buenos o malos como cualquier otro. Querían a sus hijos tanto como cualquiera. Si hubieran tenido un abogado estadounidense, hubieran argumentado que mataron a su hija por amor; era asesinato por «misericordia», eutanasia y nada diferente de lo que prácticamente cualquier mujer hace cuando aborta al hijo que no quiere. Los padres sabían que la vida de Sheela como niña no querida en su casta y cultura iba a ser especialmente desdichada; su futuro estaba condenado a ser negro. Por consiguiente, a causa de su profunda compasión por ella, acortaron su sufrimiento. Así, pienso, fue en realidad. El abogado hubiera pasado a argumentar que las personas de posición más privilegiada no tenía ningún derecho a juzgar a los padres de Sheela, que estaban atrapados en un círculo vicioso de pobreza.

Los padres de Sheela creían que, como ellos mismos, Sheela estaba atrapada ineludiblemente en las garras de la pobreza. Creían en el fatalismo tradicional hindú. No pensaban que podían cambiar la historia; que ellos podían trascender el destino y el karma, la naturaleza y la cultura. Para ellos era demasiado revolucionario pensar que como seres humanos eran criaturas que forjan historia, que producen cultura, y que el futuro de Sheela no estaba destinado a ser lóbrego. De este modo, nuestro conflicto no era meramente sobre principios éticos; era un choque de cosmovisiones.

Para quien no está familiarizado con la cosmovisión hindú será difícil entender cómo los padres pueden matar a un hijo con el consentimiento implícito de toda la población. Tal vez una visión de uno de los padres del moderno hinduismo, Ramakrishna Paramhansa, ayudará. En una de sus visiones místicas, Ramakrishna vio a su madre diosa, Kali, salir de las aguas oscuras del río. Mientras observaba, ella dio a luz a un niño justo ante sus ojos y luego procedió a comerse al recién nacido. En sus manos, el niño parecía carne y sangre normal, pero en la boca de ella el niño parecía estar vacío.

El santo interpretó su visión usando los mismos conceptos budistas que Kurt Cobain practicó, tales como «la vida está vacía». Aunque Ramakrishna era hindú, pudo adoptar una noción budista debido a que la enseñanza budista del *anatman* (no-yo) tiene la misma implicación práctica que las doctrinas hindúes de reencarnación y *Brahmán* (yo universal). Estas doctrinas implican que la individualidad es una ilusión y que la salvación requiere que la conciencia del individuo se disuelva en la conciencia universal o Dios.

La madre diosa podía matar a su hijo porque la fe en la reencarnación trivializa la muerte tanto como la vida. En las bien conocidas escrituras hindúes, el *Bhagavad Gita*, el dios Krishna anima a Arjuna a matar a sus primos y maestros, ya que la reencarnación significa que la muerte de un alma es como cambiarse de ropa. «Así como un hombre deja una ropa vieja y se pone otra nueva, así el espíritu deja su cuerpo mortal y luego se pone otro que es nuevo».[2] El señor Krishna aconsejó a Arjuna que no se compadeciese de los que debía matar porque el alma en realidad nunca nace y nunca muere. «Tú sientes compasión donde la compasión no tiene lugar. Los sabios no sienten compasión ni por lo que muere ni por lo que vive. Nunca hubo un tiempo cuando tú y yo no estábamos en existencia, y todos estos príncipes; tampoco vendrá un día, en el más allá, en que alguno de nosotros dejará de ser».[3]

Los padres de Sheela no tenían esperanza para ella porque no sabían que Sheela tenía otro Padre en el cielo que no estaba sujeto a la naturaleza, historia, cultura o karma. Él podía cambiar su futuro como lo hizo con José, que languideció en la cárcel durante años, aunque no era culpable de mal karma.[4]

Al empezar a ver que estas diferencias de cosmovisión eran cuestiones de vida y muerte, que luchar contra la pobreza exigía luchar contra el fatalismo, empecé a hablar con nuestros vecinos en cuanto a nuestra necesidad de conocer y confiar en el Dios viviente. Esta conexión entre el conocimiento de Dios (teología) y el conocimiento del hombre (antropología) es crucial para entender el Occidente moderno.

HUMANISMO

Mis amigos de la India que han sido secularizados por la educación universitaria creen, tanto como yo, que los seres humanos pueden producir un futuro diferente y mejor para sí mismos. Concuerdan con que el destino de una niña como Sheela no lo determina el karma. Ella no está destinada a vivir una vida de miseria. Y mis amigos no señalan a la Biblia o a credos teológicos para justificar esta creencia. Para ellos, es cuestión de sentido común.

Pero tal idea no es sentido común en la India tradicional. La mayoría de las familias que hostigan, torturan e incluso matan a sus nueras buscando dote tienen buena educación. Esta idea no era sentido común en las civilizaciones antiguas o medievales. El infanticidio era una práctica común en la Grecia y Roma antiguas. Las nociones de la dignidad y derechos humanos llegaron a la India con la educación cristiana. Veremos las consecuencias de su secularización. Por el momento, la pregunta es: *¿De qué manera el concepto occidental de los seres humanos llegó a ser tan radicalmente diferente de todo el resto? ¿Qué impacto tuvo eso en la ética, la política, la ciencia, la tecnología y la medicina occidentales?*

Europa se había vuelto «cristiana» mucho antes del año 1500 A.D., pero eso no significa que la mayoría de los aspectos de su visión del mundo fueran bíblicos. Por ejemplo, la idea bíblica del hombre estaba enterrada bajo el paganismo precristiano de Europa, la cosmovisión cosmológica grecorromana y el fatalismo islámico.

El paganismo enseñó a Occidente a temer y adorar a los espíritus, los semidioses y los dioses. La espiritualidad folclórica continuó en la cristiandad medieval en forma de temor a los espíritus y de oraciones a los santos y los ángeles. Consideraban a los seres humanos inferiores a los ángeles.

Mientras que las masas sin educación persistían en el paganismo precristiano, los filósofos medievales, llamados escolásticos, quedaron bajo la influencia de la visión cosmológica griega antigua. La mayoría de los griegos no compartía la idea contemporánea de que el universo empezó recientemente con una «gran explosión». Daban por sentado que el cosmos era la realidad última. Dioses, espíritus, ángeles, ideas y seres humanos, todos eran parte del cosmos. Cada uno tenía un lugar fijo en el esquema de cosas. Esto quería decir que ni siquiera el Dios Supremo podía cambiar el curso de la historia cósmica. Cuando el hombre trataba de elevarse por encima del estatus asignado a él, cometía arrogancia insolente, el pecado de arrogancia y de orgullo desmedido. Ni el hombre, ni los dioses, ni el Dios Supremo podían cambiar el ciclo descendente de la naturaleza o la historia. Cada ciclo de historia cósmica empezaba como una Edad de Oro y degeneraba a Edades de Plata, Bronce y Hierro antes de ser destruida, solo para empezar de nuevo con otra Edad de Oro.

Cuando los musulmanes conquistaron el Imperio Bizantino, adquirieron los monasterios cristianos que habían preservado el saber griego. Estos fueron traducidos al árabe y después vueltos a traducir al latín, y trasmitidos a Europa occidental. Junto con muchas cosas buenas, también trasmitieron el fatalismo islámico. El impacto acumulativo del paganismo, la visión cosmológica del mundo y el fatalismo harían del «hombre» medieval una criatura impotente que vivía con miedo de las fuerzas conocidas y desconocidas. El «destino» o «suerte» del hombre no estaba en sus manos. Algunas de las fuerzas que gobernaban su destino eran extremadamente caprichosas y completamente insensibles. Los astrólogos y adivinos eran de algún valor, pero, en última instancia, ellos también estaban sujetos a las mismas fuerzas oscuras. La vida humana, en resumen, era una tragedia.

Uno de los papas medievales más capaces, Inocencio III (1160–1216), expuso esta noción trágica de la vida en *La desdicha del hombre*. Quiso escribir la contrapartida, *La dignidad del hombre,* pero nunca lo logró. No apareció una obra con ese título hasta 1486,[5] un siglo después de que los pioneros del fermento intelectual conocido como Renacimiento descubrieran en la Biblia la idea de la dignidad y de las capacidades singulares de la humanidad.

Mis profesores creían el mito secular de que el concepto de la dignidad humana se originó en la Grecia antigua; aunque ya en 1885, Henry Thode[6] había demostrado que el naturalismo del arte del Renacimiento procedía de la tradición franciscana, especialmente de los pensadores del siglo XIV que rechazaron el platonismo y promovieron una filosofía llamada nominalismo. Paul Sabatier, que escribió una importante biografía de San Francisco,[7] sostenía la misma conclusión general. Estas nociones proporcionaron un marco de trabajo interpretativo sólido para eruditos tales como Wallace Ferguson[8] y Charles Trinkaus. Esta investigación de un siglo de duración en las fuentes primarias culminó en la obra de Trinkaus en dos volúmenes, *In Our Image and Likeness: Humanity and Divinity in Italian Humanist Thought* [A nuestra imagen y semejanza: Humanidad y divinidad en el pensamiento humanista italiano].[9] Él concluyó que, aunque los humanistas del Renacimiento leyeron, disfrutaron, citaron y promovieron a los clásicos romanos y la erudición islámica, su punto de vista peculiar de la dignidad humana manaba de la Biblia, en deliberada oposición al pensamiento griego y al islámico.

La nueva visión que el Renacimiento tenía del hombre estaba inspirada en los antiguos padres eclesiásticos, sobre todo San Agustín y Lactancio, un consejero religioso de Constantino I, que escribía excelente latín, aunque algunos aspectos de su teología no estaban bien informados. Su concepto del hombre, sin embargo, derivaba del primer capítulo de la Biblia: «Entonces dijo Dios: Hagamos al hombre a nuestra imagen, conforme a nuestra semejanza».[10]

Trinkaus empezó su estudio afirmando:

Los humanistas del Renacimiento evolucionaron y elaboraron nuevos conceptos significativos de la naturaleza humana... Empezando con Petrarca, rara vez se desviaron de su apego a estas visiones del hombre que es difícil separar de su imagen de Dios. En realidad, les resultaba casi imposible definir al hombre y debatir sobre él si no era en términos de su relación con la naturaleza de lo divino y su influencia y acciones en el mundo. La «antropología» y la «teología» marchaban juntas en el pensamiento renacentista.[11]

La comprensión del Occidente moderno del hombre brotó de la comprensión de la teología medieval de la relación de Dios con el universo, parte de la cual consistía en un rechazo deliberado de las ideas griegas clave. Por ejemplo, nuestra especie tiene una capacidad singular: experimentamos no solo el universo material, sino también ideas que pueden corresponder o no a la realidad. Hoy, muchos dan por sentado que la materia puede existir por sí misma sin la mente (humana o sobrehumana), pero que las ideas no pueden existir por sí mismas. El filósofo griego Platón sostenía la creencia opuesta. Pensaba que las ideas eran la realidad primaria, y que el mundo material era una sombra de las ideas, que existían independientemente. Una silla, en otras palabras, era una sombra imperfecta de la «sillidad» que existe en el campo real, el campo de las ideas. La filosofía de Platón implicaba que los seres humanos no creamos; hacemos copias o sombras de la realidad: que es las ideas. Pero, ¿qué decimos de Dios? ¿Crea o copia ideas que ya existen en el *verdadero* campo (platónico) de las ideas?

Los nominalistas medievales rechazaron esta presuposición griega porque la Biblia empieza con las palabras: «En el principio creó Dios los cielos y la tierra».[12] Los griegos se equivocaban, razonaron los nominalistas, porque Dios no copió ideas que ya existían. Creó de la nada, *ex nihilo*. La doctrina de la creación de la nada implicaba que Dios no era parte del cosmos; ni del mundo de las ideas ni del mundo de la materia. Era libre, y no atado a ninguna idea, orden o lógica preexistentes. El orden que vemos en el universo es parte de su creación.

El siguiente paso, la exploración de la libertad humana y la relación del hombre con la naturaleza, fue obra de los escritores del Renacimiento llamados humanistas. Los humanistas aceptaron la idea de los nominalistas de la libertad de Dios y desarrollaron sus implicaciones. Puesto que Dios es libre y no atado por el mundo de las ideas o la materia preexistentes, y puesto que el hombre está hecho a imagen de Dios, el hombre también debe ser libre. Esto quiere decir que el hombre no fue creado para ser una criatura impotente atrapada en un ciclo ineludible de desdicha.

El descubrimiento del hombre por parte del Renacimiento

Uno de los influyentes pensadores que formuló el concepto renacentista de la dignidad humana fue Coluccio Salutati (1331–1406). Sus escritos luchan con las ideas de la providencia de Dios, el libre albedrío del hombre y su dignidad. Se opuso al fatalismo islámico basándose en que el Dios que se reveló a Moisés era libre. Fue Salutati quien restableció la idea agustina del libre albedrío del hombre; que llegó a ser una presuposición fundamental de la civilización occidental por medio de pensadores tales como Martín Lutero y Jonathan Edwards. Siguiéndole, Lorenzo Valla (1406–57) llegó a ser la tercera figura clave del Renacimiento que debatió la cuestión de la dignidad humana. Como Petrarca y Salutati, Valla también fue cristiano devoto, católico evangélico que derivó su visión del hombre de su visión de Dios.

The Oration on the Dignity of Man [Discurso sobre la dignidad del hombre] fue obra de su sucesor, Pico della Mirandola (1463–94), que articuló más enérgicamente las ideas de Valla. A veces, el entusiasmo de Mirandola respecto a la dignidad del hombre le hizo olvidarse de que el hombre ha usado erróneamente su mente y su albedrío al rebelarse contra su Creador. Por consiguiente, el intelecto humano ha caído tanto como la voluntad humana. Con todo, Mirandola seguía a San Agustín al argumentar que la dignidad del hombre consistía en el hecho de que no fue creado como una parte fija de las estructuras del universo. Después de que el universo había quedado completo, Dios le dio al hombre el papel de supervisarlo y admirar a su Hacedor, con el deber de reafirmar al Creador al imitar sus atributos, tales como el amor, la racionalidad y la justicia.

Otra obra bien conocida de Pico es *Heptaplus,* comentarios sobre el capítulo 1 de Génesis. En ella describió los seis días de trabajo y el séptimo de reposo de Dios. Esta obra es la evidencia contundente de que la noción renacentista del hombre vino de una exégesis de Génesis 1.26. Fue la Biblia lo que permitió que Pico rechazara la astrología pagana e islámica. Él escribió: «Las estrellas no pueden gobernarnos mediante sus partes materiales, que son tan viles como la nuestra, así que debemos cuidarnos para no adorar la obra del artífice como más perfecta que su autor».[13] Los lectores de Pico estaban fascinados por la astrología, pero él los instó a adorar a Dios: «Por consiguiente, temamos, amemos y veneremos a Aquel en quien, como Pablo dice, todas las cosas fueron creadas, visibles e invisibles, quien es el principio en quien Dios hizo los cielos y la tierra, es decir, Cristo ... Por consiguiente, no formemos imágenes estelares en metales, sino la imagen del Verbo de Dios en nuestras almas».[14]

LA ENCARNACIÓN: BASE DE LA DIGNIDAD HUMANA

Los intelectuales islámicos eran tan competentes como los europeos. Tenían los clásicos griegos e incluso la idea judía de la creación (Antiguo Testamento). Algunos eruditos musulmanes también cuestionaban la astrología. ¿Por qué los eruditos musulmanes no hicieron de la noción de la dignidad humana un aspecto de la cultura islámica?

La respuesta es que los escritores del Renacimiento no derivaron su alta noción del hombre de un solo versículo de la Biblia que describe la creación del hombre. Hallaron la dignidad humana afirmada de forma suprema en la enseñanza de la Biblia sobre la encarnación de Cristo. El Nuevo Testamento enseñaba que Dios vio la desdicha del hombre y vino como hombre, Jesucristo, para hacer de los seres humanos hijos e hijas de Dios. Pero el islam le niega a Dios el derecho de hacerse hombre. Según el islam, el que Dios se haga una criatura tan baja como el ser humano sería violar su dignidad.

Pero, con la pregunta retórica: «¿Puede Dios también hacerse un perro?», los apologetas musulmanes redujeron al hombre al nivel de las bestias. Siguieron a los griegos al poner límites a lo que Dios puede o no puede hacer. En contraste, los nominalistas creían que Dios era libre; no estaba limitado por nuestras presuposiciones o por conclusiones lógicas derivadas de nuestras presuposiciones. Si Dios no estaba sujeto a la lógica humana, entonces a fin de saber la verdad teníamos que ir más allá de la lógica para *observar* lo que Dios en realidad había hecho. ¿Y si él amaba a los seres humanos lo suficiente como para venir a esta tierra para salvarlos y hacerlos sus hijos amados? Tal acto implicaría que los seres humanos eran singulares en el orden creado.

Lejos de violar la dignidad de Dios, la Encarnación había de ser la prueba máxima de la dignidad del *hombre*: de la posibilidad de la salvación del hombre, de que un hombre o una mujer lleguen a ser amigos o hijos de Dios. La Encarnación haría de los seres humanos algo de mayor valor que los ángeles. En realidad, la Biblia mostraba a los ángeles como «espíritus servidores»: «En cuanto a los ángeles dice: "... Él hace de los vientos sus ángeles, y de las llamas de fuego sus servidores"... ¿No son todos los ángeles espíritus dedicados al servicio divino, enviados para ayudar a los que han de heredar la salvación?»[15]

El fracaso al no apreciar el valor y dignidad de los seres humanos impidió que la civilización islámica desarrollase el pleno potencial de su gente. Atrapó a las masas sin los derechos y libertades fundamentales que hicieron posible que Occidente superase a la civilización islámica.

El poeta Petrarca usó la Encarnación como argumento central al desarrollar el humanismo del Renacimiento. Apoyó su caso en la Biblia y centró su crítica en Aristóteles y en el popular promotor islámico de Aristóteles, Averröes o Ibn-Rushd (1126–98). Trinkaus escribió que, según Petrarca, «El conocimiento natural del hombre de sí mismo conduce solo a un conocimiento de su desdicha; de ahí su desesperanza, puesto que el hombre está incluso más lejos de Dios que la tierra del cielo. ¿Cómo, entonces, se salva la brecha entre el hombre y Dios? Solo mediante la Encarnación, que es clave para el pensamiento religioso de Petrarca y el pensamiento religioso humanista en general».[16]

Exceptuando a Séneca (4 A.C.–65 A.D.), todos los escritores anti-guos griegos y romanos insistieron en la absoluta separación de la divinidad, dejando al hombre en su miseria, sin remedio. Solo Séneca creía que «Dios vendrá a los hombres; ninguna mente es buena sin Dios». Aunque insistió en la distancia infinita entre el hombre y Dios, Petrarca se regocijaba en que la distancia había sido salvada por el misterio de la gracia divina. Su gracia acercó a Dios y al hombre. Le permitió elevar al hombre por encima de su miseria.

El descenso de Dios significó el ascenso del hombre. La miseria, impotencia, abatimiento y conflicto propio eterno son normales para los hombres. Se pueden resolver gracias a que lo trascendente también puede ser inmanente: «Emmanuel», es decir, Dios con nosotros. Uno que limpiará toda lágrima y quitará la maldición del pecado, inclu-yendo la muerte. Trinkaus concluyó que la encarnación de Cristo «es uno de los cimientos teológicos del muy repetido tema de los huma-nistas de la dignidad y excelencia del hombre».[17] Ella invirtió el énfasis tradicional de la bajeza humana. Petrarca lo dice de esta manera:

> Con certeza nuestro Dios ha venido a nosotros para que nosotros podamos ir a él, y ese mismo Dios nuestro se relacionó con la huma-nidad cuando vivió entre nosotros, «mostrándose a sí mismo como hombre en apariencia»... ¡Qué indescriptible sacramento! A qué fin más alto pudo la humanidad ser levantada que al de un ser huma-no, formado por alma racional y carne humana, un ser humano, expuesto a los accidentes, peligros y necesidades mortales, en resu-men, un hombre verdadero y perfecto, inexplicablemente asumido en una palabra con el Verbo, el Hijo de Dios, consustancial con el Padre, coeterno con él. ¿A qué fin más alto podía la humanidad ser elevada que a que este hombre perfecto pudiera unir dos natu-ralezas en sí mismo mediante la unión maravillosa de elementos totalmente dispares?[18]

Por supuesto, los escritores del Renacimiento citaron a los autores clásicos (más romanos que griegos) para adornar sus tratados sobre el hombre. Pero no pudieron derivar ni derivaron su alta noción del hombre de la cosmovisión grecorromana. Fue la visión bíblica de lo que el hombre fue creado para ser, y salvado para llegar a ser, la que llegó a ser la noción comúnmente aceptada en Occidente.

Era esta noción bíblica lo que inspiró a Ruth a intentar salvar a Sheela. Nuestros vecinos no entendían su impulso compasivo debido a que tres mil años de hinduismo, dos mil seiscientos años de budismo, mil de islamismo y un siglo de secularismo no habían logrado darles una base convincente para reconocer y afirmar el valor singular de un ser humano.

EL MITO SECULAR

Mis profesores estaban confundidos en cuanto a los cimientos filosóficos de la dignidad humana debido a que el mito tiene un pedigrí impresionante. El poeta romántico Percy Bysshe Shelley (1792–1822) fue uno de los primeros que fomentó el mito. En su poema «Prometeo desencadenado» roba un concepto que manaba de la teología bíblica y lo planta en una leyenda griega. En la leyenda original, Prometeo es atado porque roba el fuego del templo de Zeus y lo da a los irremediablemente retrógrados seres humanos. Shelley retuvo muchos de los elementos del mito griego, pero les dio un sabor secular. Su Prometeo simboliza al hombre. El dios supremo llamado Zeus por su nombre romano, Júpiter, es un tirano fantasma, creación de la mente y la voluntad humanas. Este dios fantasma abusa del poder que Prometeo le ha dado y empieza a oprimir al hombre. Dios se vuelve la fuente del mal. En la mayoría de las versiones griegas del mito, Prometeo es liberado al aplacar a Zeus. Pero el Prometeo de Shelley no solo es doblegable. Ni siquiera trata de ganarse la gracia de Júpiter. Prometeo («el hombre») es liberado al rebelarse contra Júpiter y recuperando sus poderes de su dios imaginario.

Los esfuerzos de Shelley por liberar de Dios al hombre atrajeron a muchos porque una gran parte de la iglesia estaba, como ya hemos notado, corrompida y era opresiva. Sofisticados fabricantes de mitos, como Marx, Nietzsche y Freud, adornaron su idea. Ignoraron los hechos de la historia intelectual bosquejada arriba, buscaron fracasos de la iglesia y dieron por sentado que Dios era la fuente de la esclavitud humana. Popularizaron el mito de que la libertad significaba librarnos nosotros mismos de un Dios que existía solo en la imaginación humana. Los mitos fascistas de Marx y Nietzsche, sin embargo, resultaron ser muchos más destructivos que el mito que gobernaba la cultura de Sheela. Estos mitos causaron el asesino de más de cien millones de personas durante el siglo XX.[19] El mito de Freud, como veremos más adelante en este libro, está ahora pagando su precio en Occidente.

Es cierto que el hombre ha inventado muchos dioses. Pero Moisés no inventó a Dios buscando consuelo psicológico. Él estaba pastoreando ovejas cuando vio la zarza que ardía. No creyó a la voz que le enviaba a Egipto a los antepasados de Freud que clamaban a Dios debido a sus amos esclavizadores.[20] Moisés y los hebreos eran creyentes renuentes. Se vieron obligados a creer porque Dios se reveló en su historia. El mito de Freud no trata de la muerte de Dios; trata de la muerte del hombre. Si no hay Dios, el hombre no puede ser una entidad espiritual. No puede ser un alma, un yo imaginativo, creativo, que trasciende la naturaleza y actúa sobre la misma como causa primaria.

Durante el siglo XX, la cultura estadounidense todavía estaba moldeada por la Biblia. En consecuencia, escapó de las consecuencias de este mito secular deshumanizador; pero, como hemos notado en el capítulo uno, el Occidente posmoderno se ha acercado más a la negación budista de la existencia del alma. Sus consecuencias prácticas las expresó un joven rockero *grunge*: «Pertenezco a la generación en blanco. No tengo creencias. No pertenezco a ninguna comunidad, ni tradición, ni nada de eso. Estoy perdido en un mundo amplio amplio. No pertenezco a ninguna parte. No tengo identidad en absoluto».[21]

Kurt Cobain fue un producto lógico de este nihilismo. Si el hombre no está hecho a imagen de Dios, una persona no puede ser nada especial: el humanismo es arrogancia; el animalismo es una filosofía más verdadera. Como Ingrid Newkirk, cofundadora de Personas por el Tratamiento Ético de los Animales, lo dice: «Una rata es un cerdo es un perro es un niño».[22] En otras palabras, los padres de Sheela tenían razón: un bebé no es innatamente mejor ni debe tener más altos privilegios que un perro, cerdo o rata que no se quiere.

Los marxistas que gobernaron la Unión Soviética estaban adelantados en la curva filosófica. Consideraban que la individualidad era un concepto burgués, una manifestación del deseo de la clase media de independencia, propiedad privada y economía libre. Por consiguiente, como el islam y el hinduismo, se dispusieron a liquidar todas las expresiones de la identidad individual a favor de una conciencia colectiva, comunal. Posmarxistas como Roland Barthes, Michel Foucault y Jacques Derrida van más allá. Sostienen que nuestras vidas están determinadas culturalmente; nuestro idioma moldea nuestros pensamientos y la individualidad o «sujetidad» es una ilusión. Aunque la «singularidad» es innegable, la individualidad es un constructo artificial «constituido por una red de fuerzas, de las cuales la conciencia es el efecto, no el punto de origen».[23]

La deconstrucción posmoderna de la individualidad explica que Shakespeare no fue un genio creativo con una personalidad unificada. Sus obras fueron una expresión, no de su creatividad, sino de su cultura. Algunos posmodernistas que piensan que la individualidad tiene que ser una ilusión procuran aniquilar su sentido de individualidad mediante drogas, relaciones sexuales tántricas, yoga y meditación. Como los gurús hindúes, algunos de ellos tratan de amalgamar su conciencia individual en una nada universal, impersonal.

El zoológico de Copenhague expresó vívidamente la noción secular de la humanidad cuando exhibió una pareja enjaulada de *Homo sapiens* en 1996.[24] El oficial de información del zoológico, Peter Vestergaard, explicó que la exhibición trató de obligar a los visitantes a afrontar sus orígenes y aceptar que «todos somos primates». Los visitantes vieron a los otros primates peludos contemplando el cielo raso, columpiándose de barras, y despiojándose unos a otros. Sin embargo, los *Homo sapiens* enjaulados (Henrik Lehmann y Malene Botoft) trabajaban en una motocicleta, comprobaban su correo electrónico, enviaban y recibían faxes, leían libros y ajustaban su aire acondicionado.

El zoológico tuvo un problema. Las leyes existentes, moldeadas por la «anticuada» cosmovisión bíblica, exigieron que reconociera los derechos fundamentales de los *Homo sapiens*, incluyendo su derecho a libertad. Tenía que darles la libertad para salir de su jaula para satisfacer «impulsos» con una noche de ópera o una cena a la luz de las velas. También tenía que pagarles por mantenerlos en una jaula. Estos seres humanos rehusaron responder en público al llamado de la naturaleza y no quisieron exponer su «conducta íntima», aduciendo que «eso no es interesante». Después de unas pocas semanas, ambos *Homo sapiens* salieron de la casa de monos. El experimento violaba su dignidad como seres humanos.

COMPASIÓN REBELDE

Lo que Ruth hizo por Sheela no fue único. Viajando por África y Asia, y sobre todo viendo la obra de la Madre Teresa, el finado periodista británico Malcolm Muggeridge notó que la fe en la encarnación de Cristo había inspirado a muchos creyentes a dejar sus comodidades y arriesgar sus vidas para servir a los más pobres de los pobres. Aunque Muggeridge era ateo en ese tiempo, observó que el humanismo ateo no había inspirado a nadie a dedicar su vida a servir a los desamparados que morían en Calcuta.

Occidente llegó a ser una civilización humana porque fue fundado sobre los preceptos de un maestro que insistió en que el hombre era valioso. Jesús cuestionó la inhumanidad de su cultura intelectual y religiosa cuando declaró que el sabbat fue hecho para el hombre, y no el hombre para el sabbat. Occidente se hizo humano porque los humanistas creían que la encarnación y muerte de Cristo definían lo que es un ser humano. Pero ahora, habiendo rechazado su alma, Occidente no tiene otra opción que ver a la individualidad y dignidad humana como ilusiones, tal como la veían los padres de Sheela.

De igual importancia es el hecho de que, al renegar de su alma, Occidente está rechazando la fuente de su singular cultura racional. A continuación examinaremos esto.

Capítulo seis

RACIONALIDAD

¿Qué hizo de Occidente una civilización pensante?

«¿Inspirada? La Biblia ni siquiera es inteligente», escribía el escritor e impresor ateo militante E. Haldeman-Julius (1889–1951). La Biblia, afirmaba él, era ilógica e irracional, «llena de absurdos y contradicciones».[1]

Los historiadores, por otro lado, cuentan algo diferente. En *The Oxford History of Medieval Europe* [Historia de Europa Medieval Oxford], el editor George Holmes escribió: «Las formas de pensamiento y acción que nosotros damos por sentado en Europa y Estados Unidos modernos, que hemos exportado a otras porciones sustanciales del planeta, y de las cuales no podemos realmente escapar, fueron implantadas en la mentalidad de nuestros antepasados en las luchas de los siglos medievales» (cuando la Biblia forjaba los procesos de pensamiento de la cristiandad).[2] De manera similar, Edward Grant destacó en *God and Reason in the Middle Ages* [Dios y la razón en la Edad Media] que, en las postrimerías de la Edad Media (1050–1500 A.D.), la Biblia produjo una figura religiosa peculiar, llamada *maestro escolástico*. Estudiaba lógica como herramienta primaria para estudiar teología. Ninguna cultura anterior había producido un hombre tan racional con la «capacidad intelectual para establecer los cimientos de la nación-estado, los parlamentos, la democracia, el comercio, la banca, la educación superior y varias formas literarias, como novelas y relatos».[3]

El éxito científico, tecnológico, militar y económico de Occidente brotó del hecho de que se convirtió en una civilización pensante. ¿Fue su racionalidad una casualidad de la historia? ¿O promovió la Biblia la racionalidad porque informó a Occidente que la realidad última que hay tras el universo era la Palabra racional (*logos*)* de un Dios personal? No era, como los sabios de la India pensaban, silencio primitivo, sonidos sin sentido (mantra), energía ni conciencia impersonal.

Muchos occidentales siguieron a ateos como Haldeman-Julius para rechazar la creencia en un Creador racional. No se les ocurrió que al rechazar al Dios de la Biblia pudieran socavar la confianza de Occidente en la razón; que eso podría obligar a sus universidades a concluir que la racionalidad no podía ser intrínseca en el universo; que el ateísmo haría de la razón un producto casual de química ciega; que la lógica se volvería un producto accidental y desechable de la cultura occidental, perdiendo su autoridad para someter todo punto de vista y toda cultura a sus reglas.

Algunos piensan que un accidente de la historia, la imprenta, hizo racional a Occidente. Es verdad que la disponibilidad de libros ayudó a diseminar las ideas generadas durante el Renacimiento, la Reforma y el Siglo de las Luces. Pero, si la imprenta fue el secreto, entonces Asia debería haber dirigido el pensamiento europeo durante siglos. Los chinos habían inventado la imprenta cientos de años antes. Para el 972 A.D. habían impreso 130,000 páginas de los escritos sagrados budistas, el *Tripitaka*. Los impresores coreanos inventaron tipos movibles de metal por lo menos dos siglos antes que el alemán Gutenberg los reinventara en 1450. ¿Por qué la imprenta no reformó a China o a Corea?

---

* Los griegos usaban el término *logos* para referirse a la palabra hablada tanto como a la palabra no hablada, todavía en la mente-razón. También usaban el término para referirse a «el principio racional que gobierna todas las cosas». Algunos judíos, como Filón de Alejandría, usaron el término para referirse a Dios. En el Nuevo Testamento, el apóstol Juan usó *logos* para referirse a la segunda persona del Dios Trino, antes de su encarnación como Jesús. El uso que Juan hace de *logos* llegó a ser clave para que Occidente llegase a ser una civilización pensante. El término se considera más adelante en este capítulo.

SALVACIÓN POR ROTACIÓN

La imprenta y los libros no reformaron mi continente debido a que nuestras filosofías religiosas socavaban la razón. Para el 823 A.D., los monasterios chinos tenían tantos libros que inventaron estanterías giratorias. Para el 836, por lo menos un monasterio de Suchow, en la China oriental, había hecho incluso un freno para detener la rotación. A mediados del siglo XII, cuando algunos monasterios europeos y escuelas de catedrales empezaban a florecer en universidades, un monje budista llamado Yeh Meng-te (m. 1148) viajó por los templos y monasterios de China oriental y escribió que «en seis o siete de cada diez templos, uno puede oír el ruido de las estanterías giratorias girando día y noche».[4]

¿Estaban los monjes haciendo girar las estanterías porque querían buscar y leer libros? Eso hubiera indicado que esos templos eran centros de tremenda investigación. Pero el profesor Lynn White hijo, una de los más entendidos en cuanto a la religiosidad medieval y el surgimiento de la tecnología, explicó que el ruido de los libreros rotativos «no era resultado de la actividad académica». Los monjes meditaban en el ruido de la rotación interminable de estanterías llenas de libros sagrados. No estaban interesados en la sabiduría que contenían esos libros. Buscaban «salvación mediante la rotación de escritos sagrados»[5] debido a que no creían en las palabras. Su objetivo era alcanzar el silencio mediante el sonido sin sentido (mantra).

Aunque algunos cristianos usan los nombres de Jesús o María como mantras, según la Biblia, la oración es una conversación racional con Dios. Hablar con Dios es posible solo si el Creador es una persona. Dado a que Buda negaba la existencia de Dios, sus seguidores desarrollaron ritos espirituales que incluían «oraciones» insulsas, mecánicas; cilindros giratorios repletos de oraciones y plegarias escritas en banderolas que ondeaban al viento.

UNA SENDA MECÁNICA A LA SALVACIÓN

Esta piedad mecanizada está ahora apelando al Occidente posmoderno. La Meditación Trascendental (TM), movimiento religioso seudocientífico, es una buena ilustración. Me interesé en la TM debido a que la empezó Majarishi Majesh Yogi, graduado de mi alma máter, la Universidad de Allajabad. En 1974, el presidente de la rama en la India del movimiento me inició en la «senda mecánica a la salvación»[6] en la sala de Majarishi, en Rishikesh. Me dio un mantra, el nombre de un semidiós hindú menor, y me pidió que recitara ese sonido en silencio durante veinte minutos, dos veces al día. Cuando llegara a las etapas avanzadas de desarrollo espiritual, me dijo, tendría que ayunar y recitar el mantra durante varias horas seguidas.

Le pregunté qué significaba mi mantra. Me dijo que no me preocupara por el significado. El punto no era saber la verdad, dijo, sino vaciar mi mente de todo pensamiento racional; «trascender» el pensar. Pensar es seguir en ignorancia, en esclavitud al pensamiento racional. La meditación es un medio de escapar de pensar concentrando la atención en un sonido «sagrado» (sin significado) como *om*. Hay que detener toda actividad de pensamiento y hay que silenciar la mente, porque la raíz de la existencia no es *logos*, la palabra racional, sino *Avidia*, ignorancia. Esta creencia se resume mejor en la doctrina budista de la creación resumida en *Paticcasamuppada* o la «Cadena de origen dependiente»:

> De la Ignorancia surge la Imaginación, y de ella la Conciencia de uno mismo, y de ella el Nombre y Forma (i.e., existencia corporal), de aquí los Seis Sentidos [el sexto es Pensamiento], de ellos Contacto, de este, Sentimiento (o Emoción), de aquí Deseo, de él Apego, de este, Llegar a ser, de aquí Renacimiento, y de este todos los múltiples males que la carne hereda.[7]

Los gurús hindúes que me enseñaron eran brillantes, pero ninguno de ellos había edificado una universidad en lugares sagrados como Rishikesh o Haridwar.* Swami Dayananda, de Haridwar, me explicó la razón: «Usamos la lógica para destruir la lógica». ¿Por qué? Porque la «creación» incluye la racionalidad, es un producto de la ilusión cósmica: *maya*.

---

* La Maharishi International «University» («Universidad» Internacional Majarishi) se inició en Occidente y empezó a funcionar en la India algunos años más tarde.

Mis profesores de la India eran bien conscientes de que nuestra tradición filosófica no cultivaba el intelecto; pero pensaban que el interés de Occidente por cultivar la racionalidad venía de la antigua Grecia.

Seiscientos años antes de Cristo, empezando con filósofos como Tales y Anaximandro, los griegos cultivaron, en efecto, la vida de la mente. Esa tradición continuó en tanto y en cuanto respetaron la lógica. Pero empezaron a morir después de que negaron la existencia del *logos* trascendente y se rindieron a los esfuerzos gnósticos de trascender la racionalidad.

El profesor Raoul Mortley examinó el surgimiento y caída del *logos* en la Grecia antigua. En su estudio *From Word To Silence* [De la palabra al silencio][8] destacó que la idea del *logos* o palabra racional como rasgo controlador del universo se originó en Grecia con los pensadores presocráticos. Terminó con el cierre de la Academia ateniense en el 529 A.D.

Sin embargo, los griegos se habían vuelto suspicaces en cuanto a la lógica siglos antes de que la Academia cerrara. Los grandes retóricos, los sofistas, usaban la lógica para la manipulación política. La retórica era importante en las ciudades estado griegas, porque la democracia depende de la persuasión. Los partidos se oponen unos a otros usando la lógica. Esto hizo que los griegos pensaran que la lógica servía para la manipulación, no para saber la verdad. Si lo que parecían ser argumentos lógicos se podían promover para respaldar conclusiones mutuamente excluyentes, ¿por qué alguien iba a confiar en la lógica? ¿Cómo podríamos saber que la lógica es intrínseca a la realidad? Esa suspicacia permitió que los escépticos griegos florecieran y demolieran la idea del *logos*.[9]

Los escépticos no eran místicos; pero fomentaron un «clima intelectual en el cual se veía al racionalismo... como sospechoso, llegando a ser objeto de duda e insatisfacción, y dando así lugar a que se diga que el conocimiento real hay que obtenerlo aparte de los procedimientos de la razón».[10] Así, el misticismo vino pisándole los talones al escepticismo.

Conforme la filosofía griega se volvía cada vez más escéptica en cuanto a la capacidad humana para saber la verdad, los cultos politeístas empezaron a llenar la vida de las personas con mitos, supersticiones y ritos en un esfuerzo por proveer algún tipo de marco de trabajo y significado general a sus vidas. Sin un Dios racional que comunicase la verdad, los griegos tuvieron que abandonar su concepto del *logos* y su fe en la razón.

En tanto que los escépticos griegos atacaron el *logos*, Filón de Alejandría (25 A.C.–50 A.D.), judío, evitó que cayera en el olvido. Los judíos son «el pueblo del libro», y su cultura predispuso a Filón para defender el uso y función del lenguaje, aunque también atacó la manera en que los sofistas usaban erróneamente la lengua. Mortley destaca que para Filón:

> La hechura del mundo puede parecer incomprensible, pero sus principios están con todo escritos en alguna parte: el lenguaje no se debe abandonar ligeramente, puesto que el principio de la palabra/razón se levanta en la misma fuente del mundo creado.[11]

Las Escrituras hebreas le enseñaron a Filón que el *logos* o sabiduría era una parte del ser y naturaleza de Dios.* Por consiguiente, luchó por salvar el concepto del *logos*. A fin de salvarlo, lo hipostatizó. Hipostatizar es pensar de un concepto o acción que posee existencia real, objetiva.

Para el apóstol Juan, *logos* no era un concepto abstracto. Juan tocó al Verbo en carne y hueso. Juan vivió con Jesús tres años y presenció sucesos increíbles. Vio la palabra de Jesús traer a los muertos de nuevo a la vida. Estaba en un barco que se hundía cuando la palabra de Jesús calmó una tempestad. Estaba nervioso cuando Jesús le pidió que diera de comer a cinco mil hombres con cinco panes y dos pescados; pero después ayudó a recoger doce canastas llenas de pedazos que sobraron. Juan oyó a Jesús predecir varias veces su propia muerte y resurrección, pero ni lo entendió ni lo creyó. Pero entonces vio a Jesús morir en la cruz. Encontrar a Cristo resucitado le convenció, como a otros testigos oculares, de que el Creador había venido de verdad a salvar a los pecadores arrepentidos.

---

* El relato de la creación en Génesis 1, por ejemplo, presenta a Dios pensando, hablando, creando, poniendo nombre y juzgando. Repetidas veces dice: «Y Dios dijo: "Sea..."».

¿Qué debía Juan pensar de la declaración de Jesús: «Yo soy... la verdad»?[12] ¿Cómo debía interpretar el testimonio de Jesús ante el juez que lo crucificó? Jesús le dijo a Pilato: «Yo para esto he nacido, y para esto he venido al mundo, para dar testimonio a la verdad».[13] Las experiencias de Juan con Jesús le impulsaron a una conclusión opuesta a la de Buda. La realidad última no es el silencio, sino la palabra: *logos*. Juan empezó su Evangelio con esta conclusión: «En el principio era el Verbo [*logos*], y el Verbo era con Dios, y el Verbo era Dios... Y aquel Verbo fue hecho carne, y habitó entre nosotros (y vimos su gloria, gloria como del unigénito del Padre), lleno de gracia y de verdad».[14]

Si Dios es verdad, y si él puede hablarnos con palabras racionalmente comprensibles, entonces la racionalidad humana es realmente significativa. La manera de conocer la verdad es cultivar nuestras mentes y meditar en la Palabra de Dios. *Estas presuposiciones teológicas constituyeron el ADN de lo que llamamos la civilización occidental.*

Raoul Mortley escribió:

> En el tratamiento que hace Juan hay un esfuerzo por hacer que el *logos* entre en el tiempo y el espacio: el *logos* hipostatizado está ahora integrado en una figura histórica, y la identificación joanina del *logos* con Jesús constituye uno de los cimientos de la filosofía patrística [de los padres de la iglesia primitiva].[15]

La afirmación que hace Juan de que, en la encarnación de Cristo, el Verbo eterno había entrado en el tiempo y la historia hizo del Occidente moderno algo muy diferente a mi cultura. La filosofía de la India, como el platonismo y el gnosticismo griegos, sospecha del tiempo. Esto se debe a que nuestras encarnaciones son míticas, no históricas.* De hecho, los pensadores de la India fueron más allá de ver el tiempo como algo cíclico para declararlo como *maya* (ilusión). En contraste, los judíos creían que el tiempo es real. Habían visto a Dios actuar en la historia. Un día

---

* Los hindúes occidentalizados reconocen el valor del tiempo. Por consiguiente, algunos están tratando de hallar verdad histórica detrás de los mitos religiosos. Esto, definitivamente, ayudará en nuestra comprensión de la historia y prehistoria de la India. La historia honesta ayudará a cambiar la naturaleza no histórica de nuestra civilización. Sin embargo, crear mitos académicos en nombre de la corrección política nos hará más daño..

eran esclavos en Egipto; al día siguiente estaban libres, al otro lado del mar Rojo, ya no atrapados por el ejército del faraón. Por consiguiente, tenían una noción lineal de la historia; muy diferente de todas las demás culturas. Para los judíos, la historia se mueve hacia adelante.

La experiencia de Juan reforzó esta noción de la historia. Las «buenas noticias» eran que el Verbo eterno, *logos,* había entrado en la historia humana. Esto hizo de la realidad del tiempo «un hito de la ortodoxia cristiana».[16] En última instancia, salvó a Occidente del gnosticismo.

La luz de la lógica en el oscurantismo

San Agustín (354–430 A.D.) y Boecio (h. 480–524 A.D.) fueron dos de los padres de la iglesia que jugaron los papeles más importantes para preservar la lógica y poner los cimientos intelectuales de la civilización occidental medieval y moderna. Agustín ejerció una formidable influencia en toda la Edad Media, el Renacimiento y la Reforma. El papel de Boecio fue significativo a principios de la Edad Media, y hasta mediados del siglo XII.

Escépticos, místicos y nihilistas cuestionaron si el yo humano existía, si nuestra mente significaba algo, o si nuestra voluntad realmente era libre. Agustín salvó al intelecto de los ataques de los escépticos porque entendió que la revelación bíblica implica que nuestra mente era la dádiva más preciosa de Dios para nosotros. Nos capacita para que seamos a imagen de Dios, para que le conozcamos y le amemos. Agustín escribió:

Lejos sea de nosotros suponer que Dios aborrece en nosotros aquello [el intelecto] en virtud de lo cual nos ha hecho superior a otros animales. Lejos sea, digo, que creamos de tal manera que excluyamos la necesidad bien sea de aceptar o de requerir la razón; puesto que ni siquiera podemos creer a menos que poseamos almas racionales.[17]

En su autoritativo estudio, *God and Reason in the Middle Ages* [Dios y la razón en la Edad Media], el historiador Edward Grant dijo: «El papel que estos dos eruditos asignaron a la razón y la racionalidad influyó significativamente la manera en que se veía y usaba la razón en la Edad Media».[18] Grant documentó cómo la cosmovisión bíblica, y no el estado secular, hizo de Occidente una civilización pensante:

> Es una ironía de la historia medieval que, para bien o para mal, la razón y la racionalidad tuvieran prácticamente todo que ver con la religión, la teología y la iglesia, y relativamente poco que ver con el estado. Esto fue así a principios de la Edad Media, antes del surgimiento de las universidades alrededor de 1200, pero se hizo incluso más pronunciado después de su formación.[19]

La iglesia mantuvo la idea del *logos*, porque el marco de trabajo de la Biblia proveía un razonamiento para creer en la razón. El *logos* había entrado en la historia y se había hecho carne. Puesto que la racionalidad era parte de la naturaleza de Dios que nos había sido dada a nosotros, la filosofía o comprensión racional y sistematización de la verdad revelada (que entonces incluía la ciencia) no era algo que hubiera que temer o esquivar.

Mientras los monjes asiáticos estaban alterando su conciencia racional mediante la meditación, drogas y ejercicios físicos y sexuales, las obras de Agustín pusieron el tono riguroso de estudios filosóficos que ha caracterizado los últimos mil quinientos años de educación religiosa en la cristiandad.

> Tan impresionado estaba [Agustín] con las «reglas válidas de la lógica» que no podía creer que hubieran sido formuladas por seres humanos. «Están», proclamó audazmente, «inscritas en la racionalidad permanente y divinamente instituida del universo».[20]

Boecio edificó sobre la cosmovisión de Agustín, que fue lo suficientemente robusta como para integrar conceptos griegos en la revelación bíblica. Tradujo textos filosóficos, médicos y científicos del griego al latín y también escribió tratados filosóficos y teológicos. Inspiró a los eruditos medievales para continuar desarrollando su tradición filosófica hasta la «aurora» del principio del Renacimiento y la Reforma. Grant escribió:

Boecio garantizó que la lógica, el símbolo más visible de la razón y
la racionalidad, siguiera viva en la marea más baja de la civilización
europea, entre los siglos V y X. Cuando, en el curso del siglo XI, la
nueva Europa emergía y los eruditos europeos, por razones que tal
vez nunca sepamos con certeza, despertaron al interés por la lógica
y la razón, el legado de la «vieja lógica» de Boecio estaba a mano
para hacer posible ese despertar, y fue tal vez incluso instrumental
para generarlo.[21]

¿Que salvó a la racionalidad después de que los griegos la abandonaran? Fue la enseñanza de la Biblia de que la vida eterna era conocer
a Dios y a Jesucristo;[22] que Jesús era alguien en quien estaban escondidos los tesoros de sabiduría y conocimiento. Una sección entera de
la Biblia se llama literatura sapiencial* y enseña que la sabiduría y la
comprensión son mucho más importantes que los rubíes y los diamantes. Juan Damasceno (h. 676–749 A.D.) fue uno de los padres eclesiásticos que enseñó que ser espiritual era cultivar la vida de la mente.
Como el último de los padres de la iglesia griega, continuó la tradición
de Boecio y Agustín.

La fuente de conocimiento, obra de este Juan, reforzó la creencia
de que el cristianismo ortodoxo, bíblico, era una religión de racionalidad. En los capítulos filosóficos de esta obra, los mismos títulos de los
sesenta y ocho capítulos revelan un fuerte énfasis en la lógica. Mucho
de ese énfasis procede de escritores precristianos. Esto es significativo,
porque, para su tiempo, los griegos habían rechazado por completo
la racionalidad a favor del misticismo. Juan Damasceno pudo rendir
tributo a la razón y a la racionalidad gracias a su fe en la Biblia. Así
es como empezó su primer tratado: «Nada es más estimable que el
conocimiento, porque el conocimiento es la luz del alma racional. Lo
opuesto, que es la ignorancia, es oscuridad. Así como la ausencia de
la luz es oscuridad, así la ausencia de conocimiento es oscuridad de
la razón. Ahora bien, la ignorancia es propia de seres irracionales, en
tanto que el conocimiento es propio de los que son racionales».[23]

---

* Libros de Job, Salmos, Proverbios, Eclesiastés y Cantar de los Cantares.

Despertar de la mente en las masas europeas

Los mediados del segundo milenio presenciaron muchos esfuerzos para introducir reforma moral y social en Europa; pero esos esfuerzos estaban motivados por una de estas dos actitudes opuestas. Una era la intolerancia y la persecución, el esfuerzo por suprimir la disensión y fomentar la conformidad por la fuerza. Esto se manifestó, por ejemplo, en la Inquisición española y la expulsión de judíos y musulmanes. La otra fue la actitud abierta, cuestionadora, de los reformadores como Wycliffe, Tyndale, Lutero y Calvino, que procuraron poner la Biblia a disposición del pueblo para que ellos pudieran descubrir por sí mismos la verdad. El historiador y economista David Landes explicó el papel de la Biblia:

> La disensión y la herejía eran ya conocidas de sobra, pero en 1517, cuando Martín Lutero clavó sus «Noventa y cinco tesis» en la puerta de la iglesia de Wittenberg, asestó el primer golpe para la secesión. El cristianismo se encaminaba a la ruptura. En las décadas que siguieron, protestantes de varios países (los lolardos ingleses los habían precedido) tradujeron la Biblia a las lenguas vernáculas. La gente leyó y empezó a pensar por sí misma.[24]

¿Por qué el soltar las cadenas de la Biblia poniéndola en lenguas vernáculas resultó en un despertar masivo de la mente europea? Hasta el siglo XVI, los alemanes, suizos e ingleses eran tan supersticiosos como los españoles. Desdichadamente, la iglesia era a menudo una fuente principal de esta irracionalidad. Un obispo ponía «un diente del niño Jesús» o «un pedazo de la cruz de Cristo» en una urna de vidrio en una catedral, y los cristianos devotos hacían peregrinaciones para ver la reliquia. Realizaban una donación esperando recibir remisión de algunos de sus pecados. La donación podía acortar su tiempo en el purgatorio, digamos, por unos 336 años, 26 días y 6 horas y media. Supersticiones como estas fueron las primeras en desaparecer cuando la gente empezó a leer la Biblia.

Una vez que los obispos ingleses se dieron cuenta de que ya era imposible impedir que la gente comprase y leyese la Biblia, el rey Enrique VIII permitió que se pusiera la Biblia inglesa en cada parroquia. Los tiempos eran turbulentos, puesto que la Reforma rugía en Europa continental. Influido por el libro *The Obedience of a Christian Man* [La obediencia del cristiano], de Guillermo Tyndale (1528), Enrique pensó que leer la Biblia haría a los ingleses más dóciles y obedientes. Se enfureció cuando sucedió precisamente lo opuesto.

Casi cada cantina y taberna se convirtió en una sociedad de debate.[25] La gente empezó a cuestionar y a juzgar cada tradición de la iglesia y cada decisión del rey. El pueblo podía cuestionar a las autoridades religiosas y políticas porque ahora tenía en su mano la misma Palabra de Dios. La Palabra de Dios era una autoridad más alta que la autoridad de la iglesia y del estado juntas. Molesto porque la Biblia había despertado tal fermento intelectual, Enrique trató de meter al genio de nuevo en la lámpara. Redactó un segundo edicto retirando su permiso para leer la Biblia en inglés. Pero era demasiado tarde; las masas habían sido despertadas. El segundo edicto nunca se decretó, aunque el documento de Enrique todavía existe con su propia letra manuscrita.

Las cantinas se convirtieron en clubes de debate conforme las personas interpretaban y aplicaban la Biblia de manera diferente a las cuestiones intelectuales y sociales del día. Algunos se contentaban con dejar que la iglesia resolviera sus disputas. Otros se dieron cuenta de que la única manera de determinar cuál interpretación era la correcta era leer la Biblia con reglas válidas de interpretación. Esta fue una revolución intelectual de cabo a rabo. Infundió en las mentes de todos los ingleses alfabetizados —no solo los de las universidades— una nueva inclinación lógica. No le llevó mucho a esa revolución esparcirse a otros aspectos de las vidas de las personas. Hasta ese tiempo, Inglaterra era solo una potencia en ciernes; pero una vez que los ingleses empezaron a usar la lógica para interpretar la Biblia, adquirieron una destreza que impulsó su nación al frente de la política, la economía y el pensamiento mundiales.

Algunos piensan que sucesos casuales de la historia, como las armas, ciertas infecciones y el acero fueron la clave para la capacidad de Occidente para colonizar el mundo.[26] Su perspectiva materialista soslaya el hecho de que naciones católicorromanas como Portugal, España y Francia eran las potencias navales principales durante el siglo XVI. ¿Qué permitió que naciones protestantes mucho más pequeñas, como Inglaterra y Holanda, vencieran a sus rivales católicorromanos?

Cedric B. Cowing, profesor emérito de historia, en Hawai, estudio el impacto del «Despertar» bíblico en Inglaterra en el siglo XVIII y el «Gran despertar» o «Nueva luz» en Estados Unidos. Concluyó que el factor primordial que impulsó a las naciones de habla inglesa por delante de sus rivales católicos fue la relación peculiar entre la espiritualidad bíblica y el despertar intelectual.

El hecho de que Dios había comunicado su palabra motivó a las personas a aprender a leer y escribir. La Biblia ya era una biblioteca: una colección de sesenta y seis libros. Encima de eso, Juan Wesley instó a sus convertidos a estudiar cinco títulos selectos. En Estados Unidos de América el despertar había empezado con Jonathan Edwards, primer filósofo de Estados Unidos. El esfuerzo de dominar sus libros, los libros recomendados y la Biblia motivó a los creyentes a desarrollar una serie de destrezas de aprendizaje. Cowing dice que, como resultado de estos despertamientos espirituales:

En Gran Bretaña, muchos de los convertidos de Whitefield y Wesley fueron motivados a aprender a leer [la Biblia] y a escribir, pero en las colonias del norte [por ej., Norteamérica] donde las personas ya estaban alfabetizadas —excepto los indígenas y los negros— las energías y disciplina liberadas por la Nueva Luz fueron la inspiración necesaria para dominar material religioso abstracto. Al comprender material impreso teológico tanto como devocional, las emociones [atizadas por los revivalistas] contribuían al desarrollo de destrezas cognoscitivas. Los neófitos, que se concentraban en las etapas de conversión, estaban estudiando un proceso análogo a la todavía misteriosa secuencia secular de compilar datos, alterar hipótesis y de alguna manera apoyarse en la intuición para sintetizar las conclusiones. Este tipo de pensamiento tendría una utilidad más general más tarde. El Gran Despertar indujo un intelectualismo de base que en última instancia se esparció en todas direcciones, desde la creencia en la soberanía de Dios hasta el mismo agnosticismo.[27]

Estos despertamientos espirituales condujeron al despertar de la razón en las masas. Las personas estaban buscando y recibiendo el prometido «espíritu de sabiduría y de inteligencia, espíritu de consejo y de poder, espíritu de conocimiento y de temor de Jehová»,[28] que es «el principio de la sabiduría».[29] Al producir un hambre sin precedentes de conocimiento de la verdad, los despertamiento bíblicos sacaron a los países protestantes de la pobreza que era crónica en todo el mundo.

Es su investigación de la riqueza de las naciones, el economista escocés Adam Smith notó que el trabajo arduo por sí solo no resulta en prosperidad. Las tribus primitivas que van de cacería y recogen todo el día, siete días a la semana, trabajan duro. La diferencia entre pobreza y prosperidad la determina cuánta «destreza, habilidad y juicio» (en breve, pensamiento) se aplica al trabajo. Dejar que la mente de uno dirija sus músculos incluye muchas cosas. La tecnología es una de ellas.

El uso racional y la organización del tiempo, el esfuerzo, recursos disponibles y el capital son igualmente importantes. Las relaciones entre todos los participantes en un sistema económico y el compartir de manera racional los recursos, costes y beneficios determina diferencias vitales en la vida económica de un pueblo. Estas relaciones económicas se expresan en principios racionales, leyes, contratos, impuestos e instituciones legales y financieras. Algunos de los principios y leyes de una sociedad racional constan por escrito. Otros son virtudes morales que se dan por sentado porque son parte de la cultura y de su *ethos* religioso. Fue la Biblia la que forjó el *ethos* de los países que se hicieron protestantes y sirvieron como motor del desarrollo global.

Todos los seres humanos tienen la misma inteligencia básica, pero no todas las culturas religiosas producen ciudadanos económicamente racionales. Eruditos de muchas naciones no protestantes han reconocido este hecho. Tómese, por ejemplo, Argentina. Hasta el siglo XIX, toda la manufactura de Argentina: hilados, tejidos, alfarería, fabricación de jabón, producción de aceite para cocinar, fabricación de velas, era industria doméstica, realizada por mujeres. «En una sociedad de *machos* con valores heredados de España, la edad adulta llevaba a los varones "a la completa independencia y ociosidad"».[30] Algunos ciudadanos que veían más lejos se dieron cuenta de que la transformación económica de su sociedad requería que reclutaran a nuevos inmigrantes, especialmente de la Europa protestante, a quienes los argentinos veían «como mejor educados, buenos trabajadores y maduros políticamente».[31] Este reclutamiento, sin embargo, resultaba inaceptable para los dirigentes católicos. Esa oposición llevó al filósofo político, patriota y diplomático argentino Juan Bautista Alberdi (1810–84) a instar a que su país respetara lo que la Biblia había hecho en los países protestantes:

> La América española, limitada al catolicismo que excluye a toda otra religión, se parece a un convento de monjas solitario y silencioso... Excluir diferentes religiones en América del Sur es excluir a los ingleses, alemanes, suizos y norteamericanos, lo que es decir la misma gente que este continente más necesita. Traerlos sin su religión es traerlos sin el agente que los hace ser lo que son.[32]

¿Estamos presenciando *el cierre de la mente moderna*?

La tesis del profesor Allan Bloom (1987) respecto al cierre de la mente moderna a cosas tales como la verdad, las cosas que realmente cuentan, es importante. Lamenta la pérdida de Occidente de la confianza en su propia herencia intelectual de grandes libros. Esta confianza nació durante la Edad Media. Siguiendo a Agustín y a Juan Damasceno, los cristianos estudiaban la Biblia y otros grandes libros porque creían que el Creador mismo había comunicado sus pensamientos en un libro y moldeado la mente humana a su imagen. Dios les dio el don de la razón a todos los seres humanos para que puedan amarle, saber la verdad y entender y administrar su creación. Los cristianos devotos cultivaban su mente al copiar, preservar y estudiar la literatura porque creían que ser como Dios quería decir desarrollar el intelecto, crecer en nuestro conocimiento de toda la verdad; cualquiera que fuera el individuo o cultura que la descubriera primero. Eso es lo que hizo de Occidente una civilización pensante. La amputación de su alma no puede conducir sino al cierre de la mente estadounidense.

En tanto que Allan Bloom se lamentaba de íconos de la música sin sentido como Mick Jagger, el más descarado promotor del anti intelectualismo fue de la India a Estados Unidos. Osho Rajneesh fue uno de los primeros intelectuales públicos que llevó el pensamiento posmoderno de la torre de marfil a la clase media. Promovió el nihilismo de Cobain y la idea budista de que las palabras no tienen nada que ver con la verdad; que la realidad última era silencio, *shunyata*, vacío, o nada.

Antes de hacerse gurú y venir a Estados Unidos de América, Rajneesh enseñaba filosofía en la Universidad de Sagar, en la India, en el estado de Madhya Pradesh. Se dio cuenta de que el racionalismo desfilando en una universidad secular era un emperador sin ropa. Su «honestidad» intelectual tocó a los graduados universitarios descritos por Allan Bloom. Los escritos de Rajneesh estaban salpicados de frases tales como: «El intelecto es el villano principal» y «No uses tu mente». Las meditaciones que enseñaba eran técnicas para «matar la mente». Insistía: «La religión es un proceso de ir más allá del pensamiento, lograr un punto en la mente en el que no se está pensando en absoluto».[33] Un famoso letrero en su ashram dice: «Por favor, deja tus zapatos y tu mente fuera del templo». Rajneesh ha quedado en el olvido, pero sus ideas están triunfando en Occidente. Al día de hoy, la novela *El código Da Vinci*, de Dan Brown, es la exposición más influyente de la enseñanza de Rajneesh de que el conocimiento de la verdad viene, no vía palabras y mente, sino mediante el sexo ritualizado con galimatías gnósticos.

Pero el declive de Occidente y su confianza en la razón es tema para otro libro. Al principio de este capítulo, aludí a la aseveración de Edward Grant de que la racionalidad bíblica fue la clave para el desarrollo de la libertad y la prosperidad en Occidente. Permítame ilustrar el punto concentrándome en uno de sus frutos: la tecnología.

Capítulo siete

TECNOLOGÍA

¿Por qué la desarrollaron los monjes?

A mediados del 2000 me invitaron a la Universidad de las Naciones en Jinja, Uganda, para impartir un curso sobre Cimientos para el Desarrollo de la Comunidad. No estando familiarizado con la región, di por sentado que iba a ver un desierto; pero incluso antes de que el avión aterrizara en la capital, Entebbe, me sorprendió agradablemente ver abundante vegetación.

De camino a las instalaciones de la Universidad, observé a cientos de mujeres y niños acarreando agua sobre la cabeza. La vista me recordó mi pueblo, aunque en la India rural son las mujeres y muchachas, no los niños, las que acarrean agua. Las ciudades de la India tienen tuberías que llegan hasta las casas, pero muchas en realidad no llevan agua. La urbanización rápida, no planificada, además de la corrupción, ha dificultado que las ciudades se mantengan a la par de la creciente demanda de agua. Es común ver a las personas haciendo fila en los grifos comunitarios esperando llenar de agua sus envases y llevarlos a sus casas.*

Mi primera mañana en Jinja me enteré de que estaba alojado a orillas del lago Victoria, donde nace el legendario Nilo Blanco. No

---

* Acarrear agua no es el único uso innecesario e ineficiente de fuerza de trabajo. Es normal ver peones que llevan ladrillos y mezcla sobre la cabeza para construir el bungaló de alguien, ¡mientras a unas pocas calles se emplea maquinaria pesada para construir un rascacielos!

tenía idea de que el lago Victoria es el segundo lago de agua dulce más grande del mundo. Tampoco me había imaginado que el Nilo fuera tan gigantesco en su origen. Sale del lago Victoria con tal fuerza que los británicos construyeron una presa hidroeléctrica que genera tanta electricidad que una parte se la venden a Kenya.

La abundancia de agua y electricidad me hizo preguntarme por qué las mujeres acarreaban agua sobre la cabeza, mañana y tarde, 365 días al año. ¿Acaso desconocían la tecnología del bombeo? No podía ser por eso, porque al frente de mi residencia había un complejo industrial propiedad de personas de la India. Podía oír las bombas que traían agua para sus doscientas casas directamente desde el lago Victoria.

Para el cuarto día, me resultaba difícil respetar a una práctica que obliga a las mujeres a dedicarse a esta brega mientras que muchos hombres se la pasaban sentados jugando a los naipes. Usar sus músculos para acarrear agua no era meramente un desperdicio de miles de millones de horas de trabajo; también quería decir que las familias no se bañaban lo suficiente, ni tiraban el agua de los inodoros lo suficiente, ni se lavaban lo suficiente. Beber en vasos mal lavados y comer alimentos lavados inadecuadamente en platos mal lavados con manos o cubiertos mal lavados son maneras seguras de contagiarse de enfermedades fácilmente evitables. Quiere decir desperdiciar más tiempo y recursos en curar enfermedades. Condena a todo un pueblo a una fracción de su energía. Produce mujeres atrofiadas y niños que tienen menos tiempo que otros para jugar, aprender y ser creativos. Es la personificación de la imposición del dominio de los esposos y del encallecido gobierno de una comunidad.

Esa experiencia suscitó las preguntas: ¿Por qué las mujeres estadounidenses no acarrean agua sobre la cabeza? ¿Por qué la gente de Occidente empezó a usar la mente para hacer aquello para lo que la mayoría de las culturas usa los músculos?

Tecnología es «magia de la mente». Cuando usas la mente, es decir, la tecnología, el agua llega hasta ti: el agua produce electricidad, y la electricidad bombea el agua justo hasta la casa de uno. Al usar las mentes en lugar de los músculos, un puñado de personas puede proveer más agua a millones de casas que un millón de personas acarreándola sobre la cabeza.

Ni en África ni en la India faltan mentes ingeniosas. Los egipcios, que viven a orillas del Nilo, construyeron las pirámides mientras los bárbaros poblaban Europa occidental. El problema fue que los ingenieros que hicieron las pirámides para honrar los huesos de reyes y reinas no se preocuparon por hacer carretillas para los esclavos. Algunos esposos que quieren a sus esposas sí hacen carretillas en Uganda. Todo lo que se necesita son un par de palos y una rueda.

Mi experiencia en Jinja refutó el proverbio de que «la necesidad es la madre de la invención». Toda familia necesita agua. ¿Y si la esposa no puede acarrear suficiente agua? En ese caso, la mayoría de las culturas tomaron rutas más sencillas que inventar tecnología. Los hombres obligaron a los hijos a trabajar, tomaron esposas adicionales o compraron esclavos. Los hindúes convencieron a una casta de que Dios los creó para que fueran aguadores y que su «salvación» estaba en cumplir su *dharma*: cumplir el deber de su casta generación tras generación.

Está de moda rechazar la tecnología. Mahatma Gandhi se opuso a ella, y en la ciudad de Jinja han erigido una enorme estatua en su honor. El problema es que las culturas que rechazan la tecnología acaban obligando a los seres humanos a acarrearles el agua, a moler su grano, e incluso a limpiar sus «letrinas secas».

Aldous Huxley fue un distante seguidor de Mahatma Gandhi, promotor del budismo y pionero del ecologismo contemporáneo. Acusó al cristianismo de la crisis ecológica del mundo moderno. Creía que la tecnología se desarrolló en Occidente, porque, según la Biblia, Dios les ordenó a los seres humanos establecer su dominio como mayordomos de la tierra.

El punto de vista de Huxley empezó a ser tomado en serio después de que Lynn White hijo, profesor de historia en Stanford, Princeton y la Universidad de California (LA), lo apoyó en un artículo en la revista *Science*.[1] La investigación histórica de White fue impecable. Su interpretación de la sociología de la tecnología parecía correcta. Hace una crítica válida de que la civilización occidental, incluyendo la iglesia, a menudo ha afirmado los valores del hombre a costa del valor de la naturaleza.

No obstante, suele producirse el caso de que la contaminación mata a muchas más personas en las culturas tecnológicamente menos avanzadas, no bíblicas.* Las culturas que no pueden bombear agua a sus casas no pueden hacer correr el agua en sus inodoros. En la India, la falta de agua potable condujo a una bochornosa práctica hindú que avergonzó a Mahatma Gandhi (pero que todavía se practica): forzar a los intocables a llevar los excrementos de otros en un recipiente sobre sus cabezas.

Los críticos que culpan a la cosmovisión judeocristiana por los problemas ecológicos producidos por la tecnología, tales como el calentamiento global, pueden estar errados en cuanto a la ciencia, pero por lo menos tienen razón en cuanto a la historia. La tecnología es fruto de una cosmovisión bíblica. La Biblia misma defiende por lo menos un aspecto de su crítica de la tecnología: que el corazón y la mente humanos están corrompidos por el pecado. Por consiguiente, algunas de nuestras decisiones son destructivas. Incluso decisiones tomadas en buena fe pueden resultar dañinas para la naturaleza y para nosotros mismos. La realidad del pecado hace de la autoridad humana algo peligroso en todas las esferas: familiar, social, intelectual, política, religiosa, y también medioambiental. Sin embargo, no se puede tener creatividad sin autoridad. Todo creador tiene autoridad sobre su creación. Todo creador puede delegar esa autoridad a sus hijos; aun cuando ellos tengan el potencial de abusar de ella.

No hay duda de que se ha abusado de la creatividad humana que resulta en la tecnología. En la mayoría de las culturas, la élite gobernante patrocinaba la tecnología si les hacía más fuertes que sus enemigos, internos o externos. Recibieron con brazos abiertos la tecnología para la guerra, el placer, monumentos prestigiosos y la opresión de su pueblo. Solo una cultura ha promovido la tecnología para el bienestar general y para liberar y potenciar a los débiles: esclavos, mujeres, niños, minusválidos y pobres. El profesor Lynn White hijo dejó completamente documentado que la tecnología humanizadora brota de la teología bíblica.

---

* El uso de cultura «bíblica» o «no bíblica» en todo este libro no se refiere a la cultura israelita antigua; más bien, se refiere a una cultura informada por una cosmovisión bíblica.

La tecnología humanitaria que nuestro mundo moderno ha heredado de la Edad Media no estaba basada en la necesidad económica; porque esta necesidad es inherente a toda sociedad, pero ha hallado expresión inventiva solo en Occidente, nutrida en la tradición activista o voluntarista de la teología occidental. Son las ideas las que crean conciencia de la necesidad. Las máquinas motorizadas de las postrimerías de la Edad Media que ahorraban esfuerzo fueron producidas por la presuposición teológica implícita de la valía infinita de incluso la personalidad humana más degradada, por una repugnancia instintiva a someter a alguien a la monótona e infrahumana tarea en que no se requiere que se ejerza ni la inteligencia ni la capacidad de elección.[2]

El profesor David Landes estudió la fabricación de relojes en China y concluyó que el desarrollo de la tecnología no es simplemente cuestión de ingenio. Los chinos tienen capacidad técnica, pero la fabricación de relojes no se convirtió en industria, ni se convirtió en fuente de continuas y crecientes innovaciones tecnológicas en China como ocurrió en Europa. ¿Por qué? Los chinos no se entusiasmaron por conocer el tiempo ni para organizar sus vidas de acuerdo con él.[3]

El desarrollo del molino de agua ilustra que la cultura es tan importante para el desarrollo de la tecnología como el ingenio. En 1935, Marc Bloch publicó su hallazgo de que el molino de agua había sido inventado por lo menos un siglo antes de Cristo.[4] Más tarde, su utilidad para moler grano fue conocida en Afganistán, en la frontera geográfica de la India. Casi todo el mundo necesitaba moler grano y, sin embargo, el uso del molino de agua nunca se extendió en las culturas hindúes, budista o (más tarde) islámica.* Los monjes cristianos de Europa fueron los primeros que empezaron el uso extendido del molino hidráulico para moler y para desarrollar maquinaria motriz.

---

* Cuando Ruth y yo nos mudamos al pueblo en 1976, descubrimos que las mujeres todavía usaban piedras de moler para moler el grano. Uno de nuestros amigos, a quien formamos como obrero de salud del pueblo, fue la primera persona que instaló un molino eléctrico de harina.

¿Qué aceleró el progreso tecnológico occidental en la Edad Media?

Esta pregunta fue en 1961 el tema de un Simposio Oxford sobre el Cambio Científico, encabezado por Alistair Crombie. La mejor respuesta la dio el historiador de Marburg, Ernst Benz, que publicó un influyente ensayo en 1964: «*Fondamenti Christiani della Tecnica Occidentale*» [Fundamento cristiano de la técnica occidental]. Demostró que «las creencias cristianas proveen las razones, y la fe, la energía motivadora para la tecnología occidental».[5] Benz había estudiado y experimentado el budismo en Japón. Los impulsos antitecnológicos del zen le llevaron a explorar si los avances tecnológicos de Europa de alguna manera tenían sus raíces en las creencias y actitudes cristianas. Su investigación le llevó a la conclusión de que la cosmovisión bíblica era la clave para entender la tecnología occidental.

El cristianismo impulsó la creatividad tecnológica porque la Biblia presentaba a un Dios que era Creador, no un soñador ni un danzante, como los sabios de la India creían. Dios era el arquitecto del cosmos. Él formó al hombre del barro, como lo modela un alfarero, haciéndolo a su imagen creativa y ordenándole que gobernase creativamente el mundo.

La encarnación de Jesucristo en un cuerpo físico y su resurrección corporal infundió en los filósofos cristianos la idea única de que la materia fue creada con un propósito espiritual. Adán fue creado para que cuidara de la tierra, no para que la desdeñara o tratara de trascenderla.[6] Benz se dio cuenta de que la noción judeocristiana de la realidad y el destino producía y cultivaba la tecnología de cuatro maneras: primero, la Biblia recalca la artesanía inteligente en el diseño del mundo. Segundo, la Biblia sugiere que los seres humanos participan en la artesanía divina al ser buenos artesanos ellos mismos. Tercero, la Biblia enseña que seguimos el ejemplo divino cuando usamos el universo físico para fines justos; y cuarto, la Biblia le presentó a Occidente el uso sabio del tiempo, porque enseñaba que cada momento es una oportunidad valiosa y única.[7]

Muchos estudiosos han reforzado, ampliado y cualificado esta tesis. Por ejemplo, Robert Forbes, de Leyden, y Samuel Sambursky, de Jerusalén, señalaron ya en 1956 que la tecnología surgió porque el cristianismo destruyó el animismo clásico. El cosmos bíblico era «encantado». La Biblia afirma la existencia de espíritus, demonios y ángeles. Ella, sin embargo, «secularizó» el universo físico al enseñar que los seres humanos, no los espíritus, estaban destinados a gobernar la naturaleza. Esa cosmovisión hizo posible que Occidente usara racionalmente la naturaleza para fines humanos; aunque es cierto que muchos en Occidente han abusado de la tecnología para explotar la naturaleza de maneras injustas e irresponsables.

La cosmología bíblica no fue la única fuerza detrás del surgimiento de la tecnología humanitaria de Occidente. La compasión cristiana fue un factor igualmente importante. La espiritualidad cristiana ha hecho énfasis en la compasión, servicio y liberación mucho más que la necesidad de establecer el dominio humano sobre la creación.

Los eruditos reciben con reservas la tesis de Benz, porque no todas las versiones del cristianismo desarrollaron tradiciones de tecnología igualmente fuertes. La tecnología halló un terreno más fértil en la iglesia latina occidental que en el cristianismo griego oriental. Algunos han sugerido que la diferencia fue que la iglesia griega tendía a ver el problema de la humanidad como ignorancia y, por consiguiente, veía la salvación como iluminación. Esta noción estimuló a los santos griegos a volverse contemplativos. Los santos occidentales, en contraste, tendieron a ser activistas, porque vieron el pecado como vicio o rebelión. La idea bíblica del nuevo nacimiento incluía una reorientación de la voluntad para hacer buenas obras. Este activismo moral combinado con una fuerte ética bíblica de trabajo demostró ser conducente a la promoción de tecnología humanizadora y libertadora. Esto llegó a ser así sobre todo después de que los reformadores protestantes sacaran la cosmología bíblica del claustro para llevarla al pueblo.

La pregunta es: ¿Por qué desarrollan los monjes cristianos la tecnología? ¿Por qué no los monjes budistas? No es que a los monjes budistas les faltara genio creativo. En Afganistán sobresalieron en hazañas arquitectónicas tales como la construcción de enormes estatuas de Buda en Bamiyán, que duraron un milenio, hasta que los talibanes las destruyeron.

Los monjes budistas y cristianos tenían un problema en común: no podían tomar una o varias esposas para que moliera su grano. Una diferencia crucial entre los dos fue que el budismo requería que los monjes mendigaran su comida, en tanto que la Biblia demandaba que los cristianos trabajaran por el suyo. El apóstol Pablo escribió que el que no trabaja no debe comer.[8] San Benedicto, que hizo del movimiento monástico europeo diferente de las demás tradiciones religiosas, parafraseó a Pablo, diciendo: «La ociosidad es enemiga del alma».[9] Trabajar era ser como Dios, porque el Dios de la Biblia es trabajador. Trabajó seis días para crear el mundo y descansó el séptimo.[10]

Los seguidores de Benedicto aceptaron la máxima de que el trabajo es oración, pero también sintieron una tensión. Habían ingresado en el monasterio para orar, no para moler gano. El factor teológico que resolvió su tensión e impuso la tecnología era que la Biblia distinguía entre «trabajo» y «esfuerzo agobiante». Trabajar era ser como Dios, pero el esfuerzo agobiante era una maldición por el pecado humano.[11] El esfuerzo agobiante es trabajo insulso, repetitivo, deshumanizante. Esta distinción permitió que los monjes cristianos* se dieran cuenta de que los seres humanos no deben hacer lo que el viento, el agua o los caballos pueden hacer. Las personas pueden hacer lo que otras especies y las fuerzas naturales no pueden: usar la razón creativa para liberar a los hombres de la maldición del esfuerzo agobiante. Lynn White, Jr. resumió las raíces bíblicas de la tecnología occidental:

> El estudio de la tecnología medieval, por consiguiente, es mucho más que un aspecto de la historia económica: revela un capítulo en la conquista de la libertad. Más que eso, es parte de la historia de la religión... A menudo se ha comentado que los monasterios de la Edad Media latina descubrieron primero la dignidad y valor espiritual del trabajo; que trabajar es orar. Pero la Edad Media avanzó más: gradual y muy lentamente empezaron a explorar las

---

* No los ascetas cristianos, sino los monjes benedictinos que hicieron votos de pobreza personal, pero que creían que el trabajo y la productividad económica era una obligación divina.

implicaciones prácticas de una paradoja esencialmente cristiana: que, así como la Jerusalén celestial no tiene templo, así el objetivo del trabajo es el fin del trabajo.[12]

¿«Ciencia aplicada» o «teología aplicada»?

El erróneo concepto popular de que «la tecnología es ciencia aplicada» impide que la gente entienda que la tecnología «humanizadora» es un producto particular de la Biblia. White escribió: «Es insólito para nuestras mentes del siglo XX el escaso impacto que tuvieron Galileo y su círculo sobre la tecnología, tanto de su propio tiempo como de los doscientos años siguientes. Hasta el siglo XVII, la tecnología europea había sido más sofisticada que su ciencia, y había estado muy poco relacionada con esa ciencia».[13]

El historiador Jacques Barzun nos dice que la ciencia y la tecnología no se combinaron sino hasta 1980 A.D., después de que el químico Sir Alfred Mond persuadió a un grupo de hombres de negocios a que aprovecharan lo que ahora llamamos Investigación y Desarrollo (I+D). Solo entonces la industria empezó a contratar científicos para buscar procesos que los ingenieros pudieran incorporar en máquinas y aparatos.[14]

La tecnología occidental no es resultado de la evolución industrial del siglo XVIII. La revolución industrial fue resultado de la «invención de la invención» occidental. Además, la tecnología occidental es anterior a la ciencia occidental por lo menos en cinco ciclos. Occidente se convirtió en el líder tecnológico mundial mucho antes del nacimiento de la ciencia moderna.

La gloria culminante de finales de la Edad Media no estaba en sus catedrales, o en su ética, o en su escolasticismo; estaba en la formación por primera vez en la historia de una civilización compleja que no se apoyaba en las espaldas y el sudor de los esclavos o culis, sino primordialmente en la fuerza no humana.[15]

El colapso del Imperio Romano dio paso al «oscurantismo», con la desintegración política, la depresión económica, la degradación de la religión y un marcado declive en los esfuerzos literarios, filosóficos y científicos. Fue en medio de esa profunda oscuridad, sin embargo, donde el cristianismo empezó a revitalizar el espíritu humano. Una expresión de esta renovación fue el origen de la liberadora tecnología. Se ha rastreado su desarrollo ininterrumpido desde el siglo VIII (posiblemente el VI) hasta nuestros días.[16] En contraste, los cimientos filosóficos de la ciencia moderna no fueron puestos hasta el siglo XIV, y la ciencia no arrancó hasta el XVI. Las innovaciones tecnológicas, como veremos, tuvieron lugar en los monasterios cristianos, en tanto que la ciencia creció en las universidades cristianas.

Es cierto que el Occidente cristiano usó esta superioridad tecnológica para colonizar buena parte del mundo, y que la tecnología ha producido serios peligros tanto para el medio ambiente como para la humanidad. Con todo, es ceguera ideológica ignorar el hecho de que la tecnología, funcionando dentro de un marco de trabajo bíblico, ha sido uno de los principales instrumentos de la emancipación humana. Permítame ilustrar el punto con unos pocos ejemplos.

LA VELA LATINA (APAREJO DE PROA Y POPA)

El «oscurantismo» fue oscuro desde el punto de vista de la literatura. Por consiguiente, tenemos escasa información en cuanto a quién inventó el aparejo de popa y proa para navegar contra el viento. Algunos historiadores piensan que la técnica puede haberse originado ya en el siglo segundo después de Cristo. Lo que sí sabemos, sin embargo, es que esta invención eliminó la galera y el trabajo de esclavos. También sabemos que la Biblia fue la fuerza intelectual y moral que hizo aborrecible la esclavitud. ¿Es coincidencia que la pintura más antigua de la vela latina se halle en una iglesia preislámica de Al-Auja, en el sur de Palestina?[17]

Hay que admitir que no se puede derivar ninguna conclusión histórica firme de una pintura en una iglesia. Lo que sí sabemos, sin embargo, es que en los siglos sucesivos la Biblia desempeñó el papel

más importante para promover la tecnología que liberó a los esclavos. También sabemos que, en ese entonces, el secularismo no existía.
Tampoco los filósofos ni los templos paganos promovían o celebra-
ban la tecnología que emancipó a los esclavos. La Biblia, en contraste, empezó a ser escrita porque Dios oyó los clamores de los esclavos
hebreos. Rodney Stark explica que la mayoría de los filósofos antiguos
respaldaban la esclavitud porque «no tenían concepto del pecado para
delimitar sus juicios ni ninguna revelación desde donde empezar» a
criticar la esclavitud. Stark continúa:

> Aunque de costumbre se niega, las doctrinas antiesclavistas empe-
> zaron a aparecer en la teología cristiana poco después de la caída de
> Roma y fueron acompañadas de la desaparición con el tiempo de la
> esclavitud en toda la Europa cristiana, excepto su periferia.[18]

Había buenas razones económicas para usar la vela latina.
Aumentaba la velocidad media de la nave, bajaba los costos, reducía el
tamaño de la tripulación y permitía que los barcos fueran más lejos.
Sin embargo, como mi experiencia en Jinja lo demuestra, nuestra
edad materialista exagera el poder de la economía. Una cultura no
va a invertir en carretillas o bombas si los que toman las decisiones
piensan que hay excedente de tiempo y de fuerza de mujeres u hombres. Solo una sociedad con un clima teológico que valora la dignidad
humana usa la tecnología como fuerza para la emancipación y poten-
ciación humana.

EL ARADO CON RUEDAS Y EL CABALLO

Los chinos usaban arados de hierro cuando los europeos todavía usaban arados de madera. Sin embargo, los chinos continuaron
usando hierro mucho después de que Europa se había graduado en el
acero. Claramente, algo estaba renovando el espíritu de los campesinos europeos incluso mientras su cultura literaria postromana seguía
atascada en el oscurantismo. El humilde arado de ruedas de los campesinos generó la fuerza económica que ayudó a salvar a Europa de la
colonización por parte del islam.

Durante la Edad Media, las fuerzas islámicas invadieron Europa casi a su antojo. Los musulmanes conquistaron el sur de España y Portugal, e invadieron Francia en el siglo VIII. En el siglo IX, conquistaron Sicilia e invadieron Italia, saqueando Ostia y Roma en el 846. Para 1237, habían empezado a conquistar Rusia. Constantinopla fue capturada en 1453, y las batallas de 1526 en Hungría y de 1529 en Viena sugerían que era simplemente cuestión de tiempo que los mulás, califas y jeques gobernaran ciudades como Roma, Viena y Florencia.

Equipado con cuchilla, reja horizontal y vertedera, el nuevo arado de Europa aumentó la productividad al arar terreno sedimentario de río, rico y duro. Este pesado arado necesitaba por lo menos ocho yuntas de bueyes y, por tanto, dio paso a la agricultura cooperativa, lo que con el tiempo condujo a la casa de hacienda. Para el siglo VIII, el nuevo arado hizo posible el sistema de cultivo de tres campos, lo que condujo a una mejor rotación de siembras y descanso, menos trabajo y más producto. La productividad mejorada hizo posible reemplazar los bueyes con caballos, más caros pero más fuertes. Esto llevó a una productividad incluso mayor. El resultado neto fue la eliminación gradual del hambre, mejor salud de la gente y un fortalecimiento de los cimientos económicos del Occidente en relación con el islam.

Los activistas del medio ambiente condenan al arado pesado por romper y remover «violentamente» el terreno duro. Los economistas le dan mérito por ahorrar trabajo y hacer innecesaria la labranza cruzada. Los historiadores sociales reconocen que el desarrollo y aceptación cultural del nuevo arado requirió de un marco mental que veía el dominio humano sobre la tierra como mandato divino. Por consiguiente, los tres, ecologistas (como Huxley), economistas (como Landes) e historiadores (como White), concuerdan en que la Biblia produjo el punto de vista teológico europeo, que justificó la administración humana del entorno natural y empezó a revitalizar la economía de Europa durante el oscurantismo.

El caballo no es nativo de Europa, así que los historiadores se rompen la cabeza en cuanto a por qué fueron los campesinos europeos los que primero multiplicaron la vida y fuerza de sus caballos con tres tecnologías sencillas: la herradura, el ahogadero y el arnés en tándem.

Estas tres invenciones resolvieron tres problemas largamente sufridos. Primero, los cascos rotos inutilizaban pronto a los caballos. Segundo, el sistema de yunta, muy apropiado para los bueyes, era extremadamente ineficaz para los caballos más rápidos. La correa frontal del yugo oprimía la tráquea del caballo. Cuanto más fuerte tiraba el caballo, más se acercaba a estrangularse. Este sistema también hacía imposible enjaezar a un caballo frente a otro. Tercero, puesto que técnicamente no se podía contar con fuerza animal en cantidades suficientes para tirar de grandes pesos, todas las culturas echaban mano de grupos de esclavos para proyectos grandes.

Para resolver el primer problema, los europeos inventaron la herradura, que protegía los cascos del caballo y prolongaba en gran medida su vida útil. Para resolver el segundo problema, inventaron el arnés moderno, que descansa en los hombros del caballo, permitiéndole respirar libremente y usar toda su fuerza para tirar de tres o cuatro veces más peso que antes. Para resolver el tercer problema, sujetaron correas laterales al nuevo arnés. Esto hizo posible unir varios caballos uno detrás de otro, aumentando sensiblemente la fuerza disponible y haciendo innecesaria la labor de los esclavos. Después de añadirse el estribo (muy anterior) a estas tres invenciones, el caballo convirtió a los ejércitos europeos en una fuerza aterradora. A pesar de estar en el oscurantismo, Europa impuso la tecnología mucho más de lo que la civilización grecorromana logró jamás.

Desde nuestro punto de vista, el hecho importante es que la información más antigua respecto a estos importantes desarrollos técnicos viene de una pintura de la catedral en Bayeaux, Francia, que muestra a un caballo usado para la agricultura. Un artista cristiano podía celebrar estas innovaciones en una iglesia, porque reflejaban valores bíblicos.

El molino de agua, el molino de viento y el cigüeñal

El mundo moderno usa muchas tecnologías para generar energía de agua, viento, carbón, petróleo, gas natural, biogás, y el sol, y para utilizar fuerza geotérmica, marítima y nuclear. La primera de estas, el molino impulsado por agua, parece haber aparecido simultáneamente durante el siglo I A.C. en Jutland, (Dinamarca), Anatolia del Norte (Turquía) y China. El molino de viento, al parecer, se inventó en el Tíbet para hacer girar los cilindros budistas de oración alrededor de un eje vertical, tal vez ya en el siglo VI. Desde allí, esa tecnología se extendió a China, donde se usó para bombear y arrastrar botes fluviales sobre rampas de esclusas. El uso de molinos de viento para moler grano se probó en Irán oriental y Afganistán en el siglo X.

Sin embargo, la idea de aprovechar la energía del agua y del viento para emancipar al ser humano del tedio del trabajo agobiante no echó raíz en el mundo islámico ni en el budista; pero Occidente fue diferente. El primer uso registrado de un molino de agua viene de un abad del siglo VI, Gregorio de Tours (538–94). A este obispo e historiador galo le preocupaba profundamente ver a sus monjes moliendo grano en molinos de mano primitivos. Así que promovió la invención, o reinvención, del molino de agua para aliviarlos de esta tarea odiosa. Siguiéndolo, los monasterios y comunidades europeas empezaron a usar el molino de agua en los siglos XI y XII, y el molino de viento en el siglo XII para impulsar artefactos que ahorraban trabajo.

Una fuerza importante que hubo detrás de este desarrollo fue San Bernardo de Claraval (1090–1107), que llevó a la orden de los Caballeros Templarios a someterse al gobierno de San Benedicto. En 1136, el abate Arnoldo de Bonneval relató la vida de San Bernardo, describiendo la reedificación de Claraval. Es interesante que no menciona a la iglesia, pero da un relato encantador de las máquinas impulsadas por agua de la abadía para las industrias de molienda, curtido, herrería y otras. Una descripción independiente de la vida monástica en Claraval durante ese período describe con entusiasmo el cedazo automático de harina junto al molino de harina. El narrador «agradece a Dios de que tales máquinas pueden aliviar las labores opresivas de hombre y bestia»[19] y da una larga lista de tareas que se pueden lograr por la fuerza hidráulica.

Los molinos de agua y los de viento llegaron a ser útiles para impulsar maquinaria gracias a la invención del cigüeñal, el invento más importante después de la rueda. Al unir movimientos rotativos y recíprocos, el cigüeñal permitía que las máquinas reemplazasen al brazo humano. Empezando tal vez con molinos de mano y molinos de piedra rotativos, el cigüeñal llegó a ser casi tan común como la rueda, liberando a los seres humanos para tareas más creativas. En la cúspide de su desarrollo cultural, los griegos y romanos antiguos no sabían nada del cigüeñal. Usaban a mujeres y esclavos para tareas que las máquinas motrices empezaron a hacer para monjes y campesinos cristianos en el siglo VIII A.D.

LA CARRETILLA Y LA RUEDA LIBRE

La carretilla puede haber sido invención china. Si es así, ¿por qué la China hindú y sus vecinos musulmanes no vieron su potencial socioeconómico, que reducía a la mitad el número de peones necesarios para acarrear cargas pequeñas al sustituir por una rueda al hombre de delante en las angarillas? No fue sino hasta la última parte del siglo XIII cuando el uso de la carretilla se popularizó en Europa occidental. Desde entonces, las ruedas han ido desplazando a los hombres por todas partes, excepto en las culturas en las que a algunos seres humanos (mujeres, niños, esclavos, sirvientes, minorías y castas bajas), se les considera menos humanos que otros.

En tanto que la carretilla reemplaza a un obrero, la rueda libre multiplica el poder de un trabajador. Una rueda libre acumula movimiento giratorio, lo que hace mejor uso de la energía fluctuante. Hace posible, por ejemplo, que se pedalee una bicicleta una sola vez y que se haga girar la rueda muchas veces. Este ingenioso invento apareció primero en un libro llamado *De diversis artibus* [Sobre distintas técnicas] (1122–23) de Teófilo, un teólogo y monje benedictino con vocación por la tecnología. Su libro fue motivado por su fe. Codifica las destrezas necesarias para embellecer una gran iglesia para la gloria de Dios. Estas habilidades, que llegaron a ser la clave del éxito económico de Occidente, brotaron de motivaciones religiosas.

Algunos expresan su oposición a las máquinas por razones pragmáticas; por ejemplo, que las nuevas máquinas producen consecuencias imprevistas, como desempleo o daño a la naturaleza. Sin embargo, a menudo esa sospecha también tiene una dimensión filosófica. ¿Cuál es el sentido último de la tecnología (o de la música, o arte)? Innovar por razones económicas es un fenómeno relativamente nuevo. La mayoría de los inventores siguen siendo pobres, incluso hoy. Inventar nuevas tecnologías requiere una tremenda dedicación, trabajo intenso y muchos fracasos y frustraciones. ¿Por qué molestarse? Para Teófilo, la Biblia resolvió este problema. Él hizo con la tecnología lo que Agustín hizo con la música. La tecnología para él no era simplemente útil, sino también significativa. Su propósito era buscar la creatividad humana para la gloria de Dios y el servicio de los débiles. La ausencia de esa cosmovisión impidió que los monjes de la India desarrollasen tecnología.

EL ÓRGANO DE TUBOS Y EL RELOJ MECÁNICO

El reloj mecánico proveyó el semillero de la ingeniería mecánica en Occidente. Las culturas no bíblicas no produjeron relojes mecánicos, en parte porque no valoraban el tiempo de la misma manera que las culturas forjadas por la Biblia. Antes de la aparición del reloj, el órgano de tubos era la máquina más compleja que se usaba, dedicada para la gloria de Dios. Los historiadores hallan interesante que durante el tiempo en que la iglesia latina estaba abrazando la tecnología para ayudar a la espiritualidad, la iglesia griega prohibió el uso de música en su liturgia. Es probable que el islam influyera a esta última más que la Biblia. Insistía en que solo la voz humana sin acompañamiento podía ser digna para alabar a Dios. Esta disputa teológica puede parecer trivial, pero los historiadores piensan que estas pequeñas decisiones jugaron papeles clave en el desarrollo tecnológico de Occidente y en el relativo estancamiento de las civilizaciones cristianas orientales.

Un dato interesante en cuanto al reloj es que la idea básica parece haber brotado del concepto del matemático Bhaskaracharya, de la India, acerca del movimiento perpetuo descrito en *Siddhanta Shiromani* (1150 A.D.). Antes de él, los eruditos musulmanes habían debatido esta contundente tesis durante cinco décadas, y luego los principales intelectuales de Europa lo debatieron durante otros cincuenta años. Finalmente, en su influyente obra *De Universo Creaturarum* [Sobre el universo de las criaturas], Guillermo de Auvergne, obispo de París de

1228 a 1249, planteó la sugerencia de hacer un reloj poniendo en uso práctico estas nociones matemáticas abstractas.

¿Por qué un dirigente religioso tenía tal interés en el desarrollo de un instrumento tan mundano como el reloj? En su fascinante estudio, *Revolution in Time* [Revolución en el tiempo], David Landes arguye que los relojes fueron inventados porque los monjes los necesitaban. Ya hemos visto que los monasterios cistercienses, tales como el de Claraval, fueron empresas económicas gigantescas, y la vanguardia de la innovación tecnológica. Sin embargo, los monjes ingresaban en los monasterios primordialmente para orar.

Un factor que los impulsó a entrar en los monasterios fue la mundanalidad de la iglesia establecida. Los monjes se reunían para oraciones comunitarias siete veces al día, incluyendo antes de que el sol saliera y después de su puesta, cuando el reloj de sol no servía. La oración comunitaria requería que todos supieran y llevaran la misma hora. De aquí que el reloj se convirtiera en un instrumento clave. La administración del tiempo era una necesidad práctica tanto como religiosa.

En la práctica, los monjes necesitaban trabajar y también ahorrar tiempo para la oración. *Religiosamente*, necesitaban trabajar como un cuerpo, supliéndose unos a otros lo que fuera necesario en un momento dado. También tenían que seguir el patrón divino de terminar su trabajo a tiempo y descansar en el día de reposo obligatorio. La cultura moldeada por la Biblia hizo de la administración del tiempo un aspecto del establecimiento del dominio humano sobre el universo físico, porque la Biblia veía el tiempo como parte de la realidad física. En contraste, en la cultura de la India, el tiempo se percibía o bien como un dios eterno pero terrible (*Kal*) o como una parte de la ilusión cósmica (*maya*).[20]

Como Europa, mi país tenía comunidades religiosas y genios inventores. ¿Por qué no desarrollaron relojes o una tradición autóctona de ingeniería mecánica? Lo que les faltaba era una cosmovisión bíblica. No veían el universo como una creación inteligente. Lo veían o como algo divino o como un sueño, pero no como un producto creativo del intelecto, la voluntad y el trabajo. Debido a esta cosmovisión, nuestros monjes no dedicaron energía intelectual para dominar ni administrar el tiempo. Pasaban sus años buscando maneras de escapar de la rueda interminable del tiempo (*Samsara*) mediante una meditación que vacía la mente. Su meta era escapar del trabajo, no hacerlo más llevadero. No necesitaban relojes, porque estaban tratando de escapar de las obligaciones sociales; no buscaban salvarse de la maldición del trabajo arduo mediante una empresa económica sincronizada en comunidad.

LENTES

Los anteojos o lentes convirtieron la fabricación y reparación de relojes en una revolución, acelerando la ingeniería mecánica. Las lentes se inventaron en la década de 1280 cerca de Pisa o Lucca. Nuestra primera información en cuanto al invento viene de un sermón sobre arrepentimiento predicado en Santa María Novella, en Florencia, el 23 de febrero de 1306, por el fraile dominico Giordano de Pisa. Como en el caso de los relojes, los monjes eran los principales clientes de las lentes. Las necesitaban para estudiar, especialmente para estudiar la Biblia. Un aspecto interesante del sermón de Giordano es que describe no solo el invento de las lentes, sino también lo reciente de la misma invención. Las lentes prácticamente duplicaron la vida productiva de los eruditos y artesanos occidentales. Gracias a ellas, los monjes cristianos de Occidente pudieron pasar sus años maduros devorando y mejorando textos y tecnologías, dando a luz al movimiento que llamamos el Renacimiento.

En mi parte del mundo sucedió lo opuesto. Nuestros monjes no desarrollaron ayudas técnicas para mejorar su vista. Se enorgullecían de cerrar incluso ojos perfectamente buenos en meditación. Aun hoy, nuestros *yoguis* «vuelan» a galaxias distantes en experiencias «fuera del cuerpo». Majarishi Majesh Yogi, promotor de la Meditación Trascendental en Occidente, popularizó una de las técnicas yoga de levitación mediante la meditación en Estados Unidos, el país de la industria. ¿Para qué iba alguien a inventar aviones si podía volar usando castillos en el aire?

Los monjes cristianos fueron diferentes porque la Biblia les daba una cosmovisión diferente. Eilmer, de la abadía de Wiltshire, en Malmesbury, Inglaterra, fue un monje benedictino que tal vez haya sido el primer europeo en intentar volar, en el siglo XI. Este estudiado monje[*] hizo un planeador, voló desde una torre de casi treinta metros de altura, por unos doscientos metros, se rompió las piernas, y le echó la culpa a su diseño defectuoso; ¡se había olvidado de ponerle cola! Con el tiempo, Occidente logró desarrollar la tecnología del vuelo, mientras que nuestros monjes habían continuado tratando de meditar, levitar y volar.

Dios hizo a Adán alma viviente

La tecnología es la integración de mente y músculos. Es reflexión que respira (alma) en acción física (materia). Esa, según la Biblia, es la esencia del hombre. Adán llegó a ser un alma viviente cuando Dios sopló su espíritu en un cuerpo material.[21] La tecnología se desarrolla cuando a las personas que usan sus músculos también se les permite desarrollar su mente y tienen la libertad para usarla. Esto significa que la tesis de Benz hay que ponerla en cuestión. La tecnología medieval no se desarrolló en las torres de marfil de las universidades, sino en la rutina de la vida económica de los monasterios cristianos.[**]

¿Por qué?

El monasticismo (a diferencia del ascetismo anterior) empezó como una reacción contra la influencia corruptora del pensamiento grecorromano en la iglesia cristiana, sobre todo contra la actitud de que el trabajo manual era de «clase baja». Aunque esta corrupción acabó entrando en los monasterios, también es verdad que, inicialmente, el movimiento monástico fue una búsqueda de cristianismo auténtico, bíblico. Seguía a la Biblia al exaltar la virtud del trabajo manual, así como al cultivar el amor por la Palabra de Dios.

---

[*] Algunos han sugerido que tal vez se hizo monje después de su intento de volar. Con buenas razones, Lynn White opina que ya era monje.

[**] Durante la Edad Media, el único departamento universitario que se interesaba en las maquinarias era el de astrología médica.

El mundo grecorromano no estaba solo en el desprecio del trabajo manual. Esa actitud era común en todo el mundo antiguo. El Dios que liberó a los judíos trabajó seis días y ordenó a los hombres que hicieran lo mismo. Eso es opuesto a la tradición hindú, que concibe a Dios como el meditante o *Yogesjwar* («Dios de Yoga»). Es prácticamente imposible hallar un gurú brahmín en la India tradicional que se parezca al apóstol Pablo: un rabino que fabricaba carpas para ganarse la vida.[22] Los brahmines dicen que el trabajo manual es tarea de las castas bajas, resultado del mal karma de sus nacimientos previos. Mahatma Gandhi fue el primer dirigente de la India que usó una rueca para tratar de importar la ética paulina del trabajo en la India: «No trabajo, no comida».[23]

El monje alemán cuya perspectiva bíblica efectivamente liberó al cristianismo de la dicotomía entre la mano y la cabeza fue Teófilo; diestro metalúrgico, artesano en general, escritor de estilo, experto exégeta de las Escrituras, y teólogo al día. Su obra de 1122–23, *De diversis artibus*, que explica la rueda libre, es el primer documento importante de la historia en cuanto a la tecnología. Antes de él, los artesanos de la mayoría de las culturas no sabían cómo escribir porque ninguno se había educado como erudito. Los que escribían no se interesaban en asuntos técnicos.

La principal preocupación del libro de Teófilo es el lugar de la tecnología en la vida espiritual del monje. Se interesaba solo en la alabanza a Dios y no le preocupaba del mundo más allá del claustro. Al principio, este aislamiento del mundo «secular» parecía extraño para un hombre con tantos talentos prácticos, hasta que uno se da cuenta de que fue este mismo aislamiento del mundo lo que le permitió ser más bíblico y menos mundano; es decir, menos influido por el esnobismo antitrabajo y antitecnología de la Europa grecorromana clásica y de la iglesia latina corrupta. Su pasión por la gloria de Dios impidió que la tecnología se volviera un ídolo, un dios falso y destructor.

El retorno del Renacimiento a la literatura clásica grecorromana ayudó a fomentar un clima cultural que retardó el desarrollo de la tecnología occidental. Hasta casi el siglo XVII, las universidades occidentales enseñaban todo el tiempo Teología, Filosofía, Derecho,

Medicina y Matemáticas (ciencias), pero no tecnología. Los cimientos intelectuales de la tecnología occidental que habían sido llevados a los monasterios por monjes como Hugo de San Víctor, en París (1096–1141), continuaron influyendo en la cultura de fuera de la universidad. Contemporáneo de Teófilo, Hugo fue un prestigioso filósofo y teólogo francés. En la década de 1120 preparó el *Didascalicon*, guía educativa para novicios. Fue el primer libro que enseñaba artes mecánicas en la educación formal.

Hugo creía que, de acuerdo con la Biblia, los seres humanos tienen tres defectos básicos. Uno en la mente: por eso debemos aprender la verdad estudiando teología y filosofía. Otro en la virtud: por eso a los novicios hay que enseñarles ética. Y otro en el cuerpo: por eso los que entran en el monasterio deben estudiar tecnología para suplementar sus debilidades físicas. Hugo de San Víctor fue materia de estudio durante tres siglos. Eso permitió que Occidente desarrollase valores culturales bíblicos muy diferentes de las cosmovisiones promovidas por la literatura grecorromana, el hinduismo y el budismo.

Si la tecnología moderna fue una fuerza para la humanización, ¿por qué algunos críticos posmodernos condenan la tecnología como una fuerza deshumanizadora? Durante el milenio previo, el cristianismo bíblico reemplazó a un mundo pagano gobernado por los espíritus con un mundo «secular» administrado por el ingenio humano y la tecnología. Hoy, en el Occidente poscristiano, muchos ven las máquinas como espíritus malos. Hollywood, por ejemplo, está produciendo todo un género de películas inspiradas en la idea de que el problema humano no es un conflicto entre el bien y el mal, sino entre la humanidad y las máquinas. Entre las más populares de tales películas están la trilogía *Matrix,* la serie *Terminator,* y varios episodios de la *Star Trek.* Películas como *Tigre y dragón* exaltan la magia de la meditación budista en lugar de la innovación tecnológica. Ignoran el hecho de que la maravilla de la mente, históricamente demostrada, es la tecnología, no la meditación que vacía la mente.

Tratando de impresionarme con el hecho de que respetaba a la India, mi anfitrión en Jinja me llevó al monumento a Gandhi a orillas del Nilo. La compañía industrial que bombeaba el agua y un banco de la India en la ciudad habían pagado el monumento. Mi anfitrión me preguntó lo que yo pensaba de Mahatma Gandhi. Cortésmente, comenté que Jinja parecía seguir la postura antitecnológica de Mahatma Gandhi, pero que le hubiera ido mejor si hubiera seguido al industrial y al banquero de la India.

La idea de Gandhi de que la tecnología era mala y que una vida sencilla, natural, era moralmente superior, procedía de idealistas británicos como John Ruskin. Personas sensibles como él se habían vuelto críticas de la revolución industrial en Inglaterra debido a la explotación, la opresión y otros males asociados con sus «fábricas satánicamente oscuras». Mahatma Gandhi trajo a la India esta oposición a la tecnología. Felizmente, Pandit Jawaharlal Nehru, joven seguidor de Gandhi, que también estudió en Inglaterra y llegó a ser primer ministro de la India, sabía que las sociedades no industriales pueden ser tan perversas como las industrializadas. El mal está en nuestros corazones, no en la tecnología.

Nehru también sabía que la conciencia cristiana de Inglaterra había luchado por minimizar los males de la revolución industrial. Convirtió la industria en una bendición en lugar de una maldición. Nehru guió a la India para alejarse del énfasis de Gandhi en los telares y dirigirse a la mecanización e industrialización.* En el 2003, el gobierno de la India aprobó una misión tripulada a la Luna. Sabia o no sabia, exitosa o desastrosa, la misión será un clímax simbólico de una decisión nacional de invertir el rechazo a la tecnología que practicaba Gandhi. Pero, sin los valores morales y sociales de la Biblia, puede convertirse en un ejercicio para construir un Taj Majal en el espacio exterior.

LECCIONES DEL TAJ MAJAL

Tal como las pirámides simbolizan la gloria de Egipto, el Taj Majal de Agra personifica los mejores logros de la India premoderna. Ninguna

---

* Desdichadamente, el socialismo secular encubierto de Nehru produjo sus propios problemas, limitando a la India mientras que naciones pequeñas como Japón, Corea del Sur y Singapur avanzaban. El énfasis de Nehru en la educación técnica, sin embargo, está ahora llegando a ser uno de los mayores haberes económicos de la India.

fotografía puede trasmitir su grandiosidad. Uno tiene que verlo para experimentar su magnificencia. El emperador mogol Shah Jaján empezó a construir el Taj Majal en 1631. El mismo año, un viajero británico llamado Peter Mundy viajó de Surat (al norte de Bombay) a Agra (al sur de Delhi), una distancia de 1,083 km, para ver al emperador. Sus relatos de testigo presencial están entre las fuentes más importantes de información sobre la construcción del Taj Majal:

> De Surat a este lugar toda la carretera estaba repleta de muertos, nuestras narices nunca estuvieron libres del hedor de ellos... Se veía a mujeres asando a sus hijos... un hombre o una mujer casi ni acababan de morirse cuando los cortaban en pedazos para comérselos.[24]

El monzón no había llegado y* la gente no tenía nada para comer. ¿Por qué la agricultura de la India dependía tanto de las lluvias? El norte del país tiene ríos permanentes alimentados por los glaciares de Himalaya. ¿No podía la gente que construyó el Taj Majal construir presas o canales para los campesinos? ¿Por qué la India del siglo XVII no almacenaba alimentos en bodegas como reserva para los años de sequía? Después de todo, casi cuatro mil años antes de Shah Jaján, un esclavo hebreo convertido en administrador, José, construyó almacenes en las orillas del río Nilo para sobrevivir a una hambruna de siete años. La civilización prearia del valle del Indo había tenido acceso a tecnología de almacenamiento por lo menos mil quinientos años antes de Cristo. Todavía más, este no era el primer año en que el monzón había fallado. ¿Por qué la gente no estaba produciendo excedentes y guardándolo para emergencias como la que enfrentaron en el año 1631?

Mis antepasados del siglo XVII no se murieron de hambre debido a que fueran estúpidos, ociosos o improductivos. Un pueblo necesita más que ingenio para desarrollar sus tierras y tecnología, para aumentar la productividad y guardarla para emergencias. Necesitaban liderazgo sabio, estabilidad política, leyes justas, impuestos justos y seguridad económica. Akbar, bisabuelo de Shah Jaján, trató de dar

---

* La mayoría del subcontinente indio recibe su lluvia durante el monzón en los meses de verano, de junio a septiembre. Algunos años, el monzón no tiene lugar.

algo de justicia a sus súbditos durante unos pocos años, pero para la década de 1620 la India estaba siendo gobernada como de costumbre. Los impuestos (la «porción del rey») habían subido de la mitad a dos tercios de lo que uno producía. Aparte de esto, los cobradores de impuestos obtenían sus ingresos de los campesinos. Tenían que recurrir a la extorsión, porque no se les pagaba salario. A los campesinos les quedaba no más del 18 al 20 por ciento de lo que producían. Eso era un gigantesco incentivo en contra de ser creativos y productivos. La única manera de hacer dinero era unirse a los explotadores. Los reinos hindú, budista y musulmán no existían para servir al pueblo. El pueblo existía para la gloria de sus gobernantes, y no para la gloria de Dios.* La descripción que da el historiador Stanley Wolpert de la rutina diaria de los administradores principales durante el reinado de Shah Jaján nos ayuda a entender la naturaleza de una clase dirigente no bíblica:

A menos que se vieran obligados a estar en otra parte en negocios urgentes, a todos los *mansabdars* (administradores) principales se les convocaba dos veces al día ante el emperador en su Salón de Audiencia Pública (*Diwan-i-Am*), mientras que los oficiales inferiores seguían en cierto sentido más alejados, pero al alcance del llamado si acaso se los necesitaba. Las virtudes de humildad, obediencia, paciencia y lealtad, se infundieron de este modo en todos los poderosos generales y administradores civiles, a costa de la iniciativa intelectual, independencia mental, autosuficiencia, integridad y valentía. Denigrados y tratados como niños por su emperador, casi ni era sorpresa hallar que tales «nobles» se comportaban a su vez como petulantes tiranuelos de sus siervos, porteadores, soldados y campesinos. Todo el sistema era una pirámide de poder diseñada para perpetuar su pináculo imperial, mediante violencia despiadada, extorsión, intriga de harén, sobornos o puro terror. Los jardines formales, mausoleos de mármol y miniaturas persas eran como

---

* La idea secular de que los individuos pueden existir para su propia gloria es filosóficamente inestable. La idea no se sostiene, porque los individuos pueden hallar significado para sí mismos solo al relacionarse con un universal: animales, raza, iglesia, estado, ideología, naturaleza o Dios.

néctar que se exprimía de un subcontinente doblegado a la obediencia, ordeñado de sus riquezas por unos pocos, que tenían razón para
cantar versos persas tallados en las paredes adornadas del Salón Privado de Audiencia en Delhi (*Diwan-I Khas*): «Si hay un paraíso en la
tierra, ¡está aquí, está aquí, está aquí!»[25]

La hambruna de 1631 fue una tragedia masiva porque el liderazgo de la India había estado atareado explotando a sus súbditos para
construir monumentos grandiosos como el Fuerte Rojo de Delhi, el
Taj Majal de Agra, y artefactos como el Trono de Pavo Real;* gracias a
los cuales, se dice, «se había agotado el oro» en el mundo.

Asia y África no carecían de capacidad; pero la capacidad sola no
produce tecnología liberadora. Jesús dijo que las personas son como
ovejas, que necesitan buenos pastores. Sin pastores, la esclavitud seguirá siendo la norma: de las mujeres en Jinja a los intocables en la India.
Las culturas no bíblicas necesitan más que tecnología; necesitan una
filosofía que valore a las personas. La tecnología es, de hecho, secular:
una persona de cualquier fe o sin fe puede desarrollarla y usarla. Pero
el secularismo no libera, como el profesor Stark ha mostrado en su
investigación sobre la esclavitud y su abolición:

> Un número virtual del Quién es Quién de las figuras del «Siglo de las
> Luces» aceptaban plenamente la esclavitud... No fueron los filósofos
> o intelectuales seculares los que compilaron la acusación moral con-
> tra la esclavitud, sino las mismas personas que ellos sostenían en tal
> desprecio, hombres y mujeres que tenían una intensa fe cristiana, los
> que se opusieron a la esclavitud porque era pecado...
>
> El punto más grande es que los abolicionistas, fueran papis-
> tas o evangelistas, hablaron casi exclusivamente en el lenguaje de
> la fe cristiana... Aunque muchos de los clérigos del Sur [en Estados
> Unidos] propusieron defensas teológicas de la esclavitud, la retórica
> proesclavista era abrumadoramente secular; se hacían referencias a
> la «libertad» y «derechos del estado», y no a «pecado» o «salvación».[26]

_____

* Nadir Shah, invasor persa, se llevó de la India el Trono de Pavo Real en 1739.

La teología bíblica abolió la esclavitud porque consideraba que es pecado. Esclavitud significaba trabajo forzado, y la Biblia decía que el trabajo forzado era consecuencia del pecado. Dios amó a los pecadores lo suficiente para enviar a su Hijo para que llevase el pecado de ellos. La maldición del pecado fue clavada en la cruz del Calvario, precisamente para redimir a la humanidad de esta esclavitud. El hambre y la pobreza, según la Biblia, no son temas seculares; son consecuencia del pecado. La salvación bíblica, por consiguiente, incluye liberación de la pobreza opresiva. Ese fue mi mensaje en Jinja.

No obstante, la tecnología no basta para que una cultura desafíe la esclavitud. Es tarea que requiere de un espíritu heroico. Así pues, vamos seguidamente a examinar cómo la Biblia creó el heroísmo moderno.

Parte IV

LA REVOLUCIÓN DEL MILENIO

Entonces Jesús dijo a sus discípulos: Si alguno quiere venir en pos de mí, niéguese a sí mismo, y tome su cruz, y sígame. Porque todo el que quiera salvar su vida, la perderá; y todo el que pierda su vida por causa de mí, la hallará.

—MATEO 16.24–25

Pero lejos esté de mí gloriarme, sino en la cruz de nuestro Señor Jesucristo, por quien el mundo me es crucificado a mí, y yo al mundo.

—EL APÓSTOL PABLO, GÁLATAS 6.14

Capítulo ocho

HEROÍSMO

¿CÓMO UN MESÍAS DERROTADO
CONQUISTÓ ROMA?

¿Qué define a un héroe? ¿Es un héroe el que muere salvando a otros en un edificio incendiado? ¿O el que se suicida haciendo explotar un edificio lleno de personas corrientes? Jonathan Swift (1667–1745) explicó: «Quienquiera que sobresale en lo que apreciamos, nos parece un héroe a nuestros ojos».[1] Lo que es heroico en una cultura dada depende de lo que esa cultura valora.

Este capítulo examinará cómo la Biblia cambió la idea europea del héroe durante el último milenio. Hace mil años, la idea de heroísmo de la Europa «cristiana» se expresó en el primer conflicto internacional del segundo milenio. Fue una cruzada en la que los soldados cristianos trataron de purgar de musulmanes la ciudad santa de Jerusalén.* El último conflicto importante del segundo milenio fue la operación Tormenta del Desierto en Kuwait, en la que soldados occidentales arriesgaron su vida para liberar a los musulmanes kuwaitíes de los musulmanes iraquíes. El petróleo era en realidad la motivación subyacente tras la acción estadounidense, pero se mantiene el hecho de que mientras que Irak invadió Kuwait por petróleo, Estados Unidos no podía quedarse ni se quedó en Kuwait para expoliar el crudo.

---

* Cuando los primeros cruzados irrumpieron en la «ciudad santa» de Jerusalén el 15 de julio de 1099, «la purificaron» matando a prácticamente todos sus habitantes.

¿Cómo es que durante los últimos mil años ha habido tal cambio de paradigma global que hoy pocos pudieran imaginarse que la única superpotencia del mundo eligiera a un Alejandro Magno para colonizar otras naciones?

Esto no es decir que la política exterior estadounidense o la europea no esté gobernada por su interés propio nacional. La pregunta es: *¿Por qué esperamos y exigimos que las naciones «civilizadas» envíen sus tropas solo para liberar a los oprimidos, pero no para explotarlos? ¿Qué los cambió?* La respuesta es que esperamos que Estados Unidos no siga el modelo de Alejandro ni Agosto ni Adolfo Hitler, sino a la Biblia y su definición de heroísmo. Su Mesías derrotado conquistó las ideas clásicas y medievales de heroísmo que produjeron el mundo moderno, que valora el sacrificio propio en más alto grado que la conquista mundial o las proezas caballerescas.

Las cruzadas originales fueron expediciones militares emprendidas por cristianos europeos entre 1095 y 1270 para librar a Jerusalén y otros lugares de la «Tierra Santa» del control musulmán. El papa era quien normalmente pedía estas campañas, que se originaron en un deseo de impedir que los musulmanes se apoderaran de otras tierras cristianas. Ofrecieron «remisión de pecados» (indulgencias) a los cristianos que iban a luchar. La Iglesia de Roma jugó un papel importante en estas empresas militares porque en ese tiempo la cristiandad estaba más unida en torno a la Iglesia que alrededor de un imperio. A menudo, el estado funcionaba como policía o brazo militar de la Iglesia. No solo las cruzadas, sino muchas iniciativas públicas vinieron, también, de la Iglesia, en parte porque la mayoría de reyes eran más débiles que el papa y algunos dirigentes ambiciosos de la Iglesia querían extender su poder político y religioso.

La Iglesia tenía socios que veían nuevas oportunidades en las cruzadas. Uno de sus motivos era mantener a los «héroes» europeos problemáticos, caballeros y nobles, fuera de la vista. Si iban a luchar y morir, sería mejor que lo hicieran en tierras lejanas. Entonces se los inmortalizaría por lo menos en cantos, si no en el cielo, como lo garantizaron algunos papas. En resumen, cualquiera que fuera su justificación, las cruzadas se convirtieron en barbarie religiosa.

Hay substancia en el argumento, sostenido por eruditos eminentes como Jacques Ellul (1912–94), de que las cruzadas representaron la islamización del cristianismo.[2] En la aurora del segundo milenio, la civilización islámica era superior a la cristiandad europea en muchos sentidos. Europa aprendió muchas cosas del mundo islámico, una de ellas fue la idea de usar la espada para promover la religión. La Biblia podría permitir a un teólogo argumentar en defensa de la «guerra justa». Pero nadie podría aprender de Jesús y sus apóstoles a usar la espada para imponer el cristianismo.[*]

De las cruzadas, el milenio cristiano pasó a los conquistadores. Los reyes católicorromanos de España, Portugal y Francia enviaron a sus soldados junto con sacerdotes a América del Sur y a las islas del Caribe en busca de oro. Los sacerdotes plantaban una cruz en la playa reclamando la tierra para Cristo antes de que los soldados entraran; a menudo para matar, violar y saquear. Algunos de los relatos son horrorosos. Un soldado «cristiano» arrebataba a un bebé del pecho de su madre, lo estrellaba contra las rocas, ¡y se lo daba de comer a su perro![3] A menudo, a los nativos se les veía como menos que humanos. Las cruzadas, por lo menos, tuvieron alguna justificación histórica, política o estratégica. Por el contrario, independientemente de las aventuras heroicas de hombres como Colón, poco aparte de la codicia impulsó a la mayoría de los conquistadores.

Pisándoles los talones a los conquistadores, la ideología del colonialismo empezó a dominar la escena global. Las naciones protestantes, como Inglaterra, usurparon la primacía, potenciadas por la tecnología, la educación, la libertad y la ciencia que la Biblia había producido. El mal del colonialismo llegó a ser simbolizado por los primeros catorce años del gobierno británico en Bengala, la India oriental, que se caracterizaron por la corrupción y el caos administrativo (1757–70). Su impacto devastador en la economía local se ha medido mejor por el hecho de que las lluvias del monzón no cayeron ese año y eso condujo a la muerte por hambre de unos diez millones de personas. Lord Curzon, un virrey británico posterior en la India, anotó:

---

[*] El Nuevo Testamento justifica el uso de la espada por el estado para restringir el mal. Véase, por ejemplo, Romanos 13.1–5.

En todo el verano de ese año [1770] se registra que los ganaderos vendieron su ganado; vendieron sus aperos de agricultura; vendieron a sus hijos e hijas, aunque a la larga no podían hallar ni siquiera quien comprase a los niños; se comieron las hojas de los árboles y la hierba del campo; y cuando llegó el clímax del verano, los vivos se comían a los muertos. Las calles de la ciudad estaban bloqueadas con indiscriminados montones de muertos y agonizantes; ni siquiera los perros y los chacales lograban realizar su repulsivo trabajo.[4]

Durante el siglo XIX, los evangélicos británicos lograron convertir el mal del colonialismo en una bendición para mi país.[5] No es discutible, sin embargo, que el colonialismo en sí, una nación gobernando sobre otra,* fue un mal.

¿Cómo puede un milenio que empezó con las cruzadas y progresó por los conquistadores y hasta el colonialismo acabar con Kuwait y Kosovo; con naciones (ex)cristianas enviando a sus ejércitos para liberar a musulmanes kuwaitíes de iraquíes musulmanes, y a musulmanes en Kosovo de cristianos ortodoxos? ¿Por qué en la aurora del tercer milenio a cualquier presidente estadounidense, se lo admire o aborrezca, ni se le pasa por la cabeza** gobernar en Afganistán?

La respuesta es que la Biblia reemplazó la idea clásica de héroe como conquistador mundial y la idea medieval de héroe como un caballero valiente con la idea de un héroe como alguien que se sacrifica por el bien de otros. Permítanme empezar con un relato personal.

UNA CLASE DIFERENTE DE HÉROE

En 1982, Ruth y yo estábamos por salir en una breve gira sabática de conferencias y estudios en Europa. Esa misma noche, sin que lo supiéramos, dos hombres atacaron a mi padre y a mi madrastra en

---

* Por supuesto, la India era un millar de reinos minúsculos cuando la Compañía de la India Oriental la colonizó. La idea de una India como una nación vino (indirectamente) de la Biblia durante la era colonial.
** Tal vez él pudiera pensar que la colonización es la única manera de bendecir a Afganistán, pero por ahora no le puede decir eso ni siquiera a sus amigos de confianza. La idea es moralmente inconcebible.

su casa rural, como a seis kilómetros de nuestra granja. Golpearon a mis padres, amarraron a mi padre a una silla, violaron a la joven que vivía con ellos y robaron todo lo de valor. Uno de los ladrones sacó un cuchillo afilado y empezó a sacarle los ojos a mi padre. Se detuvo solo porque mi papá prometió vaciar su cuenta bancaria al día siguiente y darle todos los ahorros de su vida.

Mi padre se había jubilado anticipadamente y había venido para ayudarnos en nuestro trabajo de desarrollo rural, que crecía rápidamente. Él sabía cuán estresante había sido nuestro trabajo y, por tanto, me había animado a que tomara dos meses libres para dictar conferencias, estudiar y terminar de escribir mi libro *Truth and Social Reform* [Verdad y reforma social].[6] Se ofreció como voluntario para administrar los proyectos mientras los padres de Ruth en Barielly, en el estado de Uttar Pradesh, India, cuidaban a nuestras hijas.

Papá cumplió su promesa a los ladrones. Fue a la policía solo después de pagar el dinero en el lugar convenido. La policía, sin embargo, ni siquiera quiso anotar el caso, y papá empezó a sospechar que esto tal vez pudiera haber sido más que un mero robo; que los «poderes al mando» estaban usando a los criminales para atacar nuestro trabajo. En ese caso, yo sería el verdadero blanco, y el ataque a él simplemente una prueba; un mensaje para su hijo.

La indiferencia de la policía hizo imposible que mis padres continuaran viviendo en su granja rural aislada y vulnerable. Así que se mudaron a una pensión en la ciudad, cerca del hospital cristiano, a pocos metros de la casa del primo de mi papá, un médico jubilado. Pero, en lugar de solaz, su reubicación produjo un choque más devastador que el ataque inicial contra ellos. A los pocos días, mi tía y su esposo fueron hallados asesinados. Algunos hombres se habían metido, los habían atado, lo saquearon todo, y después los acuchillaron docenas de veces. Los expertos forenses dijeron que los asesinos parecían haber hallado placer en su brutalidad.

Casi ni habían pasado dos semanas desde su asesinato cuando uno de nuestros trabajadores de campo trajo a un voluntario casi muerto, Ashraf, al Dr. Mategaonker en el hospital. El obrero de campo y Ashraf, musulmán, estaban sirviendo a las víctimas de la sequía en una ciudad llamada Nagod. Habían estado durmiendo en habitaciones separadas unos diez metros. A las dos de la mañana, Ashraf oyó que alguien llamaba. Cuando abrió la puerta, dos hombres lo atacaron con hachas. Él tomó una herramienta de madera y trató en vano de defenderse. Le derribaron y le dejaron por muerto, llevándose todas sus pertenencias.

El efecto acumulativo de estos y otros incidentes relativamente menores fue convencer a nuestra comunidad de que políticos, policía y criminales quizás habían unido fuerzas para eliminarnos y expulsarnos de la zona. Nuestro principal oponente, el político al que hice referencia en el capítulo dos, quizás temía nuestra influencia creciente. Parecía que le animaban algunos líderes religiosos hindúes que temían que nuestra obra pudiera con el tiempo conducir a que muchos se convirtieran en seguidores de Jesucristo.

¿Por qué no contrarrestar nuestra influencia con su propia obra de servicio, ayudando a los pobres y hambrientos? Todos los recursos del gobierno de la India estaban a su disposición. Sin embargo, la Oficina de Desarrollo de Barrio, mediante la cual tenían que trabajar, era considerada uno de los departamentos gubernamentales más corruptos. A funcionarios y dirigentes elegidos, acostumbrados a usar mal los fondos de desarrollo, no les podían pedir que se hicieran honestos simplemente para contrarrestar nuestra influencia. La otra dificultad de nuestros oponentes era que consideraban que una proporción significativa de los necesitados a quienes servíamos eran intocables. Seguir el mandamiento de «ama a tu prójimo como a ti mismo» requería más que recursos materiales. Para servir a los intocables, necesitaban una fuente de poder espiritual para trascender sus prejuicios culturales y arriesgarse a peleas en casa y excomunión de su propia casta.

Ruth y yo volvimos a la India dos meses después del ataque a mi padre. Él y el doctor Mategaonker, presidente de esta organización, enviaron a tres jóvenes a Nueva Delhi para impedir que volviéramos a la región. Sospechaban que yo podía obstinarme e insistieron en que por lo menos Ruth no se expusiera al peligro. Pensaban que Ruth pudiera convenir en poner la seguridad de nuestras dos hijas primero, por encima del servicio.* Volviendo a contar los horribles sucesos de los meses previos, nuestros amigos propusieron que sería más seguro que nosotros empezáramos un trabajo nuevo en los tugurios de Delhi.

Yo quería pruebas concluyentes, no solo presunciones razonables, de que los oficiales más altos se habían confabulado en el uso de criminales para poner fin a nuestra obra. Nadie, ni siquiera yo, tenía ninguna duda de que el más importante político local nos aborrecía. Nadie dudaba de que él estaba vinculado con conocidos criminales. Su poder sobre la policía ya me había enviado a la cárcel. Sin embargo, yo quería evidencias de que nos enfrentábamos a un plan organizado respaldado por las autoridades superiores, tanto políticas como cívicas. En ausencia de pruebas concretas, argumenté que la conspiración pudiera ser diabólica, es decir, sobrenatural. ¿Qué más podía producir tal ceguera espiritual y conciencia retorcida? Carecíamos de recursos físicos para luchar contra nuestros oponentes, pero si el mal que se nos oponía era espiritual, entonces estábamos en una batalla para la que no necesitábamos armas. Razoné con mis amigos que Dios nos había dado recursos adecuados en la oración y la fe para superar esta conspiración. En todo caso, ¿no nos había llamado Jesús a que tomemos nuestra cruz y le sigamos?[7]

Para mí, el proceder estaba claro, pero decidí no influir en la decisión de Ruth. Hubiera sido absurdo sugerir que la amenaza contra ella o nuestras hijas era hipotética. Jesucristo mismo sabía que la fe no es seguro contra la muerte; a veces resulta en el martirio. Ruth decidió pensar y orar sobre el asunto. Ella tenía que escoger no solo por sí misma, sino también por sus dos pequeñas. Sabía que su esposo no tenía otra cosa que fe. La experiencia, hechos y votos estaban en mi contra. Al día siguiente, anunció su decisión: «De nada sirve seguir a Jesús a medias. Si vamos a seguirle, será mejor que confiemos en él y vayamos todo el camino. Iré contigo incluso si nuestros amigos deciden quedarse en Delhi».

A los pocos minutos de su decisión, sonó el teléfono. Era Liz Brattle. Había regresado de Australia como voluntaria con InterServe. En

---

* Nivedit y Anandit tenían entonces cinco y tres años.

1976, ella había mecanografiado mi libro *The World of Gurus* [El mundo de los gurús]. Ahora, años más tarde, a finales de 1982, sin ninguna correspondencia entre nosotros, Liz había vuelto a la India sin anunciarse, ¡para servir como mi secretaria! Llamaba porque había oído que Ruth no iba a volver al pueblo. Quería confirmación, porque, si ese era el caso, InterServe tampoco permitiría que ella arriesgara su vida.

Minutos después de que terminamos de hablar con Liz, hubo otra llamada. Era Kay Kudart,* alguien a quien no conocíamos. Kay dijo que era un estudiante de Estados Unidos. Era parte de HNGR (Necesidades Humanas y Recursos Globales), un programa de la Universidad Wheaton, de Illinois, que le exigía que hiciera un internado de seis meses en un país en desarrollo. No había podido hacer contacto con nosotros en el pueblo porque no teníamos teléfono. Su profesor le había aconsejado que simplemente se asomara, puesto que nuestra comunidad aceptaba casi a todos los que llegaban. Después de llegar a Delhi, ella oyó los espeluznantes relatos, pero su fe era tan alocada como la nuestra. Tuvo la suerte de que su guía en Delhi fuera igualmente radical en su fe; con todo, tenía una responsabilidad. Le dijeron que no podía arriesgar su vida si Ruth no iba.

Toda la campiña quedó estupefacta cuando regresamos al campo de batalla con tres mujeres jóvenes y dos niñas pequeñas. Para nuestros vecinos y oponentes, el heroísmo implicaba la capacidad de luchar en defensa, de buscar a nuestros enemigos y desquitarnos. Dieron por sentado que habíamos importado armas secretas de Occidente.[8] No se les ocurrió que alguien pudiera escoger servir a sus enemigos y sacrificar su vida por ellos. Para nosotros, esta era una guerra espiritual; y teníamos un arma secreta: la oración. Mirándolo en retrospectiva, pienso que Liz y Kay fueron parte de la respuesta a nuestras oraciones. Se convirtieron en un escudo efectivo. Las autoridades del distrito deben de haber temido que hacerles daño internacionalizaría nuestra situación, así que pusieron freno a los que encabezaban la oposición.**

---

* Actualmente, Kay Holler.
** Mi padre murió pocos meses más tarde, y luego nos enteramos de que los que le habían robado murieron en un accidente en la motocicleta que habían comprado con su dinero.

¿Fue heroica o necia la decisión de Ruth de volver a Chhatarpur? ¿Era sabio arriesgarse a violación o asesinato para continuar sirviendo a Dios entre los campesinos pobres? Nuestra decisión se basaba en nuestras creencias. Iba en contra de los conceptos clásicos y medievales de heroísmo.

EL HÉROE CLÁSICO

El mundo grecorromano clásico jamás le hubiera ofrecido el Nobel de la Paz a Jimmy Carter, un presidente derrotado. Para ser un héroe clásico habría necesitado forjar estrategias y alianzas, tramar asesinatos y volver al poder. Un héroe era una persona que tenía poder para conquistar y gobernar a otros. El modelo griego era Alejandro Magno (356–323 A.C.), uno de los conquistadores más despiadados de la historia, que marchó de Grecia a la India. Se consideraba a sí mismo divino, como también sus contemporáneos, y ordenó que las ciudades griegas lo adoraran como dios. Dejó su imperio, en sus propias palabras, «al más fuerte», a diferencia de Jesús, que dijo que los pobres y los mansos heredarían el reino de Dios que él estaba trayendo. La invitación de Alejandro al más fuerte garantizó los conflictos entre sus lugartenientes y destrozó su reino en menos de medio siglo.

Augusto César (63 A.C.–14 A.D.) fue el héroe romano ideal. Consolidó su poder matando a trescientos senadores y doscientos patricios, incluyendo el anciano orador Cicerón. Augusto se hizo a sí mismo, y ante sus seguidores, dios en la tierra. La idea clásica de heroísmo arraigó tan profundamente en la conciencia occidental que Napoleón Bonaparte (1769–1821) trató de revivir el Imperio Romano, modelando su gobierno según el de Augusto. La búsqueda del poder y gloria por parte de Napoleón hundió a Europa en guerras terribles e inútiles. William Blake (1727–1827) se lamentaba: «El veneno más fuerte jamás conocido vino de la corona de laurel de César».[9]

Esta comprensión clásica del héroe como persona con poder es casi universal. Es la esencia de la idea hindú del héroe. Por eso, a la mayoría de dioses y diosas hindúes se les pinta con armas en sus muchas manos. También explica por qué unos bien conocidos criminales pueden ganar elecciones democráticas en la India. Una vez que ganan, se borra su culpa. El hinduismo requiere que un héroe espiritual también conquiste su propio cuerpo al controlar lo que come y bebe, su sexualidad, y acciones involuntarias tales como el respirar. El héroe islámico también es un individuo con poder, en tanto y en cuanto vaya unido a piedad y a oración. Esa es la razón principal por la que un terrorista puede ser un musulmán devoto y un héroe a ojos del clero integrista.

EL HÉROE MEDIEVAL

La Iglesia Católica Romana heredó la perspectiva clásica del heroísmo de la cultura de los bárbaros alemanes y de los aristócratas froncos. Estas culturas valoraban la valentía personal, la fuerza física y la destreza en el uso de las armas. La destreza, la capacidad de vencer a otros hombres en batalla, llegó a ser la virtud de ser caballero. El caos sociopolítico que siguió al colapso del Imperio Romano en el siglo V recurrió después del colapso del Imperio Carolingio (351–987). Sin una autoridad o instituciones centrales de justicia para imponer contratos, la sociedad feudal de Europa hubiera colapsado por entero, si la virtud de lealtad no hubiera llegado a ser preeminente. Un caballero ahora se consideraba héroe si tenía destreza y era leal a su señor.

La lealtad como virtud la cultivaron los trovadores ambulantes que componían y hacían circular cuentos épicos de obras de caballería. Junto con los caballeros, dependían de la generosidad (esplendidez) de las cortes. Fue interés de los trovadores también exaltar la generosidad como virtud superior. La generosidad se merecía un lugar importante en sus cantos. Los grandes héroes eran los que más daban.

El pasatiempo favorito de los patrones aristócratas y de los juglares y trovadores era ganarse el favor de las cortesanas. Esto exigía cortesía. Si la cortesía iba a ser una virtud, había que extenderla a sus compañeros caballeros. Así que el amor cortesano y la cortesía se añadieron a la destreza, la lealtad y la generosidad como virtudes medievales.

La meta última de un héroe medieval en la vida era hallar la gloria, es decir, que su prestigio ganado en batalla quedara glorificado en cantos y narraciones. También saqueaba los bienes de sus enemigos, y, por supuesto, quería mujeres. Los torneos eran los sustitutos de las guerras. En el siglo XII, los torneos se habían convertido en una institución floreciente en el norte de Francia, extendiéndose a poco a otras regiones.

La Europa feudal no tenía un ejército permanente para mantener a estos caballeros bajo disciplina. Tampoco tenía un mecanismo legal para asegurar que las aspiraciones de heroísmo de los caballeros no interfirieran con la necesidad de la sociedad de ley y orden, paz y estabilidad. Durante siglos, Europa careció de un orden político que pudiera civilizar el heroísmo caballeresco.* Ese vacío lo llenó la Iglesia.

En 1027 la Iglesia Católica Romana inició un movimiento llamado «Tregua y paz de Dios». Emitió un decreto restringiendo la empresa privada de guerra. Esa ordenanza se basó en una ley canónica anterior que prohibía hostilidades desde el sábado por la noche hasta el lunes por la mañana. La Iglesia ahora extendió esa prohibición para prohibir todo tipo de guerra privada. Alrededor del 1040, la prohibición se aplicó al tiempo que iba desde la puesta del sol del miércoles hasta la salida del sol del lunes. Más tarde se incluyeron las temporadas de Adviento, Navidad y Cuaresma. La pena por violar la tregua era excomunión de la Iglesia. Esta era una amenaza extremadamente fuerte en esa era no secular. Significaba la pérdida de la seguridad social de uno en esta vida y en la venidera.

El éxito real de la Iglesia tal vez no haya sido gigantesco, pero ella actuó porque las autoridades civiles ya habían fracasado. El esfuerzo de la Iglesia por proteger a los indefensos en contra de la nobleza sin ley en un período de anarquía feudal fue noble. La «tregua de Dios» pronto se esparció por Francia, Italia y Alemania. El concilio ecuménico de 1179 la aplicó a toda la cristiandad occidental.

Las prohibiciones formales y excomuniones no fueron las únicas armas que la Iglesia usó en contra de los héroes medievales. En su autoritativa obra *French Chivalry* [Caballería francesa], Sidney Painter señaló que «el mayor volumen de crítica de las ideas y prácticas de

---

* La Iglesia envió caballeros a las cruzadas para librar a Jerusalén en parte porque en su propia patria eran un fastidio.

caballería vinieron de las plumas de los eclesiásticos».[10] Por ejemplo, el más grande teólogo católico, Tomás de Aquino (1225-74), condenó la caballería basándose en que los caballeros que buscaban «gloria» mediante el homicidio y la rapiña buscaban «vanagloria». En 1128, Gilberto de Bruges argumentó en sus escritos que un deseo de fama era digno, pero el que un hombre matara por el solo propósito de ganar gloria era pecado. San Bernardo de Claraval (1090-1153), Juan de Salisbury (1115-80) y un famoso predicador llamado Jacques de Vitry estuvieron entre los más feroces críticos de la caballería.

Como resultado de estos escritos, el concilio de Clermont (1130) prohibió los torneos, rotulándolos como concursos homicidas. Resolvió que nadie que muriera en torneos podía ser enterrado en terrenos consagrados. Los concilios de Letrán de 1139 y 1179 confirmaron la prohibición, y esta se convirtió en ley canónica en los decretos del papa Gregorio IX (1147-2241).

La caballería religiosa

Mientras que algunos escritores católicos lanzaron un ataque frontal al concepto y práctica medievales del heroísmo, la Iglesia adoptó otra estrategia para someter a la caballería a su autoridad: la ritualizó. En el siglo XIII, la Iglesia pidió a los candidatos a caballeros que dedicaran su armadura en un altar. Pasaban toda la noche orando y ayunando. Antes de vestirse su armadura, se daban un baño ritual. Se elaboraron ritos complejos para convertir a elementos peligrosos en «caballeros de Dios». Esto quería decir que se les daba un sentido de responsabilidad ante Dios y la Iglesia, y de cuidar a los débiles y vulnerables.

En la Inglaterra medieval, esto culminó en *Sir Gawain y el caballero verde*. Este poema aliterativo es nuestra fuente más importante de información sobre la corte del semilegendario rey Arturo. El poema exalta el espíritu heroico como clave de la renovación de la sociedad. Define la cortesía heroica como gentileza: dedicación de la fuerza superior de un caballero al honor o servicio de los que tenían menos poder mundanal. El poema pone el código de cortesía entre los logros gloriosos de la civilización europea medieval. Mediante la cortesía, todas las personas, incluyendo los más bajos, podían practicar la virtud heroica.

El esfuerzo de la Iglesia por poner a la caballería bajo su autoridad moral tuvo resultados notables. Uno de resultados fue la fundación de la orden de los Caballeros Templarios. Dos caballeros franceses empezaron esta orden en 1119 como una banda militar pequeña en Jerusalén. Su objetivo era proteger a los peregrinos que visitaban Tierra Santa después de la primera cruzada. Militar en su naturaleza desde el principio, la orden pronto recibió la sanción papal. El concilio de Troyes les dio un papel austero siguiendo a los cistercienses. A los caballeros templarios se les empezó a llamar con regularidad para transportar dinero de Europa a Tierra Santa. En consecuencia, desarrollaron un eficiente sistema bancario en el cual llegaron a confiar los gobernantes y la nobleza europeos. Gradualmente, los templarios llegaron a ser los banqueros de una gran parte de Europa y amasaron riqueza; sin embargo, el poder y la riqueza trajeron corrupción y problemas. Felipe IV de Francia y el papa Clemente V los suprimieron y expoliaron, rotulándolos de secta satánica.

Los Caballeros Teutones del Hospital de Santa María de Jerusalén son otro ejemplo de caballería modificada. Era una orden militar religiosa formada por cruzados alemanes en 1190–91, en Acre, Palestina, y en 1199 recibieron reconocimiento papal. Los miembros eran caballeros alemanes de noble cuna. Para el 1329 tenían toda la región báltica como feudo papal.* Existen hoy como orden de caridad y enfermería, con sede en Viena.

A pesar de esos ejemplos notables, subsiste el hecho de que la idea de la caballería cristiana no se podía sostener. No tiene cimientos bíblicos. Exigía «noble nacimiento» y glorificaba la destreza física, el talento en las armas y la matanza. Eran valores contrarios al espíritu de Cristo y los apóstoles. La idea de los caballeros de Cristo empezó a ser socavada por la *Devotio moderna* [Devoción moderna], movimiento de reforma espiritual centrado en los Países Bajos, que recalcaba el ejemplo moral de Cristo. Un clásico representativo de este

---

* Tierra o propiedad sometida bajo el sistema feudal de «propiedad».

movimiento es el tratado devocional *Imitación de Cristo*, escrito por el monje alemán Tomas de Kempis (1379–1471).*

Hablando estrictamente, el libro de Kempis no trata de imitar al Cristo de los Evangelios. El título del libro viene de una vieja tradición de usar la primera frase de un libro como su título. La importancia del libro está en el hecho de que recalca la naturaleza interna, espiritual, del discipulado cristiano, en tanto que la idea de la caballería religiosa se había concentrado en los actos externos. La *Imitación de Cristo* llegó a ser un puente desde la idea medieval a la idea moderna de la espiritualidad cristiana según la entendieron Desiderio Erasmo y Martín Lutero.

HEROÍSMO MODERNO

Roland Bainton, biógrafo de Martín Lutero, nos ofrece un cuadro de un héroe moderno. El concilio de Constanza (1417), que quemó a Juan Hus en la hoguera, había suprimido el movimiento de reforma iniciado por Juan Wycliffe. Un siglo después, un monje y profesor de la Universidad de Wittenberg, Martín Lutero, tomó la batuta de los reformadores. Conocer el contexto nos ayudará a apreciar el heroísmo de Lutero.

En 1516, Alberto de Brandenburgo les pidió prestada una suma sustancial a los banqueros alemanes para comprarle al papa León X el arzobispado de Mainz. Alberto era joven, pero ya era obispo tanto de Halberstadt como de Magdeburgo. Las dinastías poderosas tenían intereses creados para mantener a la Iglesia como negocio familiar. El arzobispado de Mainz haría de Alberto el primado** de Alemania. Pero ocupar tres arzobispados era irregular. Exigía el desusado alto precio de diez mil monedas de oro (ducados). Alberto sabía que el dinero habla. El papa lo necesitaba.

El papa autorizó a Alberto a vender indulgencias (certificados de remisión de pecados) para levantar los fondos. La mitad del dinero

---

* Algunos eruditos discuten que Tomás de Kempis fuese el autor de este volumen, aunque en efecto representa su comprensión de la espiritualidad cristiana.
** El obispo de más alta jerarquía en una provincia.

iría al papa para reconstruir la catedral de San Pedro en Roma y el resto a Alberto para pagar el dinero prestado para sobornar al papa. Lutero había estado leyendo el Nuevo Testamento en griego y latín, recientemente traducido por Erasmo. Reconocido como el más grande erudito humanista de su tiempo, Erasmo estaba entonces enseñando en Cambridge. Mediante su traducción y las notas marginales que explicaban por qué su traducción difería en algunos puntos cruciales de la anterior, llamada Vulgata, Lutero aprendió que Jesús ya había pagado el precio requerido por la salvación de la persona. Jesús era el Cordero de Dios, sacrificado en la cruz como nuestro sustituto. Había llevado sobre sí toda la pena de nuestro pecado. No había nada que los seres humanos pudieran pagar para comprar la salvación. Todo lo que teníamos que hacer era arrepentirnos de nuestros pecados y recibir por fe la dádiva de Dios.

La venta de indulgencias, se dio cuenta Lutero, era explotar a las masas en nombre de la religión. Como sacerdote, Lutero era responsable de educar a su rebaño y protegerlos de los lobos voraces. En este caso, los lobos resultaban ser sus superiores, a quienes había hecho el voto de obedecer. Pero también era profesor con ciertas libertades académicas; tenía el derecho de expresar sus opiniones para el escrutinio de sus iguales. El 31 de octubre de 1517, Lutero clavó sus famosas noventa y cinco tesis en la puerta de la iglesia del castillo de Wittenberg. Era una apelación al debate académico. Decía que la Iglesia estaba en un error y que vender las indulgencias era una explotación corrupta de las masas pobres. Su desafío fue tan sensacional que de inmediato se empezaron a hacer copias. Se había arrojado el guante a mil años de civilización.

En diciembre de 1520 se le preguntó a Lutero si estaba dispuesto a comparecer ante el emperador Carlos para ser juzgado por herejía. Juan Hus (1369–1415), el reformador checo, y otros de los predecesores de Lutero habían sido quemados en la hoguera a pesar de que la Iglesia les aseguró salvoconducto. A Lutero todavía no se le había dado tal seguridad. Así es como él respondió:

Me preguntan qué haré si me llama el emperador. Iré aunque esté demasiado enfermo para sostenerme de pie. Si César me llama, Dios me llama. Si se usa la violencia, como es probable que la usen, encomiendo mi causa a Dios. Vive y reina quien salvó a los tres jóvenes del horno ardiente del rey de Babilonia, y si él no me salva, mi cabeza no vale nada comparada con Cristo. No hay tiempo para pensar en la seguridad. Debo cuidar que el evangelio no sea llevado a desprecio por nuestro temor de confesar y sellar con nuestra sangre nuestra enseñanza.[11]

Felizmente, Federico, duque de Sajonia y fundador de la Universidad de Lutero, obtuvo el salvoconducto. Lutero enfrentó el juicio en la ciudad de Worms. Las autoridades trataron de intimidarlo para someterse, o eliminar la amenaza que representaba al statu quo. Es difícil mejorar la prosa de Bainton:

> La escena se presta para una descripción dramática. Allí estaba Carlos, heredero de una larga línea de soberanos católicos: de Maximiliano el Romántico, de Fernando el Católico, de Isabel la Ortodoxa, vástago de la casa de los Habsburgo, señor de Austria, Burgundia, los Países Bajos, España y Nápoles, sacro emperador romano, gobernando sobre un dominio más amplio que cualquiera excepto el de Carlomagno, símbolo de las uniones medievales, encarnación de un linaje glorioso aunque en declive; y allí estaba un monje sencillo, hijo de un minero, con nada que sostenerlo sino su propia fe en la Palabra de Dios. Allí es donde se encontraron el pasado y el futuro. Algunos verían en este punto el principio de los tiempos modernos... Lo que le abrumaba [a Lutero] no era tanto que estaba en presencia de un emperador como este, sino que él y el emperador por igual estaban llamados a responder ante el Dios Todopoderoso.[12]

Lutero no estaba procurando ser un héroe. Estaba siendo obediente a su conciencia, de la que afirmaba que estaba cautiva de la Palabra de Dios. Él no sabía que estaba inaugurando una nueva era, desatando una nueve fuente de poder, redefiniendo el heroísmo o contendiendo por una nueva fuente de autoridad de la civilización.

LA BIBLIA REDEFINE EL HEROÍSMO

La Iglesia Católica estableció un principio espléndido al transformar la idea occidental del héroe. Sin embargo, a pesar de las excepciones,[*] el héroe moderno no emergió sino hasta después de que la Biblia empezó a forjar la conciencia occidental. La epopeya *El paraíso perdido*, de Juan Milton (1608–74), por ejemplo, fue una fuerza que alteró el paradigma. El héroe (o antihéroe) de esta epopeya puritana es Lucifer (Satanás) que gana cuando los seres humanos caen en el pecado, perdiendo el paraíso. Lucifer revela el carácter de su heroísmo cuando dice que «es mejor reinar en el infierno que servir en el cielo». Una implicación es que ese heroísmo clásico es diabólico. En su búsqueda de poder, hace infernal nuestro mundo.

El heroísmo clásico chocó con la Biblia debido a que el primero valoraba el poder; el heroísmo de Cristo valoraba la verdad. Otros reinos promovieron obras heroicas cultivando el orgullo racial, geográfico, lingüístico, religioso, de clase o de casta, y el odio. Jesús hizo del amor el valor supremo del reino de Dios. Este amor no era sentimentalismo. Iba más allá de amar al prójimo como a uno mismo. Su manifestación suprema era la cruz: sacrificarse por otros, incluyendo a los enemigos.

El heroísmo de Jesús reemplazó la brutalidad con amor, el orgullo con mansedumbre, y el dominio sobre otros con servicio sacrificado. Él ejemplificó esto cuando se humilló a sí mismo, tomó un recipiente de agua y la toalla del siervo, y se puso a lavarles los pies a los discípulos. En esto, dijo, es en lo que consiste el reino de Dios. Él era el Rey de reyes y Señor de señores. Todo poder en el cielo y la tierra, afirmó, era suyo; pero él no había venido para ser servido, sino para servir; no para matar, sino para dar vida eterna. No eran homilías predicadas

---

[*] San Patricio es una buena excepción. Véase *De cómo los irlandeses salvaron la civilización*, de Cahill.

por un gurú sentado en un trono de oro. Estas enseñanzas cambiaron la historia porque emanaron de una vida que vivió en la arena pública.

Me di cuenta del poder del evangelio para transformar cuando oí a nuestro primer ministro, Pandit Jawaharlal Nehru en 1963. Él empezó: «Conciudadanos: Vengo a ustedes como su primer siervo, porque eso es lo que el término primer ministro literalmente significa». Me asombró porque, incluso siendo muchacho, yo sabía que ningún gobernante en la larga historia de la India se había visto jamás a sí mismo como siervo. Pandit Nehru lo hizo porque la Biblia había estado transformando a Allajabab, donde él y yo crecimos. De Allajabad él fue a Inglaterra a estudiar. El sistema político de Gran Bretaña había sido puesto bajo la autoridad de la Palabra de Dios mediante largos conflictos espirituales. Muchos héroes murieron para quitarles el poder a los reyes y dárselo a los siervos (ministros). Como resultado, el primer siervo llegó a ser más importante que el rey. Jesús empezó esta revolución cuando enseñó: «El que quiera ser el primero entre vosotros será vuestro siervo; como el Hijo del Hombre no vino para ser servido, sino para servir, y para dar su vida en rescate por muchos».[13]

¿Cómo el reino de Lucifer, que adoraba el poder, llegó a aceptar a un Cristo humillado y crucificado como el Dios Todopoderoso?

La iglesia vio la cruz de Cristo como el único camino a la salvación. El apóstol Pablo escribió que los judíos buscaban una demostración de poderes milagrosos y los griegos consideraban su evangelio locura, porque buscaban conocimiento. Él estaba, sin embargo, decidido a no predicar nada que no fuera la cruz de Cristo, porque lo débil de Dios en la cruz del Calvario era más poderoso que el hombre más poderoso. La locura del evangelio era más sabia que toda la sabiduría de los filósofos griegos.[14]

Siguiendo al énfasis del Nuevo Testamento sobre la cruz, los predicadores predicaron sobre la cruz, los pintores la pintaron, los poetas compusieron versos y los cantantes cantaron de las glorias de la «tosca vieja cruz». Carpinteros y canteros hicieron tantas cruces que se convirtió en el emblema de la civilización cristiana. Los arquitectos pusieron la cruz como pieza central en los vitrales de sus iglesias y catedrales. Conforme las masas se sentaban para meditar en el significado de la cruz, ella cambiaba la conciencia occidental desde adentro. Un caballero brutal, triunfante, ya no podía ser un héroe cristiano inspirador. Era el opuesto de un Mesías crucificado, humillado, que murió para que los demás pudieran vivir.

La Biblia aseguró que el heroísmo cobrara un nuevo significado. El heroísmo ahora significaba una fe robusta que se negaba a doblegarse ante el mal y la falsedad; una fe que triunfa sobre el arma definitiva de Satanás, el miedo a la muerte.[15] Incluye una rendición a Dios que autoriza a Dios que lo sacrifique a uno para beneficio de otros.[16] Este fue el heroísmo de Wycliffe, Hus, Lutero, Tyndale, Calvino, Knox y los que les siguieron para producir el mundo moderno.

No eran superhombres. Eran personas como nosotros: falibles, con pies de barro. Cometieron sus equivocaciones. Lutero justificó aplastar la revuelta de los campesinos. Muchos luteranos no toleraban a los anabaptistas. Eran hijos de una Edad Media intolerante y brutal. Y sin embargo, fueron los pioneros del mundo moderno, porque también trascendieron su edad. Dieron paso a la mayor revolución del segundo milenio; una revolución que, entre otras cosas, convirtió a los héroes en siervos que se sacrificaban a sí mismos.

Capítulo nueve

REVOLUCIÓN

¿QUÉ CONVIRTIÓ A LOS TRADUCTORES EN TRANSFORMADORES DEL MUNDO?

G uillermo Tyndale (1492–1536) no debería haberse sorprendido, pero se sorprendió. El obispo Tunstall había quemado copias de su Nuevo Testamento, el primer esfuerzo habido de imprimir la Biblia en inglés.* El obispo no actuó impulsivamente. El 24 de octubre de 1526 predicó su primer sermón en contra del Nuevo Testamento de Tyndale en la imponente catedral de San Pablo en Londres.** Luego presidió la quema pública de la Biblia. Después, a mediados de 1529, compró toda la existencia disponible en Amberes, al otro lado del canal de la Mancha, para quemar Biblias en una fogata más grande. Poco después, el obispo de Cambrai presidió el juicio contra Tyndale, lo cual resultó en la quema del mismo traductor de la Biblia.

La ferocidad de esta oposición no debería haber sorprendido a Tyndale, porque los obispos Fisher y Wolsey ya habían quemado el Nuevo Testamento alemán de Martín Lutero importado a Inglaterra. Quemas similares habían tenido lugar en Europa continental, donde

---

* La traducción previa, inspirada por Juan Wycliffe, precedió a la invención de la imprenta de tipos móviles en Occidente.
** La presente catedral fue construida por Sir Christopher Wren, en el siglo XVII. Cuatro iglesias y catedrales anteriores habían sido edificadas en el mismo punto desde el año 604 A.D.

Tyndale se escondía como fugitivo, negándose a arrepentirse de coincidir con las opiniones del hereje Martín Lutero.

¿Su crimen? Lo estrangularon y quemaron como hereje, aunque también fue culpable de salir de Inglaterra sin permiso y traducir ilegalmente la Biblia al inglés. Las «Constituciones de [el arzobispo] Arundale» habían proscrito la traducción de la Biblia al inglés en 1408 en respuesta al trabajo anterior de Juan Wycliffe (1330–84) y sus compañeros en Oxford.

Tyndale sabía que los obispos ingleses habían estado quemando todos los manuscritos y fragmentos disponibles de la Biblia de Wycliffe durante más de un siglo. Los obispos también habían estado quemando vivos a quienes poseían incluso fragmentos de esos ejemplares. Tener en posesión unas pocas páginas de una Biblia en inglés era evidencia* de que uno era un lolardo, o seguidor de Juan Wycliffe. Aquel distinguido profesor de Oxford había sido declarado «hereje» póstumamente en el concilio de Constanza en 1417. Se exhumaron sus huesos del cementerio y los quemaron, y las cenizas se arrojaron al río Avon.

¿Por qué los obispos quemaban Biblias, a los traductores de la Biblia y a los que compraban la Biblia?

La acusación de «herejía» era un auténtico comodín para tapar los fallos del sistema. Se quemaba la Biblia porque los traductores de la Biblia habían empezado una batalla por el alma de Europa. Estaban transformando la civilización de Europa, de mil años de existencia, de medieval a moderna. Eran revolucionarios que trataban de hacer que la autoridad del papa se sujetara a la Palabra de Dios.

Toda civilización va ligada a una fuente final de autoridad que da significado y justificación última intelectual, moral y social a su cultura. Para los marxistas puede ser *El capital* o el Partido Comunista. Para los musulmanes podría ser el Corán o el califato. Roma produjo la esencia de lo que hoy llamamos Occidente. Desde la caída de Roma hasta la Reforma, el papado había sido la autoridad principal para los

---

* En teoría, era posible tener una copia legalmente, después de obtener permiso del obispo. En la práctica, nunca se concedió tal permiso. Con todo, todavía existen doscientos manuscritos de la Biblia de Wycliffe.

cristianos occidentales. Hasta el presente la civilización occidental ha tenido por lo menos cinco fuentes diferentes de autoridad cultural: Roma, el papa, la Biblia, la razón humana y el actual nihilismo individualista cuyo futuro será determinado por guerras culturales cuasi democráticas. Este capítulo relata la experiencia de los reformadores que reemplazaron la autoridad del papa por la de la Biblia.

La etapa romana

La influencia de Roma en Occidente duró desde el surgimiento de César Augusto, alrededor del 27 A.C., hasta el saqueo de Roma, en el 410 A.D. Antes de Augusto, Roma era una república, gobernada por unas pocas familias poderosas que entre sí mantenían en cintura la ambición de unas y otras. Cuando el Senado asesinó a Julio César en el 44 A.D., su sobrino, Augusto, se estableció a sí mismo como la fuente última de autoridad en el Imperio Romano. Eso llevó casi dos décadas de sangrienta guerra civil. El césar ya era un líder militar, pero se hizo a sí mismo la única autoridad política y religiosa: el «señor». Su autoridad descansaba en el poder de la espada. Filósofos y poetas, artistas y arquitectos, fabricantes de mitos y sacerdotes se congregaron alrededor del poder brutal del césar para construir toda una civilización. Después de Augusto, cada césar sucesivo solía iniciar su reinado deificando a su predecesor.

La era de Augusto aceptó la espada como más poderosa que la pluma porque los romanos sabían que los filósofos, narradores y escritores no conocían la verdad. Poetas como Virgilio usaban mitos religiosos para escribir propaganda estéticamente excelente que justificaba el uso de la espada por parte de Augusto para hacerse señor divino. Este menosprecio de la verdad volvía impotente a la pluma. Escritores, poetas, filósofos y oradores lograron mecenas pero perdieron legitimidad. Por ejemplo, Cicerón, uno de los más grandes oradores y filósofos romanos, respaldó a Augusto en su lucha inicial por el poder. ¡El hipócrita Augusto le pagó ordenando que lo asesinaran poco después!

A esta cultura basada en relatos, políticamente opresiva, llegó Jesús, que desató el poder de la verdad. El gobernador romano Poncio

Pilato se quedó perplejo cuando Jesús afirmó que no era otro fabricante de mitos religiosos. Había venido para dar testimonio de la verdad.[1] Durante siglos, nadie había invocado la autoridad de la verdad. Jesús no solo afirmó que conocía a Dios porque él era el Hijo único, «unigénito», de Dios; afirmó que sus palabras eran las palabras de Dios, y que él encarnaba la verdad.[2] Pilato le amenazó con la crucifixión cuando Jesús cuestionó el señorío de César y el totalitarismo despiadado de Roma. Su dicho: «Dad, pues, a César lo que es de César, y a Dios lo que es de Dios»[3] quería decir que César no tenía ningún derecho a reclamar la lealtad que le pertenecía a Dios. La convicción de Jesús de que el reino de este mundo debía pertenecer a Dios dio inicio al largo conflicto entre la espada y los seguidores de Jesús, los seguidores de la verdad.

Los que seguían a Jesús estaban cansados de las narraciones sobre hombres y sus reinos. Buscaban el reino de Dios, un reino que no derivara su legitimidad de la espada, la filosofía o los mitos, sino de la verdad. Por consiguiente, aunque los seguidores de Jesús honraban la autoridad civil como divinamente ordenada, su dedicación a la verdad les potenciaba para resistir la espada cuando exigía que doblaran la rodilla ante la falsedad. Los cristianos no se veían a sí mismos como «revolucionarios». No estaban procurando usurpar el trono de César. Era su dedicación a la verdad lo que les prohibía atribuirle divinidad al césar o someterse a la fuerza bruta ejercida sin bondad.

El Imperio Romano era pluralista. Toleraba toda narración y religión. Lo que se negaba a tolerar era un rechazo de la finalidad de su propia autoridad. Gran cantidad de seguidores de Cristo fueron quemados vivos por emperadores desde Nerón (37–68 A.D.) hasta Diocleciano (284–305 A.D.) debido a que su dedicación al Dios verdadero representaba una amenaza para el absolutismo de Roma.

Las palabras de Jesús, «todos los que tomen espada, a espada perecerán»,[4] resultaron ser proféticas para Roma. El visigodo Alarico dirigió a los bárbaros germanos a un triunfo estremecedor sobre Roma en el 410 A.D. Esta derrota asestó un golpe mortal al mito de que César era el señor. Eso aceleró el fin no solo de un imperio, sino de una civilización edificada sobre el relato, la poesía y el poder. En lugar del césar y su mito, los bárbaros trajeron caos; dejando un gran vacío.

LA FASE PAPAL

La caída de Roma hizo que los burócratas huyeran de sus cargos con lo que pudieran llevarse. Tenían buena razón para temer al pueblo al que habían saqueado con apoyo del ejército imperial. En la mayoría de casos, el único oficial que quedó para ayudar a la gente fue el obispo o sacerdote. Durante los primeros cinco siglos después de Cristo, el obispo local era el anciano del grupo y a menudo elegido por ellos. Su autoridad brotaba de su historial de servicio a la comunidad, liderazgo, sabiduría e integridad.

Jesús había descrito el papel del líder como el de un pastor de su rebaño. El buen pastor, como Jesús enseñó en palabra y obra, pone su vida por sus ovejas. San Cipriano (h. 200–258), arzobispo aristócrata de Cartago, ejemplificó el concepto de liderazgo de Jesús. San Cipriano describió su estilo democrático de liderazgo servicial: «Desde el principio de mi episcopado, decidí no hacer nada de mi propia opinión privadamente sin el consejo y consentimiento del pueblo».[5] Desdichadamente, después del siglo V, ese estilo llegó a ser la excepción.*

Los tiempos de conflicto son malos caldos de cultivo para la alfabetización y la educación.** En el caos que siguió al colapso de Roma, el obispo a menudo era el único individuo alfabetizado en su región. La democracia, que depende de un electorado bien informado, empezó a desaparecer de la iglesia. Dirigentes analfabetos respaldados por bandos locales llenaron el vacío administrativo dejado por la ausencia de autoridades seculares nombradas desde un punto central. Los obispos se hicieron mentores de los dirigentes. En tiempos turbulentos, la gente tiende a inclinarse ante quienquiera que les prometa seguridad, estabilidad y justicia. Ni los obispos ni los dirigentes pusieron inconveniente al aumento de sus poderes a costa del pueblo.

---

* El término «democrático» en este contexto se usa en contraste con la naturaleza jerárquica del gobierno de la iglesia según se desarrolló en la Iglesia Católica Romana, y no en el sentido moderno de gobierno democrático de la iglesia desarrollado por los presbiterianos, después de la Reforma protestante.
** Véase el relato de Juan Amós Comenio en el capítulo 12 como espléndida excepción.

Además de ser un individuo educado, el obispo local estaba conectado con una organización más grande, con sede en la ciudad imperial de Roma. La Iglesia de Roma fue la única entidad que retuvo el genio romano para la organización y la grandiosidad. Su obispo afirmaba tener a Dios de su lado, autorizándole para conferir legitimidad divina a las autoridades civiles. Por consiguiente, resultó que el mejor interés de los gobernantes era defender la autoridad del obispo.

Un gobernante en particular podría ser más poderoso que un obispo o un papa, pero la cristiandad tenía solo un papa,[*] y él siempre podía contar con el respaldo de los rivales de un gobernante que querían extender sus reinitos. Debido a que los papas se arrogaban el poder de remitir pecados y librar del purgatorio a las almas, cualquiera que quisiera gobernar en la cristiandad tenía que acudir a esta única Iglesia para recibir legitimidad divina. Los papas usaron primero este poder para movilizar a los cristianos contra los musulmanes por medio de las cruzadas. Luego empezaron a usarlo para movilizar a los cristianos contra los gobernantes cristianos que disgustaban a la jerarquía de la Iglesia.[6]

Así, con el correr del tiempo, la Iglesia Católica llenó el vacío producido por la caída de Roma. El papado se convirtió en la fuente última de autoridad. La civilización occidental llegó a ser la «cristiandad» conforme el obispo de Roma pontificaba como la voz infalible de Dios, último árbitro en todos los asuntos. Él decidía si el Sol giraba o no alrededor de la Tierra, si Enrique VIII podía divorciarse de su esposa, o si la Biblia podía traducirse al inglés.

Este poder no tenía que haber hecho de la Iglesia una estructura jerárquica, autoritaria. La jerarquía podía haberse sometido a la Palabra de Dios, que hace de todos los hijos de Dios un «real sacerdocio».[7] Pero, ignorando la Palabra de Dios, obispos y sacerdotes se hicieron a sí mismos responsables, no ante el pueblo de Dios, sino ante el papa. Eso ayudó a que la Iglesia poseyera prácticamente todos los centros de

---

[*] La época de Wycliffe fue una excepción. Dos papas rivales lucharon agriamente. Por un breve período, un tercer papa enlodó más todavía las aguas. Su rivalidad fue un factor importante para impedir que quemaran a Wycliffe en la hoguera como hereje. Wycliffe murió en su casa y fue declarado hereje casi dos décadas después. Entonces sacaron sus huesos de la tumba y los quemaron, y arrojaron sus cenizas al río Swift.

aprendizaje.* Estos centros pudieran haber sido usados para educar al pueblo de Dios, pero se convirtieron en intereses creados de la Iglesia para mantener, incluso a los que sabían leer, en ignorancia de la Biblia.

La Iglesia había adquirido su poder en nombre de la verdad mediante el servicio devoto, la dedicación a la sabiduría y el disciplinado trabajo de organización. Esta reputación, en gran parte, era legítima; era innecesario que la Iglesia reforzara ese poder mediante fraude, engaño y magia, además de astuta diplomacia, guerras y asesinatos. Un famoso fraude que dio a la Iglesia poder secular fue la *Donación de Constantino*. Este documento del siglo VIII afirmaba haber sido escrito por el emperador Constantino, del siglo IV, confiriendo poderes temporales al papa Silvestre, que le bautizó. No fue sino hasta el Renacimiento que un devoto filólogo y escritor llamado Lorenzo Valla (1405–1407) sacó a la luz el fraude.[8]

Para tiempos de Tyndale la piadosa iglesia de Cristo se había convertido en la poderosa Iglesia de Roma. Tal poder cegó tanto a la jerarquía de la Iglesia que empezó a perseguir a los seguidores consagrados de Jesucristo como habían hecho mil años antes los emperadores romanos. Los palacios de los obispos se convirtieron en cámaras de torturas para los cristianos consagrados. Por ejemplo, el pintor Edward Freece fue encarcelado en la casa del obispo en Fulham. ¿Su crimen? En un lienzo para la nueva posada en Colchester, había pintado «ciertas frases de las Escrituras [en inglés]: y por eso se sabía claramente que era uno de los que llamaban herejes».[9]

LA FASE BÍBLICA

EL LUCERO MATUTINO DE LA REFORMA

Estos «herejes» no eran ni ateos ni agnósticos. Eran Reformadores radicales.** Cuestionaban si la autoridad última le pertenecía a

---

* Las universidades, como los monasterios y otras órdenes religiosas, tenían un cierto grado de autonomía como «gremios», bien fuera de los estudiantes (Bolonia) o de la facultad (Oxford). Como tales, se gobernaban a sí mismas, pero bajo la autoridad supervisora de la Iglesia. El obispo autorizaba a profesores y la Iglesia podía quemar a cualquiera de ellos por herejía.
** Reforma y Reformadores con «R» mayúscula se refiere a los pioneros y líderes de la Reforma protestante, incluyendo a los predecesores de Lutero, como Wycliffe y Hus.

la Iglesia. No obstante, las voces en pro de reformas prácticas nunca habían estado ausentes. A menudo se les prestaba oído y con frecuencia disfrutaban de respaldo financiero, empleo e incluso protección de parte de los obispos y otros funcionarios de la Iglesia. Lorenzo Valla, por ejemplo, fue secretario papal. A los nuevos Reformadores se les castigó como herejes porque reemplazaron la autoridad del papa por la autoridad de la Palabra de Dios. Juan Wycliffe no fue el primero de tales reformadores, sino uno de los más grandes eruditos de su tiempo, que tomó su pluma contra la espada del papa (usualmente esgrimida vía fuerzas seculares). Planteó el cuestionamiento de la autoridad final, presentó un reto a los mismos cimientos de una Iglesia gobernada por hombres pecadores y, a veces, necios. Aquí, en las propias palabras de Wycliffe, está el corazón del asunto:

> No debemos creer en la autoridad de hombre alguno a menos que diga la Palabra de Dios. Es imposible que alguna palabra u obra de hombre deba ser de igual autoridad que la de las Sagradas Escrituras... Los creyentes deben asegurarse de cuáles son los verdaderos asuntos de su fe, teniendo las Escrituras en un idioma que todos puedan entender. Porque las leyes hechas por prelados no se deben recibir como asuntos de fe, ni tampoco debemos confiar en sus instituciones públicas, ni en ninguna de sus palabras, sino según se hallan en los Escritos Sagrados, puesto que las Escrituras contienen toda la verdad... Es orgullo de Lucifer, e incluso mayor orgullo que el suyo, decir que los que enseñan tradiciones de los hombres, hechas por necios pecadores, son más beneficiosos y necesarios para las personas cristianas que los predicadores del evangelio.[10]

La gente reverenció y siguió a los Reformadores porque ellos no se estaban promoviendo a sí mismos. Eran hombres estudiados y santos que arriesgaban su vida por el bien público, incluyendo el bien de la iglesia. Querían libertar y potenciar a las masas dándoles el conocimiento y autoridad de la verdad al traducir las Escrituras a las lenguas vernáculas que hablaba el pueblo.

En ocasiones, los gobernantes seculares también respaldaron y defendieron a los Reformadores que señalaban que, según la Biblia, Dios había dado cierta autoridad a los gobernantes seculares y que estaba mal que la Iglesia usurpara el poder que le pertenecía el Estado. Tal, por ejemplo, fue el contexto de la entrada de Wycliffe en la palestra pública, fuera de la vida académica de Oxford. Acicateado por el rey francés, el papa había exigido que Eduardo III pagase (junto con lo vencido) el tributo anual impuesto por un papa anterior, el infame Inocencio III. Inglaterra había cesado su pago de ese tributo injusto mucho tiempo atrás.

Al pueblo de Inglaterra no le gustó la exigencia. El Parlamento votó en su contra en 1366; pero no era seguro desobedecer al papa. A Francia le hubiera encantado incitar una guerra santa para respaldar al pontífice. Un crítico de la decisión del Parlamento dirigió su ataque contra Wycliffe, a quien consideraban el cerebro de la resolución del Parlamento. Wycliffe había sido ordenado y luego nombrado párroco de varias parroquias pequeñas: siendo Lutterworth, de 1374 a 1384, la más conocida. ¿Qué derecho tenía él a oponerse a la Iglesia? ¿Tenía alguien el derecho de discrepar con el papa, la voz de Dios en la tierra? Los ataques levantaron la cuestión de si la autoridad final descansaba en el papa o en las Escrituras.

Ese ataque estimuló la poderosa pluma de Wycliffe, que empezó una revolución, porque luchaba con la cuestión de la verdad. Al principio, los escritos de Wycliffe le hicieron defensor de una causa nacional. Después de su muerte, los mismos escritos le ganaron la etiqueta de «hereje». Muchos católicos devotos habían estado hablando en contra de la corrupción de la Iglesia. Lo que convirtió a Reformadores como Wycliffe en revolucionarios fue que introdujeron un cambio fundamental: a las Escrituras había que considerarlas por encima de los hombres, incluyendo a los papas.

Los seguidores de Wycliffe empezaron a traducir la Biblia al inglés para que la gente pudiera leer la Palabra de Dios por sí misma y descubrir la verdad. La traducción de Wycliffe (hecha antes de inventarse la imprenta de tipos móviles) se copiaba y estudiaba. Exponía muchos de los engaños que se hallaban en la raíz de la reivindicación de poder por parte de la Iglesia. Captar las implicaciones sociales de traducir la Biblia en tiempos de Wycliffe nos ayudará a entender por qué se le llamó «el lucero matutino de la Reforma», y por qué la traducción de la Biblia dio a luz al mundo moderno.

En tiempos de Wycliffe, Inglaterra era una jerarquía alfabetizada en tres niveles. Como el resto de las élites de Europa, la élite intelectual de Inglaterra hablaba latín. La Biblia era su libro. Traducida por San Jerónimo (347–419), esta «Vulgata» latina mantuvo su hegemonía durante mil años. Los dirigentes de la Iglesia, incluyendo a Wycliffe, eran parte de este club exclusivo. Debajo de ellos estaba la nobleza, que hablaba francés o su dialecto anglo normando. Tenían algunas porciones de las Escrituras disponibles en su dialecto en declive. Al fondo de la escala social estaban los campesinos analfabetos, que hablaban un inglés primitivo. Casi nadie pensaba en ilustrarlos. Los esfuerzos de alfabetización en inglés, como *Cuentos de Canterbury*, de Chaucer (1343–1400), vinieron después de Wycliffe. La mayoría de los contemporáneos de Wycliffe desdeñaban la idea de que se pudiera traducir la Biblia a un dialecto tan rústico como el inglés.

El elitismo mantiene a los demás subyugados. Lo usa todo, incluyendo el lenguaje, la educación y la religión para suprimir a las masas. La Biblia se podía usar para oponerse a la Iglesia, porque cuidar a los pobres y los oprimidos es un valor bíblico clave.[11] Moisés empezó a escribir la Torá después de libertar a los hebreos de su esclavitud en Egipto. El Nuevo Testamento nació en el contexto de la colonización romana de los judíos. La Biblia es una filosofía de libertad. Es muy diferente a las especulaciones de los filósofos y sabios de casta alta de mi país, que enseñaban que los que sufrían en ignorancia, pobreza e impotencia, sufrían así debido a su mal karma de vidas previas. Los traductores de la Biblia empezaron lo que los marxistas más tarde trataron de duplicar: el fomento de una sociedad sin clases. Alister McGrath, historiador de Oxford, escribió que, al estimular la traducción de la Biblia al inglés:

> Wycliffe amenazaba destruir todo el edificio de la dominación del clero en cuestiones de teología y vida de la Iglesia. La traducción de la

Biblia al inglés sería una liberadora social en una escala hasta entonces desconocida. Todos podrían leer el texto sagrado de la cristiandad, y juzgar tanto el estilo de vida como las enseñanzas de la Iglesia medieval sobre esa base. La misma idea envió olas de choque por todo el complaciente poder establecido de la Iglesia de entonces.[12]

Algunas personas ridiculizan a los Reformadores pero aprecian mucho el concepto de igualdad humana. Lo que no saben es que los Reformadores pagaron con sus vidas el precio de poner la idea bíblica de igualdad como principio fundamental del mundo moderno. Hoy, damos por sentado que levantar a los oprimidos es una noble virtud. En la Inglaterra de Wycliffe, la idea de que los campesinos ascendieran a la posición de la aristocracia era una abominación. Henry Knighton, uno de los que odiaba a Wycliffe, puso negro sobre blanco su reacción elitista a los esfuerzos del radical Wycliffe por conseguir el ascenso de los campesinos, las mujeres y otros «cerdos»:

> John Wycliffe ha traducido el evangelio, que Cristo confió al clero y a los doctores de la Iglesia, para que pudieran administrarlo convenientemente a los laicos... Wycliffe lo ha traducido del latín al inglés, que no es precisamente el idioma de los ángeles. Como resultado, lo que antes solo estaba en el conocimiento de estudiados clérigos y de personas de buen entendimiento, ahora se ha convertido en algo corriente y al alcance de los seglares; de hecho, hasta las mujeres pueden leerlo. Como resultado, las perlas del evangelio han sido esparcidas y echadas a los cerdos.[13]

La mayoría de las personas no se dan cuenta de que el mundo moderno nació en esas controversias teológicas que ahora nos parecen triviales. En manos de Wycliffe, la doctrina bíblica de la predestinación y la controversia sobre la transubstanciación se convirtió en «la bomba que estremeció el papado».[14] Él usó la enseñanza de la Biblia sobre la predestinación para argumentar que Dios, no la Iglesia, escogía a los salvados. La Iglesia consta tanto de santos como de pecadores. Es posible que incluso el papa pueda no estar predestinado a la salvación. De igual manera, su burla de la idea de la transubstanciación privó a los sacerdotes de su poder mágico para convertir pan y vino ordinarios en el mismo cuerpo y sangre de Jesucristo. Tales escritos trastornaron Inglaterra.

A Wycliffe se le consideró sospechoso de incitar una revolución cuando la intranquilidad social de su tiempo culminó en la revuelta de los campesinos de 1381. Chusmas de peones frustrados marcharon a Londres. Los instigadores justificaron su acto invocando la autoridad de la erudición de Wycliffe. Christopher de Hamel, erudito de manuscritos de Oxford y Cambridge, resumió la situación diciendo: «El inglés era el lenguaje de los campesinos. Por consiguiente, al proponer que se debía traducir la Biblia, Wycliffe estaba tocando cuestiones de prejuicios de clase que todavía confunden a la sociedad de Inglaterra, pero que en ese entonces eran de sensibilidad excepcional».[15]

Wycliffe fue un héroe que desechó sus privilegios de clase y se puso del lado de los «puercos», los desvalidos. ¿Por qué? No porque estuviera tratando de ganar unas elecciones democráticas. La democracia surgió siguiendo su rastro. Más bien, Wycliffe estaba siguiendo a Moisés, «escogiendo antes ser maltratado con el pueblo de Dios, que gozar de los deleites temporales del pecado».[16] Seguía a Jesús, que predicó las buenas noticias a los pobres.[17] No fue la búsqueda de una carrera ni la corrección política, sino la dedicación a la verdad lo que inspiró a Wycliffe a empezar a traducir la Biblia al inglés. La misma dedicación fortaleció a las personas para copiar a mano esa traducción prohibida incluso a riesgo de su vida. Incluso leer esa traducción requería permiso especial, y a cualquiera que se le atrapara con una copia podía juzgársele por herejía y quemarlo en la hoguera.

DESIDERIO ERASMO

Un siglo después llegó un poderoso clamor por la traducción de las Escrituras, de parte de Desiderio Erasmo, (1466?–1536) escritor paladín del Renacimiento. Este holandés escritor, erudito y humanista interpretó las corrientes intelectuales del Renacimiento italiano para el norte de Europa. Los patrocinadores de la alta cultura le reconocieron como el más distinguido erudito humanista. Papas y obispos le cortejaron. Erasmo aceptó sus beneficios, pero criticó su corrupción.

Pidió reforma moral, especialmente después de 1513, cuando el papa León X convocó a una nueva cruzada contra los turcos. El papa ofreció a los cruzados remisión plenaria de todos sus pecados y reconciliación con el Altísimo. Erasmo era amigo del papa, pero escribió un apasionado *Lamento de paz*. Argumentó que el Señor Jesús había pedido a la iglesia que le diera al mundo el evangelio, no la espada.

Erasmo había viajado por toda Europa, viendo con sus propios ojos su conflicto y dolor. Había dominado toda la sabiduría griega y romana disponible, incluyendo la que llegó al latín por medio de los eruditos musulmanes, pero no halló nada que pudiera dar reforma y paz, excepto la Biblia. Abogó por que se tradujera la Biblia y se pusiera a disposición de los campesinos e incluso de las mujeres:

> Cristo desea que sus misterios se publiquen lo más abiertamente posible. Yo quisiera que incluso las mujeres más bajas leyeran los Evangelios y las Epístolas paulinas. Yo quisiera que se tradujeran a todos los idiomas para que todos pudieran leerlas y entenderlas; no solamente escoceses e irlandeses, sino también turcos y sarracenos... Quisiera que, como resultado, el agricultor cantara alguna porción de ellas al arar, el tejedor entonara algunas partes de ellas al movimiento de su lanzadera, ¡y el viajero aligerara el hastío de su jornada con relatos de este tipo! Que todas las conversaciones de todo cristiano se deriven de esta fuente.[18]

Erasmo emprendió la producción de una nueva traducción del Nuevo Testamento al latín. Usó los mejores manuscritos griegos disponibles y corrigió los errores cometidos por Jerónimo mil cien años antes. Una corrección «menor» llegó a ser fundamental en la Reforma y también una de las frases bíblicas más disputadas del siglo XVI. El predecesor de Cristo, Juan el Bautista, había llamado a sus oyentes del primer siglo a que se arrepintieran. San Jerónimo había traducido el arrepentimiento como *penitentiam agite*, que quiere decir «hagan penitencia».

Erasmo propuso que el equivalente correcto en latín debía ser, *resipiscite*, «arrepiéntanse». Lo que le preocupaba a Erasmo era producir una traducción precisa. Él no tenía ni idea de que su traducción socavaría una gran parte de la superestructura de la religiosidad medieval: los cristianos hacían peregrinaciones, compraban indulgencias y hacían penitencia para comprar mérito espiritual y la gracia de Dios. Según Martín Lutero, el redescubrimiento de Erasmo de una verdad bíblica sencilla libró a la gente de la explotación económica en nombre de la religión.

Martín Lutero

Lutero siguió el consejo de Erasmo respecto a la traducción de la Biblia. Muchos temieron que a Lutero lo destruirían como hereje después de su posición heroica en el juicio en Worms.* Pero Federico, su mecenas en la universidad, ordenó a algunos de sus soldados de mayor confianza que «secuestraran», escondieran y protegieran a Lutero. Lo escondió en el castillo de Wartburgo. Aunque pensaban que lo habían matado, sus amigos empezaron a recibir de Lutero cartas y escritos que pusieron gran parte del cimiento de la Reforma.

Lutero detestaba su confinamiento. Le produjo insomnio y trastornos psicosomáticos. Además de escribir cartas y libros, también usó el tiempo para traducir al alemán el Nuevo Testamento. Eso llegó a ser el cimiento de la Reforma en la Europa que hablaba alemán. Las masas, que no sabían ni griego ni latín, empezaron a leer u oír la Palabra de Dios en una lengua que entendían. Esto democratizó a la verdad, permitiendo que personas sencillas (futuros votantes) tomaran sus propias decisiones en controversias entre los poderes establecidos de la Iglesia y el Estado y los Reformadores. Del Nuevo Testamento de Lutero se hicieron cientos de tiradas,[19] incluyendo varias ediciones piratas. Estableció el lenguaje estándar para el alemán moderno.

Guillermo Tyndale

Para el pueblo anglófono, Guillermo Tyndale tomó la batuta de Lutero. Después de graduarse en Oxford, se cree que Guillermo Tyndale pasó algún tiempo en Cambridge. Puesto que el río Cam desemboca en el mar, los contrabandistas hallaron más fácil introducir los prohibidos libros de Lutero a Cambridge que a Oxford. Algunos

---

* Véase capítulo 8 sobre el heroísmo.

estudiantes se preocupaban profundamente por el estado de los asuntos en la Iglesia y la nación. Eran estudiantes consagrados, pero que desafiaban la prohibición oficial, frecuentaban cantinas para leer en secreto los libros de literatura subversiva de Lutero metidos de contrabando. Esto hizo de Cambridge la puerta de entrada de las ideas de la Reforma a Inglaterra.

El secreto era rasgo característico de Europa predemocrática, jerárquica; pero los secretos jugosos tienen su manera de escapar. Algunos de estos eran tan inquietantes como deslumbrantes. Según el historiador John F. D'Amico, aunque el voto de castidad era obligatorio para el clero, el concubinato y la prostitución eran instituciones florecientes en Roma. Casi todo el clero, incluyendo los papas, participaba en esta corrupción.[20] Y había abundantes relatos en cuanto a la simonía: compra y venta del poder de la Iglesia.

La compra del arzobispado por parte de Alberto y de manos del papa es apenas un ejemplo. No todos los obispos vendían indulgencias para pagar sus deudas. Algunos tomaron el camino más rápido de extorsionar por dinero a sus sacerdotes. Por ejemplo, el papa Alejandro VI arrestó al cardenal Orsini con acusaciones dudosas. El cardenal, convenientemente, murió poco después de su arresto, permitiendo que el papa confiscara sus considerables posesiones.[21] Relatos como este hicieron que los estudiantes plantearan preguntas. Oxford y Cambridge eran instituciones de la Iglesia, y la mayoría de sus estudiantes estaban preparándose para servir a Dios. ¿Era lo mismo servir a la Iglesia que servir a Dios? Muchos universitarios coincidieron con Lutero en que la Reforma era la necesidad del momento.

Varios factores convencieron a Tyndale de que el analfabetismo en cuanto a la Biblia era una fuente importante de la corrupción de Europa. El profesor David Daniell, una de las autoridades más importantes en cuanto a Tyndale, explicó que algunos sacerdotes que sabían latín «glosaban y alegorizaban unos pocos textos de las Escrituras, torciéndolos a las formas curiosas que la tradición exegética eclesiástica de siglos esperaba, y usando las Escrituras en latín, por supuesto, que en algunos lugares difieren marcadamente y (y convenientemente) de los originales en griego».[22]

Los sacerdotes tergiversaban y desobedecían a menudo la Palabra de Dios, incluso los Diez Mandamientos. Muchos sacerdotes ni siquiera los conocían. En 1551, tres décadas después del Nuevo Testamento de Tyndale, un reformador llamado obispo Hooper descubrió que en Gloucestershire, uno de los lugares más sagrados de Inglaterra, «del decepcionante clero, 9 no sabían cuántos mandamientos había, 33 no sabían que constaban en la Biblia (el Evangelio de Mateo era su respuesta favorita) y 168 no pudieron repetirlos».[23]

Tyndale anunció por primera vez su resolución de poner la Palabra de Dios a disposición de las masas cuando un sacerdote le aconsejó que «nos va mejor sin la ley de Dios que sin la del papa». Tyndale respondió: «Si Dios me da vida unos cuantos años, haré que un muchacho que empuja el arado sepa más de las Escrituras que lo que tú sabes».[24] Eso fue un eco del deseo que Erasmo había expresado cuando meditó en la cuestión de cómo reformar la cristiandad.

Tyndale pidió permiso del obispo Tunstall de Londres para traducir la Biblia al inglés. Tunstall había ayudado personalmente a Erasmo con su traducción al latín, pero se negó a permitir una traducción al inglés. Veía a Tyndale como otro que buscaba ascender, deseoso de exhibir sus talentos literarios. También es probable que el obispo no quisiera producir otro Wycliffe o un Lutero inglés.

Tyndale pasó otro año en Londres explorando todas sus opciones para traducir legalmente la Biblia. Finalmente se dio cuenta de que nadie en Inglaterra le permitiría hacer lo que más se necesitaba para reformar a su nación: traducir la Biblia al inglés. La misión de dar la Palabra de Dios al pueblo le exigía que arriesgara su vida. Se escapó de Inglaterra, esperando hallar respaldo en el continente, donde la Reforma de Lutero ya había empezado. Este «fugitivo» necesitó solo unos pocos patrocinadores secretos para darnos lo que llegaría a ser el libro más grande en el idioma y cultura ingleses.

Los obispos percibieron la traducción de Tyndale como una amenaza, porque transfería poder de los líderes al pueblo e implicaba que la jerarquía católica era más romana que cristiana. Por ejemplo, Tyndale decidió deliberadamente no traducir la palabra griega *ekklesia* con el término «iglesia». Jesús había usado *ekklesia* para describir a la comunidad de seguidores que quedaría después de él. Gracias a los filólogos del Renacimiento, Tyndale sabía que la palabra originalmente significaba una «asamblea» o «congregación» democrática. En las palabras del teólogo del siglo XX William Barclay:

> La *ecclesia* [*ekklesia*] era la asamblea reunida del pueblo [en las ciudades estado griegas]. La formaban todos los ciudadanos de la ciudad que no habían perdido sus derechos civiles. Aparte del hecho de que sus decisiones se debían conformar a las leyes del estado, su poder era para toda intención y propósito ilimitado... Hay otras dos cosas que es interesante notar: primero, que todas sus reuniones empezaban con oración y un sacrificio. Segundo, que era una verdadera democracia. Sus dos grandes palabras lema eran «igualdad» (*isonomía*) y «libertad» (*eleutzeria*). Era una asamblea en la que todo mundo tenía igual derecho e igual deber de participar.[25]

Otras opciones de Tyndale al traducir también tuvieron fuertes implicaciones. Por ejemplo, el Nuevo Testamento enseñaba que todo creyente es un sacerdote; por consiguiente, Tyndale usó el término sacerdote solo para los sacerdotes judíos del Antiguo Testamento. Los líderes cristianos eran «presbíteros»: pastores, ancianos u obispos del pueblo, que recibían su autoridad terrenal de la congregación, y no de una jerarquía con una sede capital en Roma.

El *ethos* democrático del Nuevo Testamento de Tyndale fue una amenaza, no meramente para la Iglesia Católica, sino también para la monarquía. En consecuencia, los reyes de Inglaterra empezaron a interesarse activamente en supervisar las traducciones de la Biblia.

Arrestaron a Tyndale, lo juzgaron y lo condenaron. Su martirio marcó la muerte del mundo medieval y el comienzo del moderno. Aunque no tenemos los detalles de su martirio, la escena se puede reconstruir basándose en relatos de muerte similares:

> En la mañana del 6 de octubre de 1536, en Vilvorde, Bélgica, una gran multitud se reúne detrás de una barricada. En medio del espacio circular, se levantan dos grandes vigas formando una cruz, con

cadenas de hierro y una cuerda de cáñamo pasando por los agujeros de la viga de arriba. Hay leña verde, paja y troncos amontonados cerca. El procurador general (fiscal del emperador) y sus colegas están sentados en sillas altas especialmente preparadas dentro del círculo. Fuera del círculo, en una plataforma alta, hay sentados algunos obispos. Un sacerdote en cadenas es conducido ante los obispos. El fiscal lo condena como «*Guillermo Tyndale, archihereje*».

Como evidencia de su culpabilidad, se le da al obispo que preside un ejemplar del Nuevo Testamento de Tyndale. Se leen los artículos de culpabilidad. Simbólicamente, se limpia el aceite de la unción de las manos de Tyndale; se colocan en sus manos el pan y el vino para la misa y rápidamente se le quitan. Se le arrancan ceremonialmente sus vestiduras sacerdotales. Cuando entregan a Tyndale a los guardias, el obispo empieza a hojear el Nuevo Testamento.

La multitud se abre paso para permitir que los guardias lleven al prisionero atravesando la barricada. Cuando se acercan a la cruz, se le permite al prisionero orar. Se le hace una última apelación a que se retracte. Entonces él avanza solo hacia la cruz. Los guardias se arrodillan para atarle los pies a la parte inferior de la cruz. Se le pone la cadena alrededor del cuello, con la horca de cáñamo colgando suelta. La leña verde, la paja y los troncos se amontonan alrededor del prisionero, formando una especie de choza con él dentro. El verdugo pasa para ponerse detrás de la cruz, y mira al fiscal general. Tyndale clama en una oración en voz alta: «Señor, ¡abre los ojos del rey de Inglaterra!»

El fiscal general da la señal. El verdugo tira rápidamente de la horca de cáñamo, estrangulando a Tyndale. El fiscal general ve a Tyndale morir, y luego empuña una antorcha de cera encendida que se sostiene cerca de él. La toma y se la entrega al verdugo, que la aplica a la paja y la leña.

Conforme se quema el cuerpo de Tyndale, la multitud aplaude. El obispo se dirige a la hoguera y arroja allí el Nuevo Testamento. Ni siquiera se da cuenta de que la oración de Tyndale ha sido oída.

Los ojos del rey de Inglaterra fueron abiertos poco después de la ejecución de Tyndale. Las palabras de Tyndale, incorporadas en varias versiones de la Biblia, se leyeron en las iglesias inglesas y por todo el mundo. Su autoridad superó a la de los papas. Las palabras de Tyndale forjaron el lenguaje de Shakespeare, atizaron revoluciones en Inglaterra y Estados Unidos, democratizaron naciones y dieron paso a una nueva civilización en la que el derecho llegó a ser superior a la fuerza.

LA BIBLIA DE GINEBRA

La traducción de la Biblia que hizo Tyndale amenazaba la organización jerárquica de la sociedad medieval. Esa amenaza se hizo particularmente fuerte unas pocas décadas más tarde, después de que la Biblia de Ginebra incorporara buena parte de la traducción de Tyndale.

El rey Eduardo VI, que reinó de 1547 a 1553, miraba con buenos ojos el protestantismo y puso a reformadores como Martín Bucero en Cambridge y Oxford. A la muerte del rey en 1553, María Tudor, a quien se llegó a conocer como «María la sanguinaria», reinó de 1553 a 1558. Ella revirtió la política oficial y puso a Inglaterra de nuevo bajo el papado. Se casó con Felipe II, rey de España, en 1554 y empezó la persecución de los protestantes en Inglaterra. María hizo asesinar aproximadamente a unos trescientos protestantes.

Algunos de los que escaparon acabaron en Ginebra, ciudad estado independiente bajo la enseñanza e influencia moral de Juan Calvino. Entre estos refugiados estaba Guillermo Whittingham, que más tarde se casó con la hermana de Juan Calvino, Antonio Gilby, Tomás Sampson, Miles Coverdale, John Knox y Lorenzo Tomson. Estos eruditos produjeron la primera Biblia protestante de estudio, la Biblia de Ginebra, en 1560, incorporando la mayoría del trabajo de Tyndale. Sobresalió como traducción precisa con ilustraciones, mapas, prefacios y notas de estudio que explicaban los «lugares difíciles».

Para el año 1600, la Biblia de Ginebra había llegado a ser la Biblia favorita de los protestantes que hablaban inglés. Presentó una amenaza mayor para la monarquía que el Nuevo Testamento de Tyndale, porque no solo siguió su tradición, sino que añadió notas marginales.

Tyndale tenía notas explicativas en los márgenes de su primer Nuevo Testamento, pero su primer esfuerzo por publicar esa traducción con notas había sido abortado después de imprimir los primeros veintidós capítulos del Evangelio de Mateo. Por un pelo Tyndale escapó de que lo arrestaran.

En su segundo y tercer esfuerzos por imprimir el Nuevo Testamento, Tyndale suprimió las notas para mantener la edición pequeña, más fácil para pasarla de contrabando cruzando el canal a Inglaterra. La Biblia de Ginebra volvió a introducir las notas, algunas de las cuales eran de Tyndale, pero la mayoría de autoría de los Reformadores de Ginebra, incluyendo el prominente Juan Knox, para exponer el carácter no jerárquico y de igualdad en la libertad de la Biblia. El doctor McGrath explicó la importancia de la Biblia de Ginebra:

> La oposición oficial a la Biblia de Ginebra no pudo evitar que llegara a ser la Biblia más ampliamente leída de la era isabelina, y después la jacobina. Tal vez nunca haya logrado sanción oficial, pero no necesitó tal endoso de parte de la clase política o religiosa para captar una aceptación entusiasta y amplia. Aunque el libro tuvo inicialmente que ser importado de Ginebra —los tirajes ingleses de la obra habían sido prohibidos por los nerviosos obispos—, con todo, vendió más ejemplares que sus rivales.[26]

Durante más de cien años, la Biblia de Ginebra dominó el mundo anglófono. Fue la Biblia que usó Shakespeare. La Biblia del Rey Jacobo fue publicada en 1611, pero tardó cincuenta años en quitarle el puesto a la Biblia de Ginebra. Los peregrinos y puritanos llevaron la Biblia de Ginebra a las costas del Nuevo Mundo, donde los colonizadores estadounidenses se criaron con ella.[27]

LA BIBLIA KING JAMES [DEL REY JACOBO]

El rey Jacobo I se opuso a los puritanos que promovían la Biblia de Ginebra. Sostenía la doctrina del derecho divino de los reyes, cuestionada por la Biblia de Ginebra. Sus creencias chocaron con la idea bíblica de la igualdad humana, promovida por los Reformadores.

Antes de llegar a ser rey de Inglaterra, el monarca reinó en Escocia, y durante un acalorado encuentro, un líder de la reforma escocesa, Andrés Melville,

> le agarró y le acusó de ser «el vasallo ridículo de Dios». Melville declaró contundentemente que, aunque en público respaldaban a Jacobo como rey, en privado todos sabían perfectamente bien que Cristo era el verdadero rey de Escocia, y que su reino era la Iglesia, reino del cual Jacobo era un simple miembro, y no señor o cabeza. El monarca se estremeció ante este ataque físico y verbal, y no solo porque sugería que Melville y sus aliados representaban una amenaza significativa al trono escocés.[28]

Jacobo I se había opuesto al puritanismo antes de llegar a ser rey de Inglaterra. En 1598 escribió dos libros defendiendo el derecho divino de los reyes, *The True Law of Free Monarchs* [La verdadera ley de los monarcas libres] y *Basilikon Doron* [El don real]. En palabras de Alister McGrath:

> Jacobo I sostenía que los reyes han sido ordenados por Dios para gobernar las naciones del mundo, para promover la justicia y dispensar sabiduría. Era, por consiguiente, imperativo que a los reyes se los respetara y obedeciera incondicionalmente y en toda circunstancia. Las amplias notas provistas por la Biblia de Ginebra enseñaban otra cosa. A los reyes tiranos no había que obedecerlos; en verdad, daban excelentes razones para sugerir que había que destronarlos.[29]

Por ejemplo, las notas al margen de Daniel 6.22 implican que hay que desobedecer las órdenes de los reyes si están en conflicto con la ley de Dios.

> Porque él [Daniel] desobedeció el perverso mandamiento del rey a fin de obedecer a Dios, así que no ofendía al rey, que no debía ordenar nada por lo cual se pudiera deshonrar a Dios.[30]

Las notas de Daniel 11.26 indican que los días de los tiranos opresores están contados. Los puritanos sufrían por sus pecados, pero su sufrimiento no duraría para siempre.

> Los tiranos prevalecerán solo por el tiempo que Dios haya designado para castigar a su pueblo; pero eso muestra que esto es apenas por un tiempo.[31]

McGrath escribió: «Nótese también cómo las notas de Ginebra usan regularmente la palabra "tirano" para referirse a los reyes; la Biblia King James nunca usa esta palabra; hecho notado con aprobación, tanto como con alivio, por muchos monárquicos a estas alturas».[32]

Jacobo I autorizó una nueva traducción de la Biblia para socavar las implicaciones republicanas de la Biblia de Ginebra. Esa versión es famosa como Biblia versión King James. Incorporó como el noventa por ciento del Nuevo Testamento de Tyndale y todo lo del Antiguo Testamento que Tyndale había traducido antes de que lo arrestaran.

Las reformas bíblicas no se limitaron a Occidente. Conforme la iglesia empezó a estudiar la Biblia, muchos se dieron cuenta de que Dios quería bendecir a todas las naciones de la tierra que sufrían por no conocer la verdad.[33] Los creyentes que querían servir a Dios resolvieron poner la Biblia a disposición de toda persona en su lengua nativa. Creían que conforme las personas llegaran a conocer la verdad, la verdad las haría libres.[34] En la aurora del siglo XIX, esa creencia inspiró el mayor movimiento de la historia para traducir y publicar la Biblia en todas las lenguas del mundo. Los traductores tenían que convertir dialectos orales en lenguajes literarios. En el proceso, estos lingüistas construyeron los puentes intelectuales sobre los cuales las ideas modernas pudieron viajar de Occidente al resto del mundo. Esto es lo que ahora llamamos «globalización»; tema del próximo capítulo.

Lo que la Iglesia hizo para oponerse a la Biblia fue terrible; pero aunque la Iglesia misma ya no es la perseguidora, la oposición a la

Biblia no ha terminado. Los dos siglos previos han visto ataques igualmente feroces contra la Biblia, y no solo en países marxistas, musulmanes o hindúes. Este libro empezó como respuesta a uno de tales ataques; el ataque de Arun Shourie contra la Biblia. La Biblia sigue siendo una amenaza para los que quieren que la autoridad del hombre supere a la de Dios, para quienes quieren preservar culturas opresoras basadas en la falsedad y el pecado. El señor Shourie tiene razón al ver a la Biblia como el reto intelectual más peligroso al Hindutva. Los intelectuales occidentales que quieren que el hombre sea la medida de todas las cosas también tienen razón al ver a la Biblia como una amenaza. La Biblia afirma que es la Palabra de Dios; y eso implica que las palabras, valores y creencias nos harán daño si no están alineadas con lo que nuestro Padre celestial ha dicho que es verdad y bueno.

Parte V

LA REVOLUCIÓN INTELECTUAL

En la comunidad protestante de Lincoln, la preeminencia de la Biblia como libro para la vida cotidiana estimulaba la adquisición de habilidades lectoras básicas... Las palabras y las ideas eran inseparables en una nación en la que dominaba la Biblia. Esta recibía toda importancia como fuente principal en el sistema de creencias. También era el libro por excelencia donde encontrar relatos, referencias ilustrativas y sentencias piadosas para la conducta diaria. Mantenía a la sociedad unida mejor que cualquier otro adhesivo... Cuando, con seis años de edad, Abraham Lincoln empezó a leer, el texto familiar era la Biblia.

—FRED KAPLAN, *Lincoln: The Biography of a Writer*

Capítulo diez

LOS IDIOMAS

¿Cómo se democratizó el poder
intelectual?

Margaret Thatcher, primera ministra británica, era demasiado conservadora como para oponerse a los medios de comunicación tradicionales. La siguiente declaración en un discurso en 1988 indica lo políticamente incorrecta que era. La verdad de sus comentarios empezó a tenerse en cuenta solo después de que unos terroristas nacidos y educados en Gran Bretaña empezaron a amenazar al país. Hablando con una humildad poco habitual en los jefes de estado, dijo:

Somos una nación cuyos ideales se fundamentaron en la Biblia. También es realmente imposible entender nuestra literatura sin captar este hecho. *Esta* es la tajante realidad a tener en cuenta para asegurar que a los escolares se les dé adecuada instrucción en el papel que la tradición judeocristiana ha jugado para moldear nuestras leyes, costumbres e instituciones. ¿Cómo puede uno hallarle sentido a Shakespeare o a Sir Walter Scott, o a los conflictos constitucionales del siglo XVII tanto en Escocia como en Inglaterra, sin un conocimiento tan fundamental? Pero voy a ir más lejos. Las verdades de la tradición judeocristiana son infinitamente preciosas, no solo porque, a mi juicio, son verdad, sino también porque proveen el impulso moral que es el único que puede conducir a esa paz, en el verdadero significado de la palabra, que todos anhelamos... hay poca esperanza para la democracia si los corazones de los hombres y mujeres de las sociedades democráticas no pueden ser tocados por un llamado a algo más grande que ellos mismos. Las estructuras políticas, instituciones del estado e ideales colectivos no bastan... [La democracia requiere] la vida de fe... tanto para el bienestar temporal como el espiritual de la nación.[1]

¿Qué papel jugó la Biblia para producir la lengua, literatura y cultura inglesas, incluyendo las mismas nociones de nación, nación estado y nacionalismo?

Los estadounidenses todavía toleran el patriotismo, pero *nacionalismo* es una mala palabra para la mayoría de las personas que se han graduado de una universidad secular durante las tres décadas previas. Ya sea una virtud o un vicio, es útil entender que en el escenario mundial la cuestión del nacionalismo es un fenómeno reciente. Si un primer ministro británico muriera en sus funciones, ¿le pedirían los británicos a los franceses, alemanes u holandeses que les enviaran un primer ministro? Eso sería inconcebible, aunque Gran Bretaña sea parte de la Unión Europea. Como otras naciones, los británicos quieren que uno de los suyos los dirija.

En diferentes puntos de su historia, sin embargo, los británicos invitaron a un monarca holandés, Guillermo III, y a un aristócrata alemán, Jorge I, a que fueran sus reyes. ¿Por qué iban a permitir, mucho menos solicitar, que un monarca extranjero asumiera el poder? Porque Europa era un imperio: la cristiandad; y la religión era más importante que el nacionalismo. Los intereses de una fraternidad internacional de clérigos y aristócratas superaban a los de las naciones individuales. En la secuela de la Reforma, fue la Biblia la que reorganizó Europa como naciones estado modernas. El desarrollo de los idiomas vernáculos mediante la traducción de la Biblia fue solo el primer paso hacia las naciones estado lingüísticas. La Biblia también proporcionó la justificación teológica para luchar por la formación de naciones estado independientes, como Holanda.

EL LATÍN

Jesús era judío y enseñaba principalmente a los judíos. Sin embargo, según la mayoría de eruditos bíblicos, sus discursos públicos no eran en hebreo, entonces una lengua sagrada pero muerta. Enseñaba en arameo, que había sido la lengua del pueblo que vivía en Palestina desde el exilio en Babilonia.

Cuando sus discípulos escribieron el Nuevo Testamento, siguieron el principio de usar la lengua vernácula, es decir, la lengua nativa del pueblo que estaban tratando de alcanzar. Escribieron las escrituras en *koiné* (griego común), lenguaje comercial que se hablaba en todo el Imperio Romano. Dos siglos antes, setenta eruditos judíos habían hecho la traducción griega de las Escrituras hebreas, la Septuaginta.

Gradualmente el latín reemplazó al griego como lengua vernácula del Imperio. Siguiendo a Jesús y sus apóstoles, el erudito cristiano San Jerónimo acometió la ardua tarea de traducir toda la Biblia del hebreo y el griego al latín. Creía que era esencial que la gente tuviera las Escrituras en su propia lengua. Terminó el proyecto en el 405 A.D., y su traducción se llegó a conocer como la Vulgata, porque estaba escrita en el lenguaje «vulgar» o común del pueblo.

La falta de respaldo económico para la alfabetización en las lenguas vernáculas reforzó el monopolio del latín. Una razón más importante, sin embargo, fue el esnobismo de los cultos. Creían que las lenguas vernáculas del vulgo eran de escaso valor y que el estudio serio, la jurisprudencia y la literatura solo podían estar en latín. ¿Por qué iba alguien a aprender a leer una lengua en la cual nadie escribe? Como consecuencia, para poder leer, uno tenía que aprender latín.

Esto quería decir que solo la aristocracia o el clero podían educarse. El tiempo y el precio que exigía educar a las personas en latín era prohibitivo para la mayoría de familias. La imprenta no existía y los estudiantes tenían que copiar sus propios libros de texto en costoso papel de pergamino. Hallar maestros tampoco era fácil. La mayoría de hombres y mujeres que eran capaces de enseñar latín habían entrado en las órdenes monásticas o eclesiásticas. Sus deberes espirituales, escolásticos y eclesiásticos no les dejaban tiempo para enseñar. Este sistema de castas lingüísticas fortaleció el poder de la Iglesia sobre Europa, pero mantuvo débil al continente.

La élite intelectual y religiosa no creía que un libro tan profundo como la Biblia pudiera ser traducido a los dialectos de los campesinos. En cualquier caso, los campesinos eran analfabetos, y sus dialectos no tenían manifestaciones escritas. Estos fueron algunos de los factores que convirtieron a traductores como Lutero y Tyndale en reformadores revolucionarios. Democratizaron el lenguaje. Tomando el conocimiento que pertenecía solo a la élite, se lo dieron a las masas. Su revolución pasaría a transformar la manera en que los europeos entendían el papel de la nación estado y el papel de las masas en los asuntos del gobierno.

Estos traductores-reformadores siguieron el ejemplo de Jesús usando las lenguas del pueblo. Promovieron un entorno en el cual los lenguajes modernos de Europa podían desarrollarse y florecer. La traducción de la Biblia a las lenguas vernáculas de los alemanes, franceses e ingleses excavó el túnel intelectual por el cual podía fluir el conocimiento espiritual y secular. Potenció a las personas que habían sido ignoradas y oprimidas por la élite que hablaba latín.

Cuando los europeos se alfabetizaron, el único libro que la mayoría de familias tenía era la Biblia, y ella llegó a ser la fuente de su lenguaje y su cosmovisión. La idea de «gobierno del pueblo, para el pueblo y por el pueblo», llegó a ser posible solo porque la lengua materna de las personas llegó a ser la lengua del aprendizaje y del gobierno. El hombre común, que anteriormente no tenía conocimiento de los asuntos del gobierno o legales, podía ahora participar en debates nacionales y toma de decisiones. De igual manera, la economía moderna, de mercado libre, que permite que toda persona libremente contribuya con su potencial para el bien de todos, se hizo posible porque las lenguas de las personas se hicieron lo suficientemente fuertes como para ser el lenguaje de la ley, la tecnología y el mercado.

LA TRANSFORMACIÓN DE LA INDIA:
UN CASO PRÁCTICO RESUMIDO

Mi interés personal en la Biblia y su traducción a las lenguas vernáculas no brotó de lo que ella logró en Europa, sino de lo que logró en
la India. Me crié en el corazón de la tierra hindi, en Allajabad, a unos
ochenta kilómetros de Kashi, donde Tulsidas escribió la epopeya religiosa más importante del norte de la India, *Ramcharitmanas*. Siempre
se me dijo que mi lengua materna, el hindi, brotó de su gran obra
épica. Cuando empecé a leer el clásico, me quedé perplejo, porque no
podía entender ni una sola oración gramatical. El «hindi» del autor
era completamente diferente del mío e hizo que me preguntara: ¿De
dónde vino exactamente mi lengua materna, nuestra lengua nacional?

Me sorprendió descubrir que doscientos años antes, cuando los británicos empezaron a gobernar el norte de la India, nuestro idioma de la
corte no era ni hindi ni urdu. Antes de los británicos, los musulmanes
habían gobernado nuestra tierra y ellos no se interesaron por nuestros
dialectos. Tampoco se interesaron por la lengua primitiva del poeta
musulmán del siglo XII Amir Khusro. Pensaban que él había corrompido sus lenguas clásicas, el árabe y el persa, mezclándolas con dialectos
de alrededor de Delhi. Fueron precisos los esfuerzos de un traductor
británico de la Biblia, el Rev. Henry Martyn (1781–1812), para forjar
esos dialectos en una lengua literaria, el moderno urdu. Durante un
tiempo sirvió como lengua oficial de mi estado de Uttar Pradesh, antes
de retirarse para convertirse en la lengua nacional de Pakistán.

De manera similar, los eruditos hindúes no desarrollaron el lenguaje nacional de la India, el hindi. Los traductores de la Biblia, como
el Rev. Gilchrist y lingüistas misioneros como el Rev. Kellog hicieron
del dialecto del poeta Tulsidas (1532–1623 A.D.) la base para desarrollar el hindi moderno como lengua literaria.

El sánscrito pudo haber sido el lenguaje de la corte de la India prebritánica, pero no lo fue. El sánscrito es un tesoro nacional de nuestro
país; pero los que tenían la clave del tesoro intelectual no podían com-
partirlo ni siquiera con sus propias mujeres, mucho menos con varones no brahmines. La religión de los brahmines requería que trataran

a sus vecinos como intocables. El sánscrito se usó como medio para mantener a la gente a distancia del conocimiento, que era poder.

Ashoka (304–232 A.C.), el más grande gobernante budista de la India, usó la lengua paly y letras brahmines para extender su sabiduría por toda la India. Llegó a ser la lengua del aprendizaje budista; sin embargo, en el amanecer del siglo XIX, la India ni siquiera tenía un solo erudito que pudiera leer una sola oración inscrita en las columnas de Ashoka que se hallan por toda la India. Peor todavía, la naturaleza antihistórica del hinduismo había asegurado que por siglos ningún nativo de la India jamás oyera el nombre de Ashoka hasta la década de 1830, cuando un erudito angloindio, James Prinsep, halló la clave para leer las letras brahmines en las columnas.

Los esfuerzos de Ashoka por unificar a la India geográfica al promover una sola escritura, lengua y sabiduría fueron imponentes. ¿Por qué fracasaron? La persecución por parte de los brahmines fue un factor, pero eso no explica por qué las letras brahmines se extinguieron. La filosofía religiosa de Ashoka obraba en contra de su programa social, que pudiera haber hecho de la India una gran nación unificada, construida por gran literatura.

Buda, como hemos visto, enseñaba que la realidad última era el silencio o *shunyata*, la mente humana era producto de la *Avidia* (ignorancia primitiva). No estaba hecha a imagen de Dios; el lenguaje humano, la lógica y las palabras no tenían correlación con la verdad. El camino a la iluminación pasaba por vaciar la mente de todas las palabras y pensamientos. La meta era alcanzar el silencio absoluto. Por consiguiente, los monjes budistas casi ni estudiaban sus propias escrituras. No tenía ninguna motivación religiosa para tomarse la molestia de convertir los dialectos de sus vecinos en lenguajes literarios para poner el pensamiento de Buda a disposición de todos. La misión de los monjes era propagar técnicas de meditación para vaciar la mente de todos de todo pensamiento. No tenían el propósito de llenar las mentes con grandes ideas.

Quedé totalmente sorprendido al enterarme que cuando el Raj británico (imperio indio británico) empezó en la India del norte, ¡nuestro lenguaje de la corte era el persa! El emperador mogol Humayun

había recuperado el reino de su padre con ayuda de catorce mil soldados persas. Su hijo, Akbar (1526–1605 A.D.), el más grande emperador
mogol, patrocinó a artistas y escritores de la India, incluyendo los que
escribían en el antiguo hindi. También promovió su idioma religioso,
el árabe, pero se dio cuenta de que no había lengua que pudiera usar
para gobernar la India. Mantuvo el persa como su idioma de la corte.
El persa hizo por los mogoles lo que el sánscrito hizo por los brahmines. Excluyó del poder a la mayoría de los pobladores de la India. Una
manera de mantener el gobierno de los gobernantes, para los gobernantes, y por los gobernantes, era hacerlo funcionar en una lengua
que no entendieran los gobernados.

En el siglo XVIII, cuando los británicos empezaron a gobernar
la India, se enfrentaron con el mismo problema de comunicación. Su
situación era peor, porque, a diferencia de los mogoles que se habían
establecido en la India, los gobernantes ingleses venían a la India por
un breve período. La Compañía de la India Oriental, que gobernó el
subcontinente, era una compañía comercial. Sus gobernantes se interesaban en recortar gastos, no en desperdiciar dinero en proyectos no
comerciales como desarrollar dialectos. El colonialismo no cultivaba
las lenguas vernáculas.

La Compañía Británica de la India Oriental necesitaba servidores
de la India que hablaran algo de inglés. Unos pocos ingleses, llamados
«los clasistas», promovieron el sánscrito, árabe y persa. Ni los clasistas
ni la Compañía tenían interés en educar a una clase de individuos
de la India que pudieran enriquecer las lenguas vernáculas del país,
educar a las masas y preparar a la India para la libertad y el gobierno
propio. Eso era tarea para los seguidores de Cristo que procuraban
obedecer el mandamiento de amar a su prójimo como a sí mismos.
Se necesita poco más que leer los escritos del miembro británico del
Parlamento Carlos Grant (1792); al reformador neo hindú Raja Rammohun Roy (1823), al misionero escocés Alejandro Duff (1830), a los
servidores civiles británicos Carlos Trevelyan (1834 y 38) y su cuñado,
Lord Macaulay (1835), para darse cuenta de que estos hombres se opusieron a los clasistas y defendieron el inglés solo como el mejor medio
de enriquecer las lenguas vernáculas de la India.

Los intelectuales hindúes que han leído solo fragmentos de Rammohun Roy y Lord Macaulay han dado por sentado que estos hombres promovieron el inglés para colonizar, no liberar, la mente de la India.* Pero Mahatma Gandhi (gujarati británico educado) y Rabindranath Tagore (erudito bengalí angloparlante) entendieron a Macaulay y a los misioneros cristianos. Los dos se reunieron en la década de 1920 y decidieron que el hindi, y no el sánscrito ni el inglés, tenía que ser el futuro de la India.

A fin de darnos nuestro idioma nacional, los misioneros lucharon contra los intereses comerciales de la Compañía de la India Oriental. El Rev. John Borthwick Gilchrist (1759–1841) trabajaba para la Compañía en la Universidad Fort William, en Calcuta. Desarrolló las «Tablas y principios» del indostaní en su tiempo libre y sometió su obra al consejo universitario para su publicación el 6 de junio de 1802. El 14 de junio, el consejo no solo le devolvió su obra, sino que le prohibió que la publicara. Gilchrist persistió en la promoción de la causa del indostaní con gran costo personal.

El indostaní es la raíz del hindi y del urdu. El Rev. Claudius Buchanan (1766–1815), vicerrector de la Universidad Fort William, anotó los esfuerzos pioneros del reverendo Henry Martyn para mejorar el indostaní a la posición que podía darle a la India y a Pakistán nuestros lenguajes nacionales:

> El Rev. Henry Martyn, doctor en Biblia y colega de la Universidad de St. John, Cambridge, viajó a la India hace unos cinco años... después de alcanzar los más altos honores académicos en ciencia, y una merecida celebridad por el conocimiento de los clásicos, se dedicó a la adquisición de las lenguas árabes e indostaníes... La grandiosa obra que había captado principalmente la atención de este erudito oriental, durante los últimos cuatro años, es su traducción de toda la Biblia a la lengua indostaní... Su principal dificultad están en el establecimiento de la ortografía del idioma, y en asegurarse qué proporción de las palabras se debe admitir como procedentes de fuentes árabes y persas; porque el indostaní se encuentra, como lengua

---

* Por ejemplo, este es uno de los ataques mal informados de Arun Shourie contra Macaulay.

escrita y gramatical, apenas en su infancia; y es probable que el trabajo del señor Martyn contribuya mucho a fijar su estándar.[2]

Décadas de servicio sacrificado por parte de los traductores de la
Biblia hicieron posible que el gobierno británico conviniera en hacer
del indostaní el lenguaje de la corte en los niveles más bajos de la
administración. Esto significaba que un campesino ahora ya podía
ir a un tribunal británico en la India del norte y entender al fiscal, a
los testigos y a los abogados que argumentaban su caso y al juez que
dictaba la sentencia. El trabajo de los traductores de la Biblia también
hizo posible que un talentoso escritor de la India escribiera en una
lengua que los pobladores ordinarios del país podían entender.

Gandhi y Tagore no fueron los primeros en ver que el futuro de
la India estaba en el hindi. La burocracia británica prefirió el urdu
durante décadas porque, incluso a finales de siglo XIV, el «hindi» no
era un idioma. Cada ciudad del norte de la India hablaba un dialecto diferente. La gente de mi ciudad natal de Allajabad no entendía el
«hindi» de Tulsidas, aunque él vivió en la ciudad vecina, Benarés. Esta
problemática situación literaria solo cambió después de que el Rev. S.
H. Kellogg, misionero estadounidense en Allajabad, realizó la fusión
de más de una de docena de dialectos para ayudar a producir el hindi actual. A su gramática hindi (todavía en uso) le puso como título
*A Grammar of the Hindi Language: In Which Are Treated the High
Hindi, Braj, and the Eastern Hindi of the Ramayan of Tulsi Das, also
the Colloquial Dialects of Rajputana, Kumaon, Avadh, Riwa, Bhojpur,
Magadh, Maithila etc.* [Una gramática del lenguaje hindi: En la cual
se tratan el hindi alto, braj, y el hindi oriental del Ramayan de Tulsidas, también los dialectos familiares de Rayputana, Kumaón, Avadh,
Riwa, Bhojpur, Magadh, Maithila, etc.].

A pesar de los mejores esfuerzos de traductores y administradores, las dudas en cuanto a la viabilidad del hindi como lengua nacional
persistieron hasta el siglo XX. Fue la labor de Kashi Nagari Pracharini
Sabha[3] la que hizo posible que nuestros líderes nacionales tuvieran la
confianza de que el hindi pudiera llegar a ser nuestra lengua nacional.
La mayoría de los pobladores de la India no saben que la figura clave

detrás del trabajo de Sabha fue el misionero estadounidense, el Rev. E. Greaves, en Benarés. El doctor Shyam Sunder Das, editor del hito del hindi de Sabha, *Shabd Sagar*, anotó el siguiente tributo a Greaves en su prefacio:

> El 23 de agosto de 1907, el mejor orador [no pronunciador de buenos deseos] y miembro entusiasta de la Sociedad, el reverendo E. Greaves, propuso en la reunión del comité de administración que la Sociedad aceptara la responsabilidad de producir un diccionario hindi exhaustivo... también nos mostró cómo se podría lograr esto.[4]

Los traductores de la Biblia y los misioneros no me dieron meramente mi lengua materna, el hindi. Todo lenguaje literario vivo de la India es un testimonio a su trabajo. En el 2005, un erudito Malyalee de Mumbai, el doctor Babu Verghese, presentó una tesis doctoral de setecientas páginas a la Universidad de Nagpur.* En ella demuestra que los traductores de la Biblia, usando los dialectos de los habitantes de la India más analfabetos produjeron setenta y tres lenguas literarias modernas. Entre estas están los idiomas nacionales de la India (hindi), Pakistán (urdu) y de Bangladesh (bengalí). Cinco eruditos brahmines examinaron la tesis del doctor Verghese y le otorgaron un Doctorado en Filosofía en 2008. También unánimemente recomendaron que su tesis, al publicarse como libro, fuera lectura obligatoria para los estudiantes de lingüística de la India.

Tres misioneros ingleses: Guillermo Carey, Josué Marshman y Guillermo Ward, empezaron el trabajo de aprender cientos de dialectos hablados por habitantes analfabetos de la India a fin de convertirlos en setenta y tres lenguajes literarios y producir sus gramáticas y diccionarios. Su impacto en la formación de la Surasia moderna lo resumió mejor el historiador Hugo Tinker:

> Y así en Serampore, en las orillas del Hooghly, poco después de 1800, los elementos principales de la moderna Asia del sur: la identificación de las lenguas del pueblo («lingüismo»), la imprenta, la universidad

---

* *The Impact of Bible Translation on Indian Languages—A Study.*

y la conciencia social, salieron a la luz. El Asia occidental y la del sur estaban a punto de vérselas una con otra en términos no meramente de poder y lucro, sino también de ideas y principios.[5]

El trío de Serampore, como se conocía a los misioneros, empezaron la traducción de la Biblia y luego establecieron la universidad que se desarrollaría hasta ser la Universidad de Serampore. Escogieron usar el bengalí, antes que el inglés, como medio de instrucción en su universidad, porque los misioneros notaron que las familias de la India querían que sus hijos aprendieran solo suficiente inglés como para conseguir empleo en la Compañía de la India Oriental. Los misioneros no habían dedicado sus vidas para producir buenos servidores que hablaran inglés para el Raj británico. Querían habitantes de la India que llegaran a su universidad para empezar a cultivar sus mentes y sus espíritus, para cuestionar las tinieblas socioeconómicas que les rodeaban, para inquirir y hallar la verdad que libera a los individuos y edifica grandes naciones. La Biblia enseña que el Creador nos dio el don del lenguaje porque nos amaba. *El amor incluye la comunicación y la comunicación de grandes ideas requiere un gran idioma.*

La Biblia y el nacionalismo

La Biblia hizo mucho más que dar lugar a los modernos idiomas inglés, alemán, holandés, hindi, urdu y bengalí. También produjo la idea moderna de la nación estado y el valor que nosotros llamamos *nacionalismo.*

El nacionalismo ha adquirido mala fama debido a las atrocidades que inspiró durante el siglo XX. El nacionalismo alemán que condujo a dos guerras mundiales fue una perversión secularizada de un valor bíblico. Los católicos devotos que detestan el nacionalismo secular pero no aprecian el nacionalismo bíblico han alimentado la reacción reciente en contra del nacionalismo y el anhelo de un continente reunificado en Europa.

La apreciación del nacionalismo es más fácil para nosotros en la India y Pakistán porque todas nuestras vidas hemos presenciado los conflictos entre chiíes y suníes. ¿Por qué algunos musulmanes matan a veces a sus propios conciudadanos como deber religioso? Cada conflicto, al parecer, lo dispara un incidente trivial, pero la razón subyacente es que la lealtad a la nación de uno y a los conciudadanos no es una virtud islámica. Para los suníes, la autoridad es la Meca; para los chiíes, la autoridad, el califato, está en Persia.

En Gran Bretaña, algunos musulmanes piensan que no hay nada en el Corán que avale el aprecio por el nacionalismo británico. De hecho, su deber religioso es someter a Inglaterra a la ley *sharía*. Esta amenaza era parte del contexto social del discurso de la señora Thatcher citado al principio de este capítulo. No debe haber ninguna duda de que su temor es legítimo. Sin la Biblia, sus universidades no tienen cimientos filosóficos para creer en la misma idea de nación estado. Por otro lado, tienen buenas razones históricas para menospreciar el nacionalismo (secular) y bases pragmáticas razonables para transferir la soberanía federal a una Unión Europea.

La Reforma dividió el Sacro Imperio Romano en las naciones estado modernas, a menudo definidas por su idioma. Porque, empezando en Génesis 11, la Biblia enseña que las naciones son una invención del Dios soberano. Aunque todos los seres humanos vienen de una sola pareja de padres, fueron separados en diferentes comunidades lingüísticas como resultado del pecado humano. Vivir en una nación en particular puede ser un infierno, pero las naciones estado soberanas sirven como barrera al totalitarismo global. El apóstol Pablo les dijo a los atenienses:

> Y de una sangre ha hecho todo el linaje de los hombres, para que habiten sobre toda la faz de la tierra; y les ha prefijado el orden de los tiempos, y los límites de su habitación; para que busquen a Dios.[6]

Tal como Jesús, Pedro y Pablo, los reformadores, como Wycliffe, Hus, Lutero y Tyndale, habían sufrido en carne propia la naturaleza opresiva del imperialismo de Europa (el romano). Fue fácil para ellos reconocer la importancia de la enseñanza de la Biblia respecto a la identidad nacional. Este concepto juega un papel central en la narración de la Biblia desde Génesis hasta el último libro de Apocalipsis.

La narración empieza con la promesa de Dios de hacer de Abraham una gran nación. La promesa incluía descendientes, posesión de una tierra en particular, autoridad de gobernar, y prosperidad económica condicionada a que su pueblo obedeciera la ley de Dios.[7] La promesa de Dios llegó a ser la base para el apego de sus descendientes a la tierra prometida y su historia. Hizo del nacionalismo un valor judío especial.

El Antiguo Testamento es la historia de las doce tribus convirtiéndose en una nación, bajo una ley común supervisada por ancianos, con o sin un rey. La responsabilidad primaria del rey era su defensa común. Sacerdotes y profetas ayudaban a los ancianos a poner límites al rey, que vivía y operaba bajo la ley de Dios. Cuando estos doce grupos de personas se sometieron a obedecer la autoridad de Dios, florecieron. Cuando el tribalismo erosionó la identidad nacional bajo un Dios y una ley, cayeron en esclavitud. El Antiguo Testamento inspiró a las tribus hebreas a vivir como una nación unificada siguiendo los principios de la justicia divina. Les enseñó a trascender las lealtades tribales y a adorar unidas al único Dios verdadero, invitado a todas las naciones —en realidad, a toda la creación— a unírseles para adorarle.

El nacionalismo judío, que inspiró a poetas ingleses y de la India, llegó a ser una parte explícita de la poesía bíblica después de que las tribus del sur (Judá) fueron llevadas cautivas a Babilonia. Uno no puede entender la influencia de los poetas ingleses como Tennyson, Cowper y Blake sin entender el nacionalismo judío expresado en estos salmos:

Te levantarás y tendrás misericordia de Sion [Jerusalén],
Porque es tiempo de tener misericordia de ella, porque el plazo
ha llegado.
Porque tus siervos aman sus piedras,
Y del polvo de ella tienen compasión.[8]

Junto a los ríos de Babilonia,
Allí nos sentábamos, y aun llorábamos,

> *Acordándonos de Sion.*
> *Si me olvidare de ti, oh Jerusalén,*
> *Pierda mi diestra su destreza.*
> *Mi lengua se pegue a mi paladar,*
> *Si de ti no me acordare;*
> *Si no enalteciere a Jerusalén*
> *Como preferente asunto de mi alegría.*[9]

En virtud de ser la ciudad templo, Jerusalén llegó a ser sagrada para los judíos: la ciudad de Dios.[10]

El ser ciudad de Dios, sin embargo, requería que sus habitantes vivieran según la ley de Dios. El no hacerlo así trajo la condenación de los profetas y el castigo de Dios. Esto le dio un sabor peculiar al patriotismo bíblico; amar al pueblo y la tierra de uno era un reflejo del propio corazón de amor de Dios por su pueblo. El nacionalismo bíblico era diferente del nacionalismo secular de Alemania. El primero se centraba en Dios antes que en la cultura o en la raza. Siendo producto de la promesa y la ley de Dios, tenía que permanecer con autocrítica y arrepentido. Personajes del Antiguo Testamento como Moisés, Daniel, Nehemías y varios de los profetas exhibieron este nacionalismo peculiar y arrepentido.

Los capítulos 6 y 9 del libro de Daniel son los mejores ejemplos de nacionalismo arrepentido. Daniel amaba a su nación lo suficiente como para ayunar y orar por su reconstrucción. Arriesgó a que lo echaran al foso de los leones por orar por la restauración de Jerusalén. Los babilonios habían destruido su ciudad santa, pero él nunca los maldijo. De hecho, dedicó su vida a servir a Nabucodonosor, el mismo rey que arrasó Jerusalén hasta las piedras.

El profeta Jeremías, testigo ocular de la destrucción de Jerusalén, forjó el nacionalismo de Daniel, diciéndole que sirviera a los «enemigos» de su nación. El consejo de Jeremías a los compañeros cautivos de Daniel en Babilonia fue lo opuesto de lo que algunas mezquitas enseñan hoy en Gran Bretaña. Jeremías les pidió a los exiliados de Jerusalén: «Y procurad la paz de la ciudad [Babilonia] a la cual os hice transportar, y rogad por ella a Jehová; porque en su paz tendréis vosotros paz».[11]

El nacionalismo de Daniel no fue una excepción. Nehemías amaba a su pueblo, su tierra y su ciudad en ruinas lo suficiente como para arriesgar su vida para reconstruir las ruinas físicas, psicológicas y morales de su nación. Fue esta clase de nacionalismo bíblico lo que inspiró a los poetas ingleses. Criticaron scriamente los pecados de Inglaterra y, sin embargo, anhelaban verla reconstruida como una nueva Jerusalén. En su poema «Inglaterra», William Cowper (1731–1800) escribió: «Inglaterra, con todas tus faltas, con todo te amo». El poema de William Blake (1757–1827), «Jerusalén», todavía se canta en iglesias inglesas. Condenó las «oscuras fábricas satánicas» de Inglaterra, pero concluyó su poema con una resolución que brotaba directamente del libro de Nehemías:

> *No cesaré en la lucha de pensamiento,*
> *Ni tampoco mi espada dormirá en mi mano,*
> *Hasta que hayamos reconstruido Jerusalén*
> *En la tierra verde y placentera de Inglaterra.*

La Europa del siglo XIX secularizó el nacionalismo bíblico. Eso condujo al evitable baño de sangre que hizo del *nacionalismo* una mala palabra. El bisnieto de Abraham, José, aprendió por las experiencias de su vida que Dios le había escogido a él (como individuo) y a su pueblo para bendecir a todas las naciones del mundo. Sus futuras generaciones tuvieron que librar sangrientas guerras para apropiarse de la tierra prometida y consolidar su libertad. (Los británicos, los estadounidenses y los seguidores de Mahatma Gandhi también lucharon por ganar y preservar su libertad.) Pero una vez que los descendientes de Abraham obtuvieron su tierra, su nacionalismo no fue amenaza para otras naciones. Creían en la soberanía de Dios y que, tal como Dios les había dado a ellos su tierra, también les había dado tierra a los edomitas, moabitas, ismaelitas y asirios. Y los descendientes de Abraham creían que habían sido escogidos para bendecir a otras naciones, para servirles como luz de Dios.

En contraste, el nacionalismo secular de Alemania fue una amenaza para todas las naciones de Europa porque no se basaba en una creencia en la soberanía de Dios según se expresa en la enseñanza de Pablo en Hechos 17.26–27. Albert Einstein, judío alemán, llamó al nacionalismo enfermedad mortal de naciones infantiles, porque él experimentó el nacionalismo arrogante que mató a seis millones de los suyos. Su denuncia del nacionalismo se aplica a la versión falsificada, secularizada, que margina el hecho de que la Biblia, que inspiró la identidad nacional inglesa, también inspiró la solidaridad humana internacional.

Los profetas judíos sabían que la promesa de Dios para bendecir a su nación estaba ligada a que su pueblo obedeciera la ley de Dios. Su amor por su nación les permitió criticar a su propia cultura y gobernantes a la luz de la más alta ley moral de Dios. Los gobernantes judíos mataron a muchos de sus profetas, e incluso crucificaron a su Mesías. Pero el Antiguo Testamento ayudó a Occidente a ser una cultura autocrítica de una manera saludable. Enseñó a los gobiernos occidentales a respetar las libertades de sus «profetas» o escritores que exponen la corrupción y claman por reforma. Las culturas no bíblicas dan libertad de prensa solo de labios para afuera.

La presencia británica en la India mostró que el nacionalismo británico, cuando se anclaba en la soberanía de Dios, era la fuente de un equilibrio saludable entre el amor por la nación de uno y la preocupación internacional.

Jesús demostró este equilibrio. Aunque él vino primero «a las ovejas perdidas de la casa de Israel»,[12] también les pidió a sus discípulos que fueran a toda nación como misioneros, empezando por su capital, Jerusalén.[13] Esta enseñanza inspiró a ingleses como Guillermo Carey a ir a la India para servir, educar y liberar a sus pobladores introduciendo las ideas bíblicas europeas de nación estado y nacionalismo.

El politeísmo de la India daba por sentado que cada tribu y casta tenía un dios distinto. Por consiguiente, cada casta tenía su propio *dharma* o deber religioso. No podían unirse como iguales ante una ley de un solo Dios que se aplicaba por igual a todo grupo y pueblo. Como muchas otras culturas, la cultura religiosa de la India no produjo ni nacionalismo ni internacionalismo. No tenía ningún sentido de misión global. En contraste, la Biblia enseñaba el monoteísmo, la idea de que hay un solo Dios para todo el universo y que él ama a todo el mundo. Escogió a Abraham y a sus descendientes como su pueblo especial, pero solo a fin de «bendecir a todas las naciones de la tierra» por medio de ellos.[14]

Para traductores de la Biblia como Guillermo Carey, este equilibrio entre nacionalismo e internacionalismo quería decir que podían amar tanto a su propia nación como al país en el cual habían sido llamados a servir. En la India del siglo XIX, significaba que, mientras los empleados de la Compañía de la India Oriental ganaban su dinero y volvían a Inglaterra, los misioneros como Guillermo Carey dedicaban sus vidas y gastaban sus bienes al servicio de la India.

El politeísmo divide a las personas entre sí de acuerdo a sus dioses y diosas. La India geográfica fue vulnerable a la colonización, primero por los musulmanes y después por los europeos, porque el hinduismo debilitó a los hindúes. No abrazaba a todos los hindúes como ciudadanos iguales de la India. A los no arios se les catalogó como *dasa, dasyu, asura, rakshasa, malichha* (esclavos, siervos, demonios, monstruos, intocables, etc.).

Los traductores de la Biblia, como Carey, Buchanan, Martyn y Gilchrist, empezaron a producir una nueva identidad nacional para la India moderna. El nacionalismo bíblico humilde, arrepentido, equilibrado con un sentido de responsabilidad internacional, atrajo a escritores hindúes, como Madhusudan Dutt, a Cristo y a Inglaterra. Después de venir a Cristo en 1843, Dutt llegó a hablar con fluidez diez lenguas europeas e indias. Leía a Milton, Homero, Virgilio, Dante y Tasso en sus lenguas originales. Más tarde, bajo la influencia de sus amigos misioneros, Dutt se dio cuenta de que, aunque su héroe poético Milton fue ministro para el latín en el gobierno de Oliver Cronwell, escribió su poesía para el pueblo en la lengua todavía no desarrollada, el inglés.

Dutt se dio cuenta de que, si en realidad quería seguir a Milton, necesitaría escribir en bengalí. Un día, en un impulso súbito, y estimulado el entusiasmo de algunos amigos por el drama bengalí, dispuso su mano para escribir en su lengua materna, dejando para siempre el inglés como vehículo de expresión literaria, aunque con gran renuencia.

La conversión de Dutt a su lengua vernácula dio paso al movimiento nacionalista bengalí. Usó su poesía para dar voz a su amor por Bengala. «Ilumínate Bengala, ¡joya de la India puede ser tu suerte!»,[15] oraba, aplicando el espíritu de la poesía inglesa a la India. Mediante su poesía, Bengala llegaría a ser la joya de la India, dando dirección al renacimiento en la nación. Bengala llegó a ser la cuna del nacionalismo indio, del revivalismo y del reformismo. Produjo la mayoría de los primeros reformadores, literatos, nacionalistas e intelectuales de la India. «¿Por qué la Providencia ha dado esta tierra reina, majestuosa, como presa y botín a los anglosajones?», preguntaba Dutt. Y contestaba, porque «es misión del anglosajón renovar, regenerar, cristianizar al mundo; agitar este vasto océano para que pueda restaurar las cosas bellas ahora enterradas en su desierto líquido».[16]

Como lo ilustra la interacción lingüística de mi nación con naciones cristianas, el nacionalismo no tiene por qué ser un mal. Cuando va unido al poder reformador de la Biblia, puede llegar a ser una fuerza redentora poderosa. La India sufrió bajo la dominación musulmana y europea durante nueve siglos, pero en todo ese tiempo nadie nos unió con un sentido de identidad nacional. Tampoco nadie desató la energía para superar la dominación foránea. La India no produjo un Gandhi bajo los mogoles. Los generales militares hindúes sostuvieron el imperio mogol. Solo cuando los traductores de la Biblia empezaron a desarrollar nuestras lenguas empezaron las ideas bíblicas a cundir en nuestra tierra.

Como había hecho en Europa, la Biblia potenció a nuestro pueblo al cultivar una conciencia nacionalista. Nuestros líderes nacionales, como Gandhi y Nehru, dieron liderazgo al movimiento nacionalista, pero ellos no hubieran tenido «nación» para dirigir sin la idea bíblica de nación que nos vino mediante la revolución lingüística iniciada por la traducción de la Biblia y la literatura inglesa introducida por la educación cristiana.

Antes de examinar la forma como la Biblia creó la educación moderna, repasemos su impacto en la literatura.

Capítulo once

LITERATURA

¿Por qué los peregrinos edificaron naciones?

Khushwant Singh (n. 1915) es un sij laico, y uno de los escritores mejor conocidos de la India. Durante décadas ha enseñado literatura inglesa en la Universidad de Delhi. A menudo ha dicho que lee por lo menos dos capítulos de la Biblia cada día, porque nadie puede entender la literatura inglesa sin primero leer la Biblia.

La Biblia es igual de necesaria para comprender la literatura escrita durante el siglo XIX y principios del XX en la India, período al que a menudo se llama el «Renacimiento de la India». Uno podría, por ejemplo, leer cualquier poema de *Gitanjali* en una iglesia cristiana sin que nadie sospeche que el poeta bengalí Rabindranath Tagore (1861–1941), laureado con el premio Nobel, no era cristiano. El Renacimiento de la India atizó varios movimientos de reforma y, empezando con Madhusudan Dutt, produjo nuestro nacionalismo.

Como parte de Europa, Inglaterra heredó grandes libros, epopeyas y mitos de la era grecorromana; pero, curiosamente, nada de esta literatura ejerció la misma influencia en los escritores ingleses que la Biblia, un libro asiático. La influencia directa e indirecta de la Biblia en la literatura inglesa superó con mucho la influencia de Homero en el desarrollo de la literatura griega y latina. Ruth apRoberts, experta canadiense en literatura victoriana, concuerda con Khushwant Singh cuando dice: «Prácticamente todos los escritores del inglés echan mano de la Biblia, y los más memorables son los grandes recicladores de elementos bíblicos».[1]

Los héroes de Homero entusiasmaban. Eran aterradores con las armas. Entretienen, pero los lectores no pueden seguir el modelo de estos héroes en sus esfuerzos por construir naciones grandes y libres. En contraste, el tambaleante peregrino de Bunyan empieza con nada más que la carga del pecado a sus espaldas y la Biblia en la mano. Miles de predicadores hablan de él. Cientos de millones de lectores meditan en él y cantan de su búsqueda, y muchos se convierten en peregrinos.

La Biblia ha ejercido una autoridad única sobre la literatura europea porque es diferente a todas las demás narraciones. En primer lugar, suena a verdad. La tradición nombra a Moisés como el principal autor de Génesis, el primer libro de la Biblia. Pero Moisés nació como cuatrocientos años después de José, con cuya historia concluye Génesis. El autor no conocía a la gente de la cual escribió. No habló con ningún testigo ocular. No tenía fuentes «primarias», que sepamos, para examinar. Y tampoco afirma nada parecido a lo que afirma el profeta Mahoma de que un ángel se le apareció en un trance profético y le reveló los relatos. Por consiguiente, los héroes y eventos descritos en Génesis bien se pudieran llamar «leyendas» trasmitidas de generación en generación.

Esta tradición oral tuvo mucho tiempo para que los que narradores la embellecieran; y, sin embargo, nada de ella llegó a ser algo parecido a las narraciones épicas de la India o griegas. Unos editores brillantes podrían haber usado esos siglos para refinar y pulir las narraciones, porque Génesis tiene una artesanía excelente. ¿Por qué no convirtió algún narrador a sus antepasados Abraham, Isaac, Jacob y José en héroes como Aquiles o Ulises?

Abraham, de hecho, libró y ganó una batalla contra cuatro reyes que habían derrotado a cinco reyes y se habían llevado cautivo a su sobrino. Sin embargo, Génesis no habla en absoluto de su valentía, agilidad, estrategia militar o habilidad con las armas. Tampoco dice nada de que Dios realizara un milagro para ayudarle a ganar esta batalla. La narración parece rutinaria. Su punto es mostrar la lealtad de Abraham a su más bien egoísta sobrino y su integridad al negarse a tomar de los bienes de sus vecinos que recuperó en la batalla. Una décima parte fue dada al rey de Salem (más tarde Jerusalén) que dio de comer a sus hombres, y el resto fue devuelto a sus legítimos dueños.

La Biblia sugiere que el heroísmo de Abraham consistió en ser un hombre sencillo, temeroso, que creyó en la promesa de Dios y le obedeció. Cuando leí Génesis por primera vez como adulto, me dejó perplejo la timidez de Abraham y su hijo Isaac. Tenían tanto miedo de los hombres impíos que los rodeaban que describieron a sus esposas como «hermanas». Un reyezuelo, Abimelec, creyó a Abraham por lo que decía ¡y metió a la hermosa «hermana» de Abraham en su harén! Abraham no hizo nada parecido a lo que Ram, el héroe divino de la epopeya religiosa de la India, *Ramayana*, le hizo a Ravana, después de que este se había llevado a Sita, esposa de Ram, a su harén. Ram organizó un ejército de monos, construyó un puente sobre el océano, quemó Sri Lanka, recuperó a su esposa en una máquina voladora, e inspiró *Avatar* de James Cameron. Abimelec, por otro lado, le devolvió a Abraham la esposa porque Dios le reprendió en un sueño.[2]

¿No son las intervenciones divinas en los asuntos domésticos de un nómada insignificante base razonable para descartar la Biblia como mito? Muy al contrario. Su sorprendente sencillez inspira confianza en que la Biblia registra realidad. Las narraciones de la Biblia son verdad, no mitos. Su realismo no es ni creación del artista, ni algo fabricado. Lejos de ser un objetivo estético, el realismo de la Biblia es un medio para trasmitir el mensaje del cuidado de nuestro Creador por su creación. Él interviene en nuestras historias personales y nacionales en respuesta a la fe humilde. Estas narraciones llevan en sí un sello de autoridad ausente en leyendas clásicas.

Erich Auerbach, filólogo alemán, crítico y experto en literatura comparada, comparó al Ulises de Homero con Abraham en su experiencia de sacrificar a Isaac. Concluyó que, aunque no hay evidencia histórica disponible para el relato bíblico, su carácter literario es opuesto a los mitos griegos.

El narrador bíblico... tenía que creer en la verdad objetiva del relato del sacrificio de Abraham; la existencia de ordenanzas sagradas para la vida descansaban en la verdad de este relato y otros similares. Tenía que creer en eso apasionadamente; de lo contrario (como muchos intérpretes racionalistas creyeron y tal vez todavía crean), tenía que ser un mentiroso consciente; no mentirosos inocuos como Homero, que mentía para dar placer, sino un mentiroso político con un fin definido en mente, mintiendo en interés de una reivindicación de autoridad absoluta.[3]

Los mitos de la India, como los mitos grecorromanos, hablan de aristócratas, de la élite y los sabios gobernantes. Los héroes de Génesis, en contraste, son personas ordinarias con pies de barro. Abraham y Sara eran nómadas ancianos que ni siquiera pudieron tener un hijo sino hasta que Dios los visitó. Dios los bendijo por su hospitalidad hacia los forasteros y prometió bendecir a todas las naciones de la tierra por medio de sus descendientes.[4]

Homero no nos hubiera seleccionado a ninguno de nosotros como héroes; pero todos podemos ser como Abraham, Isaac, Jacob y José. Si cosas extraordinarias pueden suceder a personas sencillas, si por la obediencia de fe podemos llegar a ser bendición a nuestros vecinos y a las naciones de la tierra, entonces todos nosotros podemos ser héroes.

El mensaje de la Biblia de que Dios es un Salvador compasivo es otro distintivo que hizo de la Biblia una fuente de literatura que edifica naciones. Dios hace cosas increíbles por medio de personas ordinarias, porque está comprometido con bendecir a sus hijos.

Otro rasgo que contribuyó a su poder único fue que la Biblia permitió que pensadores de culturas diferentes en épocas diferentes le hallaran sentido a su mundo. La narrativa de la Biblia empieza al principio, da un vistazo realista al mal —sus causas, terribles consecuencias y cura— y concluye proyectando un vislumbre profético de un futuro glorioso. La historia de la Biblia, de este modo, ofrecía una cosmovisión que se desarrolla. Eso permitió que escritores del panorama general, como Juan Milton y J. R. R. Tolkien lograran hallar sentido en medio del caos de nuestro mundo, y a la vez permitió que

Shakespeare hallase significado en las luchas ordinarias, trágicas, de jóvenes enamorados como Romeo y Julieta.

La transformación y el desarrollo del carácter es un rasgo importante de la Biblia que ha ejercido impacto enorme en la escritura moderna. Los héroes de Homero no cambian; pero Jacob sí. Empieza su carrera engañando a su padre, robándole las bendiciones a su hermano y engañando a su suegro. Sus experiencias con Dios le transforman en una persona muy diferente. Entonces bendice a sus hijos y nietos con una fe profética en el futuro. Moisés es el arquetipo del héroe «renuente», que ha influido grandemente la idea de héroe de Hollywood. Simón, que niega a su Señor tres veces, es transformado en Pedro, la roca. Saulo de Tarso empieza su carrera como perseguidor de la iglesia, pero se convierte en Pablo, apóstol que sufre por la verdad.

Los personajes bíblicos cambian conforme Dios llama a individuos a seguirle a él en lugar de a su cultura. Dios le pide a Noé que construya un barco; acto de castigo profético sobre la corrupción de sus tiempos. Dios le dice a Abraham: «Vete de tu tierra y de tu parentela, y de la casa de tu padre, a la tierra que te mostraré».[5] Dios escoge a Abraham como su amigo: «Yo soy el Dios Todopoderoso; anda delante de mí y sé perfecto. Y pondré mi pacto entre mí y ti».[6] Dios implica que debemos andar con él, y no seguir las tradiciones y consejos de rebeldes. Para determinar una diferencia uno debe vivir de manera diferente.

Las narraciones bíblicas de transformación individual que han impactado a la historia llegaron a ser un rasgo esencial de la literatura y el arte modernos. La Biblia produjo escritores que fueron transformadores del mundo. Esto era dramáticamente diferente con los avatares de las epopeyas indias, como Rama y Krishna, que preservaron el *dharma*, el statu quo. Eso presentaba un problema para los novelistas de la India. Meenakshi Mukherjee, crítico literario que enseña inglés en la Universidad Jawaharlal Nehru de Delhi, captó mejor esta tensión:

> La tradición picaresca de la novela europea ha logrado un propósito principal: ha liberado al protagonista de la rigidez de una sociedad estática para ser un agente libre que podía hasta cierto punto forjar su propio destino. *Robinson Crusoe* (1719), *Moll Flanders* (1722),

Pamela (1740), tres ejemplos tempranos de la novela inglesa, muestran cómo el personaje central en cada caso es un agente activo
en lugar de ser pasivo, que cuestiona su destino. El novelista indio
tenía que operar en una sociedad ligada a la tradición en la que ni
la profesión de un hombre ni su matrimonio eran asunto personal.
Su vida estaba cartografiada por su familia o su comunidad o su
casta. En la estructura social y familiar rígidamente jerárquica de
la India del siglo XIX, el individualismo no era una cualidad fácil
de expresar en literatura.[7]

La Biblia ejerció una autoridad única sobre escritores creativos al
presentarles el desarrollo de un concepto del mundo y de la vida que
afirmaba ser verdad. Esta afirmación exigía que nuestra literatura y
cultura colocasen ante la voluntad revelada de Dios y se amoldasen
a ella. Puesto que nuestro mundo es tan diferente del mundo bíblico de pastores, sembradores y cobradores de impuestos, los escritores
hallaron abundante espacio para ser imaginativos y hacer del nuestro un mundo más bíblico. Como Auerbach dice: «Lejos de buscar,
como Homero, meramente hacernos olvidar nuestra propia realidad
por unas pocas horas, ella [la Biblia] procura superar nuestra realidad:
debemos encajar nuestra vida en su mundo, sentirnos nosotros mismos como elementos de su estructura de la historia universal».[8]

En contraste con los poemas de Homero, la Biblia se presenta
como nuestra sola autoridad con verdad que explica la historia y a la
vez le da significado final. Lejos de ser pensamiento asfixiante, sus
afirmaciones permiten que los creyentes la interpreten y la apliquen
a su mundo siempre cambiante. Esto ha hecho posible que escritores
creativos se anclen en la roca de la verdad eterna y a la vez permitan
que su imaginación vuelen con sus tiempos y más allá.

Como T. S. Eliot dice: «La Biblia ha tenido una influencia literaria sobre la literatura inglesa no porque se la haya considerado como
literatura, sino porque se la ha considerado como informadora de la
Palabra de Dios. El hecho de que los letrados ahora la discutan como
"literatura" probablemente indica el fin de su influencia "literaria"».[9]

La influencia de la Biblia en la literatura inglesa se ilustra por su historia.

LITERATURA INGLESA TEMPRANA

Los dialectos vernáculos se convirtieron en el inglés antiguo en los siglos VII y VIII. Los monasterios florecían en Europa. De Italia a Inglaterra, de Irlanda a España, los monasterios usaban latín; pero en Inglaterra algunos de ellos empezaron a escribir «literatura inglesa». Entre los primeros cronólogos de Inglaterra, el venerable Beda (673–735 A.D.) habló del pastor Caedmon en un monasterio del siglo VII. Una noche, el analfabeto Caedmon recibió milagrosamente un talento para el verso poético en su anglosajón vernáculo (predecesor germánico del inglés antiguo). Cuando la abadesa oyó del don de Caedmon, le hizo estudiar la Biblia. Entonces parafraseó narraciones bíblicas en poesía vernácula comprensible incluso por los campesinos ingleses más rústicos.[10]

Aunque Caedmon es un caso excepcional, la poesía en inglés antiguo tenía un sabor bíblico, desde «El sueño del Rood», acerca de la victoria de Cristo sobre el pecado en la cruz (*rood*), hasta *Beowulf*, poema épico salpicado de comentarios bíblicos sobre méritos o deméritos de la narración. Los poetas anglosajones prestaron atención a la literatura vernácula de la Biblia.

LITERATURA INGLESA EN EL RENACIMIENTO

La conciencia bíblica llegó a ser sobresaliente en la literatura de Inglaterra en el Renacimiento en los siglos XVI y XVII. La doctora Louise Cowan, editora de *Invitation to the Classics* [Invitación a los clásicos], era presidenta del Departamento de Inglés y decana de la facultad. Aunque su educación universitaria había demolido la fe de su niñez, enseñar Hamlet le empezó a abrir sus ojos a la fe y heroísmo bíblicos. Horacio, amigo de Hamlet, le advierte que suspenda su duelo; pero la fe de Hamlet supera esta advertencia. «Hay una providencia especial en la caída de una golondrina», declara Hamlet, aludiendo a

Jesús cuando consolaba a sus preocupados discípulos diciéndoles que ni siquiera un ave cae a tierra sin la voluntad de su Padre.[11] Hamlet pone su vida en las manos de Dios, afirmando la soberanía de Dios: «Si mi hora es llegada, no hay que esperarla, si no ha de venir ya, señal que es ahora, y si ahora no fuese, habrá de ser después: todo consiste en hallarse prevenido para cuando venga».[12]

Los profesores y autoridades académicas de Cowan presentaban a Shakespeare como un no creyente; un librepensador. Describieron a Shakespeare como un genio que escribía por dinero, no por arte. Sus comedias no eran otra cosa que fragmentos de banalidad; sus tragedias, nihilistas. Shakespeare, pensaban, resumió su perspectiva secular en el *Rey Lear*:

> *Como moscas para muchachos descocados somos nosotros*
> *para los dioses;*
> *nos matan por deporte.*[13]

El leer a Shakespeare ante su clase obligó a Cowan a reconsiderar:

Esta mención de la providencia me impactó como algo que estaba en marcado contraste con la ironía angustiada anterior de Hamlet. Adquirió el aura de algo impactante. ¿Qué quería Shakespeare que sus lectores pensaran de una media vuelta tan radical? ¿No implicaba, en verdad, que el mismo autor vio y comprendió el cambio que la fe produjo en Hamlet?... Volví a leer Hamlet varias veces durante los meses que siguieron, cada vez hallando más evidencia de la perspectiva espiritual de Shakespeare. Y gradualmente se hizo visible que su perspectiva no era sencillamente espiritual, sino abiertamente cristiana. El amor sacrificado era evidente en todas partes en su drama. *Gracia* era una de sus palabras clave; el mal era su contraparte oscura. Sus comedias, en particular, eran ilustraciones virtuales de temas y pasajes de las Escrituras. A estas alturas, por supuesto, varios eruditos han llegado a reconocer e incluso a explorar la fe cristiana de Shakespeare; pero en ese tiempo mi descubrimiento me pareció monumental. Significó reconocer el secularismo de nuestro día y discernir el perjuicio de la mayoría de eruditos.[14]

La influencia clásica de Grecia y Roma

La literatura precristiana griega y romana influyó enormemente en la Europa cristiana. Destacar el papel fundamental de la Biblia en la rica tradición literaria de Occidente no es decir que las literaturas antiguas carecieran de mérito e influencia. Los griegos y romanos clásicos produjeron algo de la mejor literatura de Occidente. Poetas como Esquilo, Virgilio, Homero y Séneca forjaron hábilmente sus relatos. Ahondaron en la psicología y exploraron críticamente la cultura, lo que los puso aparte de la mayoría de la literatura del mundo. Sin embargo, con todo su genio, no lograron poner cimientos para el cambio cultural positivo. Su cosmovisión estaba repleta de fatalismo bajo dioses mezquinos. No daban ninguna base para la fe que mueve montañas. Sus dioses crueles, impredecibles, hacían sufrir por igual a buenos y malos. ¿Por qué, entonces, escoger el bien, si el acomodo hacía más fácil la vida?

Dramaturgos como Esquilo defendieron la democracia de Atenas, pero la gente la usaba para beneficio personal por encima del bien de la *polis*. Con frecuencia, había políticos atenienses prominentes que eran desterrados por intrigas políticas. Esta democracia ejecutó a Sócrates por deplorar la autoindulgencia. El gran poeta Virgilio (70–19 A.C.) escribió la *Eneida* como propaganda de que toda la mitología y la historia culminaban en el reinado de César Augusto.

Un tema persistente en Occidente es tener en el centro del desarrollo de la trama peregrinaciones. La *Odisea* de Homero sigue el largo retorno de Ulises a casa después de la guerra de Troya. Escrita en una edad de guerra interminable, el retorno a la esposa y el hogar era el clímax del heroísmo. El héroe de Virgilio, Eneas, dejó su casa en Troya para fundar la ciudad imperial de Roma. En su *Eneida*, Virgilio moldea con destreza el poder de la dicción poética para su motivo de peregrinaje.[*]

---

[*] Un motivo es un elemento de un relato que aparece repetida y significativamente, como el motivo de Mesías en la trilogía *Matrix*. En este caso, el viaje es un motivo que aparece en un número de obras diferentes, no muchas veces en una sola obra.

Los cristianos de Roma tuvieron que hacerle frente al propósito de los poetas paganos. La Roma de Virgilio no era otra cosa que una fantasía literaria grandiosa. La Roma real de César los torturaba, los crucificaba y los quemaba vivos. La experiencia de los mártires confirmaba la cosmovisión bíblica de que los seres humanos pecadores son incapaces de construir una ciudad justa sin ayuda divina.

En su clásico *La ciudad de Dios,* San Agustín (354–430 A.D.) puso el enfoque sobre esta tensión. Para los judíos, Jerusalén era la ciudad de Dios; pero los cristianos se veían a sí mismos como «extranjeros y peregrinos» en este mundo.[15] Buscaban «la ciudad que tiene fundamentos, cuyo arquitecto y constructor es Dios».[16] El último libro de la Biblia, Apocalipsis, revela a la nueva Jerusalén: un paraíso celestial para el pueblo de Dios. Agustín instiló este objetivo bíblico en lo profundo del subconsciente de Europa.

Dante Alighieri (1265–1321) usó esta jornada de la fe cristiana en *La divina comedia,* solo comparable con *El paraíso perdido* de John Milton. Dante escogió a Virgilio como guía por el infierno y el purgatorio, pero no deificó a su predecesor latino. Más bien, exploró luchas religiosas de su tiempo navegando por las esferas del infierno, el purgatorio* y el cielo o paraíso. Su jornada cósmica termina con una visión de la trina Deidad:

> *En la profunda y clara subsistencia*
> *de la alta luz tres círculos veía*
> *de una misma medida y tres colores;*
> *Y reflejo del uno el otro era,*
> *como el iris del iris, y otro un fuego*
> *que de éste y de ése igualmente viniera....*
> *¡Oh luz eterna que sola en ti existes,*
> *sola te entiendes, y por ti entendida*
> *y entendiente, te amas y recreas!*[17]

---

* En la teología católica romana, el purgatorio es un lugar intermedio entre el cielo y el infierno donde los cristianos bautizados sufren como penitencia por los pecados que cometieron mientras estaban en la tierra, antes de ascender al cielo. Los protestantes rechazan esta doctrina como carente de base bíblica.

La profunda jornada de Dante sirve como una metáfora divina para los valores necesarios para desarrollar la ciudad de Dios en la tierra. Tal como el Padre, el Hijo y el Espíritu Santo son «de una misma medida y tres colores», los seres humanos —que hallan su «efigie» en la cara de la Trinidad— deben funcionar también como individuos sin dejar de mantener metas e instituciones colectivas. La única fuerza que puede efectuar esta unidad, creía Dante, es el amor divino. Sin ese amor, las personas actúan como los condenados en el infierno de Dante; se maltratan, insultan y canibalizan sin que nada contenga su conducta destructiva.

Replicar la ciudad de Dios en la tierra llegó a ser la visión impulsora del grupo religioso de peregrinos más famoso de la historia: los peregrinos estadounidenses. Los que navegaron de Inglaterra a Estados Unidos en el *Mayflower* sabían que se alejaban de la «tierra santa» de Jerusalén. ¿Por qué, entonces, se autodenominaron «peregrinos»? Porque buscaban una nueva Jerusalén, un lugar donde la voluntad de Dios se haga «como en el cielo, así también en la tierra».[18] Buscaban una tierra donde regirían la ley y la gracia de Dios en lugar de la opresión y maldad humanas. Los precursores de los peregrinos, poetas y escritores, se nutrieron de esta idea bíblica de una nueva Jerusalén.

La idea de una nueva Jerusalén celestial inspiró grandes obras de literatura, como *El progreso del peregrino* (1678) de Juan Bunyan (1628–88), que hizo penetrar profundamente la espiritualidad bíblica en el alma de la civilización occidental. A diferencia del héroe de Homero, el Peregrino de Bunyan no vuelve a casa. Bunyan escribió: «Vi a un hombre... con su cara [vuelta mientras se alejaba] de su propia casa, con un libro en la mano, y un gran fardo sobre la espalda».[19] Tampoco siguió Peregrino al héroe de Virgilio para fundar otra ciudad imperial. Peregrino afirmó su rostro en una peregrinación a la ciudad celestial, la ciudad de Dios. Su arma no era una espada, sino un libro: la Biblia. Su meta no era batallar contra el orgulloso e imponer su ley sobre el conquistado. Su primera meta era la liberación de su propia carga de pecado y vencer tentaciones abrumadoras.

El héroe de Bunyan es diametralmente opuesto a los héroes de Homero: Aquiles y Ulises. Aquiles es un gigante, ágil, inmortalmente bello, y el «más aterrador de todos los hombres». Ulises es un tramposo, genio de los disfraces y engaños artísticos, que puede soportar adversidades incontables para aferrarse a un propósito virtuoso: volver a casa a su familia. Pero en Inglaterra ganó la visión de Bunyan del héroe como peregrino. Durante cuatro siglos después de Bunyan, los cristianos que hablaban inglés han cantado del heroísmo del peregrinaje que yace en el subconsciente de su cultura:

> *Quién vería valor verdadero,*
> *Que venga acá,*
> *Uno aquí será constante,*
> *Venga viento, venga clima,*
> *No hay desaliento*
> *Que le haga una vez flaquear*
> *De su primer propósito decidido*
> *De ser un peregrino.*[20]

A Bunyan lo encarcelaron tres meses por negarse a acatar el decreto de la reina Isabel contra la libertad de religión. Acabó pasando un total de doce años en prisión por acusaciones y sucesos diferentes, lo que le dio tiempo para escribir sesenta libros. *El progreso del peregrino* se tradujo al holandés, francés y galés durante su vida. Desde entonces ha sido traducido a más de doscientos idiomas. Después de la Biblia, es el segundo libro más traducido y publicado. Fue mediante este libro como el puritanismo entró en la corriente principal de la vida religiosa de los angloparlantes.

Los peregrinos de Bunyan triunfaron allí donde los héroes de Homero y Virgilio no podían, puesto que los peregrinos de Bunyan construyeron ciudades y naciones limpias por fuera porque recalcaban la limpieza por dentro, en la vida interior del espíritu. Pero esta revolución literaria fue mucho más allá de ciudades limpias. En «Puritans as Democrats» [«Los puritanos como demócratas»], el historiador Jacques Barzun concluye que las reformas sociales, económicas y políticas que nuestra edad asigna al Siglo de las Luces en realidad brotaron de escritores que expusieron la Biblia:

El que el inglés envolviera toda idea y actitud en vocabulario religioso y usara precedentes de las Escrituras como su mejor autoridad le da al período un aura de lucha en cuanto a causas obsoletas.
Pero esas causas tenían doble función y las ideas que había detrás
del léxico santo estaban... preñadas para el futuro. Las sectas y líderes rotulados como puritanos, presbiterianos, independientes, eran
reformadores sociales y políticos. Diferían principalmente en el grado de su radicalidad.[21]

Si Barzun tiene razón, ¿han engañado las universidades seculares
a varias generaciones para que piensen que las grandes ideas que construyeron el mundo moderno proceden del Siglo de las Luces secular?
La carrera de John Lilburne (1614–57) puede ayudarnos a entender la
respuesta.

Lilburne fue miembro de la revolución a que se refiere Barzun.
Contemporáneo de Milton y de Bunyan, como panfletista, John Lilburne se convirtió en uno de los escritores puritanos más radicales de
ese tiempo. Aplicó la Biblia a cuestiones sociales, económicas y políticas, ayudando a poner los cimientos de nuestro mundo moderno.
Su cuestionamiento de los dirigentes e instituciones de su día fue tan
profundo que lo arrestaron una y otra vez. Por un pelo escapó del
martirio más de una vez. Barzun escribió:

> Lilburne merece más fama de la que le ha concedido la posteridad.
> Justo en medio del siglo XVII tenemos a un escritor que declara y
> demanda los derechos del hombre. Su programa era tal que ha hecho
> que la gloria de los teóricos del XVIII y su conducta sean política
> normativa para los revolucionarios hasta el presente. Su desventaja
> es que, aunque invoca la ley de la naturaleza, su argumento está lleno
> de biblicismos.[22]

Barzun señala que lo que Lilburne llevaba en la cabeza, lo promovieron docenas de sus colegas panfletistas puritanos de manera
poco sistemática. Muchos clamaban por una república, el voto para
todos, la abolición de rango y privilegio, la igualdad ante la ley, la

libre empresa y una mejor distribución de la propiedad. Unos pocos instaron a la tolerancia. Todos ellos, sin embargo, justificaban estas metas con las Escrituras. Debido a sus «prejuicios», los historiadores modernos rastrean estas ideas hasta fuentes seculares antes que hasta los escritos puritanos en los cuales se originaron. Prefieren originar la libre empresa en Adam Smith antes que en el debate de Lilburne sobre la parábola de los talentos. Con su prejuicio, le atribuyen a John Locke en lugar de a un oscuro predicador anabautista el principio de que todos los hombres nacen libres e iguales.

El predicador citó a San Pablo, que Dios «no hace acepción de personas» y que no hay diferencia entre judío y gentil.[23] Otros puritanos insistieron en que la gracia de Dios es libre; todos participan en ella así como participan del pecado de Adán. De aquí que ser de clase alta no concede privilegios; la única superioridad es la del espíritu. Para los racionalistas, esto no es forma de argumentar.

La literatura en el Occidente secular

No fue sino hasta el año 1900 cuando la literatura secular vendió más que la literatura religiosa en Inglaterra; aunque gran parte de la literatura occidental «secular» era un producto colateral de la Biblia. Un ejemplo es el galardonado poeta inglés Alfred, Lord Tennyson (1809–92), hijo del clérigo Dr. George Clayton Tennyson. A Tennyson se le clasifica como escritor secular, pero toda su obra está repleta de sensibilidad religiosa. El análisis que Henry Van Dyke hace de Tennyson incluye una lista de cuarenta y siete páginas de citas y alusiones bíblicas que aparecen en las obras del poeta.[24]

De igual manera, solo el índice de referencias bíblicas en los escritos de John Ruskin (1819–1900) —que ejerció un gran impacto en Mahatma Gandhi— ocupa ya más de trescientas páginas. Ruskin no fue teólogo ni profesor de la Biblia. Fue profesor en la cátedra Slade de Bellas Artes de Oxford y escribió sobre arte y arquitectura, rebelándose contra los efectos sociales narcotizantes y degradantes de la revolución industrial, y explorando los efectos domésticos, sociales, morales y espirituales del arte y la arquitectura.[25]

Aunque dominada por la ideología humanista secular, la elite del siglo XX no logró debilitar el poder de la narrativa bíblica en la literatura. El humanismo secular rechaza la cosmovisión bíblica de un universo personal, racional, significativo, con el bien triunfando sobre el mal y proporcionando esperanza de redención. Jean Paul Sartre (1905–80) expresó magistralmente el vacío existencial ateo en *La náusea* (1938). En el mundo de Sartre, todo aspecto de la existencia humana es absurdo. Incluso la violación, tortura y asesinato de una joven es trivializada como un simple evento insulso más en un universo vacío. La solución de Sartre a este dilema es escapar de nuestra existencia absurda produciendo algo (en este caso una grabación de jazz) que exista independientemente de nosotros mismos.

En *El extranjero*, Albert Camus (1913–60) explora la patética vida de un degenerado que, sin absolutamente ninguna razón aparente, asesina a un extraño en una playa de Argelia. Aunque es una obra literaria bien realizada, no provee ninguna base para las reformas morales que Camus buscaba. Puede hallar eco en personas arrastradas a la depresión por su creencia en lo insulso de la vida. Sin embargo, no aporta ningún estímulo para que se levanten de su angustia existencial y hagan mejor su mundo.

Los relatos que nos inspiraron, que atizaron nuestra imaginación y clamaron por reforma social —incluso en el laico siglo XX— a menudo han hallado su inspiración en la cosmovisión bíblica. *Al este del Edén* (1952) de John Steinbeck (1902–68), ganador del Premio Nobel, es una narración moderna de la rivalidad entre Caín y Abel en Génesis. En contraste con el fatalismo oriental, la Biblia enseña que los seres humanos poseen genuina libertad. La premisa de la novela de Steinbeck se levanta o cae en función de la traducción de la palabra hebrea *timshel* de Génesis 4.7. El mensaje general es que los humanos no son esclavos ni de la suerte ni de fuerzas fuera de su control, como las estrellas. Más bien, tenemos libertad, la capacidad de escoger. *Timshel*, según Steinbeck, quiere decir que las personas pueden vencer el pecado.

La influencia de la Biblia sobre la literatura sigue siendo incontenible hasta hoy. Por ejemplo, el héroe de *La milla verde*, de Stephen King, es una figura como Cristo. King explicó:

No mucho después de empezar *La milla verde* y darme cuenta de que mi personaje principal era un hombre inocente que probablemente sería ejecutado por el crimen de otro, decidí darle las iniciales J.C., como las del más famoso inocente de todos los tiempos. Vi esto primero en *Luz de agosto* (todavía mi novela favorita de Faulkner), donde al cordero sacrificial se le pone nombre de Joe Christmas. Así, John Bowes, preso en el corredor de la muerte, se convierte en John Coffey. No estaba seguro, hasta el mismo fin de libro, si mi J.C. viviría o moriría.[26]

Otro de los relatos de King, *Casa negra* (2001), tiene un fuerte tema bíblico de redención. Después de que el héroe, Jack Sawyer, salva a una ciudad de Wisconsin de un asesino en serie y en el proceso libera a multitudes de niños de toda raza y lengua de una fuerza malévola, de otra dimensión, una mujer enloquecida le dispara repetidas veces. Antes de perder el conocimiento, levanta su mano ensangrentada perforada por una bala y mira a la mujer con una expresión de perdón en sus ojos. Entonces es llevado velozmente a un universo paralelo en donde «el Dios Carpintero» tiene más trabajo para encargarle.

Pero el concepto de King de una realidad redentora trascendente contrasta contundentemente con la tendencia de la literatura contemporánea. Hoy, la literatura occidental es útil para usar formas estéticas con las que analizar y diagnosticar los problemas de la cultura occidental. Escritores como Don DeLillo, Umberto Eco, José Saramago y Julian Barnes, maestros de la forma y de los placeres estéticos, han hecho un trabajo significativo para subrayar dónde Occidente necesita urgentemente mejoras. Han tenido mucho menos éxito, sin embargo, a la hora de ofrecer una fuente positiva de reforma para la cultura occidental.

Los escritores occidentales desde la década de los sesenta han hallado significado en sus tradiciones raciales o étnicas, en la praxis de varios feminismos, en las costumbres de grupos de identidad sexual y en las tradiciones de sus regiones geográficas. Aunque estos escritores han localizado muchos centros importantes de actividad e identidad cultural, pocos han estado dispuestos a dar el paso adicional y afirmar que su centro personal pudiera resolver el mal de Occidente en general. Dan por sentado que nosotros, como seres humanos, no podemos encontrar ninguna fuente de significado fuera de nuestros grupos de identidad locales; que no hay ninguna fuente de autoridad trascendente de la cual se pudiera pedir amplia reforma social e institucional.

La otra escuela dominante de los escritores occidentales aboga por vivir vidas de «improvisación». Opinan que si nos reinventamos continuamente en nuestros fluctuantes entornos sociales, psicológicos y económicos, podremos satisfacer nuestras necesidades inmediatas. En términos prácticos, por no decir «en términos darwinistas», dan por sentado que nada existe fuera del momento. Satisfacer las necesidades de cada momento es lo mejor que uno puede esperar.

Esto tiene algo de verdad en que actuamos y hablamos en función de nuestro contexto. Sin embargo, este concepto de improvisación ha perdido todo sentido de fuerza unificadora que mantenga unidos los elementos dispares de la vida moderna. Los que proponen esta vida constantemente improvisada rechazan la noción trinitaria de Dante de que, en medio de la diversidad y fragmentación de nuestras vidas individuales, puede emerger una unidad para dar amplitud, profundidad y significado a nuestras experiencias diferentes.

Sin un Dios trinitario, la mayoría de escritores posmodernos quedan con escasas opciones, salvo la de sumergirse en el instante en un esfuerzo por olvidar su real necesidad de trascendencia. En su perpetua búsqueda de alma personal, exacerbaron la pérdida de Occidente de su alma colectiva.

El impacto de la Biblia en la literatura la convirtió en la fuente de autoridad cultural de Occidente. El rechazo a la Biblia resulta en anarquía moral e intelectual. Así, los musulmanes de segunda generación están volviendo a examinar el islam en su búsqueda de una forma de llenar el vacío creado por la educación secular. Consideremos a continuación la influencia de la Biblia en la educación.

Capítulo doce

UNIVERSIDAD

¿POR QUÉ EDUCAR A LOS SÚBDITOS?

¿Por qué mi universidad en Allajabad tiene una iglesia,* pero no un templo hindú ni una mezquita musulmana? Porque la inventaron y establecieron los cristianos.

Ni el colonialismo ni el comercio extendieron la educación moderna por el mundo. Los soldados y los mercaderes no educan. La educación fue una empresa misionera cristiana. Fue integral en las misiones cristianas, porque la educación moderna es fruto de la Biblia. La Reforma bíblica nació en las universidades europeas, y sacó a la educación del claustro y la llevó por todo el planeta.

En el capítulo tres conté cómo la universidad hizo tambalear mi fe de adolescente, y por qué decidí probar si la predicción de la Biblia —de que todas las naciones serían benditas por medio de los descendientes de Abraham— se estaba cumpliendo. Me quedé helado al descubrir que la Biblia era la fuente de prácticamente todo lo bueno en mi ciudad natal, incluso la universidad secular que socavaba la Biblia.

Ubicada en la confluencia de los ríos «sagrados» Ganges, Yamuna, y el mítico** Saraswati, a Allajabad se la reverenciaba como uno de

---

* La Iglesia de la Santa Trinidad era parte de la Universidad de Allajabad hasta hace unas pocas décadas.

** Ya no existe el Saraswati, aunque puede haber sido un arroyo subterráneo en algún punto en la historia.

los lugares más santos de la India. Los ríos eran las rutas naturales para personas y carga antes de que los británicos construyeran nuestras carreteras y vías férreas. El Ganges y el Yamuna permitían que la gente viajara al norte hacia el Himalaya y al sureste al golfo de Bengala. En consecuencia, Allajabad era sede de la más grande asamblea del mundo, el festival espiritual Kumbh Mela, cada doce años

Akbar, el más grande emperador mogol,* construyó un fuerte gigantesco en 1583 en la confluencia estratégica de nuestra ciudad, cambiándole el nombre a «morada de Alá». Una columna Ashoka (232 A.C.)** conmemora el primer sermón de Buda en Sarnath, ciudad vecina.

Alrededor del 263 A.C., Ashoka se había convertido al budismo, como reacción a los horrores de la guerra desatada por su impresionante expansión imperial. Erigió estas adornadas columnas, a menudo de hasta dieciocho metros de altura, para conmemorar puntos notables de un peregrinaje budista que emprendió alrededor del año 253 A.C. En la mayoría de las columnas hay inscritos edictos imperiales y la razón por la que ese lugar en particular es notable. Gobernantes posteriores de la India han inscrito en ocasiones sus propias experiencias en estas columnas.

En los dos últimos milenios, los festivales anuales atraían a esta confluencia a todo líder hindú importante: religioso, político, económico o intelectual. El dinero que los peregrinos donaron es incalculable. Sin embargo, las civilizaciones hindú, budista y musulmana no establecieron ni una sola institución significativa de enseñanza en este centro de civilización gangética.

Algunos «hombres santos» cerca de la confluencia de Allajabad eran por lo menos tan brillantes y consagrados como los frailes que fundaron Oxford y Cambridge. No establecieron ninguna universidad, debido a su búsqueda religiosa de «matar» sus mentes. Se acostaban en clavos, se enterraban vivos o se sentaban cubiertos solo de

---

* Los mogoles fueron una dinastía musulmana que conquistó y gobernó grandes partes de la India de 1526 hasta 1761. Construyeron algunos de los edificios más hermosos de la India, como el Taj Mahal, Red Fort y Jama Masjid. Akbar, el más grande de los mogoles, patrocinó a algunos de nuestros mejores poetas, artistas y músicos.
** Las columnas Ashoka son una serie de monumentos levantados por Mauryan, emperador Ashoka (gobernó aprox. del 271 al 233 A.C.).

cenizas y excrementos, fumando drogas y buscando iluminación. Su senda a la iluminación era *Jnana Marg*: la senda del conocimiento, del yo, Dios o unidad de todo. Sin embargo, no tenían ningún interés en el mundo material, porque pensaban que era *maya* o ilusión.

Su filosofía no les dio ninguna motivación para acumular el conocimiento parcial, sistemático, paulatino, del mundo, que es lo característico de la educación moderna. En contraste, la noción bíblica hizo posible la ciencia moderna al permitir que la mente cristiana se contentase con conocimiento parcial y finito, que crece de forma progresiva mediante esfuerzos coordinados a través de generaciones.

En Allajabad, las pocas instituciones educativas hindúes del siglo XX surgieron en respuesta a iniciativas cristianas. Estas imitaciones no fueron inspiradas por la cosmovisión hindú. En general, la enseñanza hindú la impartían jóvenes brahmines, no en instituciones, sino en las casas de sus gurús.* En lugares como Nalanda y Takshila, los budistas construyeron centros de educación religiosa.** Para el segundo milenio, sin embargo, estos centros estaban declinando. Desaparecieron por completo con la conquista musulmana de la India.

Takshila se hallaba a unos sesenta kilómetros al oeste de la moderna Rawalpindi en Pakistán. Nunca estuvo tan bien organizada como Nalanda.

La India mogol fue uno de los más grandes imperios musulmanes.*** Pero los musulmanes no desarrollaron ninguna institución educativa digna de mención en la India. El historiador Michael Edwards resumió la educación prebritánica en la India:

> El tipo de educación que los británicos habían hallado cuando llegaron a la India era casi por entero religioso, y la educación superior para hindúes y musulmanes era puramente literaria. La educación superior hindú era casi un monopolio brahmín. Los brahmines, la

---

* Gurú: maestro religioso y guía espiritual en el hinduismo. Los centros hindúes de aprendizaje, como Benarés, Ujjain o Kanchi, tenían gurús con estudios pero no tenían instituciones educativas comparables a una universidad.

** Nalanda, cerca de Patna, en Bihar, empezó como centro principal de aprendizaje budista durante el período Gupta el siglo V después de Cristo. Para el siglo XII, estaba en ruina total.

*** Incluía Paquistán y Bangladesh.

casta sacerdotal, pasaban su tiempo [en escuelas llamadas *tols*] estudiando textos religiosos en una lengua muerta, el sánscrito. Había algunas escuelas [llamadas *Pathshalas*], que usaban lenguas vivas, pero pocos brahmines enviaban a sus hijos a tales escuelas, donde la materia principal de enseñanza era la preparación de cuentas. La educación superior musulmana se realizaba [en madrasas]* en una lengua viva: el árabe, que no se hablaba en la India. Pero también había escuelas que enseñaban persa** y algunas materias seculares. El estado, a diferencia de algunos gobernantes en particular, no aceptaba ninguna responsabilidad en la educación.[1]

Para Akbar tenía sentido fortificar Allajabad para consolidar su gobierno islámico. Pero para la mayoría de personas no tenía sentido que los imperialistas británicos construyeran universidades para educar a sus súbditos para el autogobierno. ¿Por qué? Los evangélicos británicos obligaron a los gobernantes coloniales a que educaran a los pobladores de la India para la libertad.[2] Fundaron nuestra Universidad de Allajabad como Muir Central College (1873), llamado así por su principal patrocinador, Sir William Muir (1819–1905). Aunque gobernador subalterno de las Provincias Unidas, Muir fue el más grande apologeta cristiano frente al islam. Para 1887, la universidad creció para ser la cuarta universidad indobritánica en la India, después de Calcuta, Madrás y Bombay. (Serampore era holandesa.)

Michael Edwardes explicó el motivo que había detrás de la misión educativa cristiana:

> La decisión de concentrarse en proporcionar educación occidental en inglés se tomó por motivos distintos de los económicos... La educación tenía matices morales, políticos y comerciales en opinión de hombres como Macaulay. Él y los que pensaban como él estaban siguiendo principios evangélicos en lugar de utilitarios. Fue Charles Grant quien se convertiría en el profeta de la educación en inglés en la India, no James Mill. En realidad, Mill era bastante escéptico en

---

* Madrasa: Escuela a la que gente va para aprender en cuanto a la religión del islam.
** El persa fue la lengua oficial de la India mogol hasta 1837.

cuanto a la efectividad de *cualquier* [énfasis en el original] forma de educación en la India. Los matices morales eran, por supuesto, de carácter cristiano... Macaulay y otros miraban hacia adelante a un futuro en el cual los indios, habiendo adquirido el gusto por la «civilización europea», pudieran exigir instituciones europeas e incluso la independencia de Gran Bretaña.[3]

Charles Grant (1746–1823)

Los registros educativos del gobierno de la India empiezan con citas extensas de Charles Grant. Él llegó a Bengala (1768) justo cuando la devastadora hambruna de 1769–70 había matado a millones. Esa hambruna motivo a Grant a reformar la administración británica para transformar la mentalidad, agricultura, industria y economía de la India. Estos objetivos seculares, aceptables para los no cristianos, estaban inspirados en la cosmovisión bíblica de Grant. Él veía la educación como un cimiento para sus objetivos, porque los problemas «seculares» de la India emanaban de sus cosmovisiones religiosas. Transformar la cultura económica de la India requería cuestionar sus presuposiciones religiosas.

Grant llegó a la India como un joven laico, sin un solo centavo, para hacer dinero. Vio la corrupción y el mal gobierno que enriquecían a algunos ingleses pero destruían la economía de Bengala. Dentro de esta corrupción, Grant vio a Richard Bechner, su jefe cristiano, dar de comer a siete mil personas todos los días en Murshidabad, ejerciendo «todo lo posible por aliviar el sufrimiento de la gente azotada por la hambruna». Más tarde, en Calcuta, una tragedia personal: la muerte de sus dos hijas, obligó a Grant a considerar las cuestiones de la vida y la eternidad. Se hizo cristiano y se reunía con otros dos hombres para estudiar la Biblia y orar. La Biblia no le dio especulaciones filosóficas o un Creador ausente y distante. Más bien reveló a un Dios muy personalmente implicado en la historia humana. La misión de Jesús de inaugurar el reino de Dios para los pobres era radicalmente diferente de la misión en India de Grant y su compañía.

El estudio de la Biblia hizo que Grant hiciera suya la misión de Dios. La Palabra de Dios, como Grant concluyó, requería poner en orden la misión británica según los propósitos de Dios para la India. El 17 de septiembre de 1787, Grant envió su famosa apelación en favor de las misiones a catorce figuras públicas de Gran Bretaña.[4] La única respuesta positiva vino de Charles Simeon (1759–1836), de Cambridge. Simeon era vicario de la Iglesia de la Santa Trinidad y catedrático de la Universidad King. Este influyente predicador, a veces llamado el padre del moderno evangelicalismo, les presentó a los universitarios el reto de servir en la India.

En 1790, Grant volvió a Inglaterra desilusionado porque su llamado a las misiones parecía haber pasado desapercibido. Entonces, mediante circunstancias asombrosas, llegó a entablar amistad con William Wilberforce, miembro evangélico del Parlamento. Wilberforce había recibido la apelación de Grant a favor de la India cuando estuvo enfermo. Con su estímulo, Grant redactó sus razones para las misiones: *Observations on the State of Society among the Asiatic Subjects of Great Britain, particularly with respect to Morals and on the Means of Improving it. Written Chiefly in the Year 1792* [Observaciones sobre el estado de la sociedad entre los súbditos asiáticos de Gran Bretaña, particularmente con respecto a la moral y los medios de mejorarla. Escrito principalmente en el año de 1792].

Aunque no se publicó formalmente hasta 1797, el libro de Grant fue el reconocido trasfondo del debate del Parlamento en 1723 sobre las misiones. En 1812, el Parlamento ordenó que se publicara como documento estatal, como la mejor fuente de información sobre la India. Los argumentos de Grant por las misiones y educación estaban inseparablemente entrelazados. (Las murallas legales que separan a la iglesia y el estado en cuestiones de educación todavía no se habían levantado.) Sus argumentos desataron un movimiento que permitió que la India llegara a ser uno de los centros paladines del mundo para la educación.

Grant dirigió su libro a líderes británicos que sabían cómo la Biblia y las universidades cristianas habían ayudado a reformar la sociedad, la política y la economía británicas. Abogó por la misma bendición para la India:

La verdadera cura para las tinieblas, es la introducción de la luz. Los hindúes yerran, porque son ignorantes; y sus errores nunca han sido expuestos justamente ante ellos. La comunicación a ellos de nuestra luz y conocimiento demostraría ser el mejor remedio para estos males... Está perfectamente dentro del poder de este país, mediante cursos, impartir a los hindúes nuestro idioma: y después, mediante el mismo, familiarizarlos con nuestras composiciones literarias fáciles, sobre una variedad de temas... nuestras artes, nuestra filosofía y religión... con nuestro idioma, gran parte de nuestra literatura útil podría, y se lograría, con el tiempo comunicarse... Los hindúes verían el gran uso que hacemos de la razón en todas las materias y en todos los asuntos; también aprenderían a razonar, se familiarizarían con la historia de nuestra propia especie... sus sentimientos se interesarían gradualmente en diversas obras atractivas, compuestas para recomendar la virtud y para detener el vicio; el conjunto general de sus opiniones sería rectificado; y, sobre todo, verían un mejor sistema de principios y moral. Nuevos conceptos del deber como criaturas racionales se abrirían ante ellos. Y esa esclavitud mental a la que tanto tiempo han estado sujetos gradualmente se disolvería... tal vez ninguna adquisición de filosofía natural [ciencias] iluminaría al conjunto del pueblo tan efectivamente como la introducción de los principios de mecánica [tecnología], y su aplicación a la agricultura y las artes útiles... En la actualidad resulta asombroso ver cómo se resignan por entero a lo expuesto: la costumbre es la ley más fuerte para ellos.[5]

WILLIAM WILBERFORCE (1759–1833)

Cada veinte años, la Compañía Británica de la India Oriental tenía que renovar su carta constitutiva ante el Parlamento. En 1793, William Wilberforce usó esta solicitud de renovación para presentar la solicitud de Grant para las misiones ante el Parlamento.

Wilberforce presentó la resolución de Grant ante la Cámara de los Comunes. Ellos argumentaban que era inmoral dejar a la India a merced de comerciantes y soldados. De acuerdo con la Biblia, Gran Bretaña, como nación cristiana, tenía una obligación ante la Providencia. Por consiguiente, el Parlamento debía pedir que la Compañía de la India Oriental permitiera que sirvieran misioneros educadores en la India.*

Wilberforce ganó el voto en la Cámara de los Comunes, pero perdió en la Cámara de los Lores. Se le opuso el lucrativo tráfico de esclavos africanos que realizaba la Compañía Británica. Muchos Lores y miembros del Parlamento tenían acciones en compañías de África y la India. No querían que los misioneros interfirieran en sus intereses económicos. Después de su derrota en el Parlamento, Wilberforce le escribió a un amigo: «Es una idea espantosa que dejemos que sesenta millones de nuestros súbditos, no, de nuestros inquilinos (porque cobramos alrededor de diecisiete millones de esterlinas de la renta de sus tierras), permanezcan en un estado de barbarie e ignorancia, esclavos de las supersticiones más crueles y degradantes».[6]

La batalla de Wilberforce en el Parlamento continuó veinte años. Grant llegó a ser miembro del círculo íntimo de Wilberforce, el grupo de Clapham. Eso le ayudó a llegar a ser director y después presidente de la Compañía de la India Oriental. Desde este cargo, Grant empezó a enviar protegidos de Simeon, de Cambridge, como capellanes de la compañía a la India. Entre estos hombres de Cambridge estaban algunos de los más grandes traductores y promotores de la Biblia de la historia. Henry Martyn (1781–1812) ocupó su lugar en la historia al traducir el Nuevo Testamento al urdu y al persa. Su trabajo en urdu fundó el desarrollo de mi lengua materna, el hindi. Martyn también revisó la Biblia en árabe. Claude Buchanan (1766–1815) sirvió como vicerrector de la primera universidad británica de la India, Fort William. También supervisó y promovió el desarrollo de los idiomas modernos en la India por medio de la traducción de la Biblia. Más

---

* En el siglo XVIII, la educación era inseparable de las misiones, porque la iglesia proporcionaba la educación tanto religiosa como secular. La India no tenía maestros que la Compañía pudiera contratar.

tarde, Grant llegó a ser miembro del Parlamento. Esta batalla parlamentaria por las misiones se ganó finalmente en 1813. La corona condicionó la constitución de la Compañía a que permitiera que los misioneros trabajaran en la India y a que invirtiera de sus ganancias anuales cien mil rupias para educar a la gente de esa colonia.

GUILLERMO CAREY (1761–1834)

En 1792, mientras Grant trataba de despertar al Parlamento y a la iglesia, Guillermo Carey, un joven zapatero convertido en lingüista, publicó lo que llegó a ser el manifiesto de las modernas misiones protestantes occidentales: «An Enquiry into the Obligation of Christians to Use Means for the Conversion of the Heathen» [Un estudio sobre la obligación de los cristianos para usar medios para la conversión de los paganos]. Inquiría si el mandato antiguo de Jesús todavía era obligatorio para sus seguidores: de ir por todo el mundo, hacer discípulos a todas las naciones, y enseñarles a obedecer todo lo que Dios había mandado.[7] Carey se concentró en la obligación misionera, no en la India per se. Estaba escribiendo para los cristianos comunes, no para parlamentarios. Por tanto, sus argumentos eran explícitamente bíblicos. Como Grant, Carey promovía la enseñanza del evangelio para transformar al mundo no civilizado.

En 1793, Carey viajó a la India para llegar a ser el padre de la educación vernácula. Dirigida por Joshua Marshman, la universidad[8] de la misión en Serampore fue en 1818 la primera universidad vernácula de la India. Carey, el líder de la misión, enseñaba la mitad de la semana en Serampore y el resto en Fort William, en Calcuta. Uno de los más grandes traductores de la Biblia de la historia, Carey, llegó a ser modelo para incontables misioneros y educadores. Además de su obra lingüística, Carey daba regularmente conferencias sobre ciencia y astronomía, y sobresalió en botánica, horticultura, ingeniería forestal y agricultura. Las inundaciones habidas desde entonces se han llevado su plantación. Los especímenes de piedra que recogió por toda la India, sin embargo, todavía se exhiben en su universidad, recordándonos que el interés científico en la India empezó con la llegada de la

Biblia. La influencia de Carey en reformadores de la India como Raja Rammohun Roy desató el Renacimiento de nuestra nación.

RAJA RAMMOHUN ROY (1772–1833)

Las cien mil rupias que el Parlamento exigió que la Compañía de la India Oriental gastara en educación empezó la «controversia lingüística» de la India.* Toda persona familiarizada con la Reforma en Europa coincidía en que la mentalidad de la India no podía progresar en materias seculares sin el desarrollo de sus lenguas vernáculas. Pero ni los expertos hindúes ni los mulás musulmanes querían desarrollar las lenguas vernáculas.[9] Los eruditos británicos orientalistas abogaban por promover las lenguas clásicas de la India: el sánscrito para los hindúes, el árabe y el persa para los musulmanes. La Compañía convino en iniciar una universidad sánscrita.** La más feroz oposición vino del renombrado erudito sánscrito, Raja Rammohun Roy, quien vio que eso mantendría a la India en tinieblas perpetuas. En 1832 le escribió una poderosa carta al gobierno británico argumentando:

> [La financiación] del sistema sánscrito sería la mejor operación para mantener a esta nación en tinieblas, si esa hubiera sido la política de la legislatura británica. Pero puesto que la mejora de la población nativa es el objetivo del Gobierno, debe promover un sistema de instrucción más liberal e ilustrado, que abarque las matemáticas, la filosofía natural, la química y la anatomía, con otras ciencias útiles que se pudieran lograr con la suma propuesta si se emplea a unos pocos caballeros de talento y cultura educados en Europa, y se da una universidad provista de los libros, instrumentos y otros aparatos necesarios.[10]

La propuesta de Roy se hacía eco de la idea de Grant y la defendieron los «anglicistas», en contra de los orientalistas. Los anglicistas

---

* La Universidad Serampore no era apta para el donativo porque era una universidad privada, dirigida por la misión bautista, en una colonia danesa, fuera de la jurisdicción británica.
** La compañía ya estaba financiando una universidad sánscrita en Benarés.

pensaban que la mejor manera de fortalecer las lenguas vernáculas de la India era educar a una clase de personas del país que supieran inglés y pudieran traducir el conocimiento europeo a las lenguas vivas de la India. Alejandro Duff (1806–78), misionero escocés, empezó una universidad inglesa básica en Calcuta en 1830. Llegó a ser el más importante anglicista. Su universidad, fundada con la bendición de Guillermo Carey, había sido un éxito instantáneo entre la gente de la India.

Los maestros y estudiantes de Duff tenían una ventaja con respecto a Carey; no necesitaban libros ingleses traducidos antes de enseñar y aprender. Los estudiantes de la India que sabían inglés podían estudiar ciencia, literatura, historia, filosofía y economía. El capitalismo de Adam Smith llegó a ser inmensamente popular, aunque socavó la filosofía económica inherente en el sistema de castas hindú. El exitoso experimento de Duff se convirtió en la política británica oficial, en gran parte debido a su joven amigo evangélico Charles Trevelyan.

CHARLES TREVELYAN (1807–86)

Trevelyan, empleado civil de la Compañía Británica de la India Oriental, explicó sin lugar a errores que el objetivo de la educación misionera de los evangélicos era acabar con el gobierno británico en la India. Su influyente libro *On the Education of the People of India* [Sobre la educación del pueblo de la India] (1838) fue contundente:

> La conexión existente entre dos países tan distantes como Inglaterra y la India, no puede, por naturaleza, ser permanente: ningún esfuerzo de política puede impedir que los nativos al final recuperen su independencia. Pero hay dos maneras de llegar a este punto. Una es por medio de la revolución; ¿la otra? Por medio de la reforma... [La revolución] culminará en el completo alejamiento entre la mentalidad y los intereses nuestros y los de los nativos; la otra manera [la reforma] es una alianza permanente, fundada en el beneficio y buena voluntad mutuos... Cambiaremos súbditos lucrativos por aliados incluso más lucrativos... capacitados por nosotros para la felicidad y

la independencia, y dotados de nuestras instituciones políticas y educativas, la India seguirá siendo el monumento más enorgullecedor de la benevolencia británica.[11]

¿Cómo pudo un servidor civil ser tan atrevido como para abogar que Bretaña educase a la India para poner fin al gobierno británico y esperar que el Parlamento apoyara su pasión? Trevelyan estaba casado con la hermana de Thomas Babington, Lord Macaulay, miembro del Consejo Supremo que gobernaba la India. Lord Macaulay vivía con Charles y Hannah. Macaulay ya había argumentado el caso por la libertad de la India ante el Parlamento en Londres, cinco años antes de que Trevelyan escribiera esas asombrosas líneas.

LORD MACAULAY (1800–59)

Wilberforce y Grant les pasaron la antorcha de la emancipación de la India a sus sucesores en el Parlamento, Lord Macaulay y Carlos Grant hijo. Estos jóvenes crecieron como hijos del grupo de los llamados Santos de Clapham. La larga batalla parlamentaria de Wilberforce en contra del tráfico de esclavos la ganó finalmente el discurso de Macaulay en 1833. Ese era también el año de renovación de la constitución de la Compañía de la India Oriental.

Macaulay servía como secretario de la junta de la Compañía de la India Oriental. Carlos Grant hijo era presidente de la compañía. Grant redactó la nueva constitución, y Macaulay ayudó al Parlamento a aceptar las implicaciones de la empresa misionera educativa. Su retórica llegaba a su punto más noble. Su apelación a la senda del «deber», la «sabiduría» y el «honor nacional» tiene sentido solo en el contexto de una cosmovisión común forjada por la Biblia. Ningún otro invasor de la India: ario, griego o musulmán, tuvo jamás un sentido similar de deber.

> ¿Debemos mantener al pueblo de la India ignorante a fin de poder mantenerlo sumiso? ¿O pensamos que podemos darles conocimientos sin despertar ambición? ¿O queremos despertar ambición sin

proveerles ninguna expresión legítima? ... La senda del deber es clara ante nosotros: y también es la senda de la sabiduría, de la prosperidad nacional, del honor nacional... Los destinos de nuestro imperio indio están cubiertos de espesas tinieblas. Es difícil realizar alguna conjetura en cuanto al destino reservado para un estado que no se parece a ningún otro en la historia, y que forma en sí mismo una especie aparte de fenómeno político. Las leyes que regulan su crecimiento y su decadencia todavía son desconocidas para nosotros. Bien puede ser que la mentalidad pública de la India pueda ampliarse bajo nuestro sistema hasta que haya rebosado ese sistema; que mediante un buen gobierno podamos educar a nuestros súbditos para una capacidad de mejor gobierno; que, habiéndose instruido en el conocimiento europeo, puedan, en alguna edad futura, demandar instituciones europeas. Si acaso tal día llegará, no lo sé; pero nunca intentaré evitarlo o retrasarlo. Cuando sea que venga, será el día más orgulloso de la historia inglesa.[12]

¿Por qué iba el Parlamento a aceptar una misión tan radical? No todos estaban motivados por los ideales morales de Macaulay. Sin embargo, después de la «guerra cultural» de Wilberforce, de cuatro décadas, pocos tenían el valor de defender la esclavitud. El debate sobre la política en la India tuvo lugar contra el telón de la revolución estadounidense, que acabó con el gobierno británico. Tal como había liberado a Inglaterra, la Biblia había sido la fuerza moral del Gran Despertar que desató la revolución estadounidense. Puede que al público de Macaulay en el Parlamento no le gustaran sus ideas, pero sabía que no podía evitar que los moradores de la India recibieran la Biblia, y que la Biblia alimentaría los fuegos de la libertad.

Un año después de pronunciar su histórico discurso, Macaulay fue a la India para ayudar a la Compañía a implementar sus recomendaciones. Como miembro legal del Consejo de Gobierno, se le pidió resolver la controversia lingüística. Macaulay escuchó a todas las partes y decidió, el 2 de febrero de 1835, que el inglés serviría a los idiomas vernáculos de la India mejor que el sánscrito, árabe o persa. Por consiguiente, recomendó que los fondos públicos impartieran educación inglesa a los indios, que podían enriquecer los lenguas vernáculas. Macaulay escribió en su famoso «Minute» («Acta»), que ha sido más condenada que leída en la India:

> Es imposible para nosotros, con nuestros medios limitados, intentar educar al conjunto del pueblo. Debemos ahora hacer lo mejor que podamos para formar una clase con personas que puedan ser intérpretes entre nosotros y los millones a quienes gobernamos; una clase de personas, indios de sangre y color, pero ingleses en gustos, en opiniones, en moral e intelecto. A esas personas podemos dejarles que refinen los dialectos vernáculos del país, para enriquecerlos con términos de ciencia tomados de la nomenclatura occidental, y que los hagan, mediante cursos apropiados, vehículos para llevar conocimiento a la gran masa de la población.[13]

La constitución de 1833, cuya aprobación por el Parlamento lograron Macaulay y Grant hijo, pedía que la Compañía de la India Oriental nombrara a indios para los niveles más altos de la administración. Sin embargo, para 1853 la Compañía no había contratado todavía a ninguna persona local, no por prejuicios, sino porque la India no tenía graduados cualificados. Para este tiempo, veteranos como Duff, Macaulay y Trevelyan, habían vuelto a Inglaterra. Propusieron la solución. La India debía tener universidades.

A pesar de la oposición de los pesos pesados de la Compañía, como el filósofo John Stuart Mill (1806–73), triunfó la campaña cristiana por la educación. Un evangélico devoto, Sir Charles Wood, encabezó el comité que redactó el «Educational Despatch» [sic] de 1854. Eso condujo al establecimiento de las primeras tres universidades en la India en 1857. La Universidad de Allajabad nació tres décadas más tarde.

Soldados hindúes y musulmanes del ejército británico se rebelaron contra el Raj en el gran motín indio de 1857. Para expulsar del territorio indio a los británicos masacraron a hombres, mujeres y niños ingleses. Los británicos se desquitaron con fuerza brutal y suprimieron el motín. Debido al mismo, el gobierno monopolio de la Compañía se terminó y la corona británica asumió la responsabilidad directa de gobernar la India. Eso le dio a los protestantes de ideología liberal (que gradualmente se convirtieron en humanistas seculares) una oportunidad para apoderarse de la educación financiada por el estado.

Los cristianos liberales pudieron echarle a los evangélicos la culpa de encender el fuego de la libertad en la India. La acusación tenía una base creíble. La libertad de la India había sido el objetivo explícito de los evangélicos y sus descendientes. Habían molestado a los indios al oponerse a las creencias y prácticas tradicionales, como la quema de viudas, el infanticidio, la idea de los intocables, la prostitución en el templo, la poligamia y la idolatría. Los evangélicos tuvieron cargos importantes en la Compañía de la India Oriental durante décadas y habían apoyado la conversión de hindúes y musulmanes a Cristo. En el triunfo final de su campaña educativa, los que creían en la Biblia perdieron su poder para moldear la institución que habían producido.

Una vez que los protestantes liberales adquirieron el control del movimiento universitario, socavaron la esencia espiritual de la Biblia, promoviendo solo su fruto intelectual y social. Dudaban de la fiabilidad de la Biblia, pero defendieron sus principios de dignidad, igualdad y derechos humanos; su moralidad y racionalidad, que Grant había deseado para la India; sus ideas de nacionalismo, civismo y justicia, que Guillermo Carey dijo que se necesitaba esparcir; y sus ideas de libertad bajo la ley según la defendieron Macaulay y Trevelyan.

La pregunta es: ¿Por qué la Biblia promovió la educación con metas tan seculares? La Biblia tiene una espiritualidad singularmente «de este mundo». Enseña que Dios creó a Adán y Eva para que vivieran en un paraíso terrenal. Incluso después de nuestra caída en el pecado, Dios quería «andar» con nosotros durante nuestra jornada terrenal. Las tristezas, «espinas y cardos» de la tierra son resultado del pecado humano. El temor de Dios, su sabiduría y su justicia exalta a las naciones. Jesús prometió que los mansos heredarán la tierra.[14]

Para 1885, esta educación bíblica diluida había producido una clase de ciudadanos indios educados. El servidor civil británico jubilado, Allan Octavian Hume (1829–1912), les inspiró a establecer el Congreso Nacional de la India. Este Congreso dirigió el movimiento para la independencia. Graduados de Calcuta y Bombay lo empezaron, pero

Allajabad los eclipsó en cuanto a su importancia para la liberación de la India. Su cultura educativa y política forjada por su municipalidad, su Corte Suprema, su Universidad, su prensa y su ubicación estratégica en el norte del país, le dio a la India cinco de sus primeros siete primeros ministros.*

La experiencia de la revolución educativa en la India es meramente ilustrativa. Durante los siglos XIX y XX, las misiones occidentales repitieron este proceso por todo el mundo no occidental. Fundaron, financiaron y cultivaron cientos de universidades, miles de escuelas universitarias y decenas de miles de escuelas y colegios. Educaron a millones y transformaron a las naciones. Esta misión gigantesca, global, fue inspirada y sostenida por un solo libro: la Biblia. En pago, caballeros pésimamente informados, como Arun Shourie, han atacado a la Biblia y las misiones occidentales.

La Biblia y la educación europea

Así como las invasiones islámicas acabaron con la enseñanza budista en la India en el segundo milenio, las conquistas bárbaras, al principio, pusieron prácticamente fin a la educación clásica de Europa. Aunque nunca se perdió por completo, la educación estaba tan deprimida que los siglos V a IX son conocidos a veces como la «Edad del oscurantismo» en Europa. El analfabetismo era la norma en la mayor parte del mundo, hasta que el movimiento misionero empezó a transformar nuestro mundo.

Eruditos seculares afirman, lejos de la realidad, que los griegos y los romanos inventaron las universidades; pero historiadores como Charles Haskins destacan que, aunque los griegos y los romanos tuvieron brillantes escritores y maestros, nunca establecieron instituciones permanentes, ni bibliotecas, ni gremios de académicos.[15]

Durante la era medieval, la enseñanza sobrevivió en Europa en monasterios cristianos aislados, antes de que las catedrales pusieran

---

* Pandit Jawaharlal Nehru, Lal Bahadur Shastri, señora Indira Gandhi, Chandra Shekhar y V. P. Singh tenían familia y raíces políticas importantes en Allajabad, aunque no todos ellos estudiaron en la Universidad de Allajabad.

en marcha escuelas para capacitar a quienes habían de atender las necesidades de las instituciones cristianas. Influidos por visionarios como San Agustín, obispo de Hipona (354–450 A.D.), Flavio Magno Aurelio Casiodoro (490–585 A.D.), y Anicio Manlio Severísimo Boecio (480–524 A.D.), algunas escuelas de monasterios y catedrales se desarrollaron hasta ser universidades.

El sílabo más influyente para la educación medieval fue el tratado de San Agustín sobre el aprendizaje cristiano: *De doctrina cristiana*. Enseñaba que todas las ciencias conocidas por los filósofos paganos eran útiles para interpretar la Biblia. Por consiguiente, a los estudiantes había que enseñarles lengua, historia, gramática, lógica y ciencias. Estos estudios llevaron a los estudiantes a las puertas del rico terreno de verdad espiritual que se halla en la Biblia. La meta última de la escolaridad era excavar en la mina bíblica de conocimiento. «El trabajo de interpretación era una labor científica, y no cuestión de una especie de inspiración»,[16] aun si la interpretación era trasmitida en alegoría e imágenes. El fruto de tal erudición bíblica había que dárselo al mundo; por consiguiente, todo estudiante necesitaba estudiar el arte de la retórica, enseñado por maestros como Cicerón.

Casiodoro (485–585 A.D.) preparó un sílabo alternativo en su tratado *Aprendizaje divino y secular*. «Adoptó el concepto de Agustín de la unidad de las ciencias seculares al servicio de la interpretación bíblica».[17] Pero la manera en que organizó su sílabo hizo posible que los estudiantes y maestros se concentraran en el aprendizaje secular o en el sagrado sin concentrarse en la relación de uno con otro, sin integrarlos en una cosmovisión. Su popularidad declinó gradualmente.

Boecio (480–h. 524/525 A.D.) fue el tercer autor influyente. Justo cuando el sol estaba poniéndose sobre el Imperio Romano, intentó traducir al latín toda la enseñanza griega. Sus obras influyeron en la vida intelectual eclesiástica del siglo XI y promovió a Aristóteles. Gracias a eruditos musulmanes, Aristóteles se popularizó inmensamente durante los siglos XII y XIV. Pero, a pesar de muchas contribuciones positivas, la influencia autoritaria de Aristóteles evitó que Europa experimentase el poder de la Biblia hasta la Reforma del siglo XVI.

La vida intelectual de Europa, obviamente, era más compleja de lo que se puede considerar aquí. Sir Richard William Southern (1912–2001), historiador de Oxford, observó que «el erudito monástico del siglo XI escribía sus obras en el intervalo entre servicios eclesiásticos que estaban repletos de lectura de la Biblia».[18] En el siglo XII, sin embargo, la lectura de la Biblia declinó, siendo reemplazada por lecciones especiales para un número creciente de días santos. El arzobispo Tomás Canmer (1489–1526) se quejó de que a la Biblia se la estaba reemplazando con «relatos, y leyendas, con multitudes de responsos, versos, repeticiones vanas, conmemoraciones y sínodos».[19]

En las universidades, los comentarios de las Escrituras dejaban poco tiempo para leer la Biblia misma. Con todo, el estudio de las interpretaciones de la Biblia siguió siendo central en toda la educación. Southern escribió:

Fue en las universidades donde la interpretación bíblica de los padres se compiló en una forma conveniente y se unió a la sección relevante del texto. La *Glosa ordinaria*, la más temprana de todas las obras del siglo XII que consolidaba la enseñanza pasada, era uno de los manuales indispensables para el estudio. En todas partes se comentaba sobre el texto bíblico, y este llegó a ser el punto de partida para debates de toda clase: de gramática, dialéctica, teología e historia. Las universidades del siglo XII no eran centros que investigaran los significados místicos de las Escrituras, tal como San Agustín había instado a hacer. Pero provocaron que el texto bíblico, en todos sus muchos significados, fuera más familiar que nunca antes... hicieron de la Biblia... [una»] parte del idioma de la literatura tanto secular como divina.[20]

De nuevo, la pregunta es: *¿Por qué la Biblia, un libro oriental, mantuvo su hegemonía sobre la mentalidad occidental después de haber tenido a su disposición la mayoría de la literatura griega, romana e islámica?* Hay dos factores importantes:

1. LA EDUCACIÓN MEDIEVAL ERA UNA EMPRESA RELIGIOSA.

Prácticamente toda la educación era educación de la Iglesia. H. G. Wells, a regañadientes, admitió:

> La Iglesia Católica aportó lo que a la república romana le había faltado, un sistema de enseñanza popular, un número de universidades y métodos de comunicación intelectual. Mediante este logro abrió el camino a nuevas posibilidades del gobierno humano... posibilidades que todavía se están captando y poniendo en práctica... Pero, aunque fue cierto que la Iglesia Católica, mediante su propaganda, su apelación popular, sus escuelas y universidades, abrió la perspectiva del estado educativo moderno en Europa, es igualmente cierto que nunca se propuso algo parecido. No extendió el conocimiento con su bendición; lo dejó suelto inadvertidamente.[21]

¿Cómo, por qué y cuándo la educación propiedad de la Iglesia llegó a estar a disposición de todos? En un momento vamos a ver el papel que Reformadores como Martín Lutero y Juan Amós Comenio desempeñaron para transformar la educación medieval en la moderna. Primero, necesitamos comprender por qué la Biblia siguió siendo crucial en la educación incluso después de que los teólogos se fascinaran con Aristóteles y la lectura de la Biblia declinara en universidades e iglesias.

2. LA BIBLIA ES UNA BIBLIOTECA ÚNICA.

La Biblia siguió siendo clave para la educación porque es una biblioteca; una colección única de libros seleccionados con extremo cuidado. Los sesenta y seis libros de la Biblia tradicional fueron escritos por lo menos por cuarenta autores, en un plazo de mil seiscientos años, en tres idiomas diferentes y, sin embargo, es una sola narración.* Esta metanarración empieza con la creación y termina con la re-creación.

Un rasgo asombroso de esta biblioteca es que los libros dan una noción creciente, progresiva y sin embargo coherente de la vida y el

---

* Una base para rechazar otros libros judíos o cristianos como no canónicos fue que algunas de sus enseñanzas divergían de las que se sabe que son autoritativas.

mundo. Presentan una cosmovisión consistente pero en desarrollo, que explica la realidad y la situación humana. Da propósito a una vida que parece absurda, significado a la búsqueda humana de moral, y esperanza frente a un mal horroroso. Inspira fe en Dios, en un universo que parece estar gobernado por el azar, si acaso no por el destino o la suerte caprichosa. Los monjes no estudiaban y enseñaban porque buscasen empleo. Estudiaban porque la Biblia pedía que buscaran el conocimiento de la verdad.

LA REFORMA DE LA EDUCACIÓN

EL LLAMAMIENTO A LA REFORMA: MARTÍN LUTERO

La educación moderna empezó con el llamamiento de Martín Lutero a una revisión completa de la educación medieval. Hizo su ruego apasionado en 1520 en «Carta abierta a la nobleza alemana». «Estoy convencido», le dijo Lutero a la aristocracia alemana, «de que no hay obra más digna del papa o del emperador que una reforma completa de las universidades. Y, por otro lado, nada pudiera ser más diabólico o desastroso que las universidades sin reforma».[22] Lutero observó que las universidades del Renacimiento, de propiedad y dirección eclesiástica, se habían convertido en «lugares para capacitar a la juventud en las modas de la cultura griega». Eran instituciones «en las que se practicaba vida licenciosa, donde se enseñaba poco de las Santas Escrituras y de la fe cristiana, y donde el maestro ciego, pagano, Aristóteles, gobernaba mucho más que Cristo».[23]

Lutero sabía y enseñaba de Aristóteles. Pero creía que, para que la reforma tuviese lugar, «*Física, Metafísica, Tratado del alma,* y *Ética* de Aristóteles, que hasta aquí se ha pensado que son sus mejores libros, se deberían descartar por completo junto con el resto de sus obras que fanfarronean en cuanto a la naturaleza, aunque nada se puede aprender de ellos ni en cuanto a la naturaleza ni en cuanto al espíritu».[24] Lutero guardaría solo la *Lógica, Retórica* y *Poesía* de Aristóteles; sin comentarios.[25]

Lutero desechó luego todo el curso sobre la ley canónica (o de la Iglesia), «de la primera letra a la última»,[26] porque «más que suficiente está escrito en la Biblia acerca de cómo debemos comportarnos en todas las circunstancias. El estudio de la ley canónica solo obstaculiza el estudio de las Sagradas Escrituras».[27] Luego hizo un llamado a una poda drástica de la ley secular, que «se ha vuelto una selva».[28] La vida sería mucho más fácil si la selva legal se convirtiera en un huerto cuidadosamente podado. Pocas leyes, con «gobernantes sabios, hombro con hombro con las Sagradas Escrituras, serían suficientes».[29]

Lutero dejó la reforma médica a los expertos, pero se concentró en la teología. «Nuestro queridos teólogos se han ahorrado preocupación y trabajo. Simplemente dejan la Biblia sola y hablan de sentencias».[30] La Reforma trastornaría esto. «El número de libros sobre teología se debe reducir... no son los muchos libros lo que hacen a los hombres entendidos, ni siquiera la lectura; sino que es un buen libro leído con frecuencia, por pequeño que sea, el que hace a un hombre entendido en las Escrituras y santo».[31]

En resumen, Lutero argumentaba que para reformar la universidad había que poner la Biblia en el centro de su programa de estudios. Su apelación a la nobleza cristiana fue en sí misma un movimiento histórico. Para bien o para mal, empezó a transferir la autoridad educativa de la iglesia al estado. Trajo dinero no eclesiástico: impuestos de las personas y donativos de comerciantes y otros ricos, a la educación. Pero no estaba promoviendo el control político sobre nuestras mentes. En su esquema, la Palabra de Dios, no el estado, ni el donante, ni la iglesia, tenía la autoridad final sobre nuestras mentes. La universidad, la iglesia y el estado estaban sujetos a la Biblia. Con todo, para bien o para mal, Lutero empezó la tendencia de considerar al estado responsable de la educación, no solo la iglesia.

La iniciativa de Lutero llevó a que el poder civil interviniera más en la educación superior, así como en la alfabetización de las masas. La Reforma requería que los cristianos laicos leyeran la Biblia y juzgaran si tenía razón la Iglesia Católica o los reformadores. No bastaba, para Lutero y Tyndale, que la Biblia estuviera disponible para el pueblo en alemán o inglés. La gente necesitaba leerla en su propia lengua. Eso no se podía hacer meramente mediante las escuelas de las catedrales. Todas las parroquias tenían que educar a todos los niños. El deseo de leer la Biblia se convirtió en el combustible que impulsó la máquina de la alfabetización de Europa. John Dewey, que hizo quizás más que cualquier otro para secularizar la educación estadounidense, aconsejó a los secularistas que se anduviesen con cuidado en sus ataques al cristianismo. Él anotó:

> Estas personas [los cristianos evangélicos] forman la columna dorsal del interés social filantrópico, de la reforma social mediante acción política, del pacifismo, de la educación popular. Incorporan y expresan el espíritu de buena voluntad bondadosa hacia las clases que están económicamente desfavorecidas y hacia otras naciones; especialmente cuando estas últimas muestran alguna disposición hacia una forma republicana de gobierno... Ha sido el elemento de respuesta a la apelación por un trato justo y oportunidades más iguales para todos, puesto que ha entendido la igualdad de oportunidades. Siguen a Lincoln en la abolición de la esclavitud, y siguen a Roosevelt en su denuncia de las «malas» empresas y la acumulación de riqueza.[32]

La descripción que hace Dewey de Estados Unidos es válida en la mayoría de países. En Kerala, el segundo estado de la India con mayor alfabetización,* la palabra para escuela es *pallikudam*: «[el edificio] junto a la iglesia».

JUAN AMÓS COMENIO (1592-1670)

Martín Lutero llamó a una reforma de la universidad, pero la reforma de la iglesia lo consumió. Muchos consideran a Juan Amós Comenio (Jan Amos Komensky) el padre de la educación moderna. Comenio nació el 28 de marzo de 1592, en Nivnice, Moravia, ahora en la República Checa. Murió el 15 de noviembre de 1670, después de haber servido a los moravos como obispo, escribiendo casi noventa libros sobre educación, demostrando su filosofía educativa en varios países, inspirando el nacimiento de la Sociedad Real de Ciencias en

---

* Según *India Today* (5 julio 1999), Mizoram, el estado más cristiano de la India (98%) también ha llegado a ser el estado más alfabetizado (95%) en tanto que la alfabetización en Kerala es del 93%. Kerala tiene la comunidad cristiana más antigua de la India, que remonta sus orígenes al apóstol Tomás en el siglo I A.D.

Inglaterra, y ayudando a establecer la primera universidad moderna en Halle, Alemania. La Universidad de Halle más tarde se fusionó con la de Lutero para fundar la Universidad Wittenberg-Halle.

En su juventud, Comenio pensaba que las escuelas medievales eran «mataderos de la mente». Se esforzó por hacerlas «talleres felices de la humanidad», una «imitación del cielo». Comenio edificó sobre las ideas educativas promovidas por el alemán Wolfgang Ratke (1571–1635), ideas que a su vez se basaron en las del filósofo británico Francis Bacon. Estas empezaban con principios tales como proceder de las cosas a los nombres, de lo particular a lo general, y de la lengua materna a lenguas extranjeras. Después de estudiar filosofía y teología, Comenio volvió a su nativa Bohemia como predicador y maestro. Su innovadora escuela rápidamente llegó a ser bien conocida. Durante los treinta años de guerras religiosas (1618–48) su país cayó ante las fuerzas católicas (1620). Podía haber conservado su escuela convirtiéndose al catolicismo, pero escogió la libertad y huyó como refugiado.

Comenio conoció la guerra, el hambre, la enfermedad, la muerte de su esposa e hijos, la quema de su escuela y libros, la traición política, y las desilusiones a manos de políticos y gobernantes. Algunos de sus libros fueron escritos bajo el patrocinio político de reyes, otros mientras estaba escondido en bosques fríos y peligrosos. Buda vio el sufrimiento de segunda mano; Comenio lo experimentó en carne propia. Escogió ser un «siervo sufriente» de Cristo, siguiendo al Mesías mártir. Buscó más que bendición interna; quería ver a Europa liberada del reino de Satanás.

Comenio creía que el discipular la próxima generación mediante la educación produciría un nuevo mundo. Comenio contemplaba la educación como un medio de formar de nuevo la imagen de Dios en la humanidad. Llamó a su filosofía bíblica *Pansofía,* integrando toda la sabiduría, secular y sagrada, en un marco bíblico de trabajo.[33]

Los historiadores seculares todavía tienen que hacer un listado de las contribuciones de Comenio al mundo moderno. A este padre de la educación moderna se le ignora a menudo porque rara vez hizo una declaración sin justificarla con la Biblia. Todos los personajes que se revisan en este capítulo —hombres como Grant, Wilberforce,

Carey, Roy, Duff, Trevelyan, Macaulay y Muir— fueron seguidores de Comenio, aun cuando algunos de ellos no fueran conscientes de serlo. No solo la India moderna, sino también Estados Unidos de América moderno, fueron forjados por la visión de Comenio. La diferencia es que los pioneros de la educación estadounidense sabían la deuda que tenían con Comenio. Le invitaron a venir al Nuevo Mundo para encabezar su nueva universidad, Harvard, en Nueva Inglaterra. El optimismo de Comenio con la educación tuvo un impacto tan profundo en algunos de los colonos puritanos de Estados Unidos que escogieron convertirse en una comunidad educativa antes de convertirse en una nación comercial o industrial.[34]

En ausencia de una cosmovisión coherente, la educación secular es conocimiento fragmentario. Fragmentos no relacionados de información no dan ninguna base para captar una visión como la de Comenio para cambiar el mundo mediante la educación. La universidad secular no conoce a ningún Mesías que prometa un reino a los pobres, los débiles, los enfermos y los angustiados destituidos.

TURQUÍA

En 1871, la Junta Estadounidense de Comisionados para las Misiones Extranjeras envió a Mary Mills Patrick (1850–1940) como misionera a Turquía. En 1875 fue transferida a Escutari (Üsküdar), suburbio oriental de Constantinopla, para enseñar en la Secundaria Estadounidense para Muchachas, también conocida como «escuela de hogar». Con la ayuda de la filántropa estadounidense Carolina Borden, convirtió la escuela en la moderna Universidad Femenina de Constantinopla. Exigió una fuerza heroica mantenerla abierta durante la guerra de los Balcanes, la revolución turca y la Primera Guerra Mundial. En todas estas luchas evolucionó desde una escuela primordialmente para mujeres cristianas de minoría griega, armenia y búlgara, a ser un centro paladín de educación superior para mujeres turcas que enseñaba toda suerte de oficios útiles, como odontología y medicina. La Universidad Femenina todavía existe como parte de la Universidad Roberts, sirviendo a hombres y mujeres.

COREA

La universidad para mujeres más grande del mundo es Ewha, en Seúl, Corea del Sur. Hace alarde de tener 140,000 graduados, 21,000 estudiantes, 14 facultades y 13 facultades de especialización. Hace no más de un siglo, el orden social feudal opresivo de Corea del Sur estaba gobernado por la dinastía Chosun. Su política cultural hacía burla de la idea de enseñar algo a las mujeres, aparte de cuidar a sus esposos e hijos. La península coreana era poco más que terreno de escaramuzas entre los dos gigantes de Asia: China y Japón. Incluso las sociedades misioneras tenían escaso interés en los campos mortíferos de Corea. Su destino cambió con una discusión en el pequeño pueblo de Ravena, Ohio, en 1883.

Mientras la Sociedad Femenina Misionera Extranjera de la Iglesia Metodista Episcopal debatía planes misioneros para Japón y China, una anciana suplicó a sus colegas que no soslayaran el pequeño reino acunado entre los dos gigantes asiáticos en la península coreana. Tres años más tarde, el 31 de mayo de 1886, Mary F. Scranton (1832–1909), misionera metodista de cincuenta y dos años, empezó la primera escuela coreana para mujeres en una casa ubicada en lo que ahora es el distrito Chongdong de Seúl. No fue fácil para ella hallar estudiantes. La única estudiante dispuesta a arriesgar la desaprobación social fue la concubina del rey. Para 1887, Mary tenía siete estudiantes, y la esposa del emperador Gojong, Minbee, llamó a la nueva escuela Ewha Hagdang, o «Escuela de Perla Florecida». Labores como la de ella ayudaron a convertir el pequeño reino en uno de los más grandes países de Asia.

MÁS ALLÁ DE LA ÉLITE

Hay películas y libros que se burlan de la pedante arrogancia del sistema de clases inglés. Pocos saben que la Biblia inspiró el reto más efectivo de la historia a esa arrogancia mediante el movimiento de escuela dominical empezado por Roberto Raikes (1735–1811).

Raikes, intrépido editor del *Gloucester Journal,* se sentía frustrado por las ineficientes reformas carcelarias. Concluyó que «es mejor prevenir que curar el vicio». Una visita a los tugurios de su ciudad le abrió los ojos a la angustiosa corrupción de los niños. Habló del problema con el Rev. Thomas Stock, de la población de Ashbury, Berkshire. Juntos concibieron una escuela que podían dirigir voluntarios los domingos, cuando los niños de hogares pobres no estaban obligados a trabajar. La mayoría de escritores escribían para los ricos, que tenían dinero para comprar libros y tiempo para leer. Pero Jesús había dicho que había venido para predicar buenas nuevas a los pobres. Raikes y Stock escogieron la Palabra de Dios como su programa de estudios, y se comprometieron a alcanzar incluso a los niños de la calle.

Este movimiento de escuela dominical empezó en julio de 1780, con la señora Meredith dirigiendo una escuela en su casa en Souty Alley. A los niños mayores se les preparó para que dirigieran a los más pequeños. Raikes escribió cuatro libros de texto en torno al núcleo de la Biblia. Gradualmente se permitió que las muchachas asistieran. Raikes tomó a su cargo la mayor parte de la carga financiera. Otras escuelas se abrieron en Gloucester y sus alrededores. Aunque Raikes murió en 1811, para 1831 alrededor del 25 por ciento de los 1,25 millones de niños británicos asistían a escuelas dominicales. Inglaterra estaba en camino de convertirse en sociedad alfabetizada, educada por la Palabra de Dios, no por el estado.

LA RESTAURACIÓN DE LA DIGNIDAD HUMANA A LOS SORDOS Y CIEGOS

Los griegos a menudo usaban a niños ciegos como esclavos en galeras y a las niñas ciegas como prostitutas. Jesús, sin embargo, les restauró la vista. Hacia el siglo IV, los cristianos empezaron a abrir asilos para ciegos. En el 630 A.D., algunos cristianos empezaron un *tyfolocomio* (tyfolos = ciego + komeo = cuidar de) en Jerusalén. En el siglo XIII, Luis IX construyó el Hospicio des Quinze-Vingts para ciegos en París. Para el siglo XVI, los cristianos habían empezado a enseñar a los ciegos a leer, usando letras con relieve en cera o madera. La educación para los ciegos empezó en serio después de 1834, cuando Luis Braille, organista ciego de una iglesia, inventó el sistema de seis puntos para grabar letras. El movimiento misionero cristiano llevó su invención por todo el planeta, cuestionando el descuido y desprecio tradicional de los ciegos, inspirando a establecimientos seculares a instilar algo del espíritu de Cristo.

La filosofía secular de Darwin de «la supervivencia del más apto» jamás pagaría por desarrollar una educación para humanizar a los minusválidos. En toda cultura tradicional se los dejaba a su suerte o karma. Algunos deliberadamente exponían a los bebés discapacitados a la muerte. Solo la Biblia presenta a un Dios compasivo que ha venido a esta tierra para salvarnos de nuestros pecados y sus consecuencias, incluso de la enfermedad y la muerte. Jesús restauró la vista a los ciegos. Abrió los oídos de los sordos y la lengua de los mudos. Les dio a los discípulos el poder para amar a los difíciles de amar. Los cristianos empezaron a entender que la educación desempeña un papel central en restaurar la dignidad de los discapacitados.

La educación formal de los sordos empezó con Charles-Michel de l'Épée (1712–89). Llegó a Estados Unidos por medio de Thomas Gallaudet (1787–1851). Épée, sacerdote de París, desarrolló el lenguaje de signos para los sordos. En 1754 financió y fundó en París la primera escuela pública para sordos, la «Institution Nationale des Sourds-Muets de Paris» [Instituto Nacional de Sordomudos de París]. Su lengua de signos permitió que los sordos franceses comunicaran palabras y conceptos. Influyó en otras lenguas de signos europeas y llegó a ser la base para la lengua de signos estadounidense por medio de Gallaudet, graduado de Yale y del Seminario Teológico Andover. Gallaudet trajo esta innovación a Estados Unidos en 1817 para ayudar a los sordos a que «oyeran» el evangelio de Cristo. Fundó la Escuela Estadounidense para Sordos en Hatford, lo que condujo a la formación de la Universidad Gallaudet para Sordos en Washington D.C.

EDUCACIÓN SECULAR

La Universidad de Harvard es uno de los ejemplos más contundentes de la simbiosis entre la Biblia y la educación. Los puritanos establecieron esta universidad en la primera década de su llegada a Estados

Unidos, antes de edificar ninguna industria. La Biblia inspiró directamente a las primeras 123 universidades de Estados Unidos que enseñaban materias seculares. La Biblia las inspiró porque Dios ordenaba a los seres humanos establecer su dominio sobre toda la tierra. El relato de la secularización de las universidades estadounidenses lo presenta bien George Marsden en *The Soul of the American University: From Protestant Establishment to Established Nonbelief* [El alma de la universidad estadounidense: De establecimiento protestante a incredulidad establecida].[35]

¿Cuál sería el resultado de esta educación consciente y deliberadamente antibíblica?

Una cosmovisión como la de la Biblia convertía la información en conocimiento significativo y sabiduría. Le daba a la educación un propósito que iba más allá de equipar a los jóvenes para unos empleos. Los filósofos seculares rechazaron la Biblia pero no hallaron alternativa para su concepto del gran cuadro de la verdad. Ahora saben que, por sí misma, la mente humana no puede hallar respuestas al significado y propósito de la vida o del universo. De este modo, el secularismo es solo una fase transitoria, como su encarnación anterior, el deísmo.

La educación cristiana (especialmente la ciencia basada en la Biblia que se considera en el próximo capítulo) desarrolló el conocimiento en pequeños incrementos, como un rompecabezas, porque Dios ya nos había dado el cuadro en grande. Las universidades seculares han sobrevivido porque la cultura principal ha retenido la perspectiva bíblica.

Habiendo rechazado la Biblia, Occidente está tratando de encontrar significado por medio de los mitos. Está siguiendo a Joseph Campbell, George Lucas y James Cameron e inventando y vendiendo mitos, como hizo Grecia tras darse cuenta de que una mente finita no puede conocer la verdad universal. Gran Bretaña dio universidades a la India para liberarnos. Occidente está ahora entregando a sus jóvenes unos mitos que únicamente pueden esclavizarlos. Esto resulta irónico, puesto que fue la búsqueda occidental de la verdad lo que dio a luz a la ciencia. En la ciencia, por tanto, debemos centrarnos a continuación.

Capítulo trece

CIENCIA

¿Cuál es su fuente?

Más o menos cuando yo nací, mis padres compraron una granja como a ochenta kilómetros al noroeste de las minas de diamantes de Panna. Mi primo, mi tío, mi hermano y yo, y también mi padre, la cultivamos durante casi cuarenta años. Ninguno de nosotros, sin embargo, excavó jamás para buscar diamantes. ¿Por qué no? Porque nadie había hallado nunca tal riqueza en nuestro distrito. Las personas solo se esfuerzan por tesoros si *creen* que tal esfuerzo puede llevarlos a ricas recompensas. La fe determina una diferencia.

Una cultura puede tener individuos capaces, pero ellos no buscan «leyes de la naturaleza» si están convencidos de que la naturaleza está encantada y gobernada por millones de diosecitos como el dios de la lluvia, una diosa de un río, o una rata *deva*. Si los planetas mismos son dioses, entonces, ¿por qué van a seguir leyes establecidas? Las culturas que adoran a la naturaleza a menudo usan magia para manipular a los poderes invisibles que gobiernan la naturaleza. No desarrollan ciencia y tecnología para establecer «dominio» sobre la naturaleza. Algo de la «magia» parece «funcionar», pero los magos no buscan una comprensión sistemática, coherente, de la naturaleza.

- La India antigua produjo grandes cirujanos, como Sushruta. ¿Por qué esta tradición no se desarrolló en medicina científica?

- Ya en el siglo V, Aryabhata sugirió que la Tierra gira sobre su eje y alrededor del Sol. Los astrólogos de la India sabían de su teoría, pero no cambiaron sus prácticas.
- El ingenio antiguo y medieval de la India para las matemáticas se reconoce ampliamente. Un matemático indio desconocido introdujo el cero. Los matemáticos Brahmagupta (s. VII), Majavira (s. IX), y Bhaskara (s. XII) se adelantaron siglos a Occidente.

¿Por qué las matemáticas de la India no llegaron a ser lenguaje de ciencia? Considere lo que es crecer en una cultura que cree que el mundo que se ve y toca es irreal: *maya,* una ilusión, un sueño. ¿Dedicaría usted su vida a estudiar ese mundo «irreal»? ¿Acaso no trataría de escapar del mundo? ¿Meditar hacia adentro —«entrar» en su conciencia— para tratar de hallar allí «realidad»?

A los monjes chinos y sabios hindúes no les faltaba capacidad; les faltaba motivación filosófica. Buscaban un paraíso psicológico, bendición dentro de su consciencia. Hasta el siglo XVI, la mentalidad cristiana occidental también buscaba una salvación psicológica o espiritual. *Fue solo cuando una porción principal de la cristiandad pudo leer la Biblia y tomarla por lo que dice cuando empezó a entender la pérdida del Edén como una pérdida del paraíso terrenal.*

La pasión de Occidente por la ciencia empezó cuando la Biblia inspiró a los cristianos a dedicar sus vidas a recuperar el olvidado mandato de Dios a los seres humanos de que dominasen la naturaleza.[1] El primer historiador de la Sociedad Real de Ciencias, Thomas Sprat (1635–1713), explicó que el objetivo de la Sociedad era capacitar a la humanidad para re-establecer «el dominio sobre todas las cosas».[2] Fue este ejercicio religioso-científico el que recogió la información que mostró el diseño evidente en la naturaleza. Darwin más adelante teorizó que este diseño puede haber sido el resultado de la selección natural al azar.

Durante el siglo XX, la ciencia se volvió cada vez más entrelazada con la tecnología y la industria. Sin embargo, hasta el siglo XIX, la ciencia era «filosofía natural» o «historia natural», una subdivisión de la teología: «teología natural» o «revelación general». El método científico de estudiar la naturaleza brotó de la teología, debido a una manera particular de ver el mundo material basada en la Biblia. Esta manera daba por sentado que el universo físico era real. No era ni una «sombra» platónica ni un *maya* (ilusión) hindú.

Los pioneros de la ciencia creían que el ámbito material era real, y no mágico, encantado, ni gobernado por espíritus y demonios. Dieron por sentado que era comprensible porque Dios lo creó como racional, ordenado y regulado por leyes naturales. Esos pioneros invirtieron su tiempo, esfuerzo, recursos y vidas en el estudio del universo físico porque creían que Dios lo creó bueno.[3] No fue creación de una deidad malévola para atrapar a las almas puras en materia impura. El esfuerzo científico empezó con la presuposición de que las personas fueron creadas como administradores de la creación, no de que el destino o los dioses atan a los seres humanos. Al entender la naturaleza, podemos administrarla y controlarla para nuestro beneficio y el de nuestro futuro.

Esta perspectiva científica nació en una crítica del racionalismo aristotélico. El método científico da por sentado que la lógica humana tiene validez, pero que debe someterse a hechos observados, porque el hombre es finito, caído y falible. Los científicos usan la lógica para hallarle sentido a los datos. Teorizan para explicar el mundo; pero, para que una teoría sea científica, debe hacer *predicciones cuantitativas* que son empíricamente verificables, y preferiblemente falsables. Una teoría se modifica o reemplaza si no se ajusta a los hechos observados, o si observaciones posteriores no encajan en sus predicciones.

La ciencia descansa en una paradoja. La ciencia debe tener la confianza de que los seres humanos pueden trascender la naturaleza (entenderla, dominarla y cambiarla). Y sin embargo, la ciencia requiere humildad: aceptar que los seres humanos no son divinos, sino finitos y caídos, inclinados a pecar, al error y al orgullo desmedido. Por consiguiente, la ciencia necesita más que lógica aristotélica o iluminación individual. Necesita objetividad, observación de los hechos, revisión entre colegas y constante prueba de dudas. «Hierro con hierro se aguza; Y así el hombre aguza el rostro de su amigo».[4] La acumulación de conocimiento mediante compilación, formación de modelos y corrección, requiere el esfuerzo organizado no solo de escuelas y después universidades, sino también de una comunidad científica; una asociación y una red de trabajo competitiva, pero cooperadora a la vez, de personas dedicadas al desarrollo de la ciencia.

La ciencia tiene que rechazar dos creencias opuestas: 1) la idea reduccionista de que el hombre es meramente una parte de la naturaleza; un pequeño engranaje en la maquinaria, incapaz de trascenderla; y 2) la noción que excluye la ciencia para decir que el yo humano es el Yo Divino y puede ser iluminado solo por experiencia interior o mística; que puede llegar a ser infinito, conociéndolo todo, y sin necesitar corrección.

La expansión mundial de la educación occidental hizo de esta manera científica de ver la naturaleza algo tan común que la mayoría de personas educadas no se da cuenta de que la perspectiva científica es una manera peculiar de observar el mundo; un método objetivo («secular») modelado por una cosmovisión bíblica. La ciencia usa métodos objetivos para observar, organizar y entender el mundo natural.*

Pero esta perspectiva no es ni «natural» ni «universal» ni de «sentido común». Es una manera peculiar de ver las cosas. Europa no tropezó con el método científico mediante intentos al azar, error y casualidad. Algunos individuos del mundo antiguo pueden haber mirado a la naturaleza con una perspectiva científica, pero su perspectiva no se convirtió en parte de su cultura intelectual.

La perspectiva científica floreció en Europa como resultado de la teología bíblica medieval cultivada por la Iglesia. Los teólogos persiguieron la ciencia por razones bíblicas. Su espíritu científico germinó durante los siglos XIII y XIV y floreció después de la Reforma del siglo XVI; después de que Europa se volvió más alfabetizada, cuando las personas podían leer la Biblia por sí mismas y llegar a tener conciencia bíblica.

---

* Algunos científicos, ignorando las raíces teológicas de la ciencia moderna, tratan de definir la ciencia como una comprensión exclusivamente materialista de la naturaleza, excluyendo explícitamente toda posibilidad de que Dios exista, o de que puede crear o interactuar con la naturaleza (materialismo filosófico). Sin embargo, la existencia del Creador no se puede excluir a priori sin el conocimiento de todo el universo y de cómo se originó. Las consecuencias de la creación e intervención divinas deben ser observables objetivamente y de este modo sujetas a la ciencia racional.

Mi educación intelectual me dio información confusa en cuanto a cómo se relacionan la Biblia y la ciencia. En *El tao de la física,* el físico convertido en místico Fritjof Capra observó:

> La creencia en la existencia de unas leyes fundamentales de la naturaleza era consecuencia de la creencia en un legislador divino, profundamente arraigada en la tradición judeocristiana. En palabras de Tomás de Aquino: «Existe una Ley Eterna, es decir, la Razón, que está en la mente de Dios y gobierna todo el Universo».
>
> Esta idea de una ley divina y eterna en la naturaleza influyó sobremanera a la filosofía y la ciencia occidentales. Descartes escribió sobre «las leyes que Dios ha puesto en la naturaleza», y Newton creía que el fin más elevado de su trabajo científico era el de evidenciar las de las «leyes impresas por Dios en la naturaleza».[5]

Capra y otros familiarizados con Aldous Huxley culparon a la Biblia por producir un caos ecológico al producir la ciencia y la tecnología. Otros afirmaron que la Biblia y la ciencia eran incompatibles y que la ciencia surgió del redescubrimiento de la enseñanza griega en el Renacimiento.

Puesto que ambas opiniones —que la Biblia es incompatible con la ciencia y que es el libro fuente de la ciencia— no pueden ser verdad a la vez, investigué el asunto. Hallé que los que culpaban a la Biblia de dar a luz a la ciencia moderna por lo menos tenían correcta su historia. Para bien o para mal, la Biblia produjo y respaldó la perspectiva científica. Científicos que creían en la Biblia lanzaron la «revolución científica» de los siglos XVI y XVII. La observación de Capra de que la creencia en las leyes de la naturaleza procede de la Biblia ha sido validada por la rigurosa investigación de Francis Oakley.[6]

La Biblia inspiró a los pioneros de la ciencia a embarcarse en el camino de descubrir las leyes de la naturaleza; jornada larga, tediosa, exigente y para muchas generaciones. La Biblia enseñaba que Dios «ponía al mar su estatuto, Para que las aguas no traspasasen su mandamiento».[7] Este Legislador estableció «las leyes de la naturaleza».[8] Estas leyes se pueden entender porque fuimos creados a imagen de Dios para entender y administrar la naturaleza.[9]

Capra meramente afirmó lo que los científicos y eruditos habían concluido antes de él. Chatterjee, mi amigo ateo de la Universidad de Allajabad, seguía a Bertrand Russell al creer que el ateísmo era la fuente de la ciencia. Rechazaba el politeísmo y el panteísmo hindú como igualmente antitéticos a la ciencia. Uno no puede adorar simultáneamente a la Madre Tierra y sin embargo gobernarla seccionándola, entendiéndola, controlándola, manejándola y cambiándola. Los científicos tenían que dar por sentado que el cosmos es un objeto inanimado, natural (o «secular»). Tenían que dar por sentado que en algunos aspectos el hombre no puede cuidar de la naturaleza entendiéndola y luego manejándola o «subyugándola».

Chatterjee también rechazaba el panteísmo hindú: que todo es uno (Brahma), donde el universo no era ni *maya*, la «danza» de Dios, ni la «obra» de Dios o su artesanía. Una pintura o una máquina se hacen. Reflejan al pintor o al ingeniero, pero son distintas de su creador. En contraste, la danza y el danzante son uno. Si Dios y la naturaleza son uno, entonces la naturaleza no tiene Legislador, ni hay «leyes de la naturaleza» que descubrir.

El panteísmo dice que la naturaleza es un organismo vivo: Gaia o «Madre Tierra». El «orden» de la naturaleza no es sino el ritmo de su danza; impredecible, sin leyes matemáticas que cuantificar. Chatterjee argumentaba que si la tierra es una diosa, entonces su voluntad, y no leyes científicas u obligatorias, la gobernaban.

El ateísmo de Russell, sin embargo, planteaba un problema: ¿Por qué China no produjo ciencia? Algunos de la élite de China se enorgullecían de seguir una esencia universal, o principio, llamado Tao; otros creían en «yin y yang». Si el ateísmo de Russell fuese el presupuesto de la ciencia, China debería haber desarrollado la ciencia antes que Europa. Aunque desconcertado por el abismo existente entre esta creencia y la realidad, Russell tuvo la osadía de afirmar que puesto que la civilización China no tenía al Dios de la Biblia que interviene en la naturaleza, su ciencia pronto superaría a la de Occidente.

Nadie en nuestra Universidad nos dijo que el coautor de Russell, Alfred North Whitehead, consideró con todo cuidado sus argumentaciones, y luego sorprendió a los intelectuales occidentales en sus Conferencias en la Sala Lowell de Harvard (1925). Whitehead declaró que la ciencia occidental había brotado de la enseñanza de la Biblia de que el cosmos era producto de «la realidad inteligente de un ser personal [Dios]». La implicación era que seres personales, humanos, podían entender el cosmos. Whitehead expuso:

> La mayor contribución del medievalismo a la formación del movimiento científico fue la fe inexpugnable de que cada aparición detallada puede ser correlacionada con sus antecedentes de una manera perfectamente definitiva, ejemplificando los principios generales. Sin esta creencia, los increíbles esfuerzos de los científicos no tendrían esperanza. Es esta convicción instintiva, vívidamente posada ante la imaginación, el poderoso motivo de la investigación: que hay un secreto, un secreto que puede ser desvelado. ¿Cómo ha quedado esta convicción tan vívidamente implantada en la mentalidad europea?
>
> Cuando comparamos este tono de pensamiento de Europa con la actitud de otras civilizaciones cuando se las deja a su manera, parece haber solo una fuente de su origen. Debe venir de la insistencia medieval en la racionalidad de Dios, concebido como la energía personal de Jehová.[10]

Whitehead concluyó que China no desarrolló ciencia porque gran parte de su historia no tenía una firme convicción en un Creador todopoderoso.* Joseph Needham (1900–95), historiador marxista que pasó su vida investigando la ciencia y la civilización chinas, confirmó las ideas de Whitehead. Needham buscó explicaciones materialistas para el fracaso de China. Finalmente, su integridad venció a su ideología. Concluyó que no había ninguna razón buena geográfica, racial, política o económica que explicara por qué China no desarrolló su ciencia. Los chinos no desarrollaron ciencia porque jamás se les ocurrió que la ciencia era posible. No tuvieron

---

* Hay evidencias de que los chinos más antiguos creían en un Creador todopoderoso.

ciencia porque «el concepto de un legislador celestial divino imponiendo ordenanzas en la naturaleza no humana jamás se desarrolló en China».[11]

Los griegos, egipcios, chinos, indios y musulmanes premodernos tenían muchas creencias acerca de la naturaleza; observaron hechos, anotaron información, desarrollaron habilidades, acumularon sabiduría y pasaron su conocimiento a otros. Tenemos buenas razones para maravillarnos por la precisión con que Eratóstenes, matemático, astrónomo, geógrafo y poeta griego (h. 276–h. 196 A.C.) midió la circunferencia de la Tierra. Determinó astronómicamente la diferencia de latitud entre Syena (ahora Aswan) y Alejandría, Egipto, donde era el bibliotecario. Nuestro principio de cuerpos flotantes lleva el nombre de Arquímedes (287–212 A.C.), que también estudió en Alejandría. Sus principios matemáticos de la palanca, la polea y el tornillo son impresionantes. E Hiparco (h. 190–120 A.C.), que influyó sobremanera en Tolomeo, calculó el año solar apenas con seis minutos y 14 segundos de diferencia. Su mes lunar estaba desviado solo por un segundo.

A pesar de sus impresionantes logros, los antiguos no desarrollaron una cultura de ciencia. Aunque observaron con precisión, no modelaron el mundo. No hicieron esfuerzos por verificar empíricamente sus explicaciones. Ni siquiera Copérnico (1473–1543) formó una teoría heliocéntrica preliminar. Entonces, el profundamente cristiano Isaac Newton (1642–1727) modeló las órbitas planetarias en función de la gravedad. Sin explicación, uno puede tener hechos, pero no ciencia. Como Charles Darwin anotó:

> Hace unos treinta años se hablaba mucho de que los geólogos deben observar y no teorizar; y recuerdo bien que alguien dijo que en cualquier caso el hombre bien puede ir a una mina de cascajo y contar las piedritas y describir los colores. Qué extraño que alguien no vea que toda esa observación debe ser por o en contra de alguna idea para que sea de algún servicio.[12]

Cuando los antiguos trataron de explicar el mundo, usaron la intuición,* la lógica, la fabricación de mitos, el misticismo y el racionalismo; separados de la observación empírica. Por ejemplo, la lógica de Aristóteles (384–322 A.C.), basada en la intuición, postulaba que si uno deja caer dos piedras de un risco, una piedra dos veces más pesada caería dos veces más rápido que la piedra más ligera. Ningún erudito aristotélico: griego, egipcio, romano, cristiano o musulmán, jamás en realidad probó la teoría de Aristóteles dejando caer dos piedras. Finalmente, Galileo Galilei (1564–1642 A.D.) basado bíblicamente en efecto probó y refutó la presuposición de Aristóteles, mostrando que dos bolas de diferente masa llegan juntas al suelo.**

La intuición, lógica, observación, experimentación, información, técnicas, especulación y estudio de textos autoritativos existían antes del siglo XVI. En sí mismo, nada de esto constituye ciencia sostenible. Si uno insiste en que los descubrimientos antiguos demuestran que la ciencia precede a la Biblia, entonces tiene que admitir que las culturas no bíblicas sofocaron y mataron este principio elogiable. Solo en Europa la astrología se convirtió en astronomía, la alquimia en química y la matemática en lenguaje de ciencia. Y eso solo en los siglos XVI y XVII, después de que la mentalidad cristiana occidental tomó en serio el mandamiento de Dios: «Fructificad y multiplicaos; llenad la tierra, y sojuzgadla, y señoread en los peces del mar, en las aves de los cielos, y en todas las bestias que se mueven sobre la tierra».[13]

El mandamiento de señorear sobre la tierra llevaba en la Biblia unos pocos miles de años. ¿Por qué no hubo ciencia seria y duradera sino hasta el siglo XVI? El profesor Harrison dijo que la ciencia empezó cuando los cristianos empezaron a leer la Biblia literalmente:

Solo cuando se despojó al relato de la creación de sus elementos simbólicos pudo el mandamiento de Dios a Adán relacionarse a

---

* Antes de Demócrito en Grecia, Pakudha Katyayana, filósofo de la India contemporáneo de Buda, en el siglo VI A.C., enseñaba que el mundo estaba hecho de átomos. Algunas teorías atomistas indias del universo físico son brillantes, y concuerdan con la física moderna. Sin embargo, se basaban en la intuición y la lógica, sin ninguna ciencia experimental.
** Galileo fue pionero de la ciencia experimental. Refutó a Aristóteles, según se cuenta, dejando caer una bala de cañón y una bala de mosquete desde una torre en Pisa y mostrando que ambas llegaban juntas al suelo; o dejando caer las bolas desde la jaula del vigía de un barco.

actividades mundanas. Si el huerto del Edén era nada más que una elocuente alegoría, como Filón, Orígenes, y más tarde Hugo de San Víctor, habían sugerido, de poco servía intentar reestablecer el paraíso en la tierra. Si el mandamiento de Dios a Adán de cuidar el huerto tenía primariamente significación simbólica, como Agustín había creído, entonces la idea de que el hombre debía reestablecer el paraíso mediante la horticultura y la agricultura simplemente no se habría presentado con tanta fuerza en la mentalidad del siglo XVII.[14]

La Iglesia persiguió a algunos individuos, como Galileo, que eran científicos; pero la Iglesia es mucho más culpable de quemar Biblias, a traductores de la Biblia y a teólogos, que de prohibir libros de ciencia u hostigar a los científicos. ¿Se opone de este modo el cristianismo a la teología, o no es el responsable de compilar, preservar y propagar la Biblia?

Los líderes religiosos de mi país jamás persiguieron a Galileo. ¿Me da eso razón para jactarme? Hasta bien entrado el siglo XIX, nuestros maestros enseñaban —en una universidad financiada por Gran Bretaña— ¡que la Tierra reposaba sobre la espalda de una gran tortuga![15] Nosotros nunca perseguimos a un Galileo, porque la India hindú, budista o animista jamás produjo uno. Los que no tienen hijos jamás atraviesan conflictos con sus adolescentes.

La Iglesia no ejecutó a científicos por su ciencia. Los conflictos («herejías») fueron teológicos, morales, sociales, personales, políticos o administrativos. La ciencia nació en la universidad; institución inventada por la Iglesia. Casi todos los primeros científicos trabajaron en universidades relacionadas con la Iglesia, sometidas a los obispos. Muchos de ellos fueron teólogos y exégetas bíblicos. A Giordano Bruno (1548–1600) a menudo se lo señala como un científico al que la Iglesia mató. La Iglesia lo consideró un monje renegado y un hechicero hermético, que hizo algo de astronomía pero ninguna contribución a la ciencia. Bruno enseñaba la filosofía especulativa, inmanentista,*

---

* Esta es la idea de que las leyes de la naturaleza son inherentes o inmanentes en las cosas, no impuestas por el Creador.

de un mundo alma con un infinito número de mundos. Su inmanentismo, de origen griego e islámico, estorbaba a la ciencia.

Sí, la Iglesia y los estados medievales no inventaron un sistema judicial independiente al cual los convictos pudieran apelar por justicia. Uno puede criticarlos por no respetar los derechos humanos. Esto se aplicaría a cualquier otra cultura. Pero eso no demuestra que la Iglesia se opuso a la ciencia como tal. Muchas universidades e industrias tratan a sus científicos y no científicos injustamente. Si no fuera por un sistema judicial independiente —en sí mismo fruto de la Biblia—, las instituciones actuales serían tan opresoras como las medievales.[16] Perseguir a un subordinado es abuso de poder, no oposición a la ciencia.

Galileo fue revolucionario, brillante y popular; pero abrasivo. Se le investigó (1616), y, sin embargo, fue agasajado en Roma por cardenales y el papa Pablo V le aseguró su buena voluntad y respaldo. Aunque se le advirtió que se apegara a la ciencia y tratara a Copérnico como una hipótesis, Galileo escribió su *Carta a Castelli,* su exageradamente celoso estudiante, arguyendo que el sistema heliocéntrico de Copérnico era consistente con la Biblia. Los profesores aristotélicos tenían envidia de la popularidad de Galileo, y les dolían sus insultos. La Inquisición primero descartó su acusación de que la *Carta* de Galileo contradecía a la Biblia.

En *Diálogo sobre los dos máximos sistemas del mundo* (1632), Galileo denigró a los aristotélicos, y abogó por Copérnico como una tesis antes que como hipótesis. Después de que el *Diálogo* se imprimió con permiso, la Liga acusó a Galileo de hacer que el necio Simplicio recitara las ideas del papa Urbano sobre cosmología. Galileo era amigo personal del papa Urbano VIII; sin embargo, burlarse de su protector y rechazar su consejo resultó ser demasiado. Citado de nuevo, Galileo volvió a Roma, aunque Venecia le ofreció asilo y Alemania podía haberlo protegido.* La inquisición (1633) halló poco error teológico, pero proscribió el *Diálogo* de Galileo y le sentenció por haber desobedecido condiciones no publicadas desde 1616.

---

* Lutero denigró el modelo de Copérnico, pero amigos luteranos publicaron el libro del astrónomo. El sistema heliocéntrico de Copérnico carecía de base teórica y del experimento de Galileo sobre Venus.

Se ahorcó y quemó a traductores de la Biblia como Tyndale. A Galileo, el científico, se le conmutó su sentencia a arresto domiciliario, alojado por el arzobispo de Siena. Volvió a su propio pueblo de Arcet bajo supervisión, permitiéndosele terminar sus *Diálogos sobre dos nuevas ciencias* (1638). El Vaticano permitió que el *Diálogo* de Galileo se imprimiera en 1743 y levantó formalmente su prohibición en 1822.

León XIII (1891) dijo: «La Iglesia y sus pastores no se oponen a la ciencia verdadera y sólida... sino que la abrazan, estimulan y promueven con la mayor dedicación posible... La verdad no puede contradecir a la verdad, y podemos estar seguros de que se ha cometido alguna equivocación bien sea en la interpretación de las palabras sagradas o en la polémica misma».

El Papa Juan Pablo II (1992) dijo: «Galileo, creyente sincero, se mostró mucho más perceptivo [sobre la interpretación de la Biblia] que los teólogos que se le opusieron». «Si las Escrituras no pueden errar», le escribió a Benedicto Castelli, «algunos de sus intérpretes y comentaristas sí pueden y lo hacen de muchas maneras». Afirmó que «Galileo... comprendió por qué el Sol solo podía funcionar como el centro del... sistema planetario».[17]

El poder corrompe, y la Iglesia abusó de su poder. Eso no demuestra que la Biblia esté en contra de la ciencia. ¿Se opone el gobierno a la justicia y los derechos humanos porque reyes, presidentes, dictadores y tribunales han pervertido la justicia y violado los derechos humanos? Insistimos: la ciencia nació en universidades gobernadas por la Iglesia. Floreció bajo el patrocinio de ella y en ninguna otra parte.

Las controversias, como el enfrentamiento entre evolución, diseño y creación, no son conflictos entre ciencia y religión. La evolución empezó como una brillantemente imaginativa teoría para explicar el origen de las especies sin contar con Dios. Aunque hay algún respaldo objetivo para la «microevolución» o variaciones dentro de una especie, la controversia primaria se centra en la factibilidad de la macroevolución; y en las presuposiciones filosóficas de la ciencia. El ateísmo filosófico ha secuestrado la elegante pero no demostrada teoría de Darwin como arma en su cruzada ideológica. El genetista Richard Lewontin resumió la ciencia evolucionista moderna al revisar a Carl Sagan:

Tomamos el lado de la ciencia a pesar del patente absurdo de algunos de sus constructos, a pesar de su fracaso para cumplir muchas de sus promesas extravagantes de salud y vida, a pesar de la tolerancia de la comunidad científica con relatos insustanciados así porque sí, porque tenemos un compromiso previo, un compromiso con el materialismo. No es que los métodos e instituciones de la ciencia de alguna manera nos obliguen a aceptar una explicación material del mundo de los fenómenos, sino que, al contrario, somos forzados por nuestra adherencia a priori a causas materiales para producir un aparato de investigación y un conjunto de conceptos que produzcan explicaciones materiales, sin que importe hasta qué punto son contraintuitivas y desconcertantes para el no iniciado. Todavía más, ese materialismo es un absoluto, porque no podemos permitir un pie divino en la puerta.[18]

En su libro *For the Glory of God: How Monotheism Led to Reformations, Science, Witch-Hunts and the End of Slavery* [Para la gloria de Dios: Cómo el monoteísmo condujo a las Reformas, la ciencia, la caza de brujas, y el fin de la esclavitud], Rodney Stark muestra cómo el darwinismo, otrora una teoría brillante y plausible, se ha convertido en «ocultismo arrogante»;[19] una intolerancia secular. Sumos sacerdotes académicos contemporáneos propagan la teoría de la macroevolución como «hecho»; y, sin embargo, siglo y medio después de Darwin, los científicos todavía no tienen ninguna explicación de peso sobre cómo se originaron los grupos biológicos mayores, ni para el origen de la vida.

¿Cómo puede la «casualidad» no inteligente producir nuevos organismos con órganos previamente no existentes? Por ejemplo, mediante la reproducción inteligente podemos producir gatos grandes o gatos chicos, gatos marrones o gatos negros; pero no gatos que vuelen. Los científicos han esperado hallar evidencia fósil para la macroevolución; pero el registro fósil muestra que los taxones biológicos aparecen plenamente formados y continúan prácticamente sin cambio hasta el presente o hasta que se extinguieron.

Los biólogos evolucionistas han insistido estridentemente en que la macroevolución es incuestionable; pero se enfrentan a evidencias que se acumulan rápidamente mostrando la increíble complejidad bioquímica y de información genómica. El bioquímico Michael Behe evaluó el ritmo de mutación y halló que todo lo que la mutación al azar puede lograr bajo las condiciones terrestres es dos mutaciones necesarias.[20] La dinámica cuantitativa de población evolutiva muestra crecientes cargas de mutación. El *Mendel's Accountant* [Contador de Mendel] permite ahora a estudiantes de secundaria evaluar rápidamente y visualizar estas tendencias.[21] Las probabilidades consiguientes de la macroevolución de un caldo químico prebiótico son tan astronómicamente pequeñas que exigen gran fe.

Algunos cristianos se oponen ciegamente a la evolución. Otros dan por sentado que Dios usó la evolución; pero muchos científicos que son cristianos mantienen que tanto los puntos fuertes como los débiles de la micro y la macroevolución se deben estudiar y enseñar objetivamente como teorías. El matemático William Dembski y el biólogo molecular Jonathan Wells exploran los sistemas biológicos desde el punto de vista del diseño inteligente como teoría científica.[22] Los científicos deben evaluar objetivamente todos los hechos disponibles para descubrir si respaldan el diseño inteligente en la bioquímica, o muestran que la vida y las especies podrían haberse originado mediante los mecanismos neodarwinistas.

LAS SOMBRAS Y EL NACIMIENTO DE LA REVOLUCIÓN CIENTÍFICA

La Biblia no es un libro europeo. Entre los siglos V y XI, los eruditos europeos tendían a ver la naturaleza por el cristal del filósofo europeo Platón. Él enseñaba que el campo de las ideas era el mundo real y que el mundo material era meramente su sombra.

Por ejemplo, una casa puede ser completamente diferente de otra. ¿Por qué a ambas se las llama «casa»? Platón respondería: Porque ambas son sombras de la misma «Idea»; de la «casa» ideal que existe en el campo real no material, o espiritual, de las ideas. El mundo material no es sino su sombra. Cada objeto real puede tener un infinito número de sombras, dependiendo de la fuente, distancia y ángulo de la luz. Un estudio de las sombras arroja algo de luz sobre su fuente. Los eruditos medievales estudiaban la naturaleza de la sombra primordialmente para entender la realidad espiritual.*

De este modo, los padres europeos de la iglesia veían el universo físico meramente como una imagen inferior, transitoria, decadente, del ámbito eterno, espiritual. También veían la naturaleza como un *jeroglífico*: un libro sagrado escrito en letras que usa cuadros de objetos naturales, por ejemplo, animales, pájaros, árboles y montañas. Se consideraba a la naturaleza como un libro pictórico escrito por Dios para nuestra edificación moral y religiosa. Los padres eclesiásticos europeos creían que Dios infundió en el mundo creando símbolos para guiarnos al mundo superior de realidades espirituales. Por ejemplo, cuando vemos una hormiga, debemos aprender virtudes tales como la laboriosidad, la diligencia, la organización social y la previsión. No vieron ningún valor en estudiar a las hormigas por lo que eran en sí.

Puesto que podemos aprender muchas lecciones diferentes de las hormigas, los padres europeos de la iglesia, como Orígenes (185–254 A.D.) adoptaron el método griego alegórico de interpretar textos. Los filósofos griegos habían desarrollado el método alegórico para interpretar (hermenéutica) sus poemas, leyendas y mitos para sanear relatos moralmente problemáticos. Por ejemplo, respecto a Homero, Heráclito dijo: «Si todo lo que él escribió no es alegoría, [entonces] todo es una impiedad».[23] Filón, el judío de Alejandría, adoptó este enfoque alegórico para hallar filosofía griega en las Escrituras hebreas, el Antiguo Testamento, llevándola de este modo a la cultura judía.**

Como Filón, los cristianos de Alejandría estaban inmersos en el pensamiento helénico. Adoptaron el método alegórico griego de leer tanto el libro de las *palabras* de Dios (la Biblia), como el libro jeroglífico de las *obras* de Dios (la naturaleza). Pensaban que cada criatura era un símbolo hecho divinamente para enseñarnos una lección. Esta actitud impidió una comprensión de la naturaleza. La ciencia nació después de

---

* La metafísica platónica no fue el único estorbo para la ciencia. Algunos sostenían la idea pagana de que una deidad menor, malévola, creó el mundo y que la materia era inherentemente mala. Otros creyeron la idea de los gnósticos de que la materia no era real.
** Véase capítulo 6: «Racionalidad».

que la iglesia empezó a leer la Biblia literalmente, y no alegóricamente. Eso es, cuando la cristiandad empezó a leer un texto (libro o naturaleza) objetivamente o inductivamente para ver qué enseñaba, en lugar de ver lo que querían o pensaban que debían hallar en él.

Peter Harrison, profesor de humanidades y ciencias sociales de la Universidad de Bond, Australia, ha acumulado evidencias[*] de que la ciencia se convirtió en una «revolución» debido a que los reformadores protestantes insistieron en que la Palabra de Dios en la Biblia y en la naturaleza se debía leer literalmente, no alegóricamente.

> El surgimiento de la historia natural «propiamente dicha»... se debió en gran parte a los esfuerzos de los reformadores protestantes... Comúnmente se supone que cuando a principios del período moderno los individuos empezaron a mirar al mundo de una manera diferente, ya no podían creer lo que leían en la Biblia. En este libro sugeriré que cierto es lo inverso: que cuando en el siglo XVI la gente empezó a leer la Biblia de una manera diferente, se vieron forzados a descartar las concepciones tradicionales del mundo. La Biblia — su contenido, las controversias que generó, su suerte variada como autoridad, y más importante, la manera en la que la leían los protestantes— jugó un papel central en el surgimiento de las ciencias naturales en el siglo XVII.[24]

Teólogos católicos habían puesto los cimientos de la ciencia en los siglos XIII y XIV.[25] El éxito de la Reforma para establecer la autoridad intelectual de la Biblia desató en la cultura popular la enseñanza de la Biblia en cuanto a Dios, la creación, el hombre, el pecado, la salvación, el conocimiento, la educación y el sacerdocio de todos los creyentes. Estas ideas bíblicas, como veremos, fueron cruciales para el nacimiento de lo que ahora llamamos la revolución científica.

Estudios recientes han explorado el papel de la Biblia en el lanzamiento de la ciencia moderna. Para los que no son especialistas, un punto de partida excelente es el libro *For the Glory of God*. Stark, que enseñaba

---

[*] Harrison reúne pruebas de que la Biblia es el libro fuente de la ciencia, pero cree que la Biblia creó la ciencia «indirectamente». ¿Cuál fue la causa directa? Su respuesta es: La manera literal en la cual los reformadores protestantes leyeron la Biblia.

sociología en la Universidad de Washington, se interesó profundamente en la historia. Trazó un «Cuadro de Estrellas Científicas», una lista de los cincuenta y dos científicos más importantes que fueron pioneros en la revolución científica, empezando con *De revolutionibus* de Copérnico en 1543. Stark revisó toda la información disponible de sus creencias personales y descubrió que todos, excepto dos, fueron cristianos. Solo a Edmundo Halley y Paracelso se les podía llamar escépticos.

El sesenta por ciento de los hombres que produjeron la ciencia fueron cristianos «devotos», católicos y protestantes, que hicieron ciencia «para la gloria de Dios». El resto fueron cristianos «convencionales». Aunque no se destacaba su piedad, era enteramente satisfactoria para sus compañeros religiosos.[26] Las estadísticas de Elaine Howard Ecklund[27] pueden ser mejores. Los especialistas discuten sobre la lista de Stark y probablemente cuestionarían las estadísticas de Ecklund. Lo que es incontestable en la tesis de Stark es que entre los cristianos devotos que fueron pioneros de la ciencia moderna hay personas como Robert Boyle (1627–91) que «gastó considerable porción de sus limitados fondos para hacer que la Biblia fuera traducida a varias lenguas».[28] Sir Isaac Newton, amigo de Boyle, «se interesaba en la teología y la profecía de la Biblia tanto como en la física; dejó más de un millón de palabras sobre estos temas».[29] Estos hombres promovieron la Biblia porque la consideraban la fuente de la ciencia.

¿INFERENCIA O PRESUPOSICIÓN?

Algunos científicos piensan que «Dios» —un agente creativo inteligente tras el cosmos— es una inferencia necesaria para lo que conocemos en cuanto al universo. Históricamente, la idea bíblica de Dios no es la inferencia, sino la presuposición, o fuente, de la ciencia. Será más fácil entender esto considerando por qué el islam no pudo desarrollar la ciencia.

El islam se apropió del conocimiento griego vía la iglesia oriental, que había preservado y copiado manuscritos griegos. Eruditos islámicos tradujeron esos manuscritos al árabe y mejoraron el conocimiento griego. Los eruditos musulmanes llevaron los manuscritos griegos o traducciones de ellos a Europa. ¿Por qué el islam no desarrolló la ciencia empírica? Los eruditos están estudiando esa cuestión. Un factor es el hecho de que los eruditos musulmanes no criticaron los cimientos del pensamiento griego, especialmente su cosmología y racionalismo. Durante los siglos XII y XIII, la pseudociencia grecoislámica casi atrapó a Occidente. Por las razones que se consideran en el apéndice, Europa leyó y creyó la Biblia como la verdad revelada de Dios. Eso la salvó de la cosmovisión griega, que era incompatible con la Biblia.

El islam tenía un Creador todopoderoso, personal; lo que le faltó fue la Biblia. Aunque Mahoma declaró que la Biblia era divinamente inspirada, los musulmanes la leían solo para criticarla. Los compiladores de la *Rasa'il* islámica, la Enciclopedia de los Hermanos de la Pureza (de alrededor del siglo X) adoptaron la creencia griega de que el mundo era *Gaia*, un organismo gigantesco, consciente, vivo, con su propio intelecto y alma. Esto abrió el camino para que las ideas panteístas, cíclicas, animistas y mágicas, impregnasen la cosmovisión islámica. Eso infectó al islam con el problema crítico de la perspectiva platónica griega, de que el mundo era inteligible mediante las «formas» eternas de sus objetos. Para los griegos, conocer algo era percibir esas formas. Una vez que la mente entendía estas formas, captaba la esencia: la lógica inherente, necesaria, inmanente, de las cosas. Ese conocimiento era definitivo. No podía ser cuestionado o cambiado por la experiencia.

Este «necesitarismo metafísico»[30] aristotélico hizo innecesaria la verificación empírica del «verdadero conocimiento». Esta perspectiva hizo que filósofos musulmanes, como Avicena (980–1037) y Averroes o Ibn Rushd (1128–98) se volvieran seguidores doctrinarios e intransigentes de Aristóteles. Pensaban que la física de Aristóteles era completa e infalible. Consiguientemente, si alguna observación contradecía a este, entonces el problema estaba en la observación; debía ser incorrecta o una ilusión.

Los teólogos europeos estudiaron todos los grandes libros. Estaban abiertos a recibir conocimiento de los griegos, incluyendo por la vía de eruditos, traductores e intérpretes musulmanes. Sin embargo, estaban comprometidos con la Biblia. La cosmovisión bíblica superaba a la de Aristóteles y también se oponía a la visión cosmológica griega.

La Biblia limpió la confianza de Aristóteles en la razón humana de la influencia contaminante del animismo. La fortaleció cimentándola en la imagen de Dios. En su influyente ensayo «Christian Theology and Modern Science of Nature» [Teología cristiana y ciencia moderna de la naturaleza], M. B. Foster explicó:

> La primera gran contribución de la teología cristiana al desarrollo de la ciencia natural moderna fue el reforzamiento que proporcionó al elemento científico del mismo Aristóteles; en particular, proveyó una justificación de la fe, que para Aristóteles había sido una presuposición sin base, que hay razón en la naturaleza, descubrible mediante el ejercicio de la razón en el hombre.
>
> El elemento «racionalista» de la filosofía de Aristóteles de la naturaleza era inconsistente con el «animismo» que él mantenía a la par. Este último elemento era totalmente incompatible con la doctrina cristiana, y tenía que ser eliminado por completo de cualquier teoría de la naturaleza que tuviera que ser coherente con una teología cristiana.[31]

La tesis de Foster es importante: las conquistas de Alejandro Magno esparcieron las ideas griegas hasta la India; pero, en la mayoría de culturas, el animismo, el gnosticismo y el misticismo hicieron sombra a la razón y a la evidencia. La Biblia reforzó la confianza griega en la mente humana y, más importante todavía, eliminó el irracionalismo inherente en el animismo.

Foster explica que, para el nacimiento de la ciencia, una discrepancia con Aristóteles fue más importante que el acuerdo sobre la utilidad de la razón. Él llama a estas discrepancias los elementos «no griegos» de la Biblia. Fueron crucialmente responsables de la ciencia.

> ¿Cuál es la fuente [histórica] de los elementos no griegos que fueron importados a la filosofía por los filósofos posteriores a la Reforma, y que constituyen la modernidad de la filosofía moderna?... ¿Cuál es la fuente de esos elementos no griegos en la teoría moderna de la naturaleza por la cual se iba a determinar el carácter peculiar de la

ciencia moderna de la naturaleza? La respuesta a la primera pregunta es: La revelación cristiana [la Biblia], y la respuesta a la segunda: La doctrina cristiana de la creación.[32]

¿Cuáles fueron estas enseñanzas «no griegas» de la Biblia que llegaron a ser fundamentales para la ciencia? La Biblia empieza con: «En el principio creó Dios los cielos y la tierra». En consecuencia, el cosmos no era eterno, ni tampoco Dios era parte del cosmos. Dios era libre y existía antes del cosmos. Era libre para crear la clase de cosmos que quisiera. No había formas eternas ni lógica necesaria preexistente que ataran a Dios. San Alberto Magno («Alberto el Grande o *doctor universalis*», h. 1206–80 A.D.) introdujo la ciencia griega y árabe en la filosofía al mundo medieval y la criticó. Teólogos católicos medievales se dieron cuenta de que el «necesitarismo» de Aristóteles contradecía la libertad y omnipotencia del Dios bíblico.

En consecuencia, Etienne Tempier, obispo de París, y Robert Kilwardby, arzobispo de Canterbury, convocaron el concilio de la Iglesia en 1277. El concilio rechazó formalmente la idea grecoislámica de que la lógica dictara lo que Dios podía o no podía hacer. Aprendieron de la Biblia que Dios era libre. Por consiguiente, ni el cosmos ni la lógica humana podían atarlo. Esta fue una piedra angular del principio científico: necesitamos observar empíricamente lo que Dios ha hecho, y no presumir lo que puede o no puede hacer basándonos en nuestra intuición y lógica. Si la esencia de las «formas» griegas era conocible, la lógica podría deducir las propiedades de objetos sin observación empírica.

John Locke, más adelante, volvió a enunciar esta objeción bíblica a Aristóteles declarando que la «esencia real» de los objetos naturales era incognoscible.

No todas las declaraciones del concilio de 1277 fueron útiles; pero el mismo aclaró cuestiones y estimuló intensa reflexión. La crítica más fuerte de la «filosofía natural» grecoislámica (o su «ciencia») vino de los teólogos franciscanos «nominalistas». Guillermo de Ockham (1285–h. 1349), el más prominente nominalista, estudió y enseñó en la Universidad de Oxford (1309–19). Conocido como *Doctor Invincibilis* («doctor invencible) y *Venerabilis Inceptor* («Venerable emprendedor») formuló la «navaja de Ockham».* Redujo la perspectiva islámica aristotélica, basando la ley natural y todos los valores éticos en la voluntad de Dios en lugar de en la necesidad metafísica o formas ideales. Ockham distinguía entre el poder absoluto de Dios (*agistrat absoluta*), por el cual podía hacer cualquier cosa, y su poder ordenado (*agistrat agistra*) por el cual él condescendía para obrar dentro de la ley natural y moral que ha establecido.

El papa Juan XXII denunció algunas implicaciones morales de las enseñanzas de Ockham, poniéndole bajo arresto domiciliario de 1324 a 1328. Sin embargo, muchos teólogos católicos influyentes promovieron sus enseñanzas. Entre los que abogaban por Ockham estuvo el filósofo escolástico francés Jean Buridan (1300–58) de la Universidad de París, y sus renombrados sucesores Pierre d'Ailly (1350–1420) y Jean Gerson (1363–1429), ambos directivos de la Universidad de París. D'Ailly, a su vez, influyó en Martín Lutero y Zwinglio, llevando la perspectiva de Ockham sobre la Biblia a la Reforma protestante y estimulando la ciencia empírica.

El profesor Willis B. Glover resumió:

> La doctrina bíblica de la creación es única; ninguna religión aparte de las desarrolladas desde la tradición bíblica contiene algo parecido. En la doctrina bíblica, Dios es en cualquier sentido ontológico completamente discontinuo con el mundo. El mundo, por otro lado, es completamente dependiente de Dios; continúa existiendo por su continua voluntad de que exista. Su unidad está en su voluntad o propósito y no es una propiedad intrínseca. Su orden, por consiguiente, no es de ninguna manera obligatorio para Dios. La completa libertad de Dios con respecto a toda la creación fue una influencia fundamental en el pensamiento medieval posterior. Puesto que los actos creativos de Dios no están sujetos a verdades eternas, el conocimiento del mundo no se puede derivar deductivamente de la filosofía, sino que debe venir mediante la observación real. Es más, no puede ser conocimiento cierto, porque nadie podría conocer con certeza lo que Dios pudiera hacer luego. Aquí,

---

* Refinada como «navaja de Einstein» a: Haz las cosas lo más sencillas posibles, pero no más sencillas.

de este modo, entró en la filosofía occidental, especialmente en su tradición empírica, esa clase de escepticismo relativo que reconoce que el conocimiento humano no está privado de un tipo de validez, pero con todo lo ve como parcial y solo aproximado.[33]

LOS DOS LIBROS DE DIOS

A Francis Bacon (1561–1626) y a Galileo Galilei (1564–1642) se les considera fundadores del método científico: el apoyo de la observación empírica sobre la autoridad humana.[34] Ambos sostenían la verdad de los dos libros de Dios: el libro de la naturaleza y el libro de su palabra, la Biblia. Había que estudiar los dos para entender mejor a Dios. En 1603, Francis Bacon, Lord canciller de Inglaterra y fundador de la Sociedad Real, escribió, citando a Jesús:

> Porque nuestro Salvador dijo: «Erráis, ignorando las escrituras y el poder de Dios» [Mateo 22.29], dejando ante nosotros dos libros que estudiar, si queremos estar a salvo del error: primero, las Escrituras, que revelan la voluntad de Dios; y luego, las cosas creadas [la ciencia natural] que expresan su poder, de las cuales, estas últimas sirven de clave para las primeras: no solo al abrir nuestro entendimiento para captar el verdadero sentido de las Escrituras mediante las nociones generales de la razón y las reglas del habla, sino principalmente al abrir nuestra creencia, al conducirnos a una adecuada meditación en la omnipotencia de Dios, que está firmada y esculpida principalmente en sus obras.[35]

De modo similar, en 1615, Galileo escribió:

> Porque la Santa Biblia y el fenómeno de la naturaleza proceden por igual manera de la palabra divina, la primera como dictado del Espíritu Santo y la otra como la ejecutora observante de los mandatos de Dios.[36]

En 1776, los colonos estadounidenses fundaron Estados Unidos de América sobre estas «leyes de la naturaleza y de la naturaleza de Dios».[37]

Muchos secularistas asocian la Biblia con dogmatismo y la ciencia con escepticismo o mentalidad abierta. Así que, vale la pena repetir que la apertura intelectual de Occidente, que lo separa del islam y de Platón, es resultado de la teología bíblica. Empezó con la epistemología de los nominalistas medievales, que se dieron cuenta de que la doctrina bíblica de Dios hace algo más que convertir a la lógica en servidora subordinada a la observación empírica. Como Glover lo expresa:

> Los nominalistas evitaron la herejía averroísta de pensar que Dios actuaba de acuerdo con alguna necesidad de su propia naturaleza. Puesto que la creación era un acto completamente libre de Dios, su misma existencia no era necesaria. Y puesto que Dios era completamente libre de establecer cualquier orden de creación que quisiera, el orden que en efecto estableció no puede ser conocido por deducción de absolutamente ningún principio, sino solo por observación o revelación. En lo que concierne al mundo físico, el conocimiento de sus objetos y de la relación que existe entre ellos podría ser conocida solo empíricamente... La contingencia del mundo sobre la absoluta libertad de Dios tenía implicaciones escépticas. Dios podía hacer cualquier cosa que quisiera libre de todo orden racional que pudiera guiar a la mente humana en sus predicciones; nada, por consiguiente, era predecible en ningún sentido absoluto. Si uno insistía con Aristóteles que solo lo que se podía conocer con certeza era conocimiento válido, entonces toda la ciencia física era una empresa vana.[38]

¿Por qué, entonces, debemos estudiar la ciencia? Filósofos como Platón y Aristóteles miraban a la naturaleza para descubrir verdades universales y metafísicas, incluyendo el significado y propósito de la existencia. Ellos procedieron abstracta y deductivamente; pero sus conclusiones llegaron a ser las presuposiciones a priori de futuras generaciones, y estas presuposiciones encadenaron al pensamiento europeo. Europa no pudo desarrollar el método científico sino hasta que estas cadenas quedaron rotas por la doctrina bíblica de la libertad divina. Como el profesor Glover destacó, la Biblia no los guió meramente a cuestionar la idea aristotélica islámica del conocimiento absoluto, pero también imprimió en ellos la realidad y valía de la creación material... Ellos aceptaron la importancia de que el conocimiento condicional del mundo era posible para ellos. El hecho histórico es que fue estimulado en ellos el interés científico.[39]

La ciencia es un estudio objetivo («secular») de las leyes de la naturaleza debido a su inspiración bíblica como creación de Dios, y no a pesar de ella. No se fundó en una presuposición del materialismo.

Muchos filósofos y científicos suponen hoy que no hay respuestas posibles a las «grandes preguntas», y que podemos tener solo el conocimiento que descubre la ciencia. Esta actitud conduce al nihilismo. Casi todos los fundadores de la ciencia pensaban de manera diferente. Estaban dispuestos a concentrarse en estudiar preguntas pequeñas, específicas, porque creían que el Creador ya había contestado en la Biblia a las grandes preguntas. Creían que era su deber y privilegio descubrir lo que no había sido revelado, pero que estaba escrito en la naturaleza. Francis Bacon citaba explícitamente a la Biblia para dar significado a las investigaciones hondas en los detalles de la creación: «Es gloria de Dios esconder una materia; investigar una materia es gloria de los reyes».[40] Glover dijo que esto implica que:

> El propósito que informaba la creación era inescrutable (excepto en tanto y en cuanto Dios lo había revelado); era el propósito de Dios y no era inherente a los objetos creados. La causalidad final fue de este modo desvanecida de la física; la meta de la física era descubrir la causa eficiente que opera en el orden que Dios había establecido para los objetos físicos en el mundo. Este fue un paso crucial de la física antigua a la física del mundo moderno... estaban libres para hacer los estudios limitados, detallados, del mundo físico, que han sido la característica de la ciencia moderna y el camino para sus grandes logros.[41]

PECADO Y CIENCIA

La enseñanza de la Biblia sobre la creación fue un factor clave detrás del nacimiento de la ciencia moderna. Las perspectivas bíblicas sobre el pecado, la maldición y la salvación eran igualmente importantes.

El mundo premoderno no lidiaba con enfermedades, escasez y hambruna ni enfrentaba calamidades naturales e injusticias sociales como nosotros. Como Thomas Hobbes notó, la vida era trágicamente «solitaria, pobre, horrible, brutal y breve». Para sabios como Buda, el hecho del sufrimiento era la primera verdad ineludible o «noble». Este sufrimiento hizo que los gnósticos pensaran que el mundo material era malo. Por consiguiente, creían que Dios no podía haberse encarnado en un cuerpo material.

Los cristianos vivían en el mismo mundo que todos los demás: lleno de sufrimiento inexplicable. Juan, el amigo más íntimo de Jesús, refutó la enseñanza gnóstica como herejía diabólica[42] porque él y otros fueron testigos oculares de la vida, muerte y resurrección y ascensión corporal de Jesús. Para esos discípulos, la encarnación, resurrección y ascensión física de Jesús era la prueba última de que la materia era buena.[43] Existía para la gloria de Dios.[44]

Algunas filosofías, como la Ciencia Cristiana y la de *Un curso en milagros*, la Nueva Era, ven los problemas físicos como ilusorios. La Biblia lidia con problemas reales del mundo físico. ¿Eran intrínsecos de la naturaleza, resultado de una obra defectuosa del Creador? No, la Biblia muestra nuestro sufrimiento como una anormalidad que Dios detesta. Vino como maldición por la rebelión de Adán y Eva (lo que llamamos «la caída» en el pecado).[45] La Biblia enseña que «cuando la corona de la creación hubo caído, sus dominios cayeron con él».[46] De acuerdo a la Biblia, el pecado estorba seriamente los esfuerzos humanos de establecer dominio sobre la tierra.[47]

Las «buenas noticias» según la Biblia son que Jesucristo vino para salvarnos de nuestro pecado.[48] Él llevó nuestro pecado y su maldición sobre sí en la cruz.[49] Jesús murió por nuestro pecado.[50] Por consiguiente, puede perdonarnos cuando nos arrepentimos de nuestro pecado y pedimos perdón.[51] Los lectores del Antiguo Testamento sabían que la dádiva divina de salvación incluye la sanidad de la tierra,[52] algo que también el Nuevo Testamento afirma:

Porque el anhelo ardiente de la creación es el aguardar la manifestación de los hijos de Dios. Porque la creación fue sujetada a vanidad, no por su propia voluntad, sino por causa del que la sujetó en esperanza; porque también la creación misma será libertada de la esclavitud de corrupción, a la libertad gloriosa de los hijos de Dios. Porque sabemos que toda la creación gime a una, y a una está con dolores de parto hasta ahora; y no solo ella, sino que también nosotros mismos, que tenemos las primicias del Espíritu, nosotros también gemimos dentro de nosotros mismos, esperando la adopción, la redención de nuestro cuerpo.[53]

Francis Bacon, el «padre del método científico», expresó la relación del pecado con la ciencia en estas famosas palabras:

Porque el hombre, por la caída, cayó tanto de su estado de inocencia como de su dominio sobre la creación. Ambas cosas, sin embargo, pueden incluso en esta vida ser hechas buenas; la primera por la religión y la fe, la otra por las artes y la ciencia.[54]

EL LIBRO DE DIOS DE LA NATURALEZA

En mi país, los ashrams hindúes y los monasterios budistas no enseñan ciencia. ¿Por qué las universidades cristianas en Europa —igualmente instituciones religiosas— empezaron a desarrollar y a enseñar ciencias? Los eruditos bíblicos aprendieron que leer el «libro de la naturaleza» era más importante que leer libros griegos y latinos. Estos últimos fueron escritos por hombres, pero el primero fue escrito por Dios. Paracelso escribió que antes de estudiar a Galeno, Avicena y Aristóteles, debemos estudiar el libro de la naturaleza, que es una biblioteca de libros que «Dios mismo escribió, hizo y encuadernó».[55]

Algunos teólogos incluso defienden que el estudio de la naturaleza preceda el estudio de las Escrituras, porque, como el autor y médico inglés Sir Thomas Browne (1605–82) dijo, la naturaleza era el «manuscrito universal y público» de Dios.[56] Tertuliano, teólogo del siglo II, enseñaba que Dios escribió el libro de la naturaleza mucho antes de que se compilaran las Escrituras.[57]

Conforme los teólogos europeos empezaban a estudiar la Biblia en serio, llegaron a darse cuenta de que Adán y Eva conocieron la naturaleza antes de la caída. Un resultado de la caída fue la pérdida de ese conocimiento de la naturaleza. Recuperar la imagen del Creador requería ser renovados en nuestra mente. Al conocer el mundo, las personas pueden empezar a restaurar las cosas a su unidad original, que ellas habían poseído con la mente divina. Al controlar y subyugar el mundo, los seres humanos mismos podrían empezar a ser restaurados a su posición original como virreyes de Dios en la tierra.

Durante la Edad Media, muchos cristianos pensaban que la redención significaba una huida del mundo, el dominio de los deseos lujuriosos, y una concentración mística en Dios. Pero este nuevo estudio de la Biblia sugería que la redención no quería decir absorción mística en Dios, sino la restauración de la semejanza de Dios, incluyendo la recuperación de su conocimiento creativo y ordenado del mundo natural y su poder sobre el mismo.

Esta nueva comprensión de la salvación bíblica a menudo se asocia con Francis Bacon. Sin embargo, fue un proceso creciente de comprensión que empezó siglos antes de él. Adelardo de Bath (m. h. 1142) dijo: «Si alguien nacido y educado en la residencia de este mundo, al llegar a la edad de la discernir, descuida el aprendizaje del plan subyacente en su maravillosa belleza, es indigno y, si fuera posible, merece que se le expulse del mismo».[58]

La Reforma protestante despertó el interés popular en descubrir y conocer la verdad, y eso impuso la ciencia. Los Reformadores tomaron en serio la exhortación de Cristo de que el conocimiento de la verdad libera.[59] Lutero hizo énfasis en la idea bíblica del sacerdocio de todos los creyentes.[60] Consiguientemente, todos los seres humanos deben hacer todo para la gloria de Dios.[61] Puesto que todo existe para la gloria de Dios[62] y los cielos declaran su gloria,[63] es bueno que el pueblo de Dios estudie todas las cosas, incluyendo los cielos. Así, casi todos los pioneros de la ciencia fueron cristianos y una mayoría de ellos fueron cristianos devotos. Estaban trabajando para la gloria de Dios.

Parte VI

QUÉ HIZO QUE OCCIDENTE FUERA MEJOR

Para la persona individual [en Occidente] este mito del pecado original y la redención se convierte en el rito de confesar la culpa. La confesión de la culpa no solo alivia al confesante de la carga de la culpabilidad; también le purifica. Si el individuo que confiesa resulta ser inocente, pero con todo asume la carga de la culpa colectiva, santifica su propia individualidad mundana, realiza la cristomímesis y —como líder político— participa del carisma del héroe. De este modo el rito europeo de confesar culpa por los pecados del pasado se apoya en una mitología que permanece incluso si los representantes políticos que realizan el rito son individuos totalmente secularizados que ignoran el origen cultural de sus acciones.

—BERNHARD GIESEN

Capítulo catorce

MORALIDAD

¿Por qué algunos son menos corruptos?

E n películas tales como *Wall Street: El dinero nunca duerme* y *La red social*, Hollywood muestra cómo el capitalismo secular cambia el lema de Estados Unidos por «En la Codicia confiamos». En el verano del 2010, el Congreso de los EE.UU. aprobó un acta de dos mil trescientas páginas regulando el sector financiero. Esta acta es un reconocimiento de la corrupción generalizada en ese sector de la economía. La corrupción de la calle Wall Street, sin embargo, todavía tiene que llegar a ser parte de la avenida principal. La inmoralidad creciente, de nuevo, ha empezado a hacerle daño a la credibilidad de la iglesia. Con todo, la moralidad tradicional de Occidente, fácilmente evidente en ciudades pequeñas y pueblos, es incomprensible para la mayoría de visitantes no occidentales.

Por ejemplo, en 1982 yo viajaba a Inglaterra para una conferencia sobre el desarrollo económico. Saliendo de Nueva Delhi después de medianoche, tenía sueño, pero el caballero sij sentado a mi lado hablaba sin parar. Él estaba de regreso a Inglaterra después de visitar a sus padres en un pueblo del Punjab en el noroeste de la India. No podía comprender por qué yo estaba viviendo en la pobreza, sirviendo los pobres. Se arrogó la misión de persuadirme de que me estableciera en Inglaterra. Comerciar en Inglaterra, argumentaba, era fácil y lucrativo. Después de dejarme hostigar por más de una hora, empecé a perder la paciencia. Pero algo me intrigó. Él no podía decir ni una sola frase sin cometer un error. ¿Cómo podía alguien que hablaba tan pésimo inglés triunfar como comerciante en Inglaterra? Así que, le pregunté: «Dígame, señor, ¿por qué es tan fácil hacer negocios en Inglaterra?»

«Porque todo mundo confía en uno allí», contestó, sin ni siquiera pestañear. No habiéndome aventurado a los negocios, no capté cuán importante era la confianza para triunfar en los negocios. Recliné el respaldo de mi asiento y me eché a dormir. Después de la conferencia, el señor Jan van Barneveld me alojó en su casa en Doorn, Holanda.

Una tarde, Jan me dijo: «Vamos a comprar leche». Caminamos entre preciosos árboles cubiertos de musgo hasta una granja lechera. Nunca había visto nada parecido: una granja lechera nítida y pulcra, con unas cien vacas y ningún ser humano. El ordeño de las vacas era automático, y la leche era bombeada a un enorme tanque parecido a una caldera.

Entramos en el salón de la leche, donde Jan abrió una llave y llenó su recipiente. Luego se dirigió a la ventana y sacó un tazón lleno de dinero. Sacó su billetera, tomó un billete de veinte florines y lo puso en el tazón. Tomando del dinero que había en el tazón su cambio, lo echó en su billetera, recogió su recipiente de leche y se dirigió a la puerta. Yo no podía creer lo que mis ojos veían. «Vamos», le dije, «si tú fueras de la India, ¡te llevarías la leche y el dinero!» Jan se rió; pero en ese instante entendí lo que el comerciante sij había estado tratando de decirme.

Si esto fuera la India y yo me fuera con el dinero y la leche, el dueño de la lechería tendría que emplear a un cajero. ¿Quién pagaría el sueldo del cajero? Yo, el consumidor; y el precio de la leche subiría. Pero si el consumidor fuera corrupto, ¿por qué él dueño iba a ser honesto? Añadiría agua a la leche para ganar más dinero. Yo estaría pagando más por leche adulterada. Me quejaría: «La leche esta adulterada; el gobierno debe nombrar inspectores».

¿Quién pagaría el sueldo de los inspectores? Yo, el contribuyente. Pero si el consumidor, productor y proveedor fueran corruptos, ¿por qué los inspectores van a ser honestos? Le cobrarían sobornos al proveedor. Si él no les paga el soborno, los inspectores retrasarían la provisión y se asegurarían de que la leche se cuajara antes de que llegara a mí.*

¿Quién pagaría el soborno? De nuevo, yo, el consumidor, pagaría el costo adicional. Para cuando hubiera pagado por la leche, el cajero, el agua, el inspector y el soborno, me quedaría poco dinero para comprar chocolate para la leche; así que mis hijos no beberían leche y serían más débiles que los holandeses. Habiendo gastado dinero extra en la leche, no podría llevar a mis hijos a comer helados. El cajero, el agua, el soborno y el inspector no le añaden ningún valor a la leche. La industria de helados sí. Mi corrupción impide que yo sea cliente de un negocio que añade valor. Esto reduce la capacidad de nuestra economía para fomentar empleo.

Hace algunos años conté mi experiencia en una conferencia en Indonesia. Un participante egipcio se rió con gusto. Cuando todos le clavaron la mirada, explicó: «Nosotros, los egipcios, somos más astutos que los indios. Si nadie está viendo, nos llevamos la leche, el dinero y las vacas». El caballero fue demasiado indulgente con nosotros los indios.

DESCREIMIENTO EN LA INDIA

Muchos años después de mi viaje a Holanda, oí al «tío» Emmanuel** quejarse de que estaba recibiendo leche muy aguada en Mussoorie. Le dije que Ruth finalmente había hallado un lechero honrado y que estábamos recibiendo leche pura. Después de haber pasado media hora tratando de persuadir al tío de que le comprara leche a nuestro lechero, se cansó y me despidió teniéndome por un ingenuo. «Es imposible comprar leche pura en Mussoorie», dijo. «Tu lechero debe de ser muy astuto. Debe de estar añadiendo algo más aparte de agua a la leche, algo que todavía no has descubierto».

Comprendiendo la idea, llevé la conversación al asunto de la corrupción. El tío, conductor jubilado de locomotoras, me dijo que acababa de oír que un amigo suyo (también conductor jubilado) tenía

---

* La mayor parte del mundo no tiene ni vehículos frigoríficos ni lugares para almacenar la leche.
** Suegro de mi hermano mayor y mi hermana menor.

un hijo que había gastado nueve meses y treinta mil rupias en sobornos y ni así había logrado un empleo en el ferrocarril. Eso, a pesar de la norma de que cuando un empleado se jubila, a uno de sus hijos se le dará preferencia en el empleo. Luego el tío describió con detalle cómo llegó al empleo en la década de los cuarenta. Esta es la versión abreviada.

Los británicos gobernaban en la India. El oficial de empleo examinó sus certificados, ordenó que el médico de la compañía le hiciera un examen físico de inmediato, le ofreció una taza de té, miró el informe del médico y ordenó que se le expidiera una carta de nombramiento al día siguiente. A la mañana siguiente, el empleado emitió la carta de nombramiento ¡con otra taza de té! Nada de coimas, ni tráfico de influencias, ni demoras.

Contratar a un trabajador era un asunto limpio, rápido y profesional, basado solamente en los méritos. El resultado daba empleados competentes que eran leales a la empresa, orgullosos de su trabajo, y respetuosos de la ley, la autoridad y el gobierno. Esa época, se lamentaba el tío, había desaparecido para siempre. Cincuenta años de independencia no ofrecían ninguna esperanza para el futuro.

El efecto de la corrupción

Transparencia Internacional (TI), organización no gubernamental alemana, hace mucho tiempo que ha reconocido la correlación entre la corrupción y la pobreza. Cada año publica un Índice de Percepción de Corrupción global (CPI) que cataloga a las naciones desde la menos corrupta a la más corrupta. El índice para el 2009 cataloga a 180 países, asignando 10 puntos a un país totalmente limpio. Ningún país, por supuesto, recibe 10 puntos; la mayoría de los países recibe menos de cinco; lo que quiere decir que son más corruptos que limpios. La tabla que sigue es un extracto de las calificaciones del 2009:

Lugar	Country	Calificación CPI en 2009 (sobre 10 puntos)
1	Nueva Zelanda	9.4
2	Dinamarca	9.3
3	Singapur	9.2
17	Reino Unido	7.7
19	Estados Unidos	7.5
79	China	3.6
84	India	3.4
146	Rusia	2.2
176	Irak	1.5
179	Afganistan	1.3
180	Somalia	1.1

¿Es la pobreza lo que causa corrupción? ¿O es la corrupción la que causa la pobreza? Si la gallina vino antes que el huevo es una pregunta interesante, pero teórica. Peter Eigen, presidente de TI en el 2002, recalcó el papel que la corrupción desempeña para mantener pobres a los países:

> Las élites políticas y sus compinches continúan recibiendo cohecho a cada oportunidad. Uña y carne con comerciantes corruptos, están atrapando a naciones enteras en la pobreza e impidiendo el desarrollo sostenible. La corrupción se percibe peligrosamente alta en las partes pobres del mundo, pero también en muchos países cuyas empresas invierten en naciones en desarrollo... Los políticos *cada vez más* [énfasis agregado] luchan de labios para afuera contra la corrupción, pero no ponen en práctica el mensaje claro del CPI de TI: deben contener la corrupción para romper el círculo vicioso de pobreza y soborno... Las élites políticas corruptas del mundo en desarrollo, trabajando mano a mano con comerciantes codiciosos e inversores sin escrúpulos, están poniendo las ganancias privadas por encima del bienestar de los ciudadanos y del desarrollo económico de sus países.[1]

Eigen considera que la corrupción es un estorbo serio para el desarrollo. Echa la culpa a la élite política y económica; no a los pobres.

Lleva ya muchos años publicando el CPI. Están hallando que la hipocresía (servicio de labios para afuera) y la corrupción están creciendo en muchas partes del mundo. Eigen apela a los líderes políticos del mundo en desarrollo para que ejerzan fuerza política para erradicar la corrupción, pero se queja de que tales apelaciones están cayendo en oídos sordos.

Un hallazgo importante del CPI es que los países menos corruptos son países protestantes; es decir, naciones seculares cuyas culturas fueron forjadas decisivamente por la Biblia. La única excepción es Singapur, una diminuta ciudad estado.*

Ignoremos los resultados de la administración británica, y demos por sentado que aunque una dictadura por lo general aumenta la corrupción, por lo menos en Singapur ha desarraigado algo de la corrupción. El experimento de Singapur plantea estas preguntas:

- ¿Seguirá Singapur libre de la corrupción después de que los dictadores hayan dejado de serlo?
- ¿Podrían los métodos de una ciudad estado usarse en países más grandes en los que un individuo no puede supervisar a la administración?
- ¿Demuestra la dictadura de Singapur que, cuando se descansa exclusivamente en la fuerza para erradicar la corrupción, se libera a un pueblo de su libertad tanto como de la corrupción?

¿De qué manera las personas corrientes de Holanda llegaron a ser tan diferentes de nuestra gente en la India y Egipto? La respuesta es sencilla. La Biblia enseñó a la gente de Holanda que, aunque ningún ser humano nos esté vigilando en la lechería, Dios, nuestro juez, está vigilándonos para ver si obedecemos sus mandamientos de no codiciar ni robar. De acuerdo con la Biblia, «Ninguna cosa creada escapa a

---

* Como Hong Kong, Singapur también fue una colonia británica. Tiene una iglesia que está creciendo con rapidez y es altamente influyente. Se estima que de los ciudadanos que cuenta en cuanto al gobierno, por ejemplo, universitarios y graduados de universidad, aproximadamente el 33 por ciento ya son cristianos. Independientemente de esa estadística, Singapur es un ejemplo de que, bajo ciertas circunstancias, la dictadura o fuerza política pueden ayudar a erradicar la corrupción.

la vista de Dios. Todo está al descubierto, expuesto a los ojos de aquel a quien hemos de rendir cuentas».[2]

¿Cómo se inculcó en la cultura de Holanda esta enseñanza de la Biblia? Después de la Reforma del siglo XVI, el Catecismo de Heidelberg desempeñó tal vez el papel más importante para forjar la cultura moral de Holanda. Este catecismo alemán de 1563 fue traducido al holandés en 1566. Cuatro sínodos holandeses lo aprobaron para uso en las iglesias de Holanda. Finalmente, el sínodo de Dort (1618–19) lo adoptó oficialmente como la segunda de las Tres Fórmulas de Unidad. El sínodo hizo obligatorio que los ministros enseñasen el catecismo todos los domingos. El catecismo desempeñó el mismo papel en Holanda que el arca del pacto de Moisés desempeñó en Israel. El catecismo expone el octavo mandamiento, «No robarás», como sigue:

110. Pregunta: ¿Qué prohíbe Dios en el octavo mandamiento?

Respuesta: Dios prohíbe no solamente el robo y la rapiña que castiga la autoridad, sino que llama también robo a todos los medios malos y engaños con los cuales tratamos de apoderarnos del bien de nuestro prójimo, ya sea por la fuerza por una apariencia de derecho, como son: el peso falso, la mala mercadería, la moneda falsa, la usura, o por cualquier otro medio prohibido por Dios. También prohíbe toda avaricia y todo uso inútil de sus dones.

111. Pregunta: ¿Qué te ordena Dios en este mandamiento?

Respuesta: Buscar en la medida de mis fuerzas, aquello que sea útil a mi prójimo, de hacer con él lo que yo quisiera que él hiciese conmigo, y trabajar fielmente a fin de poder asistir a los necesitados en su pobreza.

El mandamiento de no robar suena sencillo, ¿por qué el catecismo leía todas estas cosas adicionales en él? El catecismo no inyectó nada en los Diez Mandamientos que la Biblia misma no enseñara. La Biblia dice que el pueblo de Dios que no daba una décima parte de sus entradas a Dios le estaba robando.[3] Una nación diminuta como Holanda tenía superávit de dinero para dar a la India, Egipto e Indonesia, porque la Biblia le enseñó a su pueblo a trabajar duro y dar diezmos y ofrendas a Dios. La gente obedeció a la Biblia, que ordenaba: «El que hurtaba, no hurte más, sino trabaje, haciendo con sus manos lo que es bueno, para que tenga qué compartir con el que padece necesidad».[4]

EL CPI confirma lo que yo vi en Holanda; que la Biblia es la única fuerza conocida en la historia que ha librado a naciones enteras de la corrupción mientras simultáneamente les da libertad política. Las naciones más seculares —es decir, las naciones excomunistas, ateas, que enseñan que cuando ningún hombre o maquinaria te está vigilando, nadie te está vigilando— están entre las naciones más corruptas, no muy diferentes de las naciones hindúes, budistas y musulmanas.

Lo que aquel hombre de negocios de la India me dijo en el avión a Londres en cuanto a la cultura de confianza en Inglaterra me intrigó, porque, como estudiantes, en la India siempre habíamos oído que Robert Clevi, que conquistó Bengala para los británicos, recibió un gigantesco soborno para instalar a su gobernante títere como el *Nawab* (gobernador) de Bengala. Siguiendo el ejemplo de Clevi, los empleados y soldados de la Compañía Británica de la India Oriental empezaron un reino de corrupción asombrosamente descarado, incomparablemente peor que el gobierno mogol. Ningún historiador británico discute ese veredicto. Lord Macaulay, que pasó muchos años en la India, catalogó y explicó esta corrupción. Su conclusión fue que, durante la fase inicial, el gobierno británico en la India era «un gobierno más de genios perversos que de tiranos humanos».[5]

¿Cómo fue transformada Inglaterra? ¿Qué cambió el carácter moral del gobierno británico en la India? ¿Fueron los Diez Mandamientos? ¿O hay algún poder mayor que esa ley?

En el avión tenía demasiado sueño como para discutir esto con el caballero sij, pero durante la conferencia quedé encantado cuando la autora estadounidense, Miriam Adeney, me mostró el libro *The Call to Seriousness: The Evangelical Impact on the Victorians* [El llamado a la seriedad: Impacto en los victorianos], de Ian Bradley.[6] Lo tomé. Bradley me inició en una línea de estudio que resultó en dos de mis libros,[7] describiendo cómo la Biblia hizo que el gobierno británico en la India se transformara del gobierno de genios perversos a un «servicio civil». Aprendí que Macaulay desempeñó un papel crucial en esa transformación.

EL PODER DEL EVANGELIO QUE NOS SALVA DE NUESTRO PECADO

La información empírica dice que las naciones más influidas por la Biblia son las menos corruptas. ¿Por qué habría de ser así? El apóstol Pablo experimentó el poder del evangelio para cambiar su vida y la de sus seguidores. Dijo que el evangelio —el incidente de la muerte vergonzosa de Jesús en la cruz—, que sonaba como locura a los filosóficos griegos y como debilidad a los judíos, era en realidad sabiduría y poder de Dios para salvación.[8] Pablo, resumió de manera sucinta el evangelio: «Cristo murió por nuestros pecados, conforme a las Escrituras; y que fue sepultado, y que resucitó al tercer día, conforme a las Escrituras».[9]

¿Qué hay tan poderoso en estos galimatías teológicos? Aunque realmente hubiera sucedido en la historia, ¿cómo podía la repetición de tal relato liberar a naciones enteras de la corrupción? Sea verdad o no, el evangelio es cualquier cosa excepto «supercherías». Es un relato directo de testigos oculares. Decir que Jesús murió por nuestros pecados es decir que el testigo ocular que vio a Jesús colgado de la cruz comprendió que Jesús estaba llevando allí los pecados del mundo. Es decir, vio con sus ojos que no era la justicia del mundo lo que colgaba en la cruz del Calvario, sino la injusticia, la crueldad y la brutalidad.

Los dos jueces que juzgaron a Jesús, Pilato y Herodes, le hallaron inocente. ¿Por qué, entonces, estaba él colgado en la cruz? Fue la envidia, celos, odio y temor del liderazgo judío de entonces lo que le crucificó. Fue la codicia de su discípulo Judas, que le traicionó por treinta monedas de plata. Fue la cobardía moral de los seguidores de Jesús y de las masas judías. El pecado del mundo, en otras palabras, era visible a plena vista para cualquier testigo, ya fuera seguidor de Cristo, su oponente o un transeúnte indiferente. La cruz fue una demostración de que, aunque el pecado produzca algunos buenos resultados —plata, en el caso de Judas—, su última consecuencia es terrible. Es muerte.

La otra parte del evangelio es un enunciado igualmente directo de testigos oculares. Los seguidores de Jesucristo, que le vieron muerto y enterrado, más tarde vieron que su tumba estaba vacía. Cristo no se reencarnó en otro cuerpo. Resucitó en el mismo cuerpo, aunque transformado. Los discípulos le vieron, hablaron con él, le tocaron, y comieron con él; no en un estado de trance o meditación, sino en plena posesión de sus escépticos sentidos.

Por lo menos uno de sus discípulos, Tomás, no creyó los múltiples informes de la resurrección. Pero luego, el hombre que había muerto se presentó ante Tomás, invitándole a verificar que era el mismo individuo cuyas manos fueron perforadas por los clavos que le colgaron a la cruz. Tomás escogió aceptar el hecho y modificar su cosmovisión. El hecho histórico de la crucifixión y resurrección de Cristo tuvo profundas implicaciones filosóficas.

Los que vieron a Jesús resucitado tenían bases empíricas para creer que la muerte no era el fin de la existencia humana. La resurrección quería decir que continuamos existiendo más allá de nuestra muerte y seguimos siendo responsables ante Dios. Así como la consecuencia del pecado era la muerte, la consecuencia de la fe y la obediencia es vida de resurrección. La muerte y resurrección de Jesús llegaron a ser buenas noticias —el evangelio— porque fueron más que eventos históricos. Fueron una demostración de la intervención redentora de Dios en nuestra historia. Implicaban, entre otras cosas, que la moralidad era más que un constructo social o la ley de la tierra.

Un tirano puede estar por encima de la ley; un político, un servidor público o un bien relacionado hombre de negocios pueden pertenecer a un sistema brutal que opera por encima de la ley. Pueden ignorar la ley y robar a la gente a plena luz del día obligándoles a pagar sobornos. Puede ser imposible llevar a los funcionarios corruptos a la justicia en este mundo. Sin embargo, si la ley moral es ley de Dios, nadie podrá escapar de ella. Todo ser humano comparecerá ante el tribunal de Dios y dará cuenta de su vida.[10] Tendrá que recibir la consecuencia de su pecado; a menos que, por supuesto, se arrepienta de su pecado y reciba el perdón y la vida eterna que Jesús ofrece. Jesús puede perdonar, porque él llegó a ser el Cordero sacrificial de Dios y llevó sobre sí el pecado del mundo.

Estas eran las buenas noticias, el evangelio. Limpiaron Estados Unidos cuando Jonathan Edwards (1703–58), primer filósofo estadounidense, empezó a predicarlas en sermones como «Pecadores en manos de un Dios airado».

Jesús resucitado se le apareció a Juan cuando estaba prisionero en la isla de Patmos y le dijo: «He aquí, yo estoy a la puerta y llamo; si alguno oye mi voz y abre la puerta, entraré a él, y cenaré con él, y él conmigo».[11] Cuando la luz llega y empieza a morar en nosotros, nuestra oscuridad interior será expulsada. En otras palabras, Cristo hace lo que ningún dictador puede hacer. Un dictador puede castigarme por recibir una coima, pero Jesús lidia con la codicia de mi corazón que me impulsa a codiciar el dinero de otros. Un dictador puede castigarme por maltratar a mi esposa. Jesús, si mora en mi corazón, me declara culpable y me pide que me arrepienta. También me da poder para amar. Cuando invito a Jesús a venir a mi corazón por su Espíritu, entonces nazco de nuevo a una nueva vida espiritual.

El islam y el cristianismo tienen en común la idea de absolutos morales. La diferencia es que Alá es demasiado majestuoso para venir a un sucio pesebre o a un corazón inmundo. Si Dios no viene al mundo para salvar a los pecadores, entonces otros pecadores (dictadores y tiranos) tienen que hacer el trabajo sucio de restringir nuestro pecado. Pero, al limpiarnos desde dentro, Jesús hace posible el interno autodominio, la libertad sociopolítica y una vida pública limpia.

¿Es el evangelio mera retórica religiosa? El testimonio de la historia es que la cristiandad era tan corrupta como cualquier otra parte del mundo hasta que recuperó este evangelio bíblico durante la Reforma. Eso produjo el clima moral y la confianza mutua de los habitantes de Inglaterra, testificada de primera mano por mi compañero de asiento en el avión.

Inglaterra antes y después de Juan Wesley

El libro de Ian Bradley me ayudó a entender a Inglaterra y el poder del evangelio que transformó sus colonias de África y Asia. Unos pocos años más tarde, una conferencia de Donald Drew dictada en L'Abri Fellowship de Inglaterra me ayudó a conectar los puntos que Bradley ya había trazado. La conferencia trataba del fundador del metodismo, Juan Wesley (1703–91), y su impacto en Inglaterra. A continuación, anoto los puntos principales de la conferencia de Drew.[12]

En 1738, dos siglos después de la Reforma, el obispo Berkeley declaró que la religión y la moralidad en Gran Bretaña habían colapsado «hasta un grado nunca antes conocido en ningún país cristiano». Las razones principales de la degeneración de la Inglaterra protestante fueron la restauración de la monarquía y la supremacía de la Iglesia Anglicana a fines del siglo XVII. Una vez que la Iglesia Anglicana volvió al poder, empezó a oprimir a los puritanos y expulsó a más de cuatrocientos clérigos anglicanos fieles a su conciencia. Ellos se habían hecho sacerdotes para servir a Dios y, por consiguiente, se negaron a prestar voto de lealtad a Guillermo de Orange.

El impacto combinado de estos hechos fue dejar a la Iglesia desprovista de profetas. Las cosas empeoraron por el decreto que prohibía que los obispos y el clero anglicano se reunieran para deliberar sobre asuntos eclesiásticos. Con escasa corrección, estímulo o exigencia de cuentas, la vida moral de los sacerdotes degeneró, rebajando las normativas de toda la nación.

El surgimiento del Siglo de las Luces, a finales del siglo XVII y durante todo el XVIII, llevó a una situación sin esperanza. El deísmo, o «religión natural», enseñaba que Dios no interviene en los asuntos del mundo. No ha dado ninguna ley. No nos está vigilando, ni nos juzgará, castigará ni recompensará. Dios es simplemente un Creador que no interviene. Esa creencia quitó el temor de Dios. La Biblia todavía estaba disponible, pero no era la Palabra de Dios. Era simplemente un libro más sobre sabiduría y virtud.

Una iglesia nacional públicamente amordazada, con las alas proféticas y sacerdotales cortadas, no podía refutar a los deístas y escépticos.

El deísmo evolucionó hacia nacionalismo, escepticismo, ateísmo, y finalmente el descreimiento. Una vez que se socavó la verdad bíblica, la moralidad bíblica empezó a perder terreno. La corrupción del clero de la Iglesia de Inglaterra se extendió de pies a cabeza. Una sucesión de arzobispos y obispos vivían lujosamente, descuidando sus deberes, solicitando desvergonzadamente obispados y decanatos para sí mismos y sus familias. El clero parroquial siguió el ejemplo.

Empezando con la reina Ana, la realeza empezó a llenar sus cortes de cortesanos que hacían alarde de una vida licenciosa y practicaban el vicio. Los cristianos serios empezaron a huir de Oxford y Cambridge, donde los catedráticos se ocupaban en sus libros mientras que los estudiantes se dedicaban al vino y las mujeres, a los deportes y las canciones.

Una iglesia corrupta con las Escrituras cerradas oscurecía la mayoría de aspectos de la vida en Inglaterra. Para el tratado de Utrecht en 1713, Inglaterra le había arrebatado a Francia y España el monopolio del tráfico de esclavos. El tráfico de esclavos alimentaba y fomentaba la codicia financiera. Brutalizó las vidas de amos y esclavos, haciendo indigno el trabajo. Eso se convirtió en una maldición para la vida económica y política del siglo XVIII.

La revolución industrial se esparció gradualmente, y las actitudes de los traficantes de esclavos influyeron en muchos dueños de minas, fábricas y empresas en el tratamiento de sus trabajadores. Las barbaridades practicadas en la industria ya eran lo suficientemente malas, pero las que se usaban en los barcos de esclavos y luego en las plantaciones hielan la sangre. Se calcula que durante ese siglo el número de africanos llevados a la esclavitud, principalmente en barcos británicos y en su mayoría del África occidental a Estados Unidos, asciende a millones. También había algo de esclavitud en Inglaterra; y debido a las enormes sumas de dinero que significaba el tráfico de esclavos, hubo repetidos escándalos financieros que llevaron a pérdidas y ruina, el principal de los cuales fue la burbuja de los mares del Sur en 1720, que prácticamente destrozó la economía nacional. La falta de honradez potenciaba más falta de honradez.

La corrupción se extiende como un cáncer. El nepotismo, el tráfico de influencias y los sobornos llegaron a ser el orden del día en la política, especialmente en tiempo de elecciones. En la primera mitad del siglo, el primer ministro, Robert Walpole, encarnaba la corrupción. Su política no era cuestión de servicio público, sino cuestión de manejar hombres, medios, dinero, y manipular las leyes, su administración y el sistema penal en interés de las clases gobernantes.

Gran Bretaña en ese tiempo, más que en ningún otro, era una nación dividida entre ricos y pobres. Las leyes estaban diseñadas en su mayoría para mantener a los pobres en su lugar y bajo control. De este modo, robar una oveja, atrapar un conejo, romper un arbusto, ser carterista por menos de un chelín, y arrebatarle bienes de la mano de alguien y salir corriendo eran ofensas castigadas con la horca. A las ejecuciones en Tyburn, en Londres, se las conocía como «funciones de horca». Tenían lugar regularmente y atraían a enormes multitudes. En cuanto a la existencia de prisioneros en cárceles, el transporte a Australia de hombres, mujeres y niños, la flagelación de mujeres, la picota y la marca en la mano con hierro candente, eran horrores que continuaron sin tregua.

El estrangulamiento del cristianismo bíblico tuvo consecuencias inhumanas adicionales en el tratamiento y mortalidad de niños. Su índice de muerte cuenta una historia terrible, aunque solo hay disponibles estadísticas auténticas para Londres. Estas muestran que, entre 1730 y 1750, tres de cada cuatro niños nacidos en todas las clases sociales murieron antes de cumplir cinco años. James Hanway, el amigo cristiano de «los niños pobres y de aldea», elaboró docenas de estadísticas y panfletos, preservados en la biblioteca del Museo Británico, que revelan sus investigaciones sobre el tratamiento e índice de fallecimientos de los niños pequeños de los municipios. Había reiteradas muertes por asesinato y por la práctica de dejar a los recién nacidos expuestos para que perecieran en las calles, así como la de entregar a desdichados expósitos a enfermeras despiadadas, que los dejaban morirse de hambre o los soltaban en las calles para mendigar o robar.

El siglo XVIII en Inglaterra se conoce como la «Edad de la ginebra». El horrible abuso de menores era a menudo resultado de la ingestión de ginebra, un licor fuerte, feroz, venenoso, que rivalizaba con la cerveza como bebida nacional. El historiador irlandés William Lecky definió la borrachera nacional de los que consumían ginebra como *la* «maldición maestra de la vida de Inglaterra entre 1720 y 1750». Los males inevitables del alcoholismo siguieron: pobreza, violencia, prostitución y asesinatos. El comercio de licor, con su trastorno diario de la vida nacional, fue la causa cardinal de la desintegración social y la degeneración durante esos treinta años.

La oscuridad moral de la época se expresaba en un concepto pervertido del deporte que, como el alcohol, traía consigo males consiguientes, tales como mayor ordinariez, crueldad y afición a las apuestas. La tortura de toros, osos, tejones y perros, a los que les sujetaban cohetes, era típica de las décadas tercera y cuarta de este siglo. La mayoría de esas torturas tenían lugar en terrenos públicos, en el parque de un pueblo, en el patio de la iglesia del pueblo, o en los predios de la catedral. A menudo se torturaba a los animales hasta la muerte para dar mayor emoción.

Otro «deporte» era la pelea de gallos con espuelas de metal. Muchos clérigos del siglo XVIII criaban gallos de pelea y algunas veces hacían que las campanas de la iglesia repicaran para honrar al ganador local. La caza de patos con perros entrenados en los lagos era otro pasatiempo de moda, así como también la caza del zorro.

Las peleas con garrotes y el pugilismo —boxeo sin guantes— de hombres y mujeres, que a veces duraban horas, eran otros de esos deportes, en tanto que los combates entre famosos matones que peleaban a puño limpio atraían a multitudes de doce mil y más espectadores.

Las apuestas eran la obsesión nacional en todas las clases sociales, llevando a miles a una ruina aplastante. En Londres y otras ciudades grandes, la promiscuidad se convirtió en deporte, desde bailes de disfraces en la corte hasta fornicación a la luz del día en el parque del pueblo, o hasta la subasta de la propia esposa en el mercado de ganado. Había abundancia de literatura abiertamente pornográfica. Donald Drew cita al historiador irlandés Lecky: «El libertinaje del teatro durante la generación que siguió a la restauración difícilmente se puede exagerar». De manera similar, un juez comentó que «en cuanto se abría un teatro en alguna parte del reino, de inmediato quedaba rodeado de un cinturón de burdeles».

La Biblia se convirtió en un libro cerrado y el resultado fue ignorancia, impiedad y salvajismo. Hasta el advenimiento del movimiento de escuelas dominicales a finales del siglo, hubo escasa o ninguna provisión para la educación gratuita de los pobres, excepto el sistema eclesiástico de escuelas de caridad. Invariablemente, eran una farsa, pues la mayoría de profesores eran semianalfabetos. Millones de ingleses de ese tiempo jamás habían puesto un pie en ningún tipo de escuela, pero por lo general se vendía como aprendices a los jóvenes en edad de salir de la escuela a unos amos, que frecuentemente los trataban con extrema crueldad.

En cuanto a desórdenes, ladrones, bandidos y pillos, Horace Walpole observó en 1751: «Uno se ve obligado a viajar, incluso al mediodía, como si fuera a la batalla». La violencia se mostraba en el saqueo de barcos naufragados, atraídos por señales falsas a las rocas, y mostrando total indiferencia por los marineros que se ahogaban. Esta era una actividad regular en toda la costa de las islas británicas.

A este campo minado espiritual y moral llegó Juan Wesley. Nació el mismo año que Jonathan Edwards, el 28 de junio de 1703, en la casa parroquial de Lincolnshire. Siendo uno de diecinueve hijos, por un pelo escapó de morirse en su niñez, cuando una noche la casa parroquial se incendió y se quemó hasta el suelo. Fue a la escuela Charterhouse, y después a Oxford, donde sus talentos intelectuales le llevaron a que lo eligieran como catedrático y tutor de la Universidad Lincoln. Devotamente religioso, él y otros ministraban lo mejor que podían a los pobres y desvalidos, pero sus iguales los menospreciaban por eso.

Después de unos pocos años, la Iglesia de Inglaterra lo ordenó junto con su hermano Carlos, y entonces viajó a Estados Unidos. A su regreso a Inglaterra pasó un tiempo de serio examen de su corazón. No fue sino hasta que habló con algunos moravos en Londres cuando se dio cuenta de que era cristiano solo de nombre. En un culto moravo, el 24 de mayo de 1738, Wesley se arrepintió de su pecado y halló la salvación que Jesús ofrece. Wesley escribió: «Sentí mi corazón extrañamente cálido. Sentí que en efecto había confiado en Cristo, que Cristo murió por mi salvación y recibí la seguridad de que me habían sido quitados mis pecados, los míos... testifiqué abiertamente a todos los presentes de lo que ahora... sentía en mi corazón».[13]

Juan Wesley experimentó lo que Jesús dijo que era «nacer de nuevo». Eso empezó a abrigar su corazón, cohesionó su personalidad, multiplicó su compasión, aguzó sus facultades críticas y le aclaró el propósito de su vida. De inmediato empezó a declarar «las buenas nuevas de salvación» en cárceles, fábricas y dondequiera que las iglesias le cedían los púlpitos; pero estas eran muy pocas y muy infrecuentes.

El 2 de abril de 1739, en respuesta a la invitación de Jorge Whitefield, Wesley llegó a Bristol. Whitefield le convenció de la necesidad de la predicación en el campo como el mejor medio para alcanzar el mayor número de personas, especialmente de la clase trabajadora, que para entonces la iglesia establecida casi ni tocaba. Al día siguiente, a pesar de sus reservas, pero animado por el ejemplo de Whitefield, Wesley, con 36 años, predicó su primer sermón al aire libre, exponiendo la Biblia a los que no asistían a la iglesia. El Gran Despertar, el avivamiento evangélico, nació. Iba a pasar muchos años creciendo en una atmósfera de insolencia, despecho, abusos y violencia.

Durante tres décadas, magistrados, funcionarios y clero hicieron la vista gorda a los continuos ataques brutales de parte de pandillas y bandas de borrachos contra Wesley y sus seguidores. Wesley soportó ataques físicos con proyectiles de varios tipos. Frecuentemente arreaban bueyes en medio de las congregaciones o tocaban estridentemente instrumentos musicales para ahogar la voz del predicador.

Una y otra vez, los Wesley y Whitefield escapaban a duras penas de la muerte, en tanto que a varios de sus colegas predicadores itinerantes los atacaron y les incendiaron las casas. Aparecieron cientos de publicaciones en contra del despertar, así como crónicas y artículos tergiversados y tendenciosos de aparición regular en los periódicos. Los ataques más virulentos, sin que fuera sorpresa, venían de los sacerdotes, que se referían a Wesley como «ese metodista», «ese entusiasta», «ese misterio de iniquidad», y «un seductor, impostor y fanático diabólico».

Después de unos pocos años, queriendo exponer su posición en términos claros, racionales y bíblicos, Wesley escribió un folleto en el que declaraba que «lo que enseño es el cristianismo sencillo antiguo». Su propósito primordial era hacer a hombres y mujeres conscientes de Dios. Se daba perfectamente cuenta de los muchos y variados poderes del mal y la corrupción, incluyendo los de la religión organizada y establecida. Creía que el propósito de Dios para él era que abriera la Palabra de Dios para su nación, encaminar a hombres y mujeres hacia Dios por medio de Cristo. Esto, a su vez, reclamaría del paganismo y la corrupción a sus hogares, sus ciudades y su país.

La crucial de lo que Wesley creía en cuanto al cristianismo era que la redención del individuo conduce a la regeneración social. Creía que el propósito principal de la Biblia es mostrar a los pecadores su camino para volver a Dios mediante el sacrificio de Cristo. Esto es lo que predicaba, pero también entendía que los cambios sociales eran un producto colateral inevitable y algo útil para demostrar la conversión. Debido a la predicación del evangelio, los elevados principios morales establecidos en las Escrituras empezaron lentamente a echar raíces en la mentalidad de las personas. Wesley creía que la Palabra de Dios clama por la salvación de las almas de los individuos. También nos da ordenanzas firmes para la existencia nacional y una vida social común bajo Dios; estos eran sus objetivos, y nunca los perdió de vista.

Los convertidos se unieron a otros en lo que Wesley llamo «sociedades». Consideraba que todos sus cultos eran suplementarios a los servicios regulares de la Iglesia de Inglaterra. Wesley siguió siendo clérigo de la Iglesia de Inglaterra la mayor parte de su vida; su hermano Carlos, toda su vida. La separación de Juan Wesley de la Iglesia de Inglaterra ocurrió mucho después, cuando empezó a ordenar ministros en lo que llegaría a conocerse como la Iglesia Metodista.

La vida de Juan Wesley fue un triunfo de la gracia de Dios. Bajo ataques físicos y verbales repetidos miles de veces, jamás perdió los estribos. Estaba preparado para aguantar un golpe si al permitirlo podía diluir la histeria de la gente. Cuando era golpeado con una piedra o un garrotazo, se limpiaba la sangre y seguía predicando. Amó a sus enemigos e, hicieran lo que hicieran, no pudieron hacerlo enfurecerse o faltar al respeto.

No es exageración decir que Wesley —y todo esto se aplicaba a Carlos y Whitefield también— infundió en los británicos un concepto nuevo y bíblico de valentía y heroísmo. Su dignidad tranquila, la ausencia de malicia y enojo, y, sobre todo, la evidencia del Espíritu de Dios obrando en su vida, acabaron desarmando a sus enemigos y los ganó para Cristo. Soldados, marineros, mineros, pescadores, contrabandistas, obreros de industrias, ladrones, vagabundos, hombres, mujeres y niños lo escuchaban con atención, en atención reverente, gradualmente quitándose el sombrero y arrodillándose, a menudo abrumados por la emoción, mientras él dirigía a miles y miles a la gracia de Dios. Durante más de cincuenta años, Wesley dio el alimento de la Biblia, la palabra de vida, a multitudes embrutecidas, ebrias y descuidadas.

En mayo de 1739 se puso la piedra angular de la primera casa metodista de predicación en Bristol. Pronto se abrieron la escuela Kingswood y la fundición de Londres. Esta fundición llegó a ser el eje de muchos proyectos de servicio social, como una oficina de empleo, préstamos para los pobres y un dispensario médico gratuito. A estas iniciativas siguieron casas para predicar la Biblia, que empezaron a surgir por toda Inglaterra, así como también en Escocia e Irlanda. Mientras tanto, en Estados Unidos, el progreso del avivamiento evangélico era fenomenal, encabezado por Jonathan Edwards y Jorge Whitefield, que valientemente cruzó el Atlántico trece veces antes de morir en 1770.

De 1739 hasta su muerte en 1791, Wesley fue infatigable. Su energía era prodigiosa. Se levantaba todos los días a las cuatro de la mañana y predicaba su primer sermón la mayoría de las veces a las cinco. Él y sus predicadores itinerantes dividían cada día en tres partes iguales: ocho horas para dormir y comer, ocho para la meditación, oración y estudio, y ocho para predicar, visitar y trabajo social. Organizó cientos de sociedades metodistas locales en los lugares que visitó, estableció y mantuvo vigilancia sobre la escuela Kingswood, abrió el primer dispensario médico gratuito para los pobres y una clínica para reumatismo, escribió un tratado sobre medicina, y preparó y predicó por lo menos cuarenta y cinco mil sermones de la Biblia.

Wesley viajó como cuatrocientos mil kilómetros a caballo, en toda clase de climas, noche y día, de extremo a extremo de Inglaterra, en caminos que a menudo eran peligrosos y a veces impracticables. Durante esos viajes compuso su comentario sobre la Biblia versículo a versículo, escribió cientos de cartas, llevó un diario desde 1735 hasta el año antes de su muerte, en 1791, y escribió algunos de los 330 libros que se publicaron durante su vida. Preparó gramáticas de inglés, francés, latín, griego y hebreo. Editó muchos libros para la educación general de sus predicadores y congregaciones, que llegaron a ser los cincuenta volúmenes de su famosa biblioteca cristiana.*

Este hombre culto, penetrante teólogo y respetado intelectual advertía a sus predicadores que uno «no puede ser un predicador profundo, y tampoco un cristiano cabal, sin leer mucho». Todo predicador se convertía en distribuidor y vendedor de libros y se esperaba que dominara su contenido. La *Enciclopedia Britannica* dice de Wesley a este respecto que «ningún hombre del siglo XVIII hizo tanto para fomentar el gusto por la buena lectura y proveer buenos libros, a los precios más bajos».

El libro *Rules for a Helper* [Reglas para el ayudador] de Wesley da una muestra de las influencias culturales que difundió en Gran Bretaña: «No estés ocioso ni por un momento; no creas mal de nadie; no hables mal de nadie, el predicador del evangelio es siervo de todos; no te avergüences de nada, excepto del pecado; sé puntual, necesitarás todo el sentido (común) que tengas para andar con mucho ojo».

Wesley entendía que la Biblia exige que la conversión del individuo conduzca a cambios en la sociedad, y esto le tocaba de diferentes maneras. Trece años antes de que se formara el Comité de Abolición para acabar con el tráfico de esclavos, publicó su *Thoughts upon Slavery* [Pensamientos sobre la esclavitud], tratado gráfico, vehemente y penetrante que denunciaba este «tráfico horrendo» como una desgracia nacional. Mantuvo su ataque contra la esclavitud hasta el fin de su vida, escribiendo su última carta dirigida a William Wilberforce,

---

* Reeditada por Wesley Center Online.

miembro evangélico del Parlamento que encabezó una campaña de toda su vida para abolir el tráfico de esclavos.

De igual manera, Wesley deploraba la estupidez e inutilidad de la guerra, especialmente la guerra de Gran Bretaña con las colonias estadounidenses. Frecuentemente escribió y habló en cuanto al uso y abuso del dinero y los privilegios. Vestía ropa barata y cenaba en los lugares más sencillos, sin gastar más de treinta libras al año en sus necesidades personales. Pero su ropa estaba inmaculada, sus zapatos siempre brillantes, y jamás usó peluca. Pública y repetidas veces cuestionó por qué la comida era tan costosa y se respondía él mismo: se consumían inmensas cantidades de maíz en la destilación. Con motivación humanitaria y social, abogó por la abolición de los licores y alcoholes que se usaban como bebidas.

Wesley apoyaba los precios justos, un salario justo, y el empleo honrado y saludable para todos. No hay duda de que estaba más familiarizado con la vida de los pobres que cualquier otra figura pública de su época. Constantemente moviéndose por toda Inglaterra, podía sentir la mente del pueblo como ningún rico estadista podía hacerlo. Incesantemente, llamaba a los ricos a que ayudasen a los pobres, y dio esta advertencia a miles de sus seguidores: «No le des a nadie que pide alivio una palabra descomedida o una mirada descomedida. No los lastimes».

Como Charles Dickens después de él, Wesley puso ciertos aspectos de la ley «en la picota», exhibiéndolos al ridículo público. En este sentido, atacó el contrabando, pero consideraba que en la mayoría de los casos los representantes de la ley eran más criminales que el contrabandista encarcelado. Hizo intensa campaña contra el soborno y la corrupción en tiempos de elecciones, y contra el escándalo de las pluralidades* y sinecuras** de la Iglesia de Inglaterra. Criticó con audacia los aspectos del sistema penal y penitenciario (abriendo el camino para los reformadores John Howard y Elizabeth Fry), describiendo las prisiones como «semilleros de toda clase de perversidad». Hizo

---

* Pluralidades: Recibir al mismo tiempo beneficios de dos o más iglesias.
** Sinecuras: Tener un cargo que provee ingresos pero no exige trabajo.

campaña en contra de los métodos casi medievales de la medicina y estimuló la reforma funeraria.

Ya hemos notado los variados intereses, preocupaciones y actividades de Wesley. La lista, sin embargo, quedaría incompleta sin mencionar su interés práctico en la electricidad, la capacitación vocacional de los desempleados, la recolección de fondos para vestir y dar de comer a los presos, para comprar comida, medicina, combustible, herramientas para los desvalidos y los ancianos; y la fundación de un fondo de préstamos de benevolencia y la Sociedad de Amigos de los Forasteros. Él predicaba el cielo, pero creía que la naturaleza era dádiva de Dios para nosotros y, por consiguiente, el trabajo era noble y la ciencia era esencial.

El avivamiento bíblico hizo que Inglaterra cantara. Carlos, hermano de Juan Wesley, y poeta, a cuya fama como predicador todavía le hace sombra su fama como compositor de himnos, compuso entre ocho y nueve mil poemas, de los cuales ocho mil llegaron a ser himnos. Juan le enseñó a la gente a cantar. Muchos himnos utilizaban tonadas populares de entonces. Abrían paso al sermón y martillaban su mensaje. Y cientos de miles de los que cantaron su himno: «Mis cadenas cayeron, mi corazón quedó libre», cantaban no solo de su salvación, sino también de la liberación de las cadenas del licor, abuso, hambre y pobreza.

El Gran Despertar le dio a todo el mundo de habla inglesa su más rica herencia de cantos poéticos y sagrados y una visión de los himnos como literatura, como historia, como teología. Otros excelentes poetas y compositores de himnos también surgieron durante este período y durante el siglo XIX: William Cowper, Isaac Watts, John Newton, August Toplady, Bishop Heber, Horacio Bonar, la señora Alexander y Frances Havergal. Pero los himnos, alabanza y oraciones de Carlos, como la versión métrica de los Salmos de David en Escocia, penetraron profundamente en el subconsciente de Inglaterra.

Wesley, Whitefield y sus compañeros revitalizaron y reforzaron las verdades del cristianismo bíblico. Esto fue una contribución enormemente importante. La Biblia, que a principios del siglo XVIII había sido un libro cerrado para los ingleses, tanto como lo había sido en los días de Chaucer, llegó a ser el Libro de los libros. Gran Bretaña fue salvada de caer en la infidelidad.

Juan Wesley murió como había vivido desde su conversión. Durante cincuenta y tres años predicó fielmente que los hombres necesitan salvarse y son salvados solo por fe en Cristo, pero el corolario era que serán juzgados por obras; por la forma en que vivieron. A menudo oraba: «Permíteme agotarme, y no herrumbrarme. No me permitas vivir para ser inútil».

Hasta una semana antes de su muerte, cuando la fiebre lo incapacitó y lo obligó a guardar cama, al borde de los 88 años, había continuado predicando, escribiendo, supervisando y animando. Murió la mañana del 2 de marzo de 1791. Los que habían venido a regocijarse con él «prorrumpieron en un himno de alabanza». «No se necesitó ni carroza ni caballos para su funeral, porque había dado instrucciones de que a seis pobres que necesitaran empleo se les pagara a cada uno una libra para que llevaran su cuerpo a la tumba».

A pocos se les da, como le fue dado a Juan Wesley, ver la recompensa de sus esfuerzos. En las primeras décadas de su servicio, la llegada de él y de sus seguidores a cualquier pueblo y aldea era señal de un violento levantamiento popular. Pero en los últimos diez de sus ochenta y ocho años, no es exageración decir que Wesley era la figura más respetada y querida en Inglaterra. Después de su muerte quedó inmortalizado en miles de retratos, con su figura en teteras y alfarería, y bustos suyos en todo medio concebible.

Hemos visto algo de lo que era Inglaterra antes de Wesley. Ahora, brevemente, veamos lo que fue después de él. El Gran Despertar fue una fuente de la cual brotaron muchas corrientes.

Lo primero que hay que notar es que, antes de Wesley, el clero devoto y evangélico era un diminuto remanente en la Iglesia de Inglaterra. Después de él, a finales del siglo XVIII, su número aumentó y llegaron a ser la influencia religiosa dominante dentro y fuera de la Iglesia de Inglaterra. Bajo la influencia del avivamiento bíblico, el inconformismo religioso que transforma la cultura se convirtió en el poder en la tierra. Esto fue más notorio en Escocia, especialmente bajo la influencia de Whitefield.

Un fruto del trabajo de Wesley fue la conversión de William Wilberforce, Lord Shaftesbury y otros, y el desarrollo de un grupo al que se llamó los Santos de Clapham. Este era un grupo de evangélicos devotos que vivían alrededor de Clapham Common, al sureste de Londres. Esta comunidad de cristianos la formaban hombres de negocio, banqueros, políticos, gobernadores de las colonias y miembros del Parlamento, cuyos esfuerzos incesantes, sacrificados, beneficiaron a millones de sus conciudadanos de su país y del extranjero; especialmente en África y la India.

La restauración de la autoridad de la Biblia en el mundo inglés fue como si toda una civilización hallara su alma. Escritos de una cantidad de hombres y mujeres literatos dan evidencia de su recuperación de una perspectiva bíblica. Poetas como William Blake, William Wordsworth, Robert Browning, Lord Tennyson, y más tarde Rudyard Kipling y John Masefield; novelistas como Sir Walter Scott, Charles Dickens, William Thackeray, las hermanas Brontë, Robert Louis Stevenson...* todos estos y otros le debieron mucho a la influencia purificadora y ennoblecedora del avivamiento bíblico. En la medida en que sus escritos estaban modelados por una cosmovisión bíblica, contenían las consecuencias lógicas del rechazo de la revelación de parte del Siglo de las Luces, que hemos considerado en un capítulo previo.

El impacto de la Biblia por medio del trabajo de Wesley es evidente en las vidas y obra de los emancipadores sociales durante el siglo XVIII. Wilberforce y Clarkson lucharon contra el tráfico de esclavos; Lord Shaftesbury y Sadler defendieron la emancipación industrial; Elizabeth Fry y John Howard reformaron las prisiones; Plimsoll se concentró en regulaciones de seguridad de los barcos; Hannah More y Robert Raikes lanzaron las escuelas dominicales, y después vinieron muchos más.

---

* Esto no es sugerir que todos ellos fueran plenamente bíblicos en su cosmovisión, ni que ningún otro sistema de creencias modelara su marco de pensamientos.

El avivamiento bíblico resultó en la tradición de predicación del siglo XIX. Finney, Moody, Spurgeon, Nicholson, Ryle, Moule, James, Danny, Chavass, y otros fueron predicadores populares que exponían la Biblia en lugar de contar relatos inventados por el hombre. El Gran Despertar, como vimos en un capítulo previo, abrió a las masas el estudio inteligente de la Biblia. Restauró la posición de la Biblia como Libro de libros para los anglosajones. Su avivamiento bíblico contuvo las consecuencias destructoras del carácter del ateísmo que corrompió a otras naciones europeas, como Francia.

Charles Simeon, catedrático de la Facultad King de Cambridge, fue vicario de la iglesia de la Santa Trinidad durante más de cincuenta años. El ministerio de Wesley hizo posible que introdujera el cristianismo bíblico de vuelta a la vida universitaria, a pesar de la continua oposición. Su capacitación de jóvenes como predicadores hizo una contribución valiosa a la adoración evangélica en el siglo XIX. Estableció lo que demostró ser una tradición duradera en Cambridge. Sus protegidos desempeñaron y respaldaron espléndidos esfuerzos misioneros globales que llevaron la modernidad a partes remotas del mundo. Algunos nombres bien conocidos son Coke, Asbury, Livingstone, Moffat, Martyn, Morrison, Paton y Slessor.

Cuando quedó establecida la obra del avivamiento bíblico, se formaron muchas sociedades misioneras, todas distanciadas en pocos años: la Sociedad Misionera Bautista, la Sociedad Misionera de Londres, la Sociedad Misionera Wesleyana, la Sociedad Misionera de la Iglesia, la Sociedad Bíblica Británica y Extranjera, y la Misión al Interior de China. Ese espíritu misionero estímulo a cientos de miles de jóvenes cristianos, hombres y mujeres, a ir a las partes más lejanas del mundo, a menudo con gran costo y sacrificio personal, y que sirvieran a personas que no podían pagarles en términos terrenales. Ese mismo espíritu misionero también impulsó a millones de personas que no podían ir al extranjero personalmente a asumir la obligación moral por el bienestar de otros, para orar y ofrendar generosamente.

El avivamiento bíblico afectó las vidas de políticos. Edmund Burke y William Pitt fueron mejores hombres debido a sus amigos que creían en la Biblia. Ayudaron a redefinir el mundo civilizado como aquellas partes del mundo en las que la moralidad desempeña un papel tan significativo en la política y administración del estado como la política pragmática y la economía práctica. Perceval, Lord Liverpool, Abraham Lincoln, Gladstone y el Príncipe Consorte, entre otros, reconocieron la influencia del Gran Despertar. El avivamiento bíblico, empezando entre las masas desposeídas, fue el partero del espíritu y los valores de carácter que han producido y sostenido instituciones libres por todo el mundo de habla inglesa. La Inglaterra que dejó Wesley vio erradicados muchos de los males del siglo, porque cientos de miles se hicieron cristianos. Sus corazones fueron cambiados, así como también su mentalidad y actitudes, y así la sociedad —el ámbito público— fue afectada.

Las siguientes mejoras vinieron en línea directa del avivamiento wesleyano. Primero fue la abolición de la esclavitud y la emancipación de los obreros industriales en Inglaterra. Luego vinieron las escuelas de fábricas, escuelas para los más pobres, la humanización del sistema de prisiones, la reforma del código penal, la formación del Ejército de Salvación, la Sociedad Religiosa de Tratados, la Sociedad de Ayuda Pastoral, la Misión de la Ciudad de Londres, los Hogares Muller, los Hogares Fegan, el Hogar Infantil Nacional y los Orfanatos, el establecimiento de clases nocturnas y politécnicas, el Refugio de Soldados y Marineros Agnes Weston, las YMCA, los Hogares Barnardo, la NSPCC, los Boy Scout, las Niñas Guías, la Sociedad Real de Prevención de Crueldad contra los Animales, y la lista sigue y sigue.

Noventa y nueve de cada cien personas detrás de estos movimientos eran cristianos. Todos estos movimientos brotaron del avivamiento de la espiritualidad bíblica como resultado de que Juan Wesley y sus colaboradores abrieran la Biblia, lo que condujo al Gran Despertar de corazones, mentes, conciencias y voluntades.

El propósito de Wesley, guiado por Dios, se había logrado: atacar la causa raíz de la atrofia espiritual y la decadencia moral y purgar el alma de la nación. Uno no puede explicar la Inglaterra del siglo XIX sin entender a Wesley y la Biblia. Lo mismo se aplica a Estados Unidos del siglo XIX. Desde luego, hubo equivocaciones, malos entendidos, fricción y discordia, y hubo heridos. Se ha aducido que los logros sociales de Wesley fueron puramente paliativos y que él dirigió a la gente al otro mundo como el único remedio dado por Dios para los males de esta vida. Pero esta crítica sale cuando no se comprende el evangelio, como hemos explicado en la primera parte de este capítulo.

La transformación de una nación es una tarea intergeneracional. El libro de Ian Bradley es apenas uno de los estudios que detallan las reformas que siguieron Inglaterra, África y la India durante la generación poswesleyana. Mis libros, como *India: The Grand Experiment* [India: El experimento grandioso], relata cómo la Biblia produjo una India relativamente libre de corrupción durante el siglo XIX.

La vida de Juan Wesley bajo la guía de Dios refuta la idea de que la historia está destinada a descender a la corrupción, o que la «hacen» las condiciones e instituciones materiales. El avivamiento bíblico cambió la historia al transformar el carácter, las palabras, los pensamientos y las obras de hombres y mujeres. Evitó una revolución sangrienta al estilo francés en Inglaterra, que parecía inevitable dado lo duro de la vida social, política y religiosa del siglo dieciocho en Inglaterra.

Aunque Juan Benjamín Wesley fue un gigante espiritual e intelectual durante el siglo XVIII, el poder real de iluminación no estaba en absoluto en el instrumento humano. Residía en las Escrituras, cuyo poder fue liberado para todos los que querían venir a beber del agua de la vida. El señor Singh, mi compañero de viaje en el avión, había probado los frutos de la espiritualidad bíblica. Pero, evidentemente, nadie en Inglaterra le había explicado las raíces de su transformación moral; es decir, el papel que la idea bíblica de la familia desempeñó para forjar y trasmitir el carácter moral primero forjado en la fragua de una experiencia religiosa.

Capítulo quince

FAMILIA

¿Por qué Estados Unidos adelantó a Europa?

En 1831–1832, cuatro décadas después de la fracasada revolución francesa, un magistrado francés vino a Estados Unidos en una visita oficial. Usó la ocasión para una investigación no oficial del éxito y resultados de la democracia estadounidense. Publicó sus hallazgos en un clásico de dos volúmenes: *La democracia en América*. Hacia el final, Alexis de Tocqueville escribió:

> He anotado muchos considerables logros de los estadounidenses y, si alguien me pregunta lo que pienso que es la causa principal de la extraordinaria prosperidad y creciente poder de esta nación, debo responder que se debe a la superioridad de sus mujeres.[1]

Dicho de manera sencilla, Tocqueville pensaba que Estados Unidos estaba prosperando debido a que las mujeres estadounidenses eran superiores. Pero, ¿por qué? ¿Acaso las mujeres estadounidenses no tenían los mismos genes que las europeas?* Tocqueville continuó:

> En casi todas las naciones protestantes, las muchachas tienen mucho más control sobre su propia conducta que entre las católicas. Esta independencia es incluso mayor en los países protestantes, como

---

* Es decir, las mujeres anglosajonas de las que Tocqueville estaba hablando.

Inglaterra, que han conservado o adquirido el derecho al gobierno propio. En tales casos, tanto hábitos políticos como creencias religiosas infunden un espíritu de libertad en la familia. En Estados Unidos, la enseñanza protestante se combina con una constitución muy libre y una sociedad muy democrática, y en ningún otro país a una niña se la deja tan pronto o tan completamente que se cuide a sí misma.[2]

La fuerza del carácter y cultura estadounidenses tradicionales no se puede entender sin entender la enseñanza de la Biblia sobre los roles de género, el sexo, el matrimonio y la vida de familia. Hasta la década de los ochenta, Estados Unidos era casi la única nación del mundo donde estas enseñanzas bíblicas estaban tan completamente integradas en la conciencia pública que un candidato para algún alto cargo político tenía que abandonar su candidatura si se descubría que le había sido infiel a su esposa.[3] Como Tocqueville dijo:

> Norteamérica es seguramente el país del mundo en que el lazo del matrimonio es más respetado, y donde se ha concebido la idea más alta y más justa de la dicha conyugal.[4]

Tocqueville no era ajeno a los factores naturales, históricos, políticos, legales y educativos que hicieron fuertes a Estados Unidos. Es más, la familia es un tema menor en su voluminoso estudio. Con todo, notó acertadamente que fue un factor significativo con profundas consecuencias para la sociedad en general. La Biblia era la fuente de las expectativas estadounidenses en cuanto al matrimonio.

Edificando sobre el relato del Antiguo Testamento de la creación y la oposición al adulterio y al divorcio, el Nuevo Testamento enseña que el propósito de Dios para los seres humanos era la monogamia: una relación vitalicia y exclusiva de un hombre y una mujer. Jesús explicó que Dios «los hizo al principio, varón y hembra los hizo, y dijo: Por esto el hombre dejará padre y madre, y se unirá a su mujer, y los dos serán una sola carne? Así que no son ya más dos, sino una sola carne; por tanto, lo que Dios juntó, no lo separe el hombre».[5]

La monogamia no es un concepto judío, hindú, budista o islámico del matrimonio. Fue una idea peculiarmente cristiana. Se esparció por todo el mundo en el siglo XIX, principalmente mediante el movimiento misionero occidental.

¿Qué hizo la idea bíblica del matrimonio y la familia para el estatus de mujeres y para la civilización?

Como mencioné en el capítulo 2, nosotros empezamos nuestro servicio a los pobres en el pueblo de Gatheora en 1976 entrenando a Obreros Sanitarios Rurales (VHW, por sus siglas en inglés). El doctor Mategaonker y su personal venían a nuestra granja dos veces por semana para enseñar a la gente del pueblo cómo mantenerse saludables, evitar enfermedades y curar dolencias sencillas. Las familias del pueblo no permitían que las mujeres asistieran a estas clases,* así que empezamos formando a jóvenes varones. A los pocos meses, después de que habíamos entablado amistad y nos sentíamos más libres unos con otros, los VHW nos expresaron su considerada opinión: «Ustedes, los cristianos, son muy inmorales».

«¿Qué quieren decir?» Me quedé estupefacto, puesto que el jurado había llegado a este veredicto después de la debida deliberación. «¿Cómo es que somos inmorales?»

«Ustedes andan con sus esposas tomados de la mano», explicaron. «Nuestras esposas caminan por lo menos tres metros detrás de nosotros. Usted lleva a su cuñada al mercado en su moto. Nuestras esposas son demasiado modestas como para sentarse en nuestras bicicletas, y se cubren la cara delante de nuestros padres, tíos y hermanos mayores».

No tenía ni la menor idea de cómo responder a mis acusadores. Pero Vinay, mi hermano mayor, había vivido allí mucho más tiempo que yo. Él respondió con brutal franqueza: «¡Vamos, muchachos! Ustedes saben perfectamente que la verdad es justo lo contrario. Ustedes no permiten que sus esposas se descubran la cara frente a sus padres y hermanos porque ustedes no confían ni en sus padres, ni en sus hermanos, ni en sus esposas. Yo permito que mi esposa vaya al mercado con mi hermano porque confío en ella y confío en mi hermano.

---

* Las únicas mujeres que iban a las granjas de otros eran jornaleras sin tierra de castas intocables.

Nuestras esposas pueden andar por los campos con nosotros y conversar con ustedes en sus casas porque tenemos patrones morales más altos. Ustedes encadenan a sus esposas a la cocina y las aprisionan detrás de un velo porque ustedes son los inmorales».

Para mi total sorpresa, cada uno de los VHW convinieron con Vinay sin el menor indicio de protesta. Tal vez hayan seguido escépticos en cuanto nuestra moralidad, pero conocían de primera mano sus propias normativas morales. Me sentí agradecido por la perspectiva de Vinay, porque yo nunca había visto las conexiones entre la moralidad y la libertad, la libertad para la situación de las mujeres, y el estatus de las mujeres para la fuerza de una sociedad. Tenía que haberlo sabido mejor, porque nuestro pueblo estaba a menos de treinta y cinco kilómetros de Khajuraho, donde había sido tallado en piedra todo acto sexual imaginable para adorar en templos hindúes. La religión de mis antepasados de «sexo sagrado» había esclavizado a nuestras mujeres tal como lo hizo en la civilización precristiana grecorromana.

Nuestros vecinos ni siquiera podían referirse a sus esposas por su nombre. Una esposa era *Bhitarwali*: la que pertenece a puertas adentro. La esclavitud de las mujeres se vendía entonces como moralidad tradicional. ¿La consecuencia? Ninguna niña de nuestra aldea había estudiado más allá del quinto grado, porque la escuela más cercana estaba a cinco kilómetros. Era demasiado arriesgado enviar a una niña tan lejos fuera de la vista. Llevó tiempo que los VHW reconocieran que lo que ellos consideraban moralidad era, en efecto, esclavitud de nuestras mujeres. La moralidad tiene el propósito de liberar. *La moralidad sin libertad es esclavitud. La libertad sin moralidad es destructiva.*

¿Por qué el movimiento de la liberación de la mujer empezó en Estados Unidos y no en una nación musulmana bajo regímenes como el talibán? ¿Se debió a que las mujeres estadounidenses estaban menos oprimidas que sus iguales musulmanas? Está claro que es justo al contrario. Un cuerpo anémico no puede luchar contra la enfermedad. Uno tiene que desarrollar fuerza a fin de luchar contra los gérmenes. La liberación de la mujer empezó en Estados Unidos porque las mujeres estadounidenses estaban recibiendo a la vez fortalecimiento y discriminación.

La Biblia es un libro patriarcal. Se ha considerado que sus enseñanzas son responsables del estatus subordinado de la mujer en los hogares, iglesias y sociedad tradicionales occidentales. ¿Es posible que la Biblia también fuera la fuerza que potenció a las mujeres en Occidente y les permitió luchar por su liberación? Para Tocqueville había un factor obvio: los cristianos estadounidenses creían en la jerarquía práctica, social y temporal de maridos y esposas, mientras que afirmaban su igualdad inherente, intrínseca o metafísica.

La mayoría de las culturas han creído que las mujeres son intrínsecamente inferiores a los hombres. Por ejemplo, Rousseau —uno de los padres del Siglo de las Luces secular y paladín de la libertad— creía que la mujer es un hombre sin terminar. Los sabios hindúes enseñaban que un alma con mal karma se encarnaba como mujer para servir a los hombres. Tocqueville notó que, siguiendo al cristianismo europeo, Estados Unidos «permitió que la inferioridad social de las mujeres continuara».[6] No es difícil en la actualidad hallar iglesias estadounidenses que creen que la mujer puede dictar una conferencia en el Congreso de la nación, pero no en sus congregaciones locales; las mujeres pueden servir café después del culto de adoración, pero no la comunión durante la adoración; las mujeres pueden tocar el piano en un culto de iglesia, pero no elevar la oración pastoral.

La mayoría de los cristianos que practican la desigualdad social o temporal, sin embargo, coinciden en que la Biblia enseña que hombres y mujeres fueron creados por igual a imagen de Dios;[7] la desigualdad social, es decir, el que el esposo es cabeza del hogar, vino como parte de la maldición sobre el pecado humano.[8] Coinciden en que Jesús vino para librarnos del pecado y su maldición. Esta distinción entre la igualdad esencial metafísica y la desigualdad social temporal debida al pecado no era un acto de malabarismo teológico. Aseguraba que la búsqueda de una dignidad igual llegaba a ser un rasgo de buscar la salvación de las consecuencias del pecado.

Tocqueville presenció la «desigualdad social» —sufrimiento y tristeza— en los ojos de las mismas mujeres que admiraba. Eran mujeres educadas que en sumisión a sus esposos dejaron la vida de ciudad para ir a territorios no colonizados. Se sacrificaron por sus hijos y los sueños de sus esposos. En su conmovedor apéndice, Tocqueville describió una visita a una pareja pionera típica que se había mudado de Nueva Inglaterra al Oeste, había limpiado una parcela en un espeso bosque y había empezado a cultivarlo. Lo hallé conmovedor, primero, porque bien podía haber estado describiendo a mi esposa y a mí en 1976, solo que nosotros nos mudamos a un desierto social, no físico. Y, segundo, porque el pasaje explica el éxito económico de Estados Unidos, infectado con el prejuicio socialista de que la riqueza del país procede de explotar a otras naciones.

Entramos en la casa de troncos; el interior era muy diferente a las casas de los campesinos europeos; había... pocas cosas necesarias... en un anaquel hecho con un tablón rústico, unos pocos libros: la Biblia, los primeros seis cantos de Milton, y dos dramas de Shakespeare... el amo de esta morada... claramente no había nacido en la soledad en que le hallamos... sus primeros años los pasó en una sociedad que usaba la cabeza y él pertenecía a aquella raza de hombres inquietos, calculadores y aventureros que hacían con la más acendrada frialdad cosas que solo se pueden explicar por el ardor de la pasión, y que aguantaron por un tiempo la vida salvaje a fin de conquistar y civilizar la zona agreste...

Una mujer estaba sentada al otro lado de la chimenea, arrullando a un niñito sobre sus rodillas. Nos hizo una venia sin levantarse. Como el pionero, esta mujer estaba en lo mejor de su vida; su apariencia parecía ser superior a su condición, y su vestido incluso delataba un persistente gusto para vestir; pero sus extremidades delicadas estaban enflaquecidas, sus facciones gastadas, y sus ojos gentiles y serios; toda su fisionomía llevaba las marcas de la resignación religiosa, una profunda paz libre de pasiones, y algún tipo de determinación natural, tranquila, que enfrentaría todos los males de la vida sin temor y sin desplante. [9]

Tocqueville está describiendo la clase de fuerza heroica que se muestra en sumisión, sacrificio y resistencia; cualidades a menudo retorcidas en cuerdas que se usan para oprimir a las mujeres. En la cultura bíblica, democrática, de Estados Unidos de América, según mantiene Tocqueville, estas cualidades llegaron a ser la fuente de la libertad de las mujeres y de la fuerza nacional. Sería más fácil entender su punto si vemos la cultura estadounidense a la luz de otras tradiciones.

MUJERES CON VELO

El profeta Mahoma hizo una visita a Zaid, su muy estimado hijo adoptivo. Zaid fue el tercer convertido al islam y totalmente leal a su padre adoptivo. Su hermosa esposa, Zaynab bint Jajash, era prima del profeta. Zaid no estaba en casa y Zaynab, vestida ligeramente, abrió la puerta, invitando a su primo a que entrara. Deslumbrado por su belleza, el profeta exclamó: «¡Señor de gracia! ¡Santo cielo! Cómo agitas tú los corazones de los hombres». El profeta titubeó y entonces declinó entrar en la casa.

Zaynab le relató el incidente a su esposo, que en seguida fue al profeta y diligentemente ofreció divorciarse de su esposa por él. Magnánimo, Mahoma declinó. «Conserva a tu esposa y teme a Dios». Pero en muchas partes del mundo, es peligroso negarles a los poderosos lo que sus corazones desean, digan lo que digan. Al parecer, los elogios del profeta habían atrapado el corazón de Zaynab y el devoto hijo se divorció de su esposa.

El profeta vaciló sobre si casarse con Zaynab, puesto que casarse con la esposa de su hijo sería considerado incesto. Una nueva revelación le rescató de sus escrúpulos. Con su esposa Aisha —con quien se había casado cuando ella tenía solo seis años— sentada junto a él, Mahoma entró en uno de sus desvanecimientos proféticos. Saliendo del mismo, preguntó: «¿Quién irá y felicitará a Zaynab y le dirá que el Señor la ha unido conmigo en matrimonio?» Entonces nació la sura coránica 33.2–33.7, estableciendo la ley de que los hijos adoptivos deben llevar el nombre de su propio padre y que casarse con las esposas de hijos adoptivos no se consideraría crimen entre los fieles. Dios le aseguró al profeta: «Cuando Zaid hubo resuelto divorciarse de ella, la casamos contigo».

Los apologistas musulmanes defienden a Mahoma argumentando que el matrimonio fue contraído por razones políticas. Aisha, sin embargo, tuvo un comentario más agudo: «Verdaderamente, tu Dios parece haber sido muy rápido para atender tus oraciones». Ya fuese la profecía una revelación divina o un producto de la mente subconsciente, el mundo islámico aprendió que era más seguro cubrir la belleza de la mujer de uno antes que lamentarlo.[10]

Los Diez Mandamientos ya habían establecido como pecado el codiciar a la esposa del prójimo. Jesús ofreció una solución más radical; que exigía no meramente modestia de las mujeres, sino también autodisciplina y santidad interna de los hombres. Pidió a sus seguidores que lidiaran con el problema espiritual del adulterio en sus corazones y la lujuria en sus ojos. Les dijo que no se divorciaran de sus esposas, excepto por infidelidad matrimonial, y que no se casaran con divorciadas en circunstancias que denigran el matrimonio y camuflan el adulterio; circunstancias que usan el divorcio y el matrimonio como barnices para romper familias.[11]

Al principio del segundo milenio, cuando se estaban construyendo los templos Khajuraho en la India central, el islam empezó a conquistar el noroeste de la India. Hoy, muchos hindúes «occidentalizados», orgullosos de Khajuraho, el *Kama Sutra,* y la sexualidad tántrica,[12] piensan que sexo libre equivale a libertad. Aducen que el islam trajo el velo y la esclavitud de las mujeres a la India. Incluso si eso fuera verdad, subsiste el hecho de que durante los ochocientos años de influencia islámica, el tantra, el yoga* y la adoración a las diosas no hicieron nada por liberar a las mujeres indias.[13] La emancipación de las mujeres asiáticas empezó en el siglo XIX cuando el movimiento misionero occidental[14] nos trajo la cosmovisión, espiritualidad y moralidad bíblicas, lo que Tocqueville llama «costumbres» o «hábitos del corazón».[15]

Keshab Chandra Sen (1838–84), filósofo bengalí y reformador social captó lo que Tocqueville había visto. En la década de 1870 llegó

---

* El yoga empezó como una técnica hindú para suprimir toda la actividad de cuerpo, mente y voluntad a fin de que el yo pueda descubrir su distinción de ellas (en la filosofía samkhía) o su unidad con el infinito (en el monismo), a fin de alcanzar liberación.

a ser el primero de la India que exigió que se prohibiera la poligamia y se hiciera de la monogamia la definición legal del matrimonio. Los gobernantes británicos de la India escogieron no cuestionar la poligamia hindú y musulmana. Hicieron de la monogamia la ley solo para los cristianos de la India y para los hindúes que se unían a la secta de Sen: los Prarthana Samaj. Unas pocas generaciones después de Sen, en 1949, Pandit Jawaharlal Nehru, el primer ministro de la India, también trató de hacer de la monogamia parte de la Constitución del país; quería hacerla obligatoria para todos los hindúes; pero fracasó.

La monogamia no entró en la ley matrimonial hindú hasta 1956. Sin embargo, a mediados de la década de 1990 ¡todavía teníamos un miembro del Parlamento que tenía cuarenta y nueve esposas! Muchos hombres con más de una esposa han ocupado altos cargos por elección en la India. No es ningún problema que la querida de algún popular funcionario electo se presente y gane unas elecciones. No estoy tratando de condenar a individuos específicos; pero sí quiero dejar claro el punto de que nuestra cultura ha tenido cimientos éticos muy diferentes a los de Estados Unidos. Estoy convencido de que los hábitos de los corazones de la India (hábitos que han ido ganando terreno en Estados Unidos desde la década de los sesenta) han estado en la raíz de la esclavitud de nuestras mujeres y del estancamiento de nuestra civilización.

DE LA POLIGAMIA AL CELIBATO

El cristianismo surgió en la cultura promiscua y polígama de Roma, cultura no muy diferente a la de Khajuraho. Muchos historiadores han notado lo que el Nuevo Testamento sugiere, que el cristianismo conquistó Roma porque, como veremos más adelante, atrajo y potenció a las mujeres. Es importante entender cómo la poligamia debilita y esclaviza a las mujeres.

Un incidente doméstico en el harén del profeta Mahoma ilustra un problema con la poligamia. Un musulmán tiene permitido tener no más de cuatro esposas a la vez. El profeta, sin embargo, había recibido revelaciones que le permitían tener hasta trece. Para impedir los celos, pasaba una noche con cada una de ellas, por turno. Un día era el turno de su esposa Jafsa. Ella estaba de viaje visitando a su padre, pero volvió inesperadamente. Se enfureció al hallar al profeta en la cama con María, la criada copta y concubina. Jafsa le reprochó amargamente, amenazándole con decírselo a las demás esposas. Mahoma le prometió mantenerse lejos de la detestada María si ella se quedaba callada. Jafsa, sin embargo, se lo confió a Aisha, que también detestaba a María.

El escándalo se extendió y Mahoma se encontró que su propio harén le aplicó la ley del hielo. Otra revelación (Sura 66.15[16]) le eximió de cumplir su promesa de mantenerse alejado de la atractiva criada. La revelación exigió que reprendiera a sus esposas, dándoles a entender que se divorciaría de todas y las reemplazaría con esposas sumisas. El profeta fue pronto para obedecer la palabra del ángel que le liberaba de su obligación de cumplir su promesa. Pasó un mes con María lejos de sus esposas. Las esposas quedaron aterradas por su obediencia a la revelación. Se reconciliaron. El padre de Aisha, Abu Bakr, y otros le suplicaron al profeta que perdonara a sus esposas insensatas.

Aunque muchos de nuestros contemporáneos han argumentado que el derecho a un divorcio fácil es necesario para la libertad y felicidad de la mujer, la experiencia del divorcio fácil en el islam y la sabiduría acumulada de siglos indica que el divorcio y la poligamia debilitan a las mujeres. Socavan la capacidad de la esposa de luchar por sus derechos y dignidad. Irónicamente, el celibato podría llegar a ser el extremo opuesto.

La Biblia lo presenta como un raro llamamiento para dirigentes que necesitan dar todo su tiempo al servicio en circunstancias especiales.[17] Pero algunos eruditos cristianos interpretaron mal la Biblia para implicar que una relación matrimonial con una mujer era contaminante. Durante la Edad Media, la Iglesia Católica empezó a promover la idea de que el celibato era espiritualmente superior al matrimonio. La Biblia permitió que los reformadores del siglo XVI restauraran el estatus honroso del matrimonio. Antes de hablar de esa controversia, necesitamos señalar la contribución de la Biblia a la emancipación de las mujeres mediante la Iglesia Católica.

El catolicismo romano y la emancipación de las mujeres

Rodney Stark, en su autoritativo *La expansión del cristianismo: un estudio sociológico*,[18] considera el surgimiento del cristianismo en el ambiente pagano grecorromano temprano. Entre otras cosas, explora el impacto de los mandamientos de la Biblia respecto a adulterio, violación, asesinato, divorcio, amor a las esposas, cuidado de las viudas, y así por el estilo, y la mujer en general. Lo siguiente es de una sección titulada «Esposas, viudas y prometidas»:

> Primero que nada, un aspecto principal del estatus mejorado de las mujeres en la subcultura cristiana es que los cristianos no toleraban el infanticidio femenino[19]... la concepción cristiana de la mujer, también se demuestra más favorable en su condena del divorcio,[20] el incesto,[21] la infidelidad marital,[22] y la poligamia.[23] Como Fox dice: «La fidelidad, sin el divorcio, era lo que se esperaba de todo cristiano»... Como los paganos, los primeros cristianos valoraban la castidad femenina, pero, a diferencia de aquellos, rechazaban el doble estándar que les daba a los varones paganos tanto libertinaje sexual. A los hombres cristianos se les instaba a que permanecieran vírgenes hasta el matrimonio, y las relaciones sexuales extramaritales se condenaban como adulterio. Chadwick notó que el cristianismo «consideraba que la falta de castidad en el esposo era una ruptura de lealtad y confianza no menos seria que la infidelidad de una esposa».[24]

Stark destacó que las viudas cristianas disfrutaban de ventajas sustanciales sobre las viudas paganas, que enfrentaban mayor presión social para volver a casarse. Augusto César, por ejemplo, multaba a las viudas que no se volvían a casar en dos años. Cuando una viuda volvía a casarse, perdía toda su herencia, que pasaba a ser propiedad de su nuevo esposo. En contraste, el Nuevo Testamento requería que los cristianos respetaran y cuidaran a las viudas.[25] Las viudas cristianas acomodadas conservaban los bienes de su esposo, y la iglesia sostenía a las más pobres, dándoles la opción de volver a casarse o no.

Los cristianos también expresaron su respeto por las mujeres al elevar la edad del matrimonio. La ley romana establecía los doce años como la edad mínima en que las muchachas podían casarse. Pero la ley no era más que una recomendación; no imponía multas y de rutina se la ignoraba. Los mejores estudios disponibles muestran que en el Imperio Romano las hijas paganas tenían tres veces mayores probabilidades que las cristianas de casarse antes de cumplir los trece años. Para los once años, el diez por ciento ya estaban casadas. Casi la mitad (el 44%) de las muchachas paganas estaban casadas para cuando cumplían los catorce años, comparado con el 20% de las cristianas. En contraste, casi la mitad (48%) de las muchachas cristianas no se casaban antes de cumplir los dieciocho años.[26]

Stark informó que en 1955 el historiador francés Drurry publicó sus hallazgos de que los matrimonios romanos con novias niñas se consumaban incluso si la esposa no había llegado a la pubertad. Drurry pensaba que esto no era la norma. Sin embargo, han surgido desde entonces pruebas literarias sustanciales de peso demostrando que la consumación de estos matrimonios se daba por sentado.[27] Escritores paganos como Plutarco tildaron de cruel y contraria a la naturaleza esta costumbre, porque llenaba a las muchachas de odio y temor. Los cristianos, en contraste, podían demorar el matrimonio de sus hijas, porque el Nuevo Testamento les daba normativas morales diferentes; el mismo patrón para hombres y mujeres. La ética sexual de la Biblia les daba a las muchachas cristianas tiempo para crecer y llegar a ser mejores esposas y madres.

El sexo y el matrimonio

La cultura clásica de Roma no veía el sexo meramente como un placer secular. Como las sectas tántricas de la India, muchos templos romanos estaban repletos de prostitutas, tanto mujeres como hombres. Un estudio de 1889 halló que unas cuantas mujeres casadas de familias de alto rango del Imperio Romano habían «pedido que sus nombres se anotasen entre las prostitutas públicas, a fin de que no se las castigara por adulterio».[28]

El adulterio era un crimen con serias consecuencias porque era una ofensa *económica* —tomar la propiedad (esposa) de otro hombre—, no porque fuera cuestión de impureza sexual, un trastorno de la unión santa del esposo y la esposa o una violación de votos sagrados. De hecho, las relaciones sexuales extramaritales con prostitutas del templo se consideraban un evento purificador, que agradaba a los dioses, algo religioso, por no decir que era la misma vía de iluminación gnóstica. Incluso hoy, muchos gurús hindúes y maestros yoguis tienen relaciones sexuales con sus seguidores femeninos y masculinos bajo pretexto de «purificar las chacras», los centros psíquicos del cuerpo.

La promoción religiosa y aristocrática del sexo extramarital tuvo consecuencias colosales. La fácil disponibilidad del sexo sin compromiso les quitó a los hombres la motivación para casarse. La aversión al matrimonio se había hecho evidente ya en el 131 A.C., cuando el censor romano Quinto Metelo Macedónico propuso que el matrimonio se debía declarar obligatorio. Demasiados hombres preferían permanecer solteros, lo que condujo al censor a conceder: «Si podemos seguir sin una esposa... evitaríamos todos ese fastidio».

Metelo continuó, sin embargo, indicando que los hombres necesitaban tener en cuenta el bienestar del estado a largo plazo: «Pero puesto que la naturaleza ha ordenado que no podemos ni vivir confortablemente con ellas, ni en absoluto sin ellas, debemos pensar más en nuestro bienestar a largo plazo que en el placer del momento».[29] Más de un siglo después, Augusto César citó este pasaje ante el Senado para justificar su propia legislación a favor del matrimonio. La necesidad era obvia, la argumentación contundente, pero la legislación no fue recibida con gran entusiasmo la segunda vez. El historiador Beryl Rawson escribió: «Un tema recurrente en la literatura latina es que las esposas son problemáticas y, por consiguiente, los hombres no se interesan demasiado por el matrimonio».[30]

Otro resultado acumulativo de la promiscuidad, el matrimonio infantil, el maltrato de las mujeres, el divorcio y la aversión al matrimonio fue que la población pagana de Roma empezó a declinar en los años finales del Imperio. Madres solteras y esposas inseguras (que temían el divorcio) escogían el aborto y el infanticidio aun cuando sus instintos naturales las impulsaban a la atención y el cuidado. Hacia el fin del siglo II A.C., Minucio Félix acusó, en el *Octavio,* que la mitología religiosa estimulaba el asesinato mediante el infanticidio y el aborto:

> Veo que ustedes dejan a sus hijos recién nacidos expuestos a las bestias salvajes y aves de rapiña, o cruelmente los estrangulan hasta que mueran. También hay mujeres entre ustedes que, tomando ciertas drogas, destruyen los principios del futuro ser humano mientras todavía está en el vientre y son culpables de infanticidio antes de ser madres. Estas prácticas ciertamente les han venido de sus dioses.[31]

Las consecuencias a largo plazo de prostitución, libertinaje, soltería, divorcio, aborto, infanticidio y declinación de la población fue que las ciudades de Roma empezaron a reducirse en número y tamaño. Con el tiempo, el Imperio tuvo que depender de un influjo constante de colonos «bárbaros». Ya para el siglo segundo, Marco Aurelio tuvo que decretar el reclutamiento de esclavos y gladiadores y contratar alemanes y escitas para llenar las filas de su ejército. Consiguientemente, Roma quedó vulnerable. El principal reto a esta tendencia deprimente vino de la iglesia, que seguía el mandamiento bíblico a Adán y Eva de «ser fructíferos y multiplicarse».

Comparados con los paganos, el compromiso de los cristianos con el matrimonio resultó en mujeres más seguras y una tasa más alta de fertilidad. De igual manera, la oposición cristiana al infanticidio y al aborto resultó en un índice más bajo de mortalidad. Juntas, la población cristiana naturalmente creció más rápido que la de los paganos de Roma. Las opciones cristianas a favor de la pureza sexual, el matrimonio estable y el cuidado de niños, huérfanos y viudas, ayudaron a la civilización, pero no estaban motivadas por una preocupación por la civilización. Su motivo era agradar a Dios al obedecer su palabra.

Durante el primer milenio de la era cristiana, la Iglesia Católica fue la fuerza mayor para la emancipación de las mujeres. Al principio del segundo milenio, sin embargo, el «culto a la virgen María»* y la idea de ganarse la salvación mediante la religiosidad condujo a una exaltación no bíblica del celibato. La idea de «salvación por obras» a menudo conduce a la renuncia de lo agradable: ciertas comidas, bebidas, sueño, sexo, matrimonio, etc. Este marco mental: la renuncia al placer y la consecución de rectitud mediante obras de piedad, hizo que la gente viera las relaciones sexuales, el matrimonio, la familia y el trabajo económicamente productivo (necesario para sostener una familia) como concesiones para los espiritualmente inferiores. La renuncia al matrimonio y a los placeres (y a las responsabilidades) de la vida de familia se consideraban virtudes piadosas. El celibato llegó a ser prueba pública de la superioridad espiritual. Ingresar en un monasterio llegó a ser el camino más seguro al cielo. El orgullo espiritual condujo a grotescos prejuicios en contra de las mujeres.

Por ejemplo, el popular *Martillo de las brujas* (1487 A.D.) sedujo a los inquisidores a pensar que las mujeres eran hienas sexualmente insaciables y un peligro constante para los hombres y su sociedad.[32] La permisividad sexual tántrica resultó en reacciones similares en el hinduismo tradicional; exaltación del ascetismo y el celibato (*Brahmacharya*) con una noción degradante de las mujeres como tentadoras. La reacción hindú fue más allá que la exaltación europea del celibato al considerar la materia física, el cuerpo humano, y el sexo como inherentemente malos, en contraste con el espíritu, que era bueno. Por ejemplo, Swami Sivananda, fundador de la Sociedad de la Vida Divina, y pionero del moderno movimiento gurú, escribió declaraciones como esta:

> El placer del sexo es el más desvitalizador y desmoralizante de los placeres. El placer sexual no es placer en absoluto. Es ilusión mental. Es falso, totalmente inútil y extremadamente dañino.[33]

---

* Los reformadores lo vieron como un «culto», puesto que no hay ninguna base bíblica para orar a María o para dar por sentado que ella siguió virgen después del nacimiento de Jesús. Hay evidencia bíblica de que ella tuvo relaciones maritales normales e hijos con su esposo (Mateo 15.55–56; Marcos 6.3; Gálatas 1.19).

Felizmente para Occidente, la Reforma del siglo XVI empezó a restaurar las normas bíblicas para las costumbres sexuales. Reformadores como Martín Lutero argumentaron que, de acuerdo con la Palabra de Dios, el sexo y el matrimonio tenían un propósito de santidad. La familia, no el monasterio, era la escuela divinamente ordenada del carácter. Roland Bainton, aclamado autor e historiador, escribió: «Lutero, que se casó para testificar de su fe... hizo más que cualquier otra persona para determinar el tono de las relaciones domésticas alemanas [y protestantes] por los siguientes cuatro siglos».[34] El hogar de Lutero en Wittenberg llegó a ser la primera casa pastoral cristiana después de siglos. Las normas bíblicas para la vida de familia que Lutero enseñó permanecieron prácticamente sin cuestionamiento hasta fines del siglo XX.

El ataque de Martín Lutero a la idea católica del celibato y su promoción de la idea bíblica del matrimonio hizo más para promover la Reforma que su ataque contra las indulgencias. Enseñó que según la Biblia algunos individuos son llamados a una vida célibe. Sin embargo, el plan normal de Dios para los seres humanos es el matrimonio. La doctrina de que el matrimonio es espiritualmente inferior o indeseable es «enseñanza de los demonios».[35] Lutero enseñaba que la familia, no el monasterio, es la escuela de Dios para el carácter, el celibato se había convertido en la trampa del diablo para seducir a sacerdotes y monjes a pecar.

Inicialmente, de 1517 a 1521, para los europeos de a pie, la Reforma parecía cuestión de disputas teológicas entre expertos. La gente ordinaria despertó cuando los sacerdotes empezaron a casarse como resultado del librito de Lutero *La cautividad babilónica de la Iglesia*. Lutero argumentó que las leyes de los hombres no podían anular el mandamiento de Dios de casarse. Dios ordenó el matrimonio para los hombres antes de que el pecado entrara en el mundo. El sexo era parte del mundo material que el Creador declaró «muy bueno».[36] Lutero señaló que las Escrituras nos informan: «Y dijo Jehová Dios: No es bueno que el hombre esté solo; le haré ayuda idónea para él».[37] En otras palabras, Dios hizo a Eva para Adán. Ella es buena y necesaria para él, una dádiva perfecta planeada por la sabiduría divina. Dios hizo solo una mujer para un hombre; y los dos «serán una sola carne».[38]

Después de su iconoclasta libro, Lutero escribió *Discurso a la nobleza*. Este presentaba el razonamiento práctico para que los sacerdotes (no los monjes) se casaran: el sacerdote tenía que tener un ama de llaves; poner a un hombre y una mujer juntos era como poner fuego con paja y esperar que no pase nada. La castidad no casta de la iglesia necesitaba llegar a su fin. A los sacerdotes había que dejarlos en libertad para que se casaran. El impulso sexual natural, divinamente ordenado, era preciso reconocerlo como impulso necesario, bueno y honroso.

Lutero, monje, todavía estaba escondido en el castillo de Wartburgo para evitar que lo quemaran por hereje, cuando tres sacerdotes afirmaron la rectitud de su enseñanza casándose. El arzobispo Alberto de Mainz los arrestó. Lutero envió una severa protesta. Alberto decidió consultar con la Universidad de Wittenberg. Andreas Carlstadt, colega de mayor antigüedad que Lutero y erudito altamente respetado, contestó la pregunta del obispo escribiendo un libro en contra del celibato. Concluyó que, según la Biblia, un sacerdote no solo *podía* casarse, sino que *debía* casarse y tener familia. En lugar del celibato obligatorio, Carlstadt puso el matrimonio obligatorio y la paternidad. Pasó a confirmar su estudio bíblico poniendo su ejemplo personal: se casó.

Lutero quedó encantado por la intrépida decisión de Carlstadt. Se sintió incómodo, sin embargo, con la propuesta suya de que incluso los monjes debían casarse. Lutero sentía que el caso de los monjes, como él, era diferente del de los sacerdotes. Los monjes habían hecho votos voluntarios para permanecer célibes. Estaría mal romper esos votos. Eso suscitaba una nueva cuestión: ¿Impone Dios los votos del celibato? La respuesta de Lutero ayudó a producir tanto el concepto moderno del matrimonio como el mundo político económico moderno.

La pregunta obligó a Lutero a volver a las Escrituras. Halló que el voto del monje de no casarse era contrario a la Biblia y en conflicto con la caridad y la libertad. Envió su tesis de vuelta a la universidad: «*El matrimonio es bueno, la virginidad es mejor, pero la libertad es incluso mejor*». De la lectura de la Biblia, Lutero concluyó que los votos monásticos descansaban en presuposiciones falsas y arrogantes de que los cristianos célibes tenían un llamamiento o vocación especial a observar los consejos de perfección, que eran superiores a los cristianos ordinarios que obedecían las leyes morales ordinarias. La conclusión revolucionaria de Lutero se conoce como «el sacerdocio de todos los creyentes».[39]

La exposición de la Biblia por parte de Lutero empezó a vaciar los monasterios. Su exposición llegó a ser el factor teológico esencial que permitió que las naciones protestantes se desarrollaran económicamente más rápido que los países católicos y que edificaran democracias igualitarias. La familia es una máquina primaria de la civilización para el crecimiento económico. Si un hombre no tiene familia, puede cultivar los campos, pero es improbable que plante y cultive árboles y sembrados para las generaciones futuras. Puede cavar una cueva o construir una casa de troncos, pero es improbable que construya una casa para sus nietos. La familia motiva a los padres a planear, ganar, sacrificarse, ahorrar e invertir para generaciones futuras; para su bienestar tanto físico como social.

Este «sacerdocio de todos los creyentes» negaba que la vocación del sacerdote fuera superior. Lutero enseñó que el zapatero era tan importante como el sacerdote. Había que honrar todas las vocaciones por igual. Cada una debía emprenderse con diligencia como servicio a Dios. Este sacerdocio bíblico de todos los creyentes cuestionó la distinción de clases en Europa. Dio a luz a la moderna igualdad democrática de todos los ciudadanos: ricos o pobres, educados o analfabetos, viejos o jóvenes, hombres o mujeres. Lutero plantó en Europa las semillas que rendirían su mejor cosecha en Estados Unidos.

El 10 de enero de 1529, Lutero predicó basándose en el capítulo 2 del Evangelio de Juan. El pasaje relata el milagro de Jesús cuando convirtió el agua en vino en las bodas de Caná, por petición de su madre viuda. Lutero condensó la bondad intrínseca del matrimonio, el sacerdocio de todos los creyentes, el valor igual de toda vocación, y la familia como escuela de carácter:

Hay tres estados: matrimonio, virginidad y viudez. Todos son buenos. No hay que menospreciar a ninguno. Al virgen no se le debe estimar por encima del viudo, ni al viudo por encima de la esposa, así como tampoco al sastre hay que estimarlo más que al carnicero. No hay estado al cual el diablo se oponga tanto como al matrimonio. El clero no ha querido fastidiarse con el trabajo y la preocupación. Le han tenido miedo a una esposa regañona, hijos desobedientes, parientes difíciles, o que se les muera un cerdo o una vaca. Quieren quedarse en cama hasta que el sol brille por la ventana. Nuestros antepasados sabían esto y dirían: «Querido hijo: Hazte sacerdote o monja y diviértete». He oído a casados decirle a los monjes: «A ustedes les va fácil, pero cuando nosotros nos levantamos no sabemos dónde hallar nuestro pan». El matrimonio es una cruz pesada debido a que muchas parejas pelean. Es gracia de Dios cuando se ponen de acuerdo. El Espíritu Santo declara que hay tres maravillas: cuando los hermanos concuerdan, cuando los vecinos se aman unos a otros, y cuando un hombre y su esposa son uno. Cuando yo veo una pareja así, me alegro como si estuviera en un jardín de rosas. Es algo escaso.[40]

Los feministas radicales no fueron los primeros en ver el matrimonio como una «cruz pesada»; una carga o esclavitud. Lutero dijo que el matrimonio era esclavitud para los hombres tanto como para las mujeres. Es precisamente por esto por lo que muchos hombres en la Roma pagana preferían no casarse y buscar relaciones extramaritales u homosexuales. El cristianismo hizo del matrimonio algo más difícil para los hombres al exigir que los esposos fueran fieles, comprometidos y que amaran a la misma mujer, pasara lo que pasara, «hasta que la muerte los separe». Cuando al esposo se le prohíbe enredos extramaritales, tomar una segunda esposa o divorciarse de una esposa difícil; cuando no se le permite aborrecerla o ser cruel con ella, cuando se le exige que ame y honre a su esposa; entonces la esposa es fortalecida. Ella tiene la seguridad que busca para su dignidad y derechos.

El matrimonio hace que aflore lo peor en esposos y esposas. Deben escoger si quedarse en esa escuela de carácter o abandonarla. La Biblia hizo difícil el divorcio porque uno no aprende mucho al abandonar una escuela retadora. La única manera de hacer que la monogamia resulte es valorar el amor por sobre el placer, buscar la santidad y humildad en lugar del poder y la satisfacción personal, hallar gracia para arrepentirse antes que condenar, aprender sacrificio y paciencia en lugar de indulgencia y gratificación. El mundo moderno lo construyeron una infinidad de parejas que hicieron precisamente eso. Al esforzarse por preservar sus matrimonios y proveer para sus hijos, invirtieron en el futuro de la misma civilización.

PATERNIDAD

En su libro, Tocqueville habla de las consecuencias del cristianismo,[41] igualdad y libertad bíblicas para la vida familiar de los estadounidenses: habla de las relaciones personales entre padre e hijo, madre e hija, padres e hijos, y esposo y esposa.

En la mayor parte de Europa, el cristianismo se había convertido en religión del estado. La mayoría de personas se consideraban «cristianas» simplemente porque fueron bautizadas en su infancia. En contraste, los cristianos bíblicos —que animaban, e incluso requerían, que los hijos asumieran la responsabilidad personal de su vida espiritual— forjaron el espíritu social de Estados Unidos. Cada persona tenía que hallar a Dios y vivir en una relación personal con él. Conocer a Dios como el Padre celestial de uno cambió la naturaleza de las relaciones familiares en la tierra.

En opinión de Tocqueville, la diferencia entre la familia europea y la estadounidense era tan grande que la familia estadounidense ni siquiera era «familia» en el sentido europeo (romano). Yo hallo extremadamente interesante la siguiente observación de Tocqueville, puesto que vengo de una cultura patriarcal. En nuestras «familias unidas», no nucleares, todos los hijos casados viven con sus padres. El hijo no llega a ser «el hombre de la casa» mientras viva su padre. Tocqueville escribió:

En Estados Unidos de América, la familia, si uno toma la palabra en su sentido romano y aristocrático, ya no existe. Uno halla solo rastros esparcidos de la misma en los primeros años después del nacimiento de los hijos. El padre entonces, sin oposición, ejerce la dictadura doméstica que la debilidad de su hijo hace necesaria y que se justifica tanto por su debilidad como por su superioridad incuestionable. Pero tan pronto como el estadounidense joven empieza a acercarse al estado adulto, las riendas de la obediencia filial se aflojan diariamente. Dueño de sus pensamientos, pronto se vuelve responsable de su propia conducta. En Estados Unidos no hay en realidad adolescencia. Al final de la niñez hay un hombre y empieza a trazar su propia senda...

En las aristocracias [europea y asiática], la sociedad, en realidad, se preocupa solo por el padre. Controla a los hijos solo por medio del padre; lo gobierna a él, y él los gobierna a ellos. De aquí que el padre no tiene solo su derecho natural. Se le da un derecho político para ordenar.... Se le oye con deferencia, siempre se le trata con respeto, y el afecto que se siente por él siempre está mezclado con el temor... [La relación entre padre e hijo] siempre es correcta, ceremoniosa, rígida y fría, de modo que el calor natural del corazón difícilmente se percibe en las palabras... pero entre las naciones democráticas cada palabra que el hijo le dirige a su padre tiene un tinte de libertad, familiaridad y ternura, todo a la vez.[42]

Por supuesto, desdichadamente, Tocqueville está describiendo al país «antiguo» de Estados Unidos. Hoy, casi un 40 por ciento de los muchachos estadounidenses no tienen padres. Tienen padres biológicos, pero no un hombre que asuma la responsabilidad moral de criarlos a la adultez responsable. Estados Unidos está siguiendo los pasos de naciones pobres, como Jamaica, donde dicen que hasta el 85 por ciento de los niños carecen de padres en el hogar para guiarlos.

Este es el resultado de una costumbre deliberadamente adoptada por los dueños de esclavos. Querían que sus esclavos varones sirvieran como «bueyes sementales»; que produjeran hijos pero que no los criaran como personas educadas, productivas. Los muchachos y muchachas sin educación solo crecen para ser esclavos. ¿Qué hizo de la familia estadounidense algo diferente? La explicación no remonta hasta Abraham. Él fue escogido para enseñar a sus hijos a andar en los caminos de Dios.[43]

Los padres estadounidenses «al principio» no siempre cuidaron de sus hijos. En el mismo tiempo en que Tocqueville visitó Estados

Unidos, demasiados padres eran borrachos, jugadores y maltratadores de esposas e hijos. Los revivalistas, como Carlos Finney, estaban predicando que Estados Unidos necesitaba un avivamiento espiritual «para hacer volver los corazones de los padres a los hijos».[44] Su predicación resultó en un poderoso avivamiento que transformó las familias y produjo una gran nación.

La muchacha estadounidense

Tocqueville notó que, incluso ya en la década de 1830, los católicos franceses les daban a sus hijas una educación tímida, retraída y enclaustrada, dejándolas luego sin ninguna guía y sin ayuda en medio de un gigantesco desorden social. En contraste, los cristianos bíblicos de Estados Unidos sistemáticamente preparaban a sus hijas para la libertad responsable; para que dominaran sus propios pensamientos, decisiones y conducta, y defendieran su castidad. La moralidad fomenta libertad, y la libertad refuerza la moralidad.[45]

Las estrictas costumbres sexuales de Estados Unidos de América (original), que produjeron mujeres fuertes, fueron expresadas en leyes conscientemente derivadas del Antiguo Testamento. El adulterio y la violación se castigaban con la muerte. Las relaciones sexuales premaritales o la fornicación resultaban en una multa, flagelación o una orden de casarse. Tocqueville observó, sin embargo, que «la pena de muerte nunca ha sido más frecuentemente prescrita por las leyes o más a menudo llevada a cabo» que en Estados Unidos.[46] El Nuevo Pacto es un testamento de gracia. Bajo este pacto, el Espíritu de Dios escribe sus leyes en el corazón humano, no en tablas de piedra.

En la Europa aristocrática, como en Asia, el matrimonio tenía el propósito más de unir propiedades que personas. La clase, la casta, la dote o los horóscopos determinaban la selección de cónyuges. En las democracias protestantes, por otro lado, a los jóvenes se les animaba a buscar la voluntad de Dios y escoger con quién querían pasar el resto de sus vidas.

El matrimonio como compromiso vitalicio tenía otra ventaja. Tocqueville observó:

Debido a que la disciplina paterna en Estados Unidos es muy poco estricta y los vínculos del matrimonio muy fuertes, una muchacha es cauta y recelosa en aceptar esto. Las bodas precoces casi ni ocurren. Así que las mujeres estadounidenses solo se casan cuando su mentalidad es experimentada y madura, en tanto que en todo el resto del mundo las mujeres por lo general empiezan a madurar cuando se casan... Cuando llega el momento de escoger un esposo, su poder de razonamiento frío y austero, que ha sido educado y fortalecido por una noción libre del mundo, enseña a la mujer estadounidense que un espíritu ligero y libre [permisividad] dentro del vínculo del matrimonio es una fuente permanente de problemas, y no de placer, que las diversiones de una muchacha no pueden llegar a ser la recreación de una esposa, y que para la mujer casada las fuentes de felicidad están dentro del hogar.[47]

En la década de 1960, las mujeres estadounidenses empezaron a rechazar el retrato de Tocqueville de la mujer ideal estadounidense. Ahora muchos, tal vez la mayoría de estadounidenses, rechazan las costumbres bíblicas para la vida de familia. Una razón para este rechazo es la aseveración de que, desde una perspectiva «natural», la monogamia es contra natura y que los hombres, por naturaleza, son polígamos. Hay mucho de verdad en esa afirmación. Sin embargo, ese argumento no toma en cuenta que toda la moralidad está diseñada para poner a nuestra naturaleza presente «caída» o pecadora bajo la ley moral. Ponerse ropa es contra natura; robar es natural para los animales; y mentir es la respuesta natural del niño cuando se ve en problemas. Darle rienda suelta a la naturaleza humana exigiría la abolición de toda la moralidad, no solo de la monogamia.

El veredicto de la historia es que, al definir el matrimonio como monogamia y calificar de inmoral toda relación sexual extramarital, la tradición bíblica puso el cimiento para familias estables, mujeres, niños, economía y sociedad fuertes. Al cumplir sus votos a una mujer, hechos delante de Dios y de la comunidad, el hombre aprende a cumplir su palabra en otras situaciones. Cuando guardar la palabra de uno se vuelve un valor cultural fuerte, entonces la verdad se vuelve el cimiento de la vida social. Este cimiento está siendo ahora estremecido por los defensores del divorcio fácil.

LA FILOSOFÍA DEL MATRIMONIO

El principio bíblico del matrimonio se basa en varias presuposiciones. Una de ellas es que los seres humanos son finitos. Yo soy varón, no mujer. Dios hizo a Eva porque vio que «No es bueno que el hombre esté solo».[48] Históricamente, la filosofía hindú ha promovido la homosexualidad y se ha convertido en fundamental para los intereses contemporáneos en el sexo tántrico o «sagrado», porque enseña que cada uno de nosotros es Dios, infinito y completo. En consecuencia, no necesito una esposa, porque lo femenino ya está en mí (*Shakti*). Yace adormecido, enroscado como una serpiente (*Kundalini*) en la base de la espina dorsal, en el centro psíquico del sexo (*Muladhara Chakra*). No necesito una esposa para estar completo, aunque tal vez necesite ayuda sexual para despertar lo femenino que tengo dentro. Trascenderé mi finitud como varón (o mujer) y experimentaré lo completo en mí (divinidad) cuando lo femenino en mí se levante, viaje hacia arriba y se amalgame con la energía masculina (*Shiva*) en mi corona (*chakra*).

La filosofía bíblica del matrimonio se basa en que Dios es personal y trino. La familia refleja la imagen de Dios. El capítulo 1 de Génesis presenta al Creador como Dios (v. 1), su Espíritu (v. 2), y su Palabra (v. 3). Este Dios trino dijo: «Hagamos al hombre a nuestra imagen, conforme a nuestra semejanza;... Y creó Dios al hombre a su imagen, a imagen de Dios lo creó; varón y hembra los creó» (vv. 26–27). Todo hombre y mujer lleva la imagen de Dios.

Un hombre y una mujer llegan a ser más como Dios cuando ese hombre y esa mujer llegan a ser uno en el matrimonio. Si un matrimonio es bíblico, entonces el egoísmo empieza a ser reemplazado por el amor que da de sí mismo; porque Dios es amor. Esposo y esposa llegan a ser más como Dios cuando tienen un hijo y llegan a ser tres en uno: una familia. Ser padres les ayuda a comprender el corazón de padre y el corazón de madre que tiene Dios; el significado real de amor, sacrificio y sumisión. Romper esa unidad mediante la rebelión, adulterio o divorcio lesiona a toda la familia porque viola nuestra naturaleza esencial: la imagen del Dios trino, la comunión personal de unidad y diversidad.

La base bíblica para la familia no resulta a menos que uno acepte una tercera presuposición: que vivimos en un universo de jerarquía y autoridad. La civilización cristiana: ortodoxa, católica y protestante, ha mantenido que la igualdad no excluye la autoridad. Un director y un músico son iguales como seres humanos, pero, en una orquesta, el músico está bajo la autoridad del director. La sumisión a esa autoridad no hace del músico menos ser humano; le hace un músico más efectivo.

De acuerdo con la Biblia, esposo y esposa son un equipo de iguales; pero el equipo ya no es como fue creado: sin pecado. Hombres y mujeres han pecado y es imposible que dos pecadores vivan felices para siempre. En un mundo perfecto podría ser posible que un equipo de dos funcionase sin una noción de autoridad. Pero en un mundo «caído», la única manera de que un equipo de dos pecadores pueda funcionar sin tropiezos es que a uno de ellos se le reconozca como el capitán. No es porque el capitán sea el mejor, más sabio, o siempre tenga la razón, sino porque el creador y dueño del equipo, Dios, le ha dado a uno de ellos la responsabilidad del liderazgo.

Muchos detestan la Biblia porque dice que el esposo es cabeza de la esposa,[49] aun cuando el Nuevo Testamento define el liderazgo como servicio. La idea bíblica del matrimonio sobrevivió durante siglos porque Lutero enseñó que la esposa debe darle a su esposo no solo amor, sino también honor y obediencia. Él debe gobernar con gentileza, pero tiene que gobernar.[50] Esta enseñanza bíblica choca con los conceptos contemporáneos de igualdad; las ideas de que la igualdad elimina las nociones de autoridad y papeles diferentes para hombres y mujeres.

En la actualidad, la idea de Lutero sobre la enseñanza de la Biblia acerca de la autoridad de la familia ha perdido popularidad. La gran familia estadounidense ahora está desintegrándose porque el país es una tierra dividida por guerras culturales. En un extremo están los feministas que piensan que la igualdad exige que a las muchachas de veinte años se las envíe como soldados a territorios enemigos (donde están expuestas a que las capturen, las violen en pandilla y las traten brutalmente) en defensa de la ideología feminista. En el otro extremo están los conservadores que piensan que el concepto bíblico de autoridad prohíbe que las mujeres oren en público; que al Padre celestial le desagradaría oír a sus hijas orar en un santuario.

En mi opinión, es probable que ninguno de los extremos gane la guerra cultural. El hecho doloroso, no obstante, que subsiste es que las luchas paralizan e incluso pueden destruir a las familias de pecadores una vez que la noción de la autoridad se arroja por la ventana. La Biblia no es un libro para personas ideales; es un manual para pecadores. Ninguna comunidad de pecadores puede funcionar sin autoridad.

Sin embargo, la autoridad, por esencial que sea, es una cosa peligrosa en manos de pecadores. La Biblia dice que el liderazgo de un esposo pecador, abusivo, opresor, no es lo que Dios propuso para el matrimonio. Eso es una maldición, resultado del pecado. Las buenas noticias (el evangelio) son que Dios vino a esta tierra para llevar sobre sí en la cruz la maldición del pecado. La cruz de Cristo es el medio de liberación del pecado.

Conforme esposos y esposas son santificados del pecado y llegan a ser más semejantes a Dios, hallan una liberación cada vez creciente de la maldición.[51] La idea cristiana del matrimonio no funciona a menos que esposo y esposa se avengan al hecho de que son pecadores y necesitan un salvador. Cuando reconocen su pecado y buscan la gracia y el perdón de Dios, pueden llegar a ser agentes de la gracia y compasión divinas; y la compasión cristiana es otro factor que hizo de Occidente la mejor civilización de la historia. Ahora la examinaremos.

Capítulo dieciséis

COMPASIÓN

¿POR QUÉ EL CUIDADO LLEGÓ A SER COMPROMISO MÉDICO?

Conducíamos como a cien kilómetros por hora por la carretera interestatal que cruza Miniápolis, cuando oímos sirenas estridentes detrás de nosotros. El tráfico de alta velocidad se detuvo casi en seco. Dos ambulancias y unos pocos vehículos de policía pasaron a toda velocidad. Antes de que tuviéramos la menor idea de lo que estaba pasando, las lágrimas afloraron a los ojos de Ruth.

—¿Qué he hecho ahora? —pregunté.

—Cuánto se interesan ellos por su gente —dijo Ruth, ignorándome, tratando de ver si más allá del tráfico había algún accidente, y si alguien había salido herido.

Eso fue el año 2000. Acabábamos de llegar a Estados Unidos para escribir este libro y explorar la posibilidad de hacer un programa de televisión. Este no era el primer viaje de Ruth a Estados Unidos. Ella había estudiado allí tres años, de 1971 a 1974. El choque cultural todavía es fuerte. Incluso hoy, Ruth derrama una o dos lágrimas cuando ve que el tráfico se detiene a la vista de un bus escolar con las luces relampagueando, al recoger o dejar a algún niño. Eso le trae a la mente los recuerdos de su odisea en Nueva Delhi, cuando todos los días un miembro adulto de la familia tenía que ayudar a Anandit, nuestra hija menor, a subir al autobús escolar sin caer bajo las ruedas o cuidando de que no la atropellase alguna motocicleta a toda velocidad.

Habiendo sido beneficiaria de la bondad y sensibilidad de cientos de personas en Estados Unidos, Ruth se ha convertido en intrépida defensora de este país. A veces, esto la mete en controversias, especialmente cuando habla con otros asiáticos que han vivido más tiempo en Estados Unidos. Algunos condenan el individualismo egoísta de su sociedad.

En unas pocas de esas ocasiones he intervenido para mediar entre opiniones opuestas. Explico a los que discuten con Ruth que, a diferencia de ellos, nosotros no hemos vivido ni trabajado en Estados Unidos secular. Nuestras impresiones se basan en nuestra limitada experiencia en el país, limitada en su mayor parte a interacciones con la comunidad cristiana. Hallamos que servir a otros con sacrificio personal es un valor asombrosamente alto en la iglesia estadounidense. La iglesia de la India tiene muchas instituciones excelentes que se sirven unas a otras; sin embargo, en general, a gran parte de la comunidad cristiana de la India le falta el espíritu de servicio a nivel personal (no institucional) que hemos experimentado aquí en Estados Unidos. Conociendo la naturaleza humana, sin embargo, no me cabe ninguna duda de que detrás del volante de esas ambulancias podrían estar hombres «caídos», que en realidad detestan a las personas a quienes sirven.

COMPASIÓN: FRUTO DEL ESPÍRITU

Carlos Marx pensaba que la religión es un opio que la élite administra a las masas para impedir que se rebelen contra la opresión y la explotación. Aunque crítico sin tapujos del amor, compasión y moralidad cristianos, el filósofo alemán Federico Nietzsche discrepaba de Marx. Señaló que el judaísmo empezó bajo Moisés como la revuelta de los esclavos contra sus amos egipcios.

El cristianismo, de manera similar, fue la religión de un galileo débil y crucificado. Apeló a los marginados del Imperio Romano: mujeres, esclavos, desvalidos y derrotados. Nietzsche notó que el cristianismo permitió que los débiles derrotaran a la civilización clásica que celebraba la fuerza, la sensualidad y la aceptación despiadada de la muerte vista, por ejemplo, en las peleas entre gladiadores.

Según Nietzsche, la tradición judeocristiana era un medio por el cual los impotentes encadenaban a los poderosos, manipulando la culpa, requiriendo benevolencia y suprimiendo la vitalidad natural. Nietzsche influyó fuertemente en los que promovían la supremacía aria. Los nazis pusieron en práctica este argumento de que la decadencia moderna, es decir, las ideas de igualdad, emancipación de las mujeres, democracia y cosas por el estilo, vinieron de judíos y cristianos. Estos habían «predicado el evangelio a los pobres y viles, [conduciendo a] la revuelta general de todos los desvalidos, los miserables, los fracasados, los menos favorecidos, en contra de la "raza"».[1] Esta perspectiva resume el contundente contraste entre el igualitarismo judeocristiano y la estrategia hindú (aria) de organizar a la sociedad jerárquicamente basada en procreación biológica con los brahmines por encima y los intocables al fondo.

Nietzsche no estuvo solo al condenar la compasión cristiana. Muchos ni siquiera pueden creer que los pobres no son víctimas de su propia karma y que Dios se interesa por ellos. No pueden entender por qué Occidente da tanta caridad para servir a los pobres y destituidos en la India. Sienten profundas sospechas ante la filantropía occidental y les disgusta el hecho de que los cristianos escogen deliberadamente servir, educar y potenciar a las castas bajas y a los marginados. Este era el factor subyacente en el entusiasmo hindú por el ataque del doctor Arun Shourie contra las misiones cristianas. Algunos hindúes piensan que los cristianos sirven a los pobres a fin de prepararlos para que Estados Unidos los colonice.

Sea como sea, la crítica de Nietzsche tenía razón en que la Biblia ha sido la más grande fuerza humanizadora de la historia. Impulsó el movimiento para la abolición de la esclavitud y promovió el cuidado de los débiles, como las viudas, huérfanos, minusválidos y leprosos. Desde liberar y rehabilitar a las prostitutas del templo hasta la reforma de prisiones y dar sanidad y límites morales, la tradición bíblica ha sido la más poderosa fuerza civilizadora. Hoy, la ideología secular se ha apoderado de instituciones como la Cruz Roja. El interés comercial ha capturado oficios como la enfermería. Grupos Nueva Era se han vuelto promotores de la prevención de la crueldad contra los animales;

y los historiadores se han olvidado del origen de los derechos humanos y la justificación de la desobediencia civil. Todo esto fueron originalmente expresiones de lo que la Biblia llama el fruto del Espíritu: «amor, gozo, paz, paciencia, benignidad, bondad, fe, mansedumbre, templanza».[2] Estos esfuerzos e instituciones son resultado del Espíritu que Jesús prometió a los que creyeran en él,[3] el Espíritu de Dios que es el «Padre de misericordias y Dios de toda consolación».[4]

Un análisis de la historia de la profesión médica confirma la aseveración del historiador David Landes de que «la cultura determina casi toda la diferencia».[5] Las civilizaciones griega, romana, india e islámica produjeron grandes médicos y cirujanos; sin embargo, no desarrollaron la medicina moderna, en parte porque no se interesaban en producir culturas de asistencia. Por esa razón, con el tiempo perdieron ante la civilización bíblica su destreza técnica y su ventaja de cara a unos inicios ventajosos en la medicina. La civilización occidental pudo aprender de culturas precedentes y desarrollar la medicina moderna porque la Biblia decía que la enfermedad real de la sociedad humana era el egoísmo. El propósito de la comunidad humana era reflejar la imagen de un Dios trino —ser una comunidad de amor—, pero escogió seguir la tentación diabólica y poner el interés propio primero.

En el mundo clásico (grecorromano) la medicina tuvo un principio prometedor, pero no llegó a convertirse en una ciencia sostenible, en constante mejora. Los estudiantes de medicina están familiarizados con la tradición hipocrática (Hipócrates de Cos, h. 460 A.C.–h. 377 A.C.) de Grecia. Este primer ejercicio registrado de medicina racional se apoyaba en el cuestionamiento crítico. Estimulaba la racionalidad por encima de las supersticiones, magias y ritos. La tradición hipocrática introdujo el profesionalismo y normativas éticas para el ejercicio de la medicina. Al médico se le exigía que respetara a los pacientes, que no abusara del poder que tenía sobre sus cuerpos, que mantuviera la confidencialidad, y que diera vida y no la quitara. El juramento hipocrático incluiría el cuidado del nonato; por consiguiente, prohibía el aborto. El médico prestaba juramento de servir a los pobres gratuitamente cuando fuera necesario. Esto se resume hoy día como «Lo primero es no hacer daño» (*Primum non nocere*).

Los griegos, de este modo, pusieron los elogiables primeros pasos de la medicina, pero no pudieron construir sobre este maravilloso cimiento. Hoy, casi en cada ciudad de la India tenemos *Unani Dawakhanas*: casas médicas griegas. En su mayoría las dirigen musulmanes, indicando que el islam trajo la medicina griega a la India. Recetan medicina «griega», en su mayor parte hierbas. Estas clínicas sobreviven debido a que ayudan a algunos pacientes. La mayoría de las personas de la India, sin embargo, consideran que estos practicantes son curanderos, porque estas casas médicas griegas no se conocen por su medicina racional.[6] Tampoco son parte de una atención continua preventiva, curativa o de enfermería. El conocimiento médico de Grecia no produjo una cultura de cuidado. Es más, la cultura general superó y asfixió el prometedor inicio de la medicina racional.

Durante los primeros siglos de la era cristiana, los médicos griegos se iban casi todos a Roma. El más ilustre de ellos fue Galeno, cuyas obras sobre medicina tradujeron al árabe eruditos islámicos como Hunayn ibn Ishaq, que también tradujo obras de Hipócrates y escribió comentarios sobre ellas. Roma, sin embargo, no contribuyó mucho a la teoría o práctica de la medicina, salvo en cuestiones de salud pública, en la cual estableció un gran ejemplo. Roma tenía una provisión de agua y baños públicos sin parangón. Proveía gimnasios, alcantarillado doméstico, adecuada disposición de las aguas servidas, e incluso construyó algunos hospitales.

Después de la caída de Roma, el aprendizaje ya no se consideraba de alta estima, se desalentó la experimentación, y llegó a ser un bien peligroso. La capacidad estaba allí, pero la cultura sanitaria no podía llegar a ser parte del mundo clásico. El Imperio Romano construyó una cultura de crueldad que mataba por diversión. Por ejemplo, dejar expuestos a la intemperie a los recién nacidos no deseados había sido práctica común durante siglos antes de que Roma cayera. Los escritores griegos Platón y Aristóteles habían recomendado el infanticidio como una política estatal legítima. Las Doce Tablas, el más antiguo código legal romano, (450 A.C.) permitía que los padres dejaran expuestas a la intemperie a cualquier bebé niña, así como a los varones nacidos con malformaciones o débiles. Durante las excavaciones en una villa en el puerto de Ascalón, Lawrence E. Stager y sus colegas realizaron:

> ...un horripilante descubrimiento en la alcantarilla que corría debajo de una casa de baños... el desagüe había quedado taponado con desechos en algún momento en el siglo VI A.D. Cuando excavamos y sacamos los desechos secos, hallamos numerosos huesos pequeños que dimos por sentado que eran huesos de animales. Solo más tarde nos dimos cuenta... de que eran huesos humanos; de casi cien bebés evidentemente asesinados y echados a la alcantarilla.[7]

No todo el mundo antiguo era egoísta y buscaba solo placer. Muchos pensaban que renunciar al mundo y sus placeres era un ideal alto y deseable. Lo que les faltaba era el conocimiento de que Dios amó a este mundo pecador, rebelde, lleno de enfermedad y sufrimiento; lo amó lo suficiente como para enviar a su Hijo a que sufriera a fin de salvar a otros.

«DE TAL MANERA AMÓ DIOS AL MUNDO»

Jesucristo nació cuando el emperador Augusto estaba egoístamente construyendo lo que pensaba que serían los cimientos seguros de la civilización. Habría un imperio y un emperador. Las guerras cesarían. El mundo estaría seguro para la civilización. Su problema era que este imperio tenía que ser edificado por la fuerza, lo que requería un ejército brutal. Pero entonces a ese ejército había que mantenerlo en cintura por la fuerza. Edificar un imperio por la fuerza convertía a los ciudadanos en virtuales esclavos. El sistema entero tenía que ser edificado en las espaldas de esclavos que sudaban, sangraban y no tenían nada que ganar. El imperio era bueno para los pocos privilegiados; para el resto, era una civilización tan horrible que la compasión de Jesús se vio como una luz radical en una edad oscura.[8]

Cristo atrajo a las masas oprimidas porque predicó buenas noticias a los pobres.[9] Jesús tuvo compasión de las multitudes que le siguieron porque las vio como «desamparadas y dispersas como ovejas que no tienen pastor»,[10] explotadas por lobos despiadados que pretendían ser sus custodios. Jesús sirvió de mentor a sus discípulos para que llegasen a ser pastores que pondrían su vida por sus ovejas.[11] A riesgo de su vida, Jesús se levantó en contra del poder religioso y político de su día a favor de la dignidad y valor de los individuos insignificantes, lisiados y mentalmente desquiciados.[12] Reprendió la dureza de sus discípulos cuando quisieron impedir que las madres trajeran a los niños a él para obtener sus bendiciones.[13] Jesús enfureció a los líderes de la comunidad de su día al abrazar a los parias sociales: los leprosos, los cobradores de impuestos y los samaritanos «intocables».[14]

Justino Mártir (h. 100–165), brillante apologista de Cristo, se convirtió en el año 133. En su *Apología*, Justino explica que Jesús renunció al prestigio que podía haber tenido si hubiera buscado el patrocinio de la civilización clásica. Más bien, Jesús llegó a ser el Mesías de los enfermos, los afligidos y los que sufrían. Fue esto lo que transformó a su comunidad perseguida. Justino escribió:

> Los que antes se deleitaban en la fornicación, ahora abrazan la castidad sola; los que antes hacían uso de artes mágicas, se han dedicado al Dios bueno y eterno; nosotros que en un tiempo valorábamos por encima de todo la adquisición de riquezas y posesiones, ahora traemos lo que tenemos a la bolsa comunitaria, y lo compartimos con todos los necesitados; los que nos detestábamos y destruíamos unos a otros, y no compartíamos nuestro corazón con personas de una tribu diferente debido a sus costumbres diferentes, ahora, desde que hemos venido a Cristo, vivimos con familiaridad con ellos, y oramos por nuestros enemigos, y tratamos de persuadir a los que injustamente nos aborrecen para que vivan de acuerdo con el buen consejo de Cristo, a fin de que puedan compartir con nosotros la misma esperanza gozosa de una recompensa de Dios amo de todos.[15]

Obviamente, la iglesia cristiana no siempre ha vivido según estos altos ideales. El emperador Juliano (331–363 A.D.) confirmó, sin ser consciente, la validez esencial de la afirmación de Justino cuando trató de salvar las religiones paganas de Roma que perseguían a los cristianos. Les dijo a sus correligionarios que si querían impedir el crecimiento del cristianismo deberían servir a sus prójimos mejor de lo que los servían los cristianos.[16] Uno oye enunciados similares de militantes indios de hoy que detestan las misiones cristianas, y sin embargo se presentan el reto de servir como cristianos a fin de impedir que la gente se convierta en seguidores de Cristo.[17]

Agustín, obispo de Hipona, explicó la diferencia entre el reino humano de Roma y el reino de Cristo de Dios. Era profesor de retórica, y sus libros *La ciudad de Dios* y *Confesiones* dominaron la vida intelectual de Europa más de mil años. Su madre era cristiana, pero él ridiculizaba el cristianismo, porque era un filósofo estudiado y por su «cultura de *playboy*»; tuvo una amante desde que tenía quince años. Su desprecio del cristianismo continuó hasta que tuvo treinta años, cuando Agustín se dio cuenta de que la filosofía le había fallado a él y al mundo antiguo. En su libro *Sobre la naturaleza y la gracia* (415 A.D.), describe las dos culturas: la secular y la celestial:

> Lo que anima a la sociedad secular (*civitas terrena*) es el amor egoísta que llega al punto de despreciar a Dios. Lo que anima a la sociedad divina (*civitas caelestis*) es el amor de Dios al punto del desprecio de uno mismo. El uno se enorgullece de sí mismo (*amor sui*), el orgullo del otro está en el Señor. El uno busca gloria de los hombres, el otro cuenta su conciencia de Dios como su mayor gloria (*De Civitate Dei* 14:28)... Estos deseos, por consiguiente, pueden describirse respectivamente como codicia (*avaritia*) y amor (*caritas*). El uno es santo, el otro es necio; el uno es social, el otro egoísta; el uno piensa en el bien común por causa de la relación superior, el otro reduce incluso el bien común a una posesión de sí mismo por causa de la ascendencia egoísta. El uno se sujeta a Dios, y el otro es rival de Dios; el uno es calmado, el otro turbulento; el uno es pacífico, el otro faccioso; el uno prefiere la verdad a la alabanza de los necios, el otro es codicioso de la alabanza en cualquier término; el uno es amistoso, el otro envidioso, el uno desea lo mismo para su prójimo que para sí mismo, el otro quiere sujetar a su prójimo a sí mismo, el uno gobierna a su vecino en interés del prójimo, el otro por el interés propio.[18]

Agustín rechazó la civilización de Roma, a la que caracterizaba por *amor sui* (amor a uno mismo). La filosofía del amor propio empieza con una aseveración del derecho animal a la vida y halla su cumplimiento en una satisfacción de las demandas del vientre y los lomos. Formó una comunidad, pero era el acuerdo fomentado por ladrones y piratas. Este fenómeno se ve hoy entre los funcionarios corruptos de estados «democráticos». Es la forma más baja de esfuerzo cooperativo. Los funcionarios corruptos de un hospital o de la policía pueden tener una hermandad tan fuerte que nadie delata sus componendas. La suya es una comunidad egocéntrica. Unos a otros se cubren su perversidad. No importa si una «comunidad» médica ha prestado el juramento hipocrático, se ganaría el odio de sus «beneficiarios» si siguiera la cultura impulsada por el amor propio, la ciudad secular.

Los cristianos rechazaron la cultura de Roma porque Cristo confrontó sus crueldades con el evangelio de un Dios compasivo. Invitó a los pobres, los mansos, los enfermos, los afligidos, los hambrientos, los débiles y los fatigados a venir a él y descansar. Bendijo a los niños, tocó a los leprosos, sanó a los discapacitados, libró a los endemoniados, comió con los parias sociales, protegió a las prostitutas, enseñó a las masas iletradas, se opuso a los opresores y reconcilió a los pecadores rebeldes con su Padre celestial, amante y perdonador. Los seguidores de Cristo edificaron sobre esta tradición de compasión por los difíciles de amar. Por ejemplo, en el 369 A.D. —pocos siglos antes del nacimiento del islam—, San Basilio (329–379 A.D.), obispo ortodoxo de Cesarea, fundó el primer hospital en Capadocia (la actual Anatolia) con trescientas camas.

Los monasterios fueron los pioneros reales de la cultura occidental del cuidado sanitario. Los ermitaños y los ascetas habían precedido a los monjes, pero veían la espiritualidad como una renuncia del mundo; no muy diferente de los ascetas hindúes. San Benedicto de Nursia (h. 480–547 A.D.) rechazó la tradición ermitaña de los monjes de alejarse de la sociedad para cultivar su propia espiritualidad. Dándose cuenta de que Dios amó a este mundo, practicó la vida célibe espiritual, no como fin en sí misma, sino para servir a la sociedad, especialmente a los pobres y enfermos. Los monjes benedictinos imprimieron en la conciencia occidental la idea de humildad y servicio como el verdadero medio para la grandeza. Esta idea llegó a ser un rasgo definitorio de la civilización occidental. Es lo opuesto de la idea asiática de que los seres inferiores deben servir a los superiores.

LA COMBINACIÓN DE COMPASIÓN Y CONOCIMIENTO

La compasión no fue la única fuerza que había tras la contribución cristiana a la medicina. Igualmente importante fue la dedicación al conocimiento. Los seguidores de Cristo preservaron, transcribieron y tradujeron manuscritos médicos griegos. Los monasterios católicos medievales absorbieron la medicina griega e islámica y enriquecieron la tradición acumulando conocimiento, anotándolo en libros y observando cuidadosamente cuál tratamiento funcionaba y cuál no. Los clásicos antiguos filosóficos, científicos y médicos nos han llegado sobre todo gracias a que los monasterios tenían escritorios en los que copiaban libros, multiplicaban el conocimiento, y permitieron que el aprendizaje sobreviviera durante la Edad del oscurantismo.

Los monasterios empezaron a ejercer la medicina y, debido a su estructura de confraternidad, transcribieron su conocimiento médico de una institución a otra. Este se tradujo al latín en muchos monasterios medievales. Los cristianos nestorianos (una iglesia oriental) establecieron una escuela de traductores para traducir textos griegos al árabe; eso llegó a ser un paso clave para bendecir al mundo árabe. Aseguró la supervivencia de la medicina griega cuando los bárbaros destruyeron la educación en Europa.

La tradición benedictina no solo salvó la formación médica antigua, sino que hizo que se extendiera, edificando sobre su fundamento. Gradualmente, los monasterios decidieron no dedicar tanto tiempo lejos de sus responsabilidades principales de oración y meditación. Empezaron a dejar algunas de sus responsabilidades médicas en manos de laicos o legos. Los monasterios cristianos empezaron a extender el conocimiento adquirido en los manuscritos y la experiencia. El conocimiento médico, de este modo, se acumuló y mejoró, incluso antes de que empezaran las universidades en el siglo XIII.

Las universidades medievales europeas refinaron y enseñaron el conocimiento médico que habían recibido de fuentes islámicas y monásticas. Las universidades eran los brazos educativos de la Iglesia. Las universidades seculares o de propiedad del estado no existían. El sacerdote católico Guido de Cauliaco (h. 1300–1368 A.D.) escribió el primer libro moderno de cirugía (*Chirurgia Magna*, 1363 A.D.). Eruditos cristianos y artistas del período del Renacimiento, como Leonardo da Vinci, edificaron sobre esa tradición, compilando un conocimiento colosal de la anatomía humana.

MEDICINA ÁRABE

Los imperios musulmanes se extendían desde Persia hasta España. Cuando se habla de «medicina árabe» no necesariamente implica que todos los médicos de la Edad Media fueran árabes, nativos de Arabia o musulmanes. Algunos eran judíos y algunos cristianos. La filosofía general y doctrinas médicas de la medicina «árabe» eran sustancialmente las de Galeno y de Hipócrates. Algunos médicos musulmanes hicieron accesibles los difíciles escritos de Galeno. El prodigioso intelectual Avicena (h. 980–1037 A.D.) fue el médico islámico más celebrado del siglo XI.

Rhazes, Avicena y Avenzoar, los más grandes médicos «islámicos», eran todos jefes de hospitales. Tenían tiempo para estudiar a sus pacientes y seguir la evolución de una enfermedad. Confeccionaron historiales médicos y llevaron registros de sus pacientes. Abulcasis (Abu'l–Qasim Khalef ibn Abbas az-Zahrawi), nacido cerca de Córdoba, España, fue la autoridad médica más frecuentemente consultada por los médicos en tiempos medievales. Restauró la cirugía a su gloria anterior y escribió una enciclopedia médica. Desde el siglo IX hasta el XV, la enseñanza de la medicina estaba mejor organizada en las escuelas de Bagdad, Damasco, Cairo y Córdoba, que estaban conectadas con hospitales.

Con esta tremenda herencia, la civilización islámica podía haber avanzado a desarrollar la medicina moderna, porque el islam también creía en un Dios compasivo y respetaba a Jesucristo como profeta. No logró capitalizar bien lo que tenía porque prefirió seguir a un héroe militar, Mahoma, en lugar de a un Salvador que se sacrificó a sí mismo, Cristo. En consecuencia, la tradición islámica no pudo librar a los musulmanes de la búsqueda clásica del poder. No podía glorificar el servicio desprendido como virtud superior. La cultura hipocrática no se inició en Grecia, Roma, la India, Arabia o Europa medieval; ni siquiera en las universidades cristianas medievales.

EL NACIMIENTO DE LA MEDICINA MODERNA

A Thomas Sydenham (1624–1689), médico inglés del siglo XVII, se le llama el «Hipócrates inglés» y el «padre de la medicina inglesa». Empezó a cuestionar las presuposiciones y prácticas médicas que había heredado. Revivió la medicina racional de tal manera que sobrevivió no solo unas pocas generaciones, sino que continúa creciendo hasta hoy.

Nacido en 1624 en un hogar puritano, Sydenham combatió en la guerra civil británica junto a su padre y hermanos del lado de Oliver Cromwell. Cuando Cromwell llegó al poder, Sydenham estudió para ser médico. Empezó a ejercer en Westminster y dio inicio a lo que ahora llamamos «medicina moderna». Sydenham era amigo de otros científicos puritanos, como Robert Boyle, que era miembro de la Sociedad Real de Ciencias. Estos pioneros de la ciencia y la medicina no se preocupaban meramente por la medicina racional, experimental, científica y académica. Su preocupación era la gloria de Dios y el amor por los seres humanos. La Biblia respaldaba la misión médica de Sydenham. Él resumió su filosofía médica en el siguiente consejo a sus estudiantes:

Quienquiera que se aplica a la medicina debe seriamente pesar las siguientes consideraciones: Primero, que un día tendrá que rendir cuentas al Juez Supremo de las vidas de los enfermos confiados a su cuidado. Luego, cualquiera que sea la habilidad o conocimiento que, por favor divino, llegara a poseer, debe dedicarlos por encima de todo a la gloria de Dios y el bienestar de la raza humana. En tercer lugar, debe recordar que no es una criatura vil o innoble con quien trata. Podemos asegurar la valía de la raza humana puesto que es por causa de ella que el Unigénito Hijo de Dios se hizo hombre y, por consiguiente, ennobleció la naturaleza que él tomó sobre sí. Finalmente, el médico debe tener presente que él mismo no está exento de la suerte común, sino que está sujeto a las mismas leyes de mortalidad y enfermedad que sus semejantes y que cuidará a los enfermos con mayor diligencia y ternura si recuerda que él mismo es su compañero sufriente.[19]

Mientras que las tradiciones médicas griega, romana, árabe y de la India se estancaron o murieron, la tradición de Sydenham continúa floreciendo después de cuatro siglos, porque era una parte integral de una cultura mayor forjada por la Biblia. El escenario médico de la India puede ayudar a captar este punto.

MEDICINA DE LA INDIA

Los estudiantes de medicina y médicos de la India constituyen la minoría étnica más numerosa en muchas instituciones médicas prestigiosas de Estados Unidos. Algunos indios se imaginan que esto se debe al hecho de que la historia de la medicina en la India se remonta a tres mil años o más. Deepak Chopra y otros* han popularizado en Occidente el *Ayurveda*, antiguo sistema indio de medicina. Pero el *Ayurveda* no es la única invención médica de la India. Los primeros textos sobre cirugía son los del *Samhita* de Sushruta. Fueron compilados entre los siglos I A.C. y VII A.D. Se dice que Sushruta fue el primero en realizar operaciones de cataratas en un tiempo cuando la gran tradición hipocrática ni siquiera las mencionaba.

La cirugía plástica es otra invención de la India. La necesidad de cirugía plástica sirve como ilustración del impacto de una cultura en la medicina. Si alguien se comportaba vergonzosamente en la India tradicional —por ejemplo, adulterando— el castigo era la pérdida de la nariz. Se cortaron tantas narices que ya hace dos mil años necesitábamos cirugía plástica. No existe evidencia de que las civilizaciones grecorromanas hayan tenido idea de cirugía plástica.

---

* El *Ayurveda* de Deepak Chopra es muy diferente del ejercicio original de la India, que creía que el cuerpo humano estaba compuesto de cinco elementos: tierra, agua, aire, fuego y éter. Se creía que la enfermedad se debía a una perturbación en el equilibrio apropiado de estos elementos.

Al *Ayurveda,* las operaciones de catarata y la cirugía plástica, podríamos añadir el masaje y la aromaterapia como ejemplos de los avances pioneros de la India en la destreza médica. Pero este cuadro glorioso de medicina en la India antigua tiene que ponerse en contraste con la realidad que resume el relato de Ida Scudder de apenas hace un siglo.

Ida, una joven estadounidense y graduada de la Escuela para Damas Jóvenes de D. L. Moody en Northfield, Massachusetts, fue a visitar a su padre misionero en el sur de la India en 1892. Una noche, un brahmín (la casta hindú más alta) vino a verla y le dijo que su esposa estaba a punto de dar a luz, pero que era un parto muy doloroso, así que le preguntó si ella podría ir y ayudar en el parto. Ida respondió: «No, yo soy solamente una joven, no soy médico. No sé nada de medicina. Mi padre es el médico, ¡llévelo a él!» Pero el brahmín respondió: «¡No puedo llevar a un hombre a que atienda a mi esposa!»

Poco después, un musulmán vino y preguntó si ella podía ayudar a su esposa, que también estaba atravesando un parto difícil. Ida dijo: «Mire, yo soy solamente una joven visitando a mi padre, ¿por qué no lo lleva a él?» El musulmán, repitió la respuesta del brahmín, ¡nunca llevaría a un hombre a atender a su esposa!

Luego vino un hombre de la casta mudaliar* y le suplicó que fuera y ayudara en el parto a su esposa. Ella se negó de nuevo.

Al llegar la mañana, las tres mujeres estaban muertas. Eso estremeció a Ida. Ella creyó que Dios le estaba diciendo algo. Volvió a Estados Unidos, estudió en la Universidad Médica Cornell, y luego volvió a la India, en 1900, para establecer una clínica de una cama, que se llegaría a convertir en la Universidad Médica Cristiana Vellore.[20] Mahatma Gandhi la llamó la mejor universidad médica de Asia y llegó a ser la más grande de la India. En ciertos aspectos puede ser la mejor del mundo. Los profesores sirven como mentores. No ejercen medicina de manera privada; todo su tiempo está a disposición de alumnos y pacientes. La universidad también está a la vanguardia del desarrollo de la educación médica mediante la formación a distancia.

---

* Los mudaliar son shudrás «adelantados», es decir, de la cuarta categoría en el sistema de castas hindú. Se han dedicado a la burocracia y el ejército.

Los esfuerzos heroicos de misioneros como Ida Scudder produjeron un resultado asombroso. Pasado un siglo, hay más doctoras en la India que en cualquier otro país del mundo. Pero, ¿qué sucedió a los tremendos principios de medicina que la India había hecho dos mil años antes? En el año 1900, ¿por qué una ciudad no tenía doctoras o enfermeras que pudieran atender un parto?

Varios factores causaron la declinación y estancamiento de la tradición médica de la India. Una fue la actitud hacia el conocimiento. Hubo en la India individuos con gran talento médico; pero nuestra cultura veía el conocimiento como poder; algo que había que mantener en secreto y guardado, y no diseminarlo. Nuestros médicos entendidos formaban a sus hijos y también a sus estudiantes si ellos se sometían en mente y cuerpo a sus gurús como sus *shihyas* (discípulos). El conocimiento daba autoridad. Para seguir siendo el experto, no se podía permitir que los discípulos cuestionasen la capacidad de uno. Los discípulos tenían que someter su mente a la autoridad del gurú.

Esta actitud hacia el conocimiento no podía producir y sostener una cultura académica en la que colegas profesores y estudiantes pudieran cuestionar, rechazar y mejorar las técnicas médicas que habían recibido. De este modo, la India tenía gigantes intelectuales pero nuestra tradición religiosa no logró desarrollar comunidades académicas. El genio, conocimiento y excelencia del individuo en la tecnología son insuficientes para edificar una cultura médica. Requiere esfuerzo comunitario.

Además, estaba el problema de las castas. Se suponía que solo las castas más bajas podían dedicarse a profesiones de servicio que parecían ser sucias o degradantes. Solo las mujeres de casta más baja podían servir como parteras. Además, todas las mujeres eran seres humanos de segunda clase y su salud y seguridad no eran prioridades en nuestros pueblos.

Cuando Ruth y yo empezamos a servir a los pobres en la India central, una de nuestras primeras prioridades fue formar obreros sanitarios del pueblo. Hallamos que había parteras analfabetas atendiendo partos de manera totalmente antihigiénica. El tétano era algo común debido a que cortaban el cordón umbilical con una guadaña.

También usaban trapos para tratar de detener la hemorragia de la mujer después del parto. El lavar las heridas con agua sucia aumentaba las infecciones. Estos problemas elementales eran asuntos gigantescos, porque se veía a la profesión de partera como un trabajo sucio que debía hacerlo la casta más baja. Estas actitudes culturales impidieron el desarrollo de atención ginecológica en nuestra cultura.

El karma se convirtió en otro factor filosófico que impedía una cultura de cuidados sanitarios. Se creía que el sufrimiento de una persona era resultado de su karma (obras) en una vida previa. En otras palabras, el sufrimiento era justicia cósmica. Interferir con la justicia cósmica es como meterse en una cárcel y poner en libertad a un preso. Si uno reduce el sufrimiento de alguien, en realidad está aumentando su sufrimiento, porque entonces esa persona va a necesitar volver para completar su cuota debida de sufrimiento. Uno no ayuda a una persona cuando interfiere con la ley cósmica de justicia.

Como seres humanos, nosotros los indios tenemos tanta empatía natural como cualquiera en el mundo, pero la doctrina del karma nos impidió convertir esta empatía natural en instituciones y tradiciones de cuidado. No tenemos escasez de dioses, diosas y santos en nuestro país, pero tuvieron que venir de fuera misioneras como Ida Scudder y la madre Teresa de Calcuta[21] para ayudarnos a ver que los destituidos que morían en nuestras calles eran seres humanos, aunque tuvieran cuerpos que se pudrían. En tanto que la mayoría de hindúes honran el espíritu misionero, personas como Arun Shourie, que anhelan preservar la cultura hindú, ven con toda razón a las misiones cristianas como su amenaza más grande.

El budismo enseñaba el *karuna* (compasión) como un valor alto, pero la compasión budista no pudo desarrollarse hacia una cultura asistencial. Esto se debió en parte a que el budismo también creía en la doctrina del karma y en parte a que enseñaba que no debemos encariñarnos con nadie. Buda tuvo que renunciar a su propia esposa e hijo para buscar la iluminación. Veía el cariño como causa de sufrimiento. El desapego, por consiguiente, se convirtió en una virtud religiosa importante. Eso convirtió al *karuna* budista en compasión sin compromiso con otra persona. Los que estaban dedicados a su propia iluminación espiritual personal no tenían motivación para desarrollar una tradición médica científica.

El declive de la medicina en la India debe servir como advertencia a Occidente. Nuestro fracaso demuestra que, en última instancia, el desarrollo de la profesión médica no puede depender solo del conocimiento o capacidad técnicos. Una sociedad con genio médico puede destruir el futuro de su medicina. En definitiva, la medicina requiere una cultura de asistencia que une el corazón y la mente para producir y sostener valores, leyes y sistemas socioeconómicos apropiados que fomentan la medicina. El desarrollo de una cultura conducente a la medicina exige sabiduría, y eso es lo que ha escaseado últimamente en Estados Unidos. Un importante documental activista de Hollywood llegó al punto de instar a Estados Unidos a seguir a Cuba. La atención sanitaria dominó el debate público hasta el 2009. Es probable que sea un tema candente también en el 2011.

Hoy, muchos médicos de la India están en la vanguardia de la tecnología médica en Occidente. Sin embargo, algunos de mis amigos indios en el Reino Unido han puesto en marcha una compañía de «seguro de sangre» para los que viajan a la India. Aseguran a sus clientes que, en caso de emergencia, les será enviada sangre médicamente limpia vía aérea desde Inglaterra en un plazo de dos horas. Suplir la sangre limpia es comprensible. Pero es humillante cuando atletas y equipos deportivos internacionales tienen que traer su propia agua embotellada a la India para beber. No nos falta la capacidad ni los recursos para proveer sangre o agua limpias. El problema es que a los indios que viven en Occidente les cuesta confiar en su cultura.

Transformación cultural

Un pueblito del estado de Maharashtra estaba celebrando el quincuagésimo aniversario del hospital cristiano local. Durante la celebración, un anciano personaje público narró el siguiente incidente de los primeros días del hospital.

Una familia pobre trajo a una mujer al hospital para una operación. Ella necesitaba sangre, pero nadie de su familia quería donar su sangre. Profundamente desilusionado por su temor y falta de compasión, y dándose cuenta de la urgencia de su situación, el cirujano misionero donó su propia sangre y luego procedió a operar a la mujer moribunda. El pueblo se quedó perplejo. ¿Por qué un cirujano iba a hacer tal cosa? La cosmovisión ciega a la gente de modo que los críticos no pueden ni siquiera empezar a comprender que el cirujano estaba siguiendo a un Salvador, que había dado su propia sangre para darnos vida.

El médico misionero fue lo opuesto de muchos cirujanos civiles que exigen sobornos para operar a los pobres. Las civilizaciones hindú, budista y musulmana habían gobernado la India durante los trescientos cincuenta años precedentes. Ninguna de ellas nos dio ni siquiera el concepto de un estado de bienestar, un estado que existe para servir a los ciudadanos. La idea de que el estado debía pagar a los cirujanos para servir a los pobres llegó a la India con la Biblia.[22] El secularismo secuestró la idea bíblica, pero provee solo la forma, no el espíritu del servicio. Por ejemplo, es posible traer un árbol de mango de la India y plantarlo en Minnesota. Tal vez hasta se puedan conseguir unos pocos frutos. Pero, bajo circunstancias normales, el árbol no sobrevivirá y desde luego no se reproducirá en el clima frío de Minnesota.

Malcolm Muggeridge (1903–90), finado periodista y autor británico, notó el impacto que diferentes cosmovisiones tienen sobre sus respectivas culturas. Como la mayoría de periodistas británicos de su día, su filosofía era humanista secular, pero él era honrado. Él no dijo que todas las cosmovisiones eran lo mismo. Dijo: «He pasado un buen número de años en la India y África, donde me encontré con muchos esfuerzos justos acometidos por cristianos de todas las denominaciones; pero nunca, hasta donde sé, hallé algún hospital u orfanato dirigido por la Sociedad Fabiana, o una colonia humanista de leprosos».[23]

Las enseñanzas bíblicas de amor y compasión no son asuntos de piedad privada. Son fuerzas que forjan la cultura porque impulsan a los creyentes a la palestra pública de la protesta social, la desobediencia civil y la edificación positiva de la nación. Sin embargo, la compasión no podría haber construido la cultura médica moderna por sí sola. También necesitaba de un entorno económico.

Capítulo diecisiete

VERDADERA RIQUEZA

¿Cómo se convirtió la mayordomía en espiritualidad?

E n el capítulo 5 relaté la experiencia trágica de Sheela, la niña a quien sus padres dejaron que se muriera de hambre. Algunos expertos dicen que cuarenta mil niños mueren hoy de malnutrición crónica y todas las enfermedades asociadas con ella. Esta noche, alrededor de 1,200 millones de personas se acostarán con hambre. Hace una década, eso era una tragedia; hoy es un escándalo, porque por primera vez en la historia poseemos el conocimiento y la tecnología para prevenir el hambre.

¿Por qué algunas naciones son tan pobres y otras tan ricas? ¿Por qué cree usted que la mayoría de la riqueza es tan persistentemente unilateral? ¿Por qué algunos parecen egoístas y otros incapaces de generar riqueza? Estas preguntas han dividido por largo tiempo a individuos y naciones siguiendo líneas de fallas ideológicas. Sin embargo, movidos por la curiosidad, si acaso no por la compasión y la equidad, debemos preguntar: ¿Hay alguna otra visión de la riqueza —una verdadera riqueza interior— que pudiera ser más instructiva y persuasiva para nuestro futuro? ¿Condenan las creencias y valores culturales a culturas enteras a la pobreza? ¿Debería la riqueza interna —una capacidad de la cultura para producir riqueza material— compartirse cruzando culturas?

¿Más preciosa que un diamante?

El nacimiento del capitalismo industrial moderno se celebró en 1851 en la Primera Feria Mundial, en Hyde Park, Londres, en un palacio de cristal construido para la ocasión. En parte, la feria fue una celebración del hecho de que Inglaterra era la primera nación industrial del mundo y gobernaba un imperio en el que nunca se ponía el sol. Naciones como Rusia, Austria, Francia y Japón —ricas en arte y cultura— exhibieron sus imponentes obras de arte. La principal exhibición de la India fue el Kohinoor, uno de los diamantes más grandes del mundo. Fue engastado en la corona estatal de la reina Victoria cuando llegó a ser emperatriz de la India.

Para los europeos, Estados Unidos era todavía el Nuevo Mundo. Lo consideraban incivilizado. ¡Ni siquiera tenían un rey! Los estadounidenses tenían poca riqueza para exhibir en ese tiempo. Ni siquiera llenaron el espacio que habían alquilado. La prensa británica, orgullosa de la superioridad cultural de Inglaterra y de su dominio global, ridiculizó la exposición estadounidense como «la pradera». Las contribuciones principales de Estados Unidos a la feria fueron dos humildes cosechadoras impulsadas por caballos, inventadas por Cyrus McCormick y Obed Hussey.[1] Los críticos culturales pensaron que eran más bien primitivas y en 1851, el *London Times* se burló de la cosechadora como un cruce entre una máquina voladora, una carretilla y un carruaje Astley. En comparación con el fruto de las naciones europeas más viejas, la exposición estadounidense parecía de veras primitiva y escuálida, incluso ridícula; una expresión, en el mejor de los casos, de la preferencia puritana por la función por encima de la belleza.

El público británico fue más práctico que su prensa. Después de un ensayo de prueba con mal tiempo, un jurado internacional estimó que la cosechadora McCormick era capaz de cosechar cinco hectáreas al día. El día después de la prueba, la «pradera» estadounidense estaba atiborrada de más personas que el diamante Kohinoor. La cosechadora McCormick rápidamente llegó a definir la forma y el ritmo de la agricultura mecanizada y la economía de mercado libre. En los países industrializados del dos al cinco por ciento de la población cultiva ahora más tierra de la que se araba cuando la mayoría de personas se pasaba el tiempo cultivando alimentos.

Nadie disputa que McCormick (junto con el carácter inventivo de la cultura estadounidense) transformó la agricultura y el mundo. ¿Qué factores culturales produjeron tales inventores? McCormick y muchos otros como él fueron producto de un clima teológico, espiritual, moral y legal producido por la Biblia. No es posible explicar su inventiva humanitaria, búsqueda de riqueza, prácticas de negocio y éxito comercial sin entender su cosmovisión bíblica.

UNA ESPIRITUALIDAD
PECULIAR

A mi gente de la India no le falta genio creativo. Erigieron grandes monumentos a dioses y diosas, y construyeron palacios para reyes y reinas. Pero nuestra cosmovisión no inspiró que estas mismas destrezas de ingeniería se dirigieran hacia artefactos que ahorren esfuerzo. Mi interés personal en McCormick se originó en el hecho de que su viuda, Nancy McCormick, financió el edificio del Instituto Agrícola de mi ciudad, Allajabad, a orillas del río Yumana. Mi hermano estudió en este Instituto y, durante unos años, yo iba allá todos los domingos por la tarde para estudiar la Biblia.

Entre los años 2002 y 2006, de dos a veinte mil personas —en su mayoría hindúes— se reunían allí cada domingo en busca de comunión espiritual. Esto es importante, porque uno de los lugares hindúes más santos de la India —la confluencia de los ríos sagrados Ganges y Yamuna— está a menos de cinco kilómetros del instituto. Como mencionamos en el capítulo 12, prácticamente todos los hombres santos hindúes han acudido a esa confluencia durante los últimos dos mil años; así como la mayoría de políticos y comerciantes ricos. Sin embargo, ninguno de ellos inició jamás una institución para servir a los campesinos pobres.

Este instituto agrícola, ahora *Deemed University*, lo estableció Sam Higginbottom, profesor de economía de mi alma máter.* El vio el dilema de los campesinos, volvió a Estados Unidos para estudiar agricultura, estableció lazos con la familia McCormick, y volvió para fundar este instituto. Su propósito era inyectar en la cultura de la India el espíritu de McCormick de amar al prójimo lo suficiente como para intentar abreviar su sufrimiento.

El amor no es un principio ético común a todas las religiones. Ningún sabio hindú hizo jamás nada como lo que hizo Sam Higginbottom, porque, a fin de ser espirituales, los expertos con estudios tenían que separarse de los campesinos, no servirles. Lo característico de la espiritualidad de la India era el separarse de los esfuerzos mundanos, como la agricultura. Por consiguiente, la espiritualidad «avanzada» de mi país trataba a las masas trabajadoras como intocables.

La cosechadora de McCormick refuerza el punto indicado en un capítulo anterior, que la necesidad *no* es «la madre de la invención». Todas las sociedades agrícolas han necesitado cosechar grano; pero ninguna otra cultura inventó una cosechadora. La mayoría de culturas atendían esta necesidad imponiendo este trabajo agotador a los que eran demasiado débiles para decir que no: trabajadores sin tierra, criados, esclavos, mujeres y niños. La lucha de McCormick buscó una manera mejor. La fuerza que impulsaba su vida se hace evidente cuando se nota que daba porciones sustanciales de sus ingresos para promover la Biblia mediante distintos proyectos, como algunos periódicos** y el Seminario Teológico Presbiteriano de Chicago, que luego cambió su nombre por Seminario McCormick.

Cyrus nació de un matrimonio puritano, Roberto y Mary Ann McCormick, en 1809, en una cabaña de troncos en el condado de

---

* En la India, las facultades funcionan bajo una universidad reconocida por el gobierno. *Deemed University* es un estatus de autonomía concedido a institutos y departamentos de alto rendimiento de varias universidades de la India. Yo cursé mis estudios de secundaria superior (grados 11 y 12; equivalentes al quinto y sexto cursos de la secundaria estadounidense) en la Facultad Cristiana Jamuna, parte de la Facultad Cristiana Ewing, en tiempos de Higginbottom. Ahora independiente, todavía se halla al otro lado del río, frente al Instituto Agrícola.
** La prensa moderna es producto de la revolución puritana en Inglaterra; como sustituta de la institución bíblica del profeta. Hace un siglo, la mayoría de los periodistas de Estados Unidos eran cristianos.

Rockbridge, Virginia. Sus antepasados irlandeses y escoceses vinieron a Estados Unidos en 1735 con poco más que una Biblia y las enseñanzas de los Reformadores protestantes Juan Calvino y John Knox.

Estos Reformadores habían abrazado el ideal bíblico de la dignidad del trabajo. Reformadores como Lutero y Calvino introdujeron a la mente europea la idea bíblica radical de que el llamamiento o vocación de un campesino o un picapedrero era tan alto como el del sacerdote o el monje. Todo creyente era un santo y debía cumplir su vocación para la gloria de Dios. En palabras del sociólogo Max Weber:

> Pero por lo menos una cosa [en el marco mental protestante] era incuestionablemente nueva: la valoración del cumplimiento del deber en asuntos mundanos como la forma más alta que la actividad moral del individuo puede asumir. Esto fue lo que inevitablemente dio a la actividad mundana cotidiana una significación religiosa, y lo que por primera vez produjo el concepto de vocación en este sentido... La única manera de vivir aceptablemente para Dios no era superar la moralidad mundanal en ascetismo monástico, sino cumplir las obligaciones impuestas sobre el individuo por su posición en el mundo. Esta era su vocación.[2]

A Cyrus McCormick no le gustaba cosechar con hoz o guadaña. Si hubiera vivido antes de la Reforma, se hubiera escapado del tedio del esfuerzo asistiendo a una universidad o haciéndose sacerdote. Esto era normal en culturas ortodoxas y católicas. Incluso San Tomás de Aquino, tal vez el más grande teólogo del último milenio, justificó la tradición al abogar que en tanto que la obligación bíblica de trabajar descansaba sobre la raza humana como un todo, no era obligatoria para todo individuo, especialmente no sobre los religiosos, que eran llamados a orar y meditar.[*]

La familia McCormick rechazó la idea medieval para seguir las enseñanzas de Richard Baxter (1615–91), teólogo puritano inglés, erudito y escritor que creía que el mandamiento de Dios a trabajar

---

[*] Durante la Edad Media, a los religiosos se les pagaba por sentarse todo el día y orar por las almas de sus parientes fallecidos. En las culturas hindú y budista, los campesinos proveían para que los ascetas no hicieran nada más que meditar.

era incondicional. Nadie podía pretender estar exento del trabajo por tener suficiente riqueza para vivir. Baxter escribió: «No tienes más excusa del servicio del trabajo... que el hombre más pobre. Dios ha ordenado estrictamente [el trabajo] para todos».[3]

Es importante notar que esta ética de trabajo, que hizo que Inglaterra y Estados Unidos fueran diferentes de Italia o Rusia, era bíblica; no puritana per se. Los cuáqueros, como el competidor de McCormick, Obed Hussey,* tenían la misma cosmovisión. Esta ética bíblica del trabajo, más tarde llamada «ética protestante del trabajo», fue inculcada en McCormick desde la niñez. Tanto amigos como críticos reconocen que McCormick era un adicto al trabajo** con una indómita perseverancia y con la tenacidad de un buldog. La pasión de McCormick por el trabajo concentrado le hizo muy rico, pero su ética de trabajo fue producto de su cultura religiosa, y no de su deseo de riqueza.

El rápido progreso económico de Occidente empezó cuando adoptó la espiritualidad materialista de la Biblia hebrea (el Antiguo Testamento); porque es en Génesis donde Dios declara que el universo material es bueno. Muchas cosmovisiones antiguas, como la de la India, han considerado el ámbito material como intrínsicamente malo; algo de lo que hay que liberarse. Los filósofos cristianos que estudiaron la Biblia notaron que el pecado resultó en una ruptura de la relación entre Dios, el hombre y la naturaleza. El exponente más influyente de esta concepción fue Francis Bacon, que ejerció un profundo impacto en la mentalidad estadounidense.[4]

McCormick se crió con la idea bíblica de que mediante el trabajo santo y creativo los seres humanos pueden revertir la maldición del sudor y esfuerzo y restablecer su dominio sobre la naturaleza. Insisto, a mis antepasados no les faltaba inteligencia, pero nuestro genio se expresaba en una filosofía que nos enseñaba a adorar a la naturaleza en lugar de establecer dominio sobre ella. El desarrollo económico

---

* Hussey patentó su cosechadora en 1834, pero perdió su posición en el mercado ante McCormick.
** El término «adicto al trabajo» [ing. workaholic] se usa hoy solo en sentido negativo. Sin embargo, incluso nuestra edad impulsada a la diversión acepta que nadie sobresale en un campo dado y llega a ser un científico, atleta, inventor u hombre de negocios distinguido sin trabajar más fuerte que sus iguales.

implica no adorar, sino dominar, los recursos y energía naturales para consumo humano, aunque con previsión y un sentido de mayordomía.

La exposición de la Biblia por parte de Francis Bacon infundió una filosofía no fatalista en Inglaterra y Estados Unidos de América. Implicaba que el futuro podía ser mejor que el pasado. Como expliqué en capítulos previos, este concepto hebreo nació en la experiencia colectiva de Israel con Dios. Cuando Dios intervino en la historia humana para librarlos de su esclavitud en Egipto, los hebreos aprendieron que Dios podía cambiar su destino y mejorarlo. Y, puesto que hombres y mujeres fueron creados a imagen de Dios, ellos, a su vez, podían forjar un mejor futuro para sí mismos mediante esfuerzos creativos.

Esta creencia llegó a ser un rasgo integral de la cultura occidental moderna y demostró ser un bien económico poderoso que separaría a Occidente del resto del mundo. En tanto que otras culturas buscaban poderes mágicos mediante ritos y sacrificios, Occidente empezó a cultivar poderes tecnológicos y científicos. Los abuelos de McCormick, como la mayoría de los puritanos europeos que huyeron de la persecución religiosa buscando libertad en Estados Unidos, interpretaron su experiencia como similar a la de los israelitas cuando fueron libertados de la esclavitud en Egipto.

Un aspecto importante de la misión de Moisés fue enseñar a los israelitas la ley de Dios. Una piedra angular de esta enseñanza era que la perversidad, aunque enriquece a algunos individuos, empobrece a naciones enteras. Según la Biblia, la justicia exalta a la nación.[5] Los antepasados de Cyrus creían que las bendiciones de la justicia no eran exclusivas de los judíos. Dios escogió a Abraham para bendecir a todas las naciones de la tierra. Todos los creyentes verdaderos, razonaban, eran el pueblo escogido de Dios. Por consiguiente, estaba mal que los amados de Dios aceptaran la pobreza como su suerte. Incluso si la pobreza de uno era resultado del pecado, bien fuera propio o de sus antepasados, era posible arrepentirse y recibir el perdón de Dios y el poder para vivir una vida justa. Con razón, entonces, un siglo después de la llegada de Tomás McCormick a Filadelfia, la familia de su nieto tenía en propiedad unas trescientas hectáreas.

La familia de Cyrus tenía esclavos, como muchas otras de su tiempo. Eran producto de su era y podían haber comprado más esfuerzo humano para recoger sus cosechas. Una diferencia que la Biblia marcó fue que exigía que los McCormick trabajaran a la par con sus esclavos. Sabemos que a los quince años Cyrus ya se desesperaba al ver a los esclavos en los campos. Allí fue cuando resolvió construir sobre los esfuerzos fallidos de su padre de buscar un mejor método para recoger el grano.

¿Espiritualidad o codicia?

La ambición es buena, pero la codicia es una parte destructiva de la naturaleza humana. Trajo a la India no solo invasores europeos, sino también arios y musulmanes. La codicia explica el saqueo de Alejandro Magno y de Nadir Shah, pero no la creatividad del capitalismo industrial. Pioneros de la empresa económica moderna, como Cyrus McCormick, no se proponían ganar dinero, los inspiraba a algo mucho más noble.

Adam Smith había observado, como algunos de los economistas ecólogos de hoy, que el universo había sido estructurado de tal manera por su Creador que, al buscar su interés propio, las criaturas ayudan a mantener un equilibrio económico magnífico. Podemos procurar ganar dinero por interés propio, pero si lo hacemos dentro de las fronteras de límites morales, la mano invisible del Creador convierte nuestro esfuerzo en cuestión de bien público.

En las culturas tradicionales, incluyendo la mía, la gente que tenía riqueza la escondía, la jugaba en apuestas o la exhibía construyendo castillos, catedrales o mausoleos. En contraste, la educación bíblica de McCormick lo impulsó a ahorrar y a volver a invertir su riqueza ampliando su negocio para gloria de Dios y bendición de los seres humanos. Ahorrar dinero suena sencillo, pero era revolucionario. En la mayoría de las culturas, en la mayoría de los períodos de la historia, ganar o ahorrar dinero era un asunto peligroso. Atraía tanto a ladrones como a gobernantes, y no había gran diferencia entre los dos. Los cobradores de impuestos no recibían salario. Tenían que robar a los campesinos para el sostén de la milicia que debía cobrar los impuestos. La ausencia de un gobierno de ley eliminaba la opción de la banca, obligando a mis antepasados a esconder sus magros ahorros en el campo, las paredes o el suelo.

La Biblia produjo una cultura muy diferente; inspiró y fomentó el hábito de ahorrar y reinvertir. Esto ayudó a la fábrica de McCormick a ser una de las más tempranas empresas megaindustriales de Estados Unidos. Para la Feria Mundial de 1851, los periódicos de Chicago hacían eco de la percepción común de que la fábrica de McCormick era la más grande de su tipo en el mundo, y decían cosas como: «McCormick conquista la naturaleza para beneficio de la civilización y para traer pan a las bocas de los pobres».[6]

La acumulación de riqueza por medio de trabajo creativo duro, ahorro y reinversión era un hábito moderno y una característica clave del capitalismo. En manos de McCormick hizo posible otras innovaciones agrícolas, estimulando a los agricultores para convertir a Estados Unidos de América en la canasta de pan del mundo. En contra de lo que dice la teoría marxista, McCormick no lo hizo explotando a otros, sino libertando a los esclavos y peones del esfuerzo mecánico al mejorar la productividad humana mediante máquinas. Un agricultor que usara la cosechadora McCormick ahorraba cien dólares por cada dólar que invertía en su máquina.

McCormick empezó a fabricar su cosechadora en su casa; como solía ser en la mayor parte de la industria medieval. Pero, cuando la demanda de su producto creció, subcontrató a otros herreros para que hicieran su cosechadora bajo licencia y para él. Pronto halló que algunos de los herreros estaban produciendo cosechadoras de inferior calidad y dañando su reputación. Cuando sus contratos expiraron, decidió producir todas sus cosechadoras bajo un techo donde pudiera supervisar el trabajo y asegurar el control de calidad. El sistema de fábrica hizo posible que los trabajadores se especializaran y sobresalieran en uno o más aspectos del trabajo.[*]

---

[*] Al decir esto no se ignora el hecho de que muchas fábricas «modernas» llegaron a ser prisiones deshumanizadoras que no dan espacio para la creatividad u orgullo personal en la manofactura. Desde la perspectiva bíblica, el pecado afecta y corrompe todos los esfuerzos humanos. La mayoría de los gobiernos en la mayoría de los períodos de la historia han sido opresores, pero la anarquía no es solución a este problema. De igual manera, el sistema de fábricas sobrevive debido a que es redimible.

Comprar materiales en bruto al por mayor de un solo proveedor y hacer que los entregaran en un solo lugar ayudó a McCormick. Construyó su fábrica a orillas del río Chicago, de modo que los barcos pudieran traer los materiales en bruto y luego llevar para la entrega el producto terminado. El volumen de producción en la fábrica justificó la instalación de una máquina de vapor de 30 caballos de fuerza, para convertirse en la maravilla de Chicago. Más tarde, McCormick desempeñó un papel importante para llevar la línea férrea a Chicago, vía férrea que sirvió a los intereses de todos.

ESPIRITUALIDAD Y ECONOMÍA

La película del 2010 *Wall Street: El dinero nunca duerme* muestra con intensidad cómo el secularismo confunde ambición y avaricia. La ambición es buena, pero se convierte en avaricia cuando se aparta de los absolutos morales. La avaricia es destructiva para la naturaleza humana. ¿No dijo Jesús que no podemos servir a Dios y al dinero?[7] ¿Cómo pudo McCormick estar a la vez dedicado a Cristo y dedicado a ganar dinero?

La contradicción se resuelve cuando nos damos cuenta de que casi dos terceras partes de las parábolas de Jesús en los Evangelios hablan de dinero. No es cuestión de ritos, meditaciones, experiencias místicas, ascetismo o lo que muchos llaman disciplinas «espirituales». La parábola de Cristo de los talentos, por ejemplo, es una clave útil para comprender las pasiones de McCormick, al parecer contradictorias, de servir a Cristo y ganar dinero. Más de cien años antes de Adam Smith, John Lilburne había usado esta parábola para enseñar la economía de mercado libre.

Según la parábola de Jesús, el reino de los cielos «es como un hombre que yéndose lejos, llamó a sus siervos y les entregó sus bienes. A uno dio cinco talentos, y a otro dos, y a otro uno, a cada uno conforme a su capacidad; y luego se fue lejos. Y el que había recibido cinco talentos fue y negoció con ellos, y ganó otros cinco talentos. Asimismo el que había recibido dos, ganó también otros dos. Pero el que había recibido uno fue y cavó en la tierra, y escondió el dinero de su señor». Cuando el dueño regresó, su respuesta a los que habían invertido y logrado una ganancia fue: «Bien, buen siervo y fiel; sobre poco has sido fiel, sobre mucho te pondré; entra en el gozo de tu señor». Pero al que escondió su talento por temor, lo llamó «malo».[8]

Gracias a la Biblia, la tradición religiosa de McCormick equiparaba la espiritualidad con buena administración. De hecho, la palabra *economía* viene de la palabra griega *oikonome*, que quiere decir «administrar una casa con cuidado y austeridad». El Nuevo Testamento en inglés traduce *oikonomos*, que quiere decir «el que maneja una casa», como *steward*, palabra anglosajona que originalmente quería decir el «guardián» o «guardián de un chiquero o castillo».* Para McCormick, convertir cinco mil dólares en diez mil era ser un buen mayordomo, que, por la propia autoridad de Jesús, es sinónimo de ser espiritual.

La economía se ha vuelto un tema tan complejo que nuestra época confiere premios Nobel a economistas y de manera rutinaria paga salarios de seis cifras a analistas financieros. Pudiera sonar increíble que nuestro complejo sistema de capitalismo fue producido por las parábolas sencillas de la Biblia. Con todo, McCormick fue un hombre sencillo, con una fe sencilla, y hombres y mujeres sencillos como él hicieron grandes a Estados Unidos de América.

Este punto puede ser bien ilustrado por otro ejemplo: Fray Luca Bartolomeo de Pacioli (1446–1517), monje franciscano de Venecia en el siglo quince, describió primero los sistemas de doble entrada de contabilidad del capitalismo.** Sin esta clase de contabilidad, un negocio no puede calcular sus ganancias o pérdidas. No puede buscar maneras para minimizar los gastos y maximizar los ingresos. No puede planear para el crecimiento, ni puede saber con certeza cuándo es mejor poner fin a una empresa en particular.

Pacioli escribió sobre la ciencia y la teología de las matemáticas.[9] Recomendó explícitamente que las personas deberían empezar todas

---

* Nota de la versión española: En español, nuestras traducciones usan para esta acepción el término «mayordomo», cuya etimología (latín, *mayor* + *domus*) también puede ser ilustrativa para el caso, ya que se refiere al siervo con mayor responsabilidad en la administración de la *domus* o casa romana, que incluía tanto el hogar en su sentido más amplio como los bienes y medios de producción de la misma.

** Fray Luca Bartolomeo de Pacioli, *Summa de Arithmetica, Geometria, Proportioni et Proportionalita* (Venecia 1494).

sus transacciones económicas en el nombre de Dios. El sistema de contabilidad de entradas y salidas no solo es vital para los empresarios privados, es crucial para la riqueza de una nación. Las economías estadounidense y europea parecen dirigirse a desastres serios porque han escogido incurrir en gigantescas pérdidas y deudas.

Pacioli fue contemporáneo de Cristóbal Colón (1451–1506). Casi un siglo antes de Colón, el almirante chino Zheng lanzó una expedición naval de 317 barcos con 28,000 hombres. La más grande de estas naves tenía como ciento veinte metros de largo y cincuenta metros de ancho. En contraste, la Santa María, la carabela en la que Colón navegó en 1492, tenía menos de treinta metros de largo. La Niña y la Pinta eran incluso más pequeñas. Los navíos chinos tenían tanques de agua para asegurar la provisión de agua fresca por un mes o más. Esa expedición nos dice que, en algunos aspectos de fabricación de barcos y viajes por mar, China estaba siglos por delante de Occidente. Sus barcos dominaron los mares asiáticos, por lo menos unos años. A pesar de tan asombroso poder marítimo, los chinos no lo aprovecharon.

¿Podrían ellos haber colonizado Europa, o por lo menos Asia y África? Podrían haberlo hecho; pero ni siquiera pudieron mantener su fabricación de barcos. Un factor importante de su fracaso fue que los chinos no llevaban cuentas de sus costos y sus ingresos. Los impresionantes navíos chinos llevaban cargas valiosas, como seda, porcelana, animales extraños, joyas y alimentos exóticos y plantas para enriquecer la farmacopea china. Pero estos tesoros no estaban destinados a servir al pueblo chino. Más bien, como el profesor Landes destacó, se usaban para mejorar el prestigio chino en el contexto de intercambiar regalos.[10]

El deseo de impresionar a los bárbaros no podía dar de comer a las decenas de miles de obreros que construyeron los barcos, ni a los marineros y soldados que intervinieron en las expediciones. Tampoco ayudaba a sus familias y parientes en casa. Este rasgo cultural —elevar el prestigio antes que las ganancias— ayudó a hundir a los chinos tanto en el abismo financiero que tuvieron que abandonar la fabricación de barcos y los viajes por el océano. En ese tiempo, lo más lejos que viajaron fue a África. El primer barco chino que llegó a Europa fue en 1851, para la Primera Feria Mundial, donde McCormick exhibió su cosechadora.

El poder de la parábola de Cristo se pone de manifiesto cuando nos damos cuenta de que la mentalidad de preferir el prestigio sobre las ganancias es un problema que ha continuado azotando a las naciones hasta nuestro tiempo. Los megaproyectos nada lucrativos de los países comunistas empujaron a sus naciones a la bancarrota. Trabajaban para la gloria del estado, no para la gloria de Dios. Para ellos, el estado era la autoridad última y a los que trabajaban para él no se les exigía que dieran cuenta de cómo usaban los recursos nacionales, ni materiales ni de personal. Esa mentalidad produjo la pobreza, que a su vez produjo la revuelta encabezada por el movimiento Solidaridad en la década de 1980. La revuelta empezó entre los obreros en los astilleros de Gdansk, Polonia, y desató el colapso del comunismo; una de las más brillantes ideologías económicas del mundo moderno.

Una razón para el fracaso del comunismo fue su negativa a aceptar la idea del derecho a la propiedad privada, especialmente los derechos de propiedad intelectual. Los países comunistas le conferían todas las propiedades al estado, que tenía el derecho de robar a sus ciudadanos. Pero los estados no inventan. Las personas inventan, siempre y cuando su propiedad intelectual esté a salvo de violación privada o pública.

Rusia, una superpotencia, quedó reducida a la bancarrota porque el estado rechazó deliberadamente uno de los Diez Mandamientos: «No robarás». En nombre de la colectivización, les quitó su propiedad a los ciudadanos. Ellos tenían que trabajar, no para sí mismos o sus hijos, sino para su dios (secular): el estado. Estados Unidos, por otro lado, triunfó porque tenía una cultura con inventiva en la que personas como McCormick podían triunfar. La Biblia generó un clima moral tal en Estados Unidos que los inventores y los inversores podían defender sus derechos sin tener que reclutar milicianos o sobornar a los funcionarios. Eso es muy difícil en la mayoría de las culturas no bíblicas, incluso hoy.

Incluso si es cierto que hace cinco siglos China imperial retrocedió económicamente porque no operaba sobre los principios bíblicos de mayordomía, ¿qué podemos decir del éxito de naciones no bíblicas, como Japón, China o India modernos?

Japón, China y la India

Japón, China y la India contemporáneas ilustran mi tesis igualmente bien. Concentrémonos en Japón, puesto que fue la primera nación asiática que superó a Europa. Los europeos llegaron a Japón a mediados del siglo XVI, justo después de que la Reforma había empezado a transformar Europa. Los europeos impresionaron a los japoneses, especialmente con sus armas y tecnología. Ellos estaban ansiosos por aprender los secretos de los extranjeros. Como David Landes recalcó, aprender de otros ha sido uno de los puntos fuertes de la cultura japonesa.[11] Buena parte de su idioma, escritura, trabajo en seda, cerámica, imprenta, pintura, muebles y religión procede de China, algo de ello vía Corea.

Aprender de otros no hacía que los japoneses se sintieran inferiores, porque siempre mejoraban lo que habían aprendido. Los japoneses pronto mejoraron las armas europeas y en el proceso dominaron habilidades relacionadas. Los sabios japoneses aprendieron rápidamente que en Europa las lentes habían duplicado la producción académica de los monjes europeos y aumentado la productividad de obreros diestros. También aprendieron a hacer relojes, porque la fabricación de relojes había sido el más grande logro mecánico de la ingeniería mecánica en Europa. La imitación y mejora de la fabricación de armas, lentes y relojes puso el cimiento de las capacidades mecánicas en Japón.

Pero los japoneses adoptaron algo más que la ciencia y tecnología de Europa. Muchos japoneses también adoptaron el cristianismo, la religión «europea». Para principios del siglo XVII, entre trescientos mil y setecientos mil japoneses, incluyendo muchos de la clase gobernante, se habían convertido al cristianismo. Algunos se convirtieron por convicción, otros buscaban mejores condiciones para el comercio. Algunos usaron su conversión como un medio de extraer secretos tecnológicos. Los marineros, mercaderes y soldados portugueses y españoles, sin embargo, no eran buenos misioneros. Su arrogancia hizo que los gobernantes japoneses se volvieran en contra del cristianismo. Como resultado, Shogun Ieyasu prohibió el cristianismo en Japón en 1612.

En 1616, a todos los barcos mercantes extranjeros, excepto los de China, se les negaba la entrada en cualquier puerto, excepto Nagasaki e Hirado. Japón se cerró totalmente a los españoles y portugueses en 1624 y 1639 respectivamente. En 1637, a los japoneses no se les permitía dejar su país. De 1637 a 1638, casi treinta y siete mil cristianos fueron masacrados solo en Shimabara. Interesantemente, después de la tragedia, quedaron prácticamente prohibidas todas las armas en Japón. A los fabricantes de armas se los dejó fuera del negocio, y todas las armas se confiscaron y fundieron. Con el metal resultante forjaron un enorme Buda.

Los británicos terminaron todo comercio con Japón. Solo los holandeses continuaron comerciando con la Tierra del Sol Naciente. Pero ni a ellos se les permitía entrar tierra adentro. Estaban restringidos a solo dos calles en la isla artificial de Deshima en la bahía de Nagasaki. Holanda se convirtió en la única conexión de Japón con Occidente. Para la década de 1720, algunos particulares japoneses se dieron cuenta de que la política de casi total aislamiento era insensata. Europa estaba avanzando rápidamente, y Japón necesitaba aprender de ella todo lo que pudiera.

Se logró persuadir a los que estaban en el poder para que permitieran que entraran en el país libros seculares de Holanda. A unos eruditos japoneses llamados *Rangakusha* se les asignó que estudiaran esos libros. Algunos japoneses poderosos e influyentes objetaron el cambio de política, así que los *Rangakusha* tenían que andar con mucho cuidado. Un *Rangakusha* en particular, Otsuki Gentaku, autor de *Ladder to Dutch Studies* [Escalera a estudios holandeses], defendió su profesión. La educación holandesa no era perfecta, argumentó, pero si escogemos los puntos buenos y los seguimos, ¿qué puede haber de malo en eso? Llevó casi otro siglo para que Japón se diera cuenta de que, mientras su país estaba estancado, Europa estaba creciendo rápidamente. Finalmente, en 1867, el nuevo emperador japonés, Meiji, reabrió los puertos principales de Japón al comercio global.

Los *Rangakusha*, los técnicos y los burócratas que miraban hacia adelante se convirtieron en los nuevos revolucionarios. Se contrataron expertos y técnicos extranjeros como consultores. Se enviaron delegados japoneses a Europa y a Estados Unidos para que aprendieran todo lo que pudieran acerca de todo. En octubre de 1871, el príncipe

Iwakura Tomomi encabezó una delegación que incluyó a innovadores tales como Okubo Toshimichi. Esta distinguida delegación japonesa visitó fábricas, herrerías, astilleros, depósitos de armas, vías de tren y canales en dos continentes. No volvió hasta dos años más tarde, en septiembre de 1873. Venían cargados con el botín del aprendizaje y encendidos con el entusiasmo por la reforma. Japón se convirtió en la primera nación no occidental que empezó el proceso de imitar y mejorar la ciencia y tecnología, filosofía económica e infraestructura occidentales.

El contacto entre Occidente y Japón ha recorrido todo el espectro posible, desde comercio a conversión, tragedia, competencia y paz. La fuerza de la cultura japonesa estaba en su disposición de aprender del éxito de las naciones protestantes. Incluso las naciones católicas y cristianas ortodoxas fueron lentas para aprender los principios del desarrollo económico de las naciones transformadas por la Biblia. La proclividad japonesa para aprender, modificar y cultivar es una norma cultural que pudieron aplicar a una cada vez mayor complejidad y calidad.

Después de la Segunda Guerra Mundial, Japón invitó al estadounidense Dr. W. Edwards Deming, notorio experto en la revolución de calidad, a que les enseñara cómo mejorar en ese aspecto.[12] Hoy, los productos, competitividad y calidad japoneses no se le quedan atrás a ninguno. Japón echó mano a sus puntos fuertes culturales inherentes para afectar su economía. La economía japonesa empezó a flaquear en el siglo XXI porque todavía no ha hallado los recursos espirituales para lidiar con la corrupción en altos cargos. Además, la no observancia del sabbat resultó en el descuido de la familia. Los trabajadores de oficinas y fábricas trabajaban por seis días y el sabbat asistían a fiestas relacionadas con la empresa.

Las esposas, frustradas e inseguras, decidieron que no querían tener hijos si tenían que criarlos solas. Menos niños quiere decir una población de cada vez más edad. Esa ha llegado a ser ahora la preocupación más seria para el futuro de la economía japonesa. Japón reconoce el problema y ha invertido más en robótica que casi cualquier otra nación. Los robots pueden cada vez más hacer un montón de cosas. El problema es que son un mal sustituto para los hijos, porque no aportan al sistema de seguridad social. Sea como sea, durante décadas, a Japón le fue mejor que a la India o a China, porque esas naciones envidiaron y detestaron a Occidente. Algunas naciones asiáticas exigían ayuda, pero la India era demasiado orgullosa para aprender de Occidente como aprendió Japón. Nuestra suerte empezó a cambiar solo después de que nos dimos cuenta de que la humildad es una virtud.

No podemos entender a Japón sin entender a Holanda y su impacto sobre Japón. Antes de la Reforma, las iglesias católicas estaban abiertas siete días a la semana en Holanda. Los devotos iban a la iglesia siempre que querían para encontrarse con Dios. Encendían velas, se arrodillaban y oraban. Después de la Reforma, los dirigentes de la iglesia decidieron cerrar sus iglesias los domingos por la noche, no porque se volvieron menos religiosos, sino porque se volvieron más religiosos.

Los Reformadores aprendieron de la Biblia que la iglesia no es el único lugar en el que hay para encontrarse con Dios. Si Dios le había llamado a uno a ser leñador, entonces el lunes por la mañana debía encontrarse con Dios en el bosque. Si él lo había llamado a ser zapatero, entonces el lunes por la mañana él esperaba encontrarle en el banco de trabajo. Si Dios la había llamado a una a ser ama de casa, una tenía que servir a Dios cuidando las plantas de la ventana. Eso hizo que los hogares holandeses fueran algo hermoso y con el tiempo impactó a los hogares de los japoneses.

Cuando el zapatero empieza a hacer sus zapatos para Dios, no usa material o mano de obra inferiores. No toma atajos; su trabajo sigue las normativas más altas. Esta doctrina bíblica del llamamiento, redescubierta durante la Reforma, estaba en la raíz de la excelencia de Holanda. Los trabajadores japoneses tenían que competir con ella y aprender cómo superarla. Algunos sociólogos afirman que el mundo moderno es un producto de la doctrina bíblica de la «vocación» o llamamiento.[13]

¿Por qué la economía japonesa ha empezado a estancarse ahora? ¿Por qué varios primeros ministros de Japón se han visto obligados a renunciar uno tras otro bajo acusaciones de corrupción? Muchos observadores piensan que Japón ha avanzado todo lo que ha podido como nación mediante la imitación de principios bíblicos económicos. Para avanzar al siguiente nivel, tiene que buscar los recursos espirituales para convertirse en una sociedad abierta, transparente, digna de confianza, moral. De otra manera, los ricos de Japón guardarán más de su dinero en bancos suizos, en lugar de invertir en Japón. De igual manera, si la Biblia fue la fuerza que mantuvo baja la corrupción en Europa y Estados Unidos, su rechazo solo resultará en un aumento de la corrupción, destruyendo el clima moral que se requiere para el éxito de hombres como McCormick.

La integridad no es un rasgo humano natural, universal. Un sistema económico edificado sobre la confianza está destinado al colapso sin los recursos espirituales que sirvieron como sus cimientos.

La espiritualidad que salvó al capitalismo industrial

Cyrus McCormick no fue meramente un inventor; también fue un innovador estratégico de mercadeo. Su meta fue fabricar la mejor y más barata cosechadora disponible para el mayor número de personas posible. Siguiendo las enseñanzas de la Biblia que expusieron Lutero, Calvino y otros Reformadores, McCormick pensaba que el negocio de vender su cosechadora era la voluntad de Dios para su vida. Así que se esforzó por llegar a ser el mejor vendedor posible. El diccionario de biografías estadounidenses anota que McCormick estuvo entre los primeros que introdujo el uso de pruebas de campo, garantías, testimonios en la publicidad, pago en efectivo y pago a plazos.[14]

McCormick invitaba a los agricultores a recibir la cosechadora en mayo, antes de la cosecha, sin pagar por ella. Durante el verano, sus vendedores entrenarían a los agricultores en el uso de la máquina. Durante la cosecha, los vendedores de McCormick estaban listos y a mano con repuestos. Los agricultores no tenían que pagar por la cosechadora sino hasta diciembre; cuando estuvieran seguros de que la cosechadora era lucrativa. Las fechas límites para los pagos se extendían si un agricultor no podía pagar a tiempo. Con razón el señor McCormick llegó a ser extremadamente popular entre sus clientes. Ningún inventor de la

Edad Media había hecho publicidad de su producto o promovido sus servicios de la forma en que lo hizo McCormick.

La cuestión de la honradez en la publicidad y el mercadeo está llegando a ser importante en Occidente. Hay cientos de proyectos de leyes que requieren honradez, pero el corazón humano parece ser más ingenioso que los legisladores. En la cultura religiosa de McCormick, la integridad en el mercadeo vino desde adentro y fue reforzada por la sociedad. La ciencia y la tecnología no sacan el mal de nuestros corazones. Es más, la tecnología puede aumentar nuestra capacidad para el mal. El robo de identidades y el abuso de la banca por la Internet son buenos ejemplos actuales del pecado en el corazón humano. Estados Unidos llegaría a producir muchos innovadores y hombres de negocios exitosos porque su cultura fue forjada por el evangelio, que trata con el problema interior del pecado.

Bill Gates es al día de hoy el hombre más rico del mundo. Su éxito no se debe sencillamente a que sea un gran inventor y hombre de negocios. China y la India tienen individuos igualmente talentosos. Si nosotros no hemos producido un Bill Gates, se debe a que nuestros mercados están repletos de copias piratas de su software. Él no podría haber triunfado sin una cultura relativamente moral edificada por el evangelio. En nuestras economías domésticas, los que comercian en el mercado negro tienden a ganar más dinero que los hombres de negocios honrados. Estados Unidos da por sentado lo que la Biblia ha hecho por su economía. Las consecuencias de cambiar el lema de Wall Street de «En Dios confiamos» por «En la Codicia confiamos» son evidentes incluso para los libretistas de Hollywood.*

La Biblia, las mujeres y la economía

Mary Ann McCormick, madre de Cyrus, ejerció una firme y eficiente administración de su granja. Ella establecía y mantenía el orden mientras su esposo, Robert, aportaba inventiva y liderazgo. Trabajando

---

* «En la Codicia confiamos» aparece en un billete de un dólar al final de la película *Wall Street: El dinero nunca duerme*.

como equipo, Mary Ann y Robert pudieron más que duplicar la riqueza que habían heredado de sus padres. Cyrus y su esposa, Nancy, también fueron un equipo efectivo. Nancy demostró ser una ayuda eficaz para la carrera de su esposo. Cyrus pudo administrar una empresa que crecía constantemente, viajar por el mundo para promover su cosechadora, luchar interminables batallas legales para proteger sus derechos de patente, y asumir responsabilidades religiosas, políticas y editoriales gracias al respaldo de su esposa. Ella tenía una «mente práctica, aguda percepción y particular encanto». Eran socios.

Después de la muerte de Cyrus, Nancy se hizo cargo de la firma. En sus años ancianos apoyó al economista presbiteriano convertido en agricultor Sam Higginbottom para establecer el Instituto Agrícola Allajabad, ahora reconocido por el gobierno de la India como universidad. El Instituto pasó la bendición del desarrollo agrícola a algunos de los más pobres del mundo. (Mi madrastra sirvió como doctora en la clínica pública de salud de este Instituto.)

A los puritanos que emigraron a Estados Unidos se les critica con frecuencia por su estricta ética sexual y rígidos valores familiares derivados de la Biblia, incluyendo su oposición al divorcio. Sin embargo, su sistema de creencias creó la moral y la infraestructura familiar de Estados Unidos, sobre las cuales se construyó su riqueza nacional. Las oportunidades educativas y el estatus de las mujeres determinan sustancialmente la pobreza o riqueza de la nación. Un número creciente de estadounidenses están rechazando la Biblia y privándose a sí mismos de los recursos espirituales necesarios para sostener la monogamia. La idealización de las familias monoparentales está condenando a un número creciente de mujeres y niños estadounidenses a la pobreza.

Un factor poderoso en el éxito de McCormick fue la base estable de libertades políticas y personales de Estados Unidos. El próximo capítulo explora la fuente de la libertad de Occidente: el mito secular y la verdad histórica.

Capítulo dieciocho

LIBERTAD

¿Por qué produjo libertad el fundamentalismo?

Steven Spielberg, director de Hollywood, se asoció con George Lucas para producir la exitosa película *En busca del arca perdida*. La trama tiene lugar durante la Segunda Guerra Mundial, y los nazis están buscando el arca de Moisés, un cofre que hizo invencible al ejército de Israel de la antigüedad. El Pentágono se asusta y emplea un arqueólogo para que encuentre primero el arca. En efecto, la halla, lo que hace despegar la franquicia de Indiana Jones y conduce a toda una generación errada al ocultismo. ¿Qué había en el arca? ¿Por qué Moisés, David y Salomón la pusieron en el mismo corazón de su nación, en el Lugar Santísimo? Aquí exploramos el secreto real de la libertad y poder de Occidente; y, en efecto, eso le vino de ese arca.

En 1998, unos amigos me llevaron a ver un monumento hugonote en la ciudad de Franschoek, en Sudáfrica. Esta imponente estatua de mármol —una mujer de pie bajo un arco triple, encima de un globo terráqueo— explica la libertad política moderna más significativamente que la colosal estatua de la libertad en la entrada de la ciudad de Nueva York, con su peso de más de veinte mil kilogramos. Una cruz, suspendida de un cetro, está encima de los tres arcos de mármol blanco conectados. La mujer no lleva corona, porque no es ni reina ni diosa. Representa a la gente ordinaria. Lleva una cadena rota en su mano derecha y sostiene una Biblia en su mano izquierda.

El Valle Franschoek es famoso por producir algunos de los mejores vinos de toda África. Muchos calvinistas franceses (hugonotes, reformados) se establecieron allí después de huir de la masacre de miles de otros protestantes.[1] Un edicto general, en 1536, había ordenado su exterminio y el de tres mil valdenses (grupo relacionado con la «herejía» luterana) los mataron en Provenza en 1545.[2] En 1562, la masacre de doce mil personas en Vassy desató las guerras religiosas, e incontables miles fueron masacrados en la matanza de San Bartolomé en 1572. Los holandeses reubicaron a los refugiados hugonotes en Sudáfrica para que proveyeran alimento y vino para aprovisionar sus barcos que viajaban a Asia por Ciudad de El Cabo.

¿Por qué esta mujer europea del siglo XVI sostiene la Biblia en lugar de la *República* de Platón o la *Política* de Aristóteles? La cristiandad llevaba siglos estudiando los clásicos europeos antes de que los hugonotes empezaran su lucha por la libertad. Durante el Renacimiento, en los siglos XV y XVI, las universidades cristianas europeas enseñaban más Aristóteles que la Biblia. En la década de 1540, una mujer podía haberse buscado que la quemaran en la hoguera como hereje simplemente por tener una Biblia en francés en la mano. A sus hijos podrían haberlos asesinado ante sus ojos por eso o secuestrado y criado en monasterios católicos.

La mujer no tiene un tratado político griego porque, al contrario de lo que mis profesores seculares me enseñaron, fue la Biblia, y no las ideas políticas griegas, la que estimuló la búsqueda moderna de la libertad. Este monumento honra a la cruz en el pináculo porque la Biblia dio fuerzas a estos protestantes franceses para aceptar el sufrimiento, exilio, e incluso el martirio en su búsqueda de libertad. Este capítulo explorará cómo la Biblia forjó los ingredientes culturales que fundaron las libertades modernas.

Pequeñas ciudades del estado de Grecia habían probado la democracia cinco siglos antes de Cristo. Dichas ciudades derrotaron al mayor ejército persa (490–479 a.c.). Herodoto, historiador griego antiguo, atribuyó a la democracia la fuente de esa fuerza griega. Esta opinión, como botón de muestra, sobre una victoria griega se convirtió en el mito secular del siglo XX de que Grecia precristiana era la fuente de la democracia occidental. John Herman Randall, del Columbia College de Nueva York, y Mortimer Adler y Robert Maynard Hutchins, de la Universidad de Chicago forjaron el mito. Will Durant (1885–1981) lo popularizó en su obra de múltiples volúmenes *Historia de la civilización*. Ha sido delatada como mito por historiadores como David Gress (n. 1953), en, por ejemplo, *From Plato to NATO* [De Platón a la OTAN].[3]

En realidad, las democracias griegas nunca funcionaron más de unas pocas décadas. Siempre degeneraron en la ley de la calle. Platón experimentó la democracia griega como el caos social que asesinó a su mentor, Sócrates. Platón condenó la democracia pura como el peor de todos los sistemas políticos. Abogaba por el mandato de un «rey filósofo» como la mejor forma de gobierno. Su protegido, Aristóteles, educó a Alejandro Magno para que llegara a ser el rey filósofo de Platón. Alejandro llegaría a ser uno de los más ambiciosos e implacables conquistadores de la historia. La tiranía de Alejandro es el verdadero legado del pensamiento político griego. La versión renacentista del rey filósofo de Platón es el republicanismo de Polibio promovido por Nicolás Maquiavelo (1469–1527) en su tratado *El príncipe*. Esa usurpación y mantenimiento cínicos del poder mediante manipulación política, coacción y opresión se convirtió en el manual fascista de Benito Mussolini y Adolfo Hitler, y continúa inspirando a políticos de muchas «democracias».

Las conquistas de Alejandro del mundo conocido extendieron la lengua, literatura, arte y cultura griegas. La helenización fue tan efectiva que los judíos tradujeron la Torá al griego, y los seguidores judíos de Jesús escribieron el Nuevo Testamento en griego en vez de hacerlo en hebreo. El arte e ideas griegos se esparcieron hasta la India y el Lejano Oriente. Sin embargo, en ninguna parte la helenización inspiró libertad democrática. Los griegos sabían que sus democracias habían fracasado. La reforma y democratización de Europa empezó con el redescubrimiento de la Biblia en el siglo XVI y una comprensión bíblica del gobierno. Dirigió a los fundadores de Estados Unidos a rechazar explícitamente la democracia griega y escoger una república constitucional. Una república constitucional requiere que tanto el poder del pueblo como el de los gobernantes se ciña al imperio de la ley.

La Biblia no es un libro de ideas filosóficas abstractas. Moisés condujo a los hebreos a salir de la esclavitud de Egipto mediante una liberación milagrosa durante el éxodo. Ese es el contexto de cuando Moisés escribió los primeros libros de la Biblia: la necesidad de asegurar esa libertad duramente ganada y asegurarse de que déspotas hebreos no reemplazaran a los déspotas egipcios. La experiencia del éxodo tuvo poderosas implicaciones filosóficas que separaron a los hebreos de todos los demás pueblos antiguos. Reveló que Dios era libre. No estaba limitado por el poder ni político ni militar de Egipto, por opresivo o brutal que fuera. Tampoco estaba Dios limitado por factores históricos, ejércitos opresivos u obstáculos naturales insuperables, como el mar Rojo. Dios no era parte de la maquinaria cósmica. Era libre y quería que sus hijos fueran libres como él. La opresión y la esclavitud eran males que había que extirpar. Eran males porque eran contrarios a todo lo que Dios había propuesto para los seres humanos que había hecho a su imagen.

El resto de la historia bíblica, desde Moisés hasta el Mesías, es un relato de pérdidas y recuperaciones repetidas de la libertad. Jesús declaró que había sido enviado para «pregonar libertad a los cautivos».[4] Se dice que Horace Greeley (1811–72), fundador y editor del *New York Tribune*, observó: «Es imposible esclavizar mental o socialmente a un pueblo que lee la Biblia». No toda cultura ha producido patriotas como Patrick Henry, que declaró: «¡Denme libertad o denme la muerte!» De hecho, solo culturas fundadas sobre la Biblia han visto la libertad como una virtud por la que vale la pena morir. Las culturas bíblicas sostienen la libertad en alto valor como la esencia de Dios y de su imagen: la humanidad.

El proceso de perder y recuperar la libertad narrado desde Génesis hasta Crónicas, dio luz a las ideas políticas que fueron revividas durante la Reforma europea del siglo XVI. Ellas son las columnas más importantes de la democracia moderna. En Génesis, a Abraham se le dice que llegaría a ser una gran nación porque él enseñaría los caminos de Dios a sus descendientes. El otorgamiento de los Diez Mandamientos se anota en el segundo libro de la Biblia: Éxodo. Moisés puso esa ley en el arca del pacto, y la puso en el mismo corazón de la nación para recalcar el punto de que la libertad durable solo es posible bajo el gobierno de Dios, el imperio de la ley, y el gobierno de los ancianos (representantes). Esto contrasta fundamentalmente con las democracias griegas, que hacían de los ciudadanos (la mayoría o el populacho) los gobernantes máximos del estado.

Las elecciones presidenciales del año 2000 recalcaron poderosamente esta diferencia fundamental entre la república estadounidense moderna y las democracias griegas antiguas. Al Gore ganó el voto popular, pero George W. Bush llegó a ser presidente debido a que ganó la mayoría de votos de colegios electorales, según lo exige la Constitución. En muchos países no occidentales, los seguidores de Al Gore hubieran masacrado a sus rivales para apoderarse del poder político en nombre de la «democracia» (gobierno de la mayoría, el pueblo llano). Pero, en su discurso de cesión del cargo, el señor Gore dijo: «Sobre la biblioteca de una de nuestras grandes facultades de leyes está inscrito el lema: "No bajo el hombre, sino bajo Dios y la ley"».[*]

El señor Gore cedió la presidencia al señor Bush porque el imperio de la ley regía más que la mayoría. Paul Johnson, historiador contemporáneo británico ampliamente leído, arguye que este concepto del imperio de la ley fue «el desarrollo político más importante del segundo milenio».[5] Él debe haber sabido que la idea del imperio de la ley había estado presente en el mundo precristiano; por ejemplo, en Persia y Roma. Pero ni los persas ni los romanos tenían una ley trascendente inmutable sobre la cual basar sus leyes nacionales. Así que, prácticamente, el «imperio de la ley» generalmente quería decir el imperio del gobernante. El moderno principio de la ley como sagrada, por encima de los gobernantes humanos, por encima de la mayoría, no vino de Roma, sino de la Biblia.

---

[*] Esa declaración viene de Henry de Bracton, que ayudó a codificar la Ley Común Británica, y está tallada en la Facultad de Derecho de Harvard.

El Éxodo y los Diez Mandamientos no fueron ideas de Moisés. Eran acciones y palabras de Dios, vistas, oídas y afirmadas por toda la comunidad. Los judíos creyeron que Dios mismo escribió los Diez Mandamientos en dos tablas de piedra en el monte Sinaí. Las palabras de Dios tenían mayor autoridad que las constituciones humanas. Como libertador de Israel, Dios afirmó su derecho como gobernante por encima de todos. «Yo soy Jehová tu Dios, que te saqué de la tierra de Egipto, de casa de servidumbre».[6] El señor Al Gore aludió al hecho de que la idea occidental moderna del imperio de la ley fluye de la idea de que Dios es nuestro gobernante final. Los hugonotes comprendieron que la soberanía absoluta de Dios superaba a la soberanía de hombres pecadores, y esto liberaba al pueblo común. Así, la mujer liberada del monumento hugonote está detrás de un arco triple que representa a su Dios trino.

El pacto de los Diez Mandamientos fundó el principio moderno de constitucionalismo, o imperio de la ley, con una ley perpetua escrita y obligatoria. La sumisión de Gran Bretaña al imperio de la ley fue institucionalizado con la Carta Magna (1215), fundada sobre la ley común, que se remonta al código de Alfredo el Grande. El código mosaico fue el cimiento de códigos legales como ese en Occidente. Una tercera parte de los «Dooms» de Alfredo (893 A.D.) citaba la ley bíblica mientras recogía las leyes de tres reinos cristianos.[7] En definitiva, la Palabra de Dios era la base para la ley del gobierno. Una buena ilustración es el cuadro de Paul Roberts *La justicia eleva a las naciones*, que cuelga en la Corte Suprema de Justicia de Suiza. En este cuadro, los litigantes están ante los jueces. ¿Cómo van a decidir los jueces? La señora justicia apunta su espada a un libro abierto en la cual está escrito: «La ley de Dios».

El concepto estadounidense de «una nación bajo Dios» o «en Dios confiamos», ¿implica teocracia o democracia? La tradición bíblica redescubierta durante la Reforma veía la teocracia y la democracia como complementos necesarios: el gobierno humano mana del gobierno de Dios. La Biblia muestra a Dios como el Soberano por encima de todos. Los primeros dos capítulos de Génesis, no obstante, señalan que Dios nos creó, hombre y mujer, para dominar su tierra.

Los seres humanos tenemos el derecho de gobernar este planeta porque Dios nos dio ese derecho. El Señor Jesús afirmó que había venido para traer el reino de Dios a esta tierra. Su misión fue dar el reino, no a los aristócratas, sino a los pobres, mansos y justos.[8]

La manera de entender los hugonotes la filosofía política de la Biblia puso de cabeza una idea antigua y medieval. Platón no tenía ningún respeto por la «voz del pueblo». En el 798 A.D., el erudito inglés Alcuin expresó la misma sabiduría del emperador Carlomagno: «*Y no se debe prestar oídos a quienes siguen diciendo que la voz del pueblo es la voz de Dios, puesto que la muchedumbre alterada siempre está cerca de la locura*».* Una vez que la Reforma enseñó a esas chusmas amotinadas que llegaran a ser el pueblo de la Palabra de Dios, fue posible para las naciones cristianas, como Escocia, ver la «voz del pueblo» como la «voz de Dios». Las naciones no estaban obligadas a obedecer las órdenes perversas de papas y reyes que afirmaban ser la «voz de Dios». Puesto que Dios había dado su palabra, el pueblo podía leer y conocer la voluntad de Dios. Cuando papas, concilios de la Iglesia y teólogos discrepaban, las personas tenían la responsabilidad de estudiar la Palabra de Dios y determinar cuál era la voz de Dios. Por la autoridad de la Palabra de Dios, la voz del pueblo podía rechazar la voz de reyes y papas cuando esta violaba los principios de Dios.

El islam también tenía la creencia en la autoridad última de Dios y su palabra. ¿Por qué, entonces, el islam no produjo libertad? Un factor clave es que el islam niega a Dios el poder y amor para venir a esta tierra para establecer su reino. Si Dios no viene para establecer su reino, no tenemos otra opción que ser gobernados exclusivamente por hombres pecadores. El énfasis de este capítulo en el papel de la Biblia en producir la libertad no menoscaba el énfasis de la Biblia en la encarnación de Cristo como fuente de la libertad. Jesús afirmó que «si el Hijo os libertare, seréis verdaderamente libres».[9] El islam jamás ha sido capaz de promover una reforma que pudiera socavar el totalitarismo humano, porque rechaza la misma noción de que Dios venga

---

* *Nec audiendi qui solent dicere, Vox populi, vox Dei, quum tumultuositas vulgi semper insaniae proxima sit.*

para establecer su reino. Además, no puede estimular el desarrollo de las personas, al negarse a traducir el Corán a las lenguas del pueblo.

EL GOBIERNO DE LOS ANCIANOS

Aarón, hermano de Moisés, era su mano derecha. A su familia se le asignó el sacerdocio permanente. La tribu de Moisés, los levitas, le respaldaron con mayor fervor que las otras once tribus. A los levitas se les asignó el cuidado del tabernáculo y la enseñanza de las leyes de Dios al pueblo. A las otras once tribus no les gustó esto y cuestionaron el liderazgo de Moisés y Aarón.

En la mayoría de las culturas antiguas, los gobernantes hubieran aplastado toda oposición. El liderazgo tribal, cuando no era hereditario, por lo general descansaba en el terror o en el engaño por parte del sacerdocio. Pero Moisés rompía esa regla. Él nunca quiso ir a Egipto para ser su libertador. Fue solo porque Dios lo envió. Incluso se quejó a Dios: «¿Por qué tengo yo que cargar con la responsabilidad de dirigir a este pueblo rebelde?» Dios le dijo a Moisés que reuniera a setenta ancianos de los israelitas, en el tabernáculo, la carpa sagrada adonde el pueblo acudía para encontrarse con Dios».[10]

Eso formalizó el gobierno de los ancianos. Dos de los ancianos se negaron a acudir para dejar claro el punto de que no estaban obligados a obedecer a Moisés. Comparemos a estos ancianos con los sabios y consejeros de la mayor parte de Europa medieval, que ocupaban su cargo por capricho del rey y podían ser eliminados por él en cualquier momento. Inicialmente, las asambleas y parlamentos se reunían cuando los reyes los llamaban para consultarlos. En contraste, los ancianos hebreos no le debían a Moisés su cargo. Eran líderes respetados de la comunidad mucho antes de que Moisés volviera a Egipto. Él no tuvo que ganarse su confianza antes de ir ante faraón.[11]

En Números 11, la Biblia cuenta que Dios nombró a estos setenta ancianos, que representaban al pueblo, para ayudar a Moisés a dirigir a la nación. Josué, joven asistente de Moisés, quería excluir del liderazgo a los dos rebeldes que habían desafiado a Moisés. Moisés insistió en que todos los ancianos, incluyendo los dos que le habían desafiado, debían ser aceptados como líderes porque representaban al pueblo, y Dios había ratificado su liderazgo. Este principio gubernamental bíblico de gobierno de los ancianos llegó a ser fundamental para las repúblicas constitucionales modernas como el gobierno de representantes elegidos y no por medio de aristócratas de cargo heredado, como en Roma.

La iglesia inicial adoptó este enfoque del Antiguo Testamento para el liderazgo de los ancianos. Era muy diferente de la democracia directa y vulnerable de Grecia. También era radicalmente diferente de la autoridad suprema asumida por reyes, papas, emperadores medievales, y señores.

DIVISIÓN DE PODERES

La historia bíblica contribuyó con otro principio vital del gobierno justo: la división de poderes y los mecanismos de control y equilibrio de ellos. Al nombrar a Saúl el rey, los israelitas establecieron la autoridad política como algo independiente de la autoridad religiosa, mediante las regulaciones codificadas por Moisés.[12] Samuel siguió siendo el profeta que mantenía en cintura cualquier abuso del poder político. Podemos apreciar mejor la importancia de este principio bíblico de gobierno al considerar lo que sucedió en Roma. Hasta el tiempo de Augusto (63 A.C.–14 A.D.), Roma era una república sin rey. Un senado de aristócratas gobernaba la república, asegurando que ninguno de ellos se volviera dominante. Pero las luchas por el poder y las guerras civiles erosionaron el sistema republicano. Entonces, Augusto erradicó a los que habían matado a su tío Julio César. Con ello, se hizo dictador, manipulando sutilmente la opinión pública.

Roma no sabía nada de la separación entre la iglesia y el estado. El dicho de Jesús de que lo que le pertenece a Dios no debe ser dado a César llegó a ser una restricción fundamental al totalitarismo. Las palabras de Jesús recordaban a sus oyentes que el gobierno tenía poder limitado, no absoluto. El emperador no podía exigir la adoración que le pertenecía a Dios. Roma rechazó el desafío de Cristo a su exigencia de poder totalitario. Se vengó persiguiendo a los cristianos.

Nerón (15–68 A.C.) empezó a iluminar los senderos de su jardín con hogueras en que quemaba a cristianos atados a postes. Los cristianos murieron por miles bajo la tiranía de Roma, que continuó por diez emperadores hasta la despiadada persecución del Diocleciano doscientos cincuenta años después. Pero la iglesia resistió a sus enemigos paganos. La iglesia también resistió a reyes cristianos que usurparon su estatus como jefes de estado y reclamaron el derecho a gobernar sobre la iglesia. En tanto que Constantino I toleró el cristianismo en el 311 A.D., Teodosio I (379–395) hizo del cristianismo la única religión legal en Roma. Esto elevó al obispo de Roma a una posición desusadamente poderosa. Roma ahora tenía dos centros independientes de poder: religioso y secular (papa y emperador). Así como el profeta Samuel se enfrentó al rey Saúl, Natán se enfrentó al rey David, y Elías al rey Acab, algunos papas y obispos continuaron enfrentándose a reyes para preservar los derechos inalienables y restaurar el imperio de la ley.

Por ejemplo, cuando los espectadores se amotinaron y mataron a un oficial y sus auxiliares por arrestar a un auriga famoso, el emperador Teodosio hizo que sus tropas masacraran a más de siete mil espectadores inocentes en el coliseo. El arzobispo de Milán obligó a Teodosio a que hiciera penitencia por ocho meses. El obispo estaba siguiendo al profeta Natán, que se enfrentó al rey David por su adulterio con Betsabé y el homicidio de su esposo. Teodosio tuvo que vestirse como mendigo y suplicar perdón de las multitudes frente a la catedral de Milán. Esta humillación confirmó el impacto del gobierno bíblico en el surgimiento del principio moderno de mecanismos de control y equilibrio de poderes.

El papa Gregorio VII (h. 1015–85) afirmó estos límites del poder del gobierno. El sacro emperador romano Enrique IV (1050–1106) insistió en que, como gobernante divinamente nombrado por Dios, tenía el derecho de nombrar obispos. El papa Gregorio respondió excomulgándolo. Ese gobernante «poderoso» se vio obligado a humillarse en el nevado paso alpino de Canosa. Después de tres días, el papa Gregorio VII perdonó finalmente al emperador Enrique IV y volvió a admitirlo en la Iglesia. Gregorio echó mano de argumentaciones del teólogo Manegold de Lautenbach de que el cargo de un rey era por consentimiento con un propósito definido de gobierno, basado en un contrato (*pactum*) con el pueblo. Sin embargo, si el rey rompe este *pactum*, el pueblo es libre de esa sumisión.[13]

La importancia del papel de la iglesia o el profeta para restringir abusos seculares del poder quedó ejemplificado en la mediación del arzobispo Esteban Langton entre el rey inglés Juan I y sus barones. Para compensar por el pillaje de la Iglesia y de su pueblo por parte del rey Juan, el arzobispo Langton puso a los barones bajo juramento de restaurar el imperio de la ley. Echando mano de Manegold y de la Tabla de libertades (1000) del rey Enrique I, Langton redactó el borrador de la Carta Magna en 1215, preservando «la iglesia debe ser libre». Esta constitución codificó las limitaciones de los poderes del rey. No podía imponer impuestos arbitrarios, sino que se le exigía contar con el consentimiento del concilio común del reino, el cual llegó a ser el Parlamento y, de ahí, el Congreso de Estados Unidos.

Tampoco el rey podía arrestar o castigar a ningún «hombre libre» basándose meramente en rumores o sospechas. Esta codificación de las libertades civiles inglesas aseguraba que «ningún hombre será arrestado, o apresado, o desposeído,* o proscrito, o exiliado, o de alguna manera arruinado, ni tampoco iremos ni enviaremos contra él, excepto por juicio legal [sic] de sus iguales o por la ley de la tierra».[14] En otras palabras, no se le podía quitar a nadie la vida, libertad o propiedad sin juicio de sus iguales, y, en ese caso, solo después del debido proceso de la ley de la tierra. Langton estableció este principio de la supremacía de la ley sobre la autoridad de gobernantes requiriendo que se compensase de inmediato toda violación de la misma, incluso por el rey, y autorizando la oposición armada por los barones si él se negaba. El 15 de junio de 1215, los barones obligaron al rey Juan por juramento, ante Dios y los obispos reunidos, a defender a perpetuidad la Carta Magna.

La regularización del sistema judicial de Inglaterra empezó con la Carta Magna. En el lapso de tres décadas, uno de los jueces más famosos y santos de Inglaterra, Henry de Bracton, empezó a sistematizar la

---

* Desposeer a alguien quería decir despojar a esa persona de propiedades legítimamente obtenidas.

ley común inglesa. Para mediados del siglo XIII, había derivado explícitamente de la Biblia el principio del imperio de la justicia antes que el de la fuerza. En 1258 se constituyó la Cámara de los Comunes de Inglaterra. El «Parlamento Modelo» de Eduardo I en 1295 lo formaban obispos y abades, iguales,* dos caballeros de cada distrito rural, y dos representantes de cada pueblo.

El gobierno justo era el ideal. Sin embargo, las autoridades seculares y sagradas a menudo se extralimitan en su cargo, asumiendo el poder absoluto en su propia esfera. Los reyes no toleraban la disensión política y la Iglesia no toleró la disensión religiosa. Entonces se armó la gorda cuando la Iglesia y el estado unieron manos para hacer el mal. Una de las expresiones más dramáticas de la corrupción religioso-política tuvo lugar en la cúspide del Renacimiento del siglo XVI en París, la ciudad del romance, el gran arte y la cultura. El rey Carlos IX, de veintidós años, y su madre, Catalina de Medici** llevaron a la nación a la bancarrota por los excesos del gobierno.

En un país con una sola religión estatal, el catolicismo romano, los hugonotes oraban corriendo riesgo personal. Todo indicio de afiliación protestante en público era castigable con varias penas. En París, el ahorcamiento público de hugonotes era frecuente. No se perdonaba ni a mujeres ni a niños. Cuando las tensiones se volvieron insoportables, en agosto de 1572, Catalina trajo tropas mercenarias de Suiza.

A las tres de la mañana del 24 de agosto, día de San Bartolomé, se cerraron las puertas de París y las campanas de las iglesias empezaron a repicar. A los oficiales de la milicia del rey se les ordenó que mataran hasta el último hugonote. La masacre empezó. A las pocas horas, Catalina trató de detenerla, pero era demasiado tarde. La masacre se extendió, no solo en París, sino por toda Francia. El país estalló en cólera religiosa. Ninguna casa quedó inmune de las represalias violentas y el odio religioso. Los historiadores no están seguros del alcance de la carnicería. Los cálculos van desde cinco mil hasta treinta mil.

¿Cómo pudo la Iglesia unir fuerzas con una monarquía demente para sancionar tal masacre? El papa permitió que la gente muriese

* Miembro de la nobleza.
** Maquiavelo dedicó su libro *El príncipe* al padre de Catalina.

porque habían desafiado su autoridad. Los hugonotes tenían a la Biblia como su autoridad porque creían que la Palabra de Dios superaba a la autoridad tanto del rey como del papa. En una época cuando reyes, jueces y obispos se entregaban desvergonzadamente a la corrupción, los creyentes en la Biblia exigían que las autoridades políticas, civiles y religiosas se sujetaran a la normativa de justicia de Dios.

¿Hubieran podido las libertades básicas que hemos estado rastreando haber resultado en algún caso, independientemente de la Biblia, mediante el puro poder y la inevitabilidad del progreso, en la redención de heridas, el recuerdo de catástrofes evitables y el crecimiento general del conocimiento? Es difícil imaginárselo. Es la gente con convicciones fuertes la que dirige los movimientos de reforma. Los escépticos, por definición, no están seguros de sus creencias. Una falta de convicción no inspira a la gente a morir por sus creencias y valores. Reformas fundamentales requieren la fe de creyentes ardientes, tan seguros de sus convicciones que cargarían su cruz y irían a la hoguera por ellas. El fanatismo puede, por supuesto, conducir a la intolerancia; a menos que uno siga a un Dios que se sacrifica para servir a otros y le ordena a uno que ame al prójimo como a sí mismo. La convicción de que Dios está del lado de uno le convierte en una persona fuerte.

LA TRILOGÍA DE LA LIBERTAD

La traumática experiencia de los hugonotes en el día de San Bartolomé dio a luz a tres libros que desataron una verdadera revolución de la forma medieval de gobierno a la forma moderna de gobierno constitucional. François Hotman, Teodoro Beza, y posiblemente Philippe du Plessis-Mornay, escribieron estos tres tratados. La transición desatada por estos escritos aseguraba que el imperio de la ley y los derechos del pueblo tenían preferencia sobre la tiranía de monarcas y papas. La primacía de la ley y la autoridad del pueblo se expresó en instituciones concretas tales como parlamentos y cortes, que ya no estaban sujetas a los caprichos de los reyes. Estos tres libros, a los que colectivamente se hace referencia como la «trilogía de la libertad», demuestran el papel que la Biblia jugó para dar a luz a las libertades modernas.

François Hotman (1524–90), profesor de leyes, era uno de los más distinguidos juristas de su día. Por un pelo escapó de la muerte el día de San Bartolomé. Su libro, *Francogallia*, llegó a ser una de las fuentes más tempranas del rechazo del absolutismo político. Hotman argumentaba que el rey no es más que un magistrado con cargo vitalicio. Es el pueblo el que crea los reinados. Los reyes son responsables ante el pueblo por su conducta mientras están en su cargo y están constantemente sujetos a que el pueblo los destrone por violación de los deberes de su cargo. El argumento importante de Hotman fue que esa «majestad real», la administración suprema del gobierno, no era una cualidad inherente en la persona del rey. Era un atributo que pertenecía a los «Tres Estados»: el rey, los altos consejeros, y el pueblo, representado por sus ancianos, reunidos como un todo, sobre el cual el rey no era otra cosa que el oficial que presidía.

La Asamblea General de los Estados, en el esquema de Hotman, no era meramente un cuerpo consultor cuyo consentimiento requería el rey en ocasiones excepcionales. Hotman consideraba que la asamblea era el mismo centro del gobierno; como en el Parlamento británico o el Congreso de Estados Unidos. Hotman propuso el principio del imperio de la ley. La forma de establecer el imperio de la ley, dijo Hotman, era apoyarse solo en la Biblia, en lugar de en las leyes romanas y griegas, especialmente ahora que la Biblia había llegado a estar disponible y había presentado una comprensión más clara de las exigencias morales de Dios.

El libro *The Right of Magistrates* [El derecho de los magistrados], del teólogo Teodoro Beza, se publicó en 1573, un año después del libro de Hotman y en consulta con él. Fue una de las fuentes originales de la idea de derechos humanos inviolables que se expresó doscientos años después en el Acta de Derechos estadounidense. Antes de Beza, el consenso intelectual general en Europa —argumentado por eminentes pensadores como Santo Tomás de Aquino— era que los reyes podían ser destronados solo por los que estaban por encima de ellos; es decir, por el emperador o el papa. Beza, por el contrario, aportó una base bíblica para investir esa autoridad política en funcionarios inferiores: los magistrados. Beza argumentó que los magistrados o líderes civiles eran servidores, no del rey, sino del reino. Su obligación primaria no era obedecer al rey, sino defender el reino. La idea estadounidense de que el Congreso puede interpelar y deponer al presidente procede del libro de Beza.

Beza edificó sobre el dicho de Hotman de que «un pueblo puede existir sin un rey... en tanto que un rey sin un pueblo ni siquiera se puede imaginar».[15] En el punto de vista de Dios, el pueblo viene primero. Dios les dio a los reyes y magistrados su cargo bajo algunas condiciones definidas, tales como servir al pueblo. Cuando un rey dicta una orden injusta, por ejemplo, de arrestar o matar a un ciudadano inocente, los magistrados tienen el derecho y la obligación de desobedecer al rey a fin de obedecer a Dios y defender a su pueblo. El rey es como un vasallo de su reino y abdica de su cargo si viola la fe. Todavía más, siguiendo los concilios de Basilea y Constanza, Beza arguyó que el Concilio de la Iglesia tenía el derecho de deponer a un papa, puesto que Cristo, no el papa, era la cabeza real de la Iglesia. De aquí que la noción de la infalibilidad de los papas fue cuestionada por esta irrupción en el pensamiento ético protestante.

En tanto que la erudición secular occidental ignora el papel fundamental de Beza en la forja del pensamiento político occidental, su principio de un poder judicial independiente ha llegado a ser la herencia de cada ciudadano de Occidente. Como asiático, empecé a apreciar esta virtud esencial cuando experimenté lo opuesto. Unos cuantos politicastros lograron pedir a los magistrados corruptos que me echaran en la cárcel por acusaciones inventadas. Nuestra primera ministra, la señora Indira Gandhi, durante su breve período de autoritarismo de 1975 a 1977, hablaba de que la India necesitaba tener un «poder judicial comprometido»; uno que imponga las órdenes de los gobernantes, y no el imperio de la ley. Felizmente, su experimento no se estableció como una práctica en la India, pero así es como vive la mayor parte del mundo.

Muchas naciones han aceptado la noción de las Naciones Unidas de los «derechos humanos» sin la teología de Teodoro Beza de *The Right of Magistrates*. Con todo, «los derechos humanos inalienables» no tienen sentido sin el principio bíblico de valía única concedido por el Creador a todos los individuos. También, los derechos humanos se vuelven ideales impotentes sin magistrados que ejerzan su derecho para imponerlos por encima del abuso de autoridad de los gobernantes.

Vindiciae Contra Tyrannos [Defensa de Libertad contra Tiranos] llegó a ser la parte más popular de la «trilogía de la libertad», debido a su estilo directo y orientado a la acción. Hay algo de disputa en cuanto a la autoría del libro, porque fue publicado con seudónimo. Muchos eruditos piensan que lo escribió Philippe du Plessis-Mornay, tal vez con la ayuda de su más viejo amigo Hubert Languet.

Siguiendo a Beza, Mornay extrajo lecciones importantes de la coronación del rey Joás en el Antiguo Testamento. Durante esa coronación, se hizo un pacto doble bajo la dirección del santo sumo sacerdote Joiada. Un pacto fue entre Dios y el rey —el rey serviría fielmente a Dios—, en tanto que el otro fue entre el rey y el pueblo. Mornay demostró a partir de esto que el pueblo tenía una obligación de obedecer a sus reyes, quienes a su vez estaban obligados a obedecer a Dios. Cuando los reyes desobedecían la ley de Dios en la Biblia y se volvían injustos y opresivos, el pueblo tenía la responsabilidad de limitarlos y, si fuera necesario, deponerlos. La idea estadounidense de que el gobernante no debe ser un rey sino un presidente vino de este libro. Un presidente es simplemente el primero entre iguales. Preside una asamblea de iguales. Colectivamente, ellos tienen más poder que él.

LA INFLUENCIA POLÍTICA DE LOS HUGONOTES

La masacre del día de San Bartolomé en 1572 puso a Escocia decisivamente en contra del antiguo sistema político-religioso opresivo que había existido durante siglos. Como Beza, John Knox, el más popular reformador de Escocia, había estudiado bajo la enseñanza de Calvino en Ginebra. Muchos de los reformadores franceses eran amigos personales de Knox. Knox y los reformadores escoceses ya habían ganado reformas religiosas en 1560. Las batallas políticas, que eran, de hecho, una guerra civil entre protestantes y católicos, continuaron hasta 1572. El Sacro Imperio Romano tenía intereses creados para mantener intacta la antigua estructura religiosa. La organización jerárquica de la Iglesia Romana era una réplica, no de la iglesia del Nuevo Testamento, sino del Imperio Romano. Concedía poder absoluto a los reyes y a los papas sobre el pueblo. Pero la masacre en Francia fue tan repulsiva para los escoceses que en 1573 les dieron una victoria militar decisiva a los reformadores.

Las fuerzas de la reina María fueron derrotadas y la primera democracia moderna plenamente florecida —ya establecida en la Iglesia Escocesa— fue establecida en el estado. En un trastorno radical de la noción de los derechos divinos de reyes y papas, afirmó la supremacía de la «voz del pueblo» arraigada en la Palabra de Dios. Las personas podían oír, comprender y articular la voz de Dios porque ahora tenían la Palabra de Dios en su mano, en su propia lengua. La Biblia, de este modo, transformó la teocracia medieval en la democracia moderna de manera que sirvió al pueblo, sirvió a la justicia, y era eminentemente práctica.

La «trilogía de la libertad» de los hugonotes también tuvo un impacto inmediato en Holanda. Guillermo I de Orange había estado luchando por la independencia holandesa respecto de España. La trilogía francesa puso la justificación teológica para su lucha. Guillermo I entabló amistad personal con Mornay y logró establecer a Utrecht como núcleo libre para la posterior liberación holandesa. Con el tiempo, la obra de Mornay influyó al mundo entero mediante el jurista, humanista y estadista holandés Hugo Grocio (1583–1645) y el filósofo, diplomático y experto legal suizo Emmerich de Vattel (1714–67).[16] Sus escritos legales pusieron el cimiento del Derecho internacional moderno.

En 1688 Jacobo II de Inglaterra encarceló a siete obispos, incluyendo al arzobispo William Sancroft, acusándolos de rebelión por difamación sediciosa al negarse a leer su Segunda Declaración de Indulgencia. El jurado los absolvió, anulando este edicto injusto.[17] Seis meses más tarde, esto condujo a la «Revolución gloriosa», en la que reemplazaron a Jacobo II con Guillermo de Orange y María (heredera de Jacobo). El Parlamento redactó entonces el Acta de Derechos (inglesa, 1689), que preservaba explícitamente el derecho de la Carta Magna a pedir que el rey compensara por las ofensas, como restablecieron los siete obispos.[18]

Después de la Biblia, *Vindiciae Contra Tyrannos* ejerció el mayor impacto en motivar la revolución estadounidense.[19] Impulsó a los púlpitos que impulsaron a los feligreses a resistir a la tiranía. La erudición secular ignora la trilogía primordialmente porque los escritores reformados y hugonotes extraían y justificaban todo argumento a partir de la Biblia. No deja de ser cierto que las ideas bíblicas proclamadas por escritores reformados y hugonotes se extendieron rápidamente a Suiza, Holanda, Escocia, Inglaterra y Estados Unidos. De estos países, la antorcha de la libertad fue llevada al resto del mundo.

La Biblia y la democracia en la India

En libros anteriores, tales como *India: The Grand Experiment* [La India: El experimento grandioso], hablé de mi sorprendente descubrimiento de que la libertad de la India, también, era fruto del evangelio. Antes de ir a la India como misionero, Guillermo Carey, el traductor de la Biblia por excelencia, defendió su llamado a la misión en 1792 con estas palabras:

> Después de todo, el estado incivilizado de los paganos, en vez de dar lugar a una objeción en contra de la predicación del evangelio a ellos, debería aportar un argumento a su favor. ¿Podemos nosotros como hombres, o como cristianos, oír que una gran parte de nuestros semejantes, cuyas almas son tan inmortales como las nuestras... están sin el evangelio, sin gobierno, sin leyes, sin artes y ciencias, y no esforzarnos por introducir entre ellos los sentimientos de los hombres, y de los cristianos? ¿Acaso no sería la extensión del evangelio el medio más efectivo de su civilización? ¿No los haría miembros útiles de la sociedad?[20]

El movimiento evangélico convirtió la visión de Carey en la misión británica en la India. Como se notó en un capítulo anterior, Lord Macaulay resumió esa misión en su discurso al Parlamento británico en 1833:

Pudiera ser que la mentalidad pública de la India se pudiera expandir bajo nuestro sistema hasta que haya superado el mismo; que mediante un buen gobierno podamos educar a nuestros súbditos hacia una capacidad para un mejor gobierno; que, habiéndose instruido en el conocimiento europeo, ellos puedan, en alguna edad futura, exigir instituciones europeas (de libertad).[21]

Hay críticos, como Arun Shourie, que condenan a Macaulay por llevar ideas e instituciones bíblicas para socavar la cultura opresiva de la India y liberar la mentalidad de la nación. Sin las ideas políticas de la Biblia, sin embargo, emperadores musulmanes, milicias hindúes o comerciantes europeos seguirían gobernando en la India.

Pensamiento político moderno

Uno de los más importantes exponentes de la teoría de política bíblica vino unas pocas décadas después de que los refugiados hugonotes huyeran del infierno francés en la década de 1570. Un pastor y teólogo escocés llamado Samuel Rutherford (1600?–1661) resumió las enseñanzas de Hotman, Beza y Mornay en su libro *Lex, Rex–The Law and the Prince* [La ley y el príncipe]. El mismo título del libro de Rutherford lo pone en oposición a *El príncipe* de Maquiavelo. El título de Rutherford se puede traducir *La ley [es] rey*, debido a que define la democracia moderna como el imperio de la ley, antes que el imperio de monarcas o mayorías.

Juan Milton y Jaime Harington fueron otros teóricos políticos puritanos y bíblicos que, siguiendo a los hugonotes, rechazaron el derecho divino de los reyes. Milton introdujo las ideas modernas de tolerancia y libertad de expresión. Estas ideas dieron fruto práctico en su propio tiempo y hasta más a partir de 1688: el mismo año en que los hugonotes llegaron de Holanda a Sudáfrica. Ese fue también el año en que Guillermo III de Orange viajó de Holanda a Inglaterra para dirigir la «revolución gloriosa». Él puso esos ideales reformados en práctica al institucionalizar los derechos del Parlamento.

John Locke (1632–1704), que volvió de Holanda e Inglaterra con Guillermo III ese año, llegó a ser uno de los más importantes filósofos y teóricos políticos de las décadas que siguieron. Locke era hijo de un pastor puritano y estudiaba en la abadía de Westminster cuando Rutherford estaba escribiendo *Lex, Rex*. Locke articuló la visión bíblica política de sus predecesores sistemáticamente en 1690, cuando escribió lo siguiente:

No voy a discutir ahora si los príncipes están exentos de la ley de su país, pero de esto estoy seguro: ellos le deben sujeción a las leyes de Dios y la naturaleza. Nadie, ningún poder, puede eximirlos de las obligaciones de esa ley eterna. Ellas son tan grandes y tan fuertes en el caso de las promesas, que pueden ligar a la Omnipotencia misma. [En la Biblia] las concesiones, promesas y juramentos son vínculos que obligan al Todopoderoso, digan lo que digan algunos lisonjeros a los príncipes del mundo, que, todos juntos, con todo su pueblo unido, en comparación con el gran Dios, no son sino una gota del balde, o una pizca de polvo en la balanza: ¡Inconsiderable, nada![22]

La filosofía política de Locke solo triunfó porque sus lectores sabían que era bíblica y sabia.

Cuantitativamente, la Biblia se citaba con más frecuencia por los padres fundadores de Estados Unidos, seguida por Montesquieu, Blackstone y Locke.[23] Este breve capítulo no puede examinar la influencia de la Biblia en cada teórico político o en el desarrollo de los pilares importantes de la libertad, como la libertad de conciencia, libertad de expresión, la prensa como profeta, los mecanismos de control y el equilibrio de poderes, y la autonomía de instituciones tales como la familia y la universidad en sus propias esferas. La filosofía política recogida en la Biblia fue trasmitida a Estados Unidos por medio de los escritos de John Locke. Los historiadores seculares pervierten la historia cuando no confiesan que se siguió a Locke porque él estaba canalizando una filosofía bíblica de gobierno. Ningún pensador de la India halló ideas políticas similares en ninguna de nuestras escrituras y epopeyas.

Las ideas protestantes francesas reformaron la vida política de países vecinos, pero Francia lo pagó caro por suprimir la Reforma. La corrupción de la Iglesia y el estado pusieron a sus más agudos pensadores en contra de la religión. Por ejemplo, Rousseau redujo el pacto doble de Mornay, de Dios y rey, y rey y pueblo, a un «contrato social» entre el rey y el pueblo. Estaba de acuerdo con el amor a la libertad de los hugonotes, pero definió la libertad como el derecho del pueblo para deponer reyes y nobles cuando se volvieran corruptos y opresores. Excluyó a Dios. Su enseñanza ayudó a producir la Revolución Francesa, pero, al no someterse la muchedumbre a la Biblia, la revolución acabó en desastre.

La Bastilla tal vez simboliza lo peor de esa revolución, que fue un tiro por la culata para Napoleón Bonaparte, un dictador. La encumbrada retórica del Siglo de las Luces francés demostró ser impotente para controlar el mal en el corazón humano. Sin la Biblia, la democracia se convirtió en lo que Platón había condenado como el peor de todos los sistemas políticos. Napoleón fue un retroceso grotesco al autoritario Imperio Romano en un tiempo en que el resto de Europa —en realidad, gran parte del mundo— miraba hacia un nuevo paradigma. Estados Unidos de América, y no Francia, se convirtió en el faro de libertad, precisamente porque permitió que la Biblia forjase su espíritu cultural.[24]

Edmund Burke, estadista británico, fue un contemporáneo que estudió detenidamente el fracaso francés. En «A Letter to a Member of the National Assembly» [«Carta a un miembro de la Asamblea Nacional] (1791), Burke escribió:

¿Qué es la libertad sin virtud? Es el mayor de todos los males posibles... es locura sin freno. Los hombres son aptos para la libertad civil en proporción exacta a su disposición a poner cadenas morales a su propio apetito... La sociedad no puede existir, a menos que se ponga en alguna parte un poder controlador sobre la voluntad y las inclinaciones; y cuanto menos haya por dentro, más debe haber por fuera.[25]

Robert C. Winthrop, Portavoz de la Cámara de Representantes de EE.UU. (1847–1849) y dirigente de la Sociedad Bíblica, articuló este principio indispensable de libertad:

Todas las sociedades de los hombres deben ser gobernadas de una manera u otra. Cuanto menos tengan del riguroso gobierno del estado, más debe haber del gobierno propio individual. Cuanto menos descansen en la ley pública o en la fuerza pública, más deben descansar en el freno moral privado. Los hombres, en una palabra, necesariamente, deben ser controlados, bien sea por un poder interno o por un poder externo a ellos; bien sea por la Palabra de Dios o por el brazo fuerte del hombre; bien sea por la Biblia o por la bayoneta.[26]

LA ESCLAVITUD EN SUDÁFRICA

Cuando los hugonotes llegaron por primera vez a Sudáfrica, su dirigente espiritual, Pierre Simond, propuso enseñar agricultura y alfabetización al pueblo local, los hotentotes. Quería impartir las bendiciones de la civilización a un pueblo que ni siquiera conocía los principios elementales de la agricultura. Desdichadamente, las generaciones siguientes de hugonotes adoptaron la práctica colonial holandesa de usar mano de obra de esclavos en sus casas y haciendas. La esclavitud quedó abolida en Sudáfrica en 1833, después de que evangélicos británicos dirigidos por William Wilberforce volvieron a la Biblia. En el siglo XX, los humanistas seculares introdujeron el *apartheid* en Sudáfrica. Tristemente, muchos cristianos blancos justificaron esta forma de ingeniería social. Felizmente, otros cristianos que se mantenían fieles a la Biblia ayudaron a derrotar ese mal.

¿Hicieron la esclavitud y el apartheid practicado por muchos cristianos blancos que los nativos negros se pusieran contra la Biblia? Planteé esta pregunta a Wynoma Michaels, que entonces preparaba un doctorado en Filosofía en la Universidad de Stellanbosch, y que fue la primera mujer negra que llegó a ser presidenta estudiantil de esa universidad. No me sorprendió cuando respondió que estudiar y enseñar la Biblia era su primera pasión. Me informó lo que yo había sospechado: hay más negros que estudian la Biblia que blancos.

¿Por qué? Porque, dijo ella, aunque se ha abusado de la Biblia, nada le da a su gente un mayor sentido de su propio valor y significado que el Buen Libro. Este era el único libro que el dueño de esclavos y el esclavo tenían en común. Al sentarse el amo a leerlo en voz alta a sus esclavos, ambos sabían que estaban como iguales bajo su autoridad. Los negros de Sudáfrica no tenían nada más mediante lo cual pudieran saber que eran preciosos para Dios. Wynoma dijo que un gran número de los suyos se tomaron la molestia de alfabetizarse por una sola razón: querían leer la Biblia. No aprendieron a leer para conseguir empleo. Se refirió a una crónica que apareció en un periódico esa misma semana de una mujer de sesenta y cinco años que se había inscrito en una clase de alfabetización para adultos porque quería leer la Biblia.[27]

Hoy, la Biblia es el principal factor para abrir la mentalidad africana, tal como fue la clave para abrir la mentalidad occidental.

Parte VII

MODERNIDAD GLOBALIZADORA

El protestantismo evangélico produce una revolución cultural en sus nuevos territorios... produce cambios radicales en las relaciones entre hombres y mujeres, en la crianza y educación de los hijos, en las actitudes hacia las jerarquías tradicionales. Más importante todavía, inculca precisamente esa «ética protestante» que Max Weber analizó como un ingrediente importante en el génesis del capitalismo moderno: un enfoque disciplinado, austero y orientado racionalmente al trabajo. Así, a pesar de su indigenización... [la fe bíblica] es portadora de una cultura pluralista y modernizadora cuya ubicación original está en las sociedades del Atlántico Norte.

—PETER BERGER

Capítulo diecinueve

MISIÓN

¿Pueden las tribus de la Edad de Piedra contribuir a la globalización?

M i amigo Ro no encaja en las categorías convencionales. No es ni de derechas ni de izquierdas. No pondría una bomba en una tribu de terroristas, ni respeta a ninguna cultura por entero. Ro, apócope del doctor Rochunga Pudaite (n. 1927), cree en transformar los aspectos negativos de cada cultura. Cree que todas las culturas reflejan la bondad humana tanto como su vileza. Viene de una tribu de cazadores de cabezas, los hmares, del norte de la India; y ha desempeñado un papel crítico en la transformación de su pueblo.

Los antepasados mongoles de Ro migraron de China central a las selvas entre Myanmar (Birmania) y la India. Los británicos vieron que eran guerreros feroces. En 1870, los hmares cortaron quinientas cabezas británicas durante una sola incursión en una remota plantación de té. El general Federico Roberts, comandante británico, los persiguió en dos columnas.* Mató a unos pocos, pero la mayoría de ellos desapareció en la espesa selva. Los británicos habían aprendido a *no* seguir. Quinientas cabezas, pensó el general, eran más que suficiente pérdida para un día.

---

* Al general más tarde le concedieron el título de caballero y se le llegó a conocer como Lord Roberts de Kandahar, en Afganistán.

Con el tiempo, los británicos enseñaron a los hmares a no meterse con el Raj (imperio) de la India. Sin embargo, nunca olvidaron que los hmares eran aterradores: una tribu de salvajes que decoraban sus chozas con las cabezas de sus enemigos. Ningún oficial británico entró jamás en sus selvas sin una numerosa guardia armada.

Aunque se ha dicho bastante en contra del imperialismo —una cultura dominando a otra—no se ha dicho lo suficiente en contra de la indiferencia egoísta, en contra de escoger no ayudar a los que son víctimas de su propia cultura. La generación de los padres de Ro, por ejemplo, vivía en la pobreza y miseria. El alcoholismo destruía a los «afortunados» que sobrevivían a una muerte temprana por falta de higiene, falta de alcantarillado y mala nutrición. El analfabetismo, las peleas y la violencia era la norma. Las mujeres y los niños eran las primeras víctimas de esos males.

Los hmares adoraban a los ríos, montañas, piedras, estrellas, el sol y la luna; pero la madre naturaleza no tenía compasión de ellos. Los malos espíritus, reales o imaginarios, constantemente atormentaban a ese pueblo. Temían y adoraban a los demonios porque pensaban que traían enfermedades. La medicina era algo desconocido. Sacerdotes y brujos reverenciados mataban incontables cantidades de gallinas, cabras y cerdos como sacrificios para apaciguar a los espíritus coléricos.

Ro cree que solo alguien excepcionalmente insensible diría que a su tribu se la debería haber dejado sola en su (imaginaria) «prístina forma de vida». La mayoría coincidiría en que su forma de vida era enfermiza y necesitaba sanidad. El desacuerdo estaría en cómo sanarla.

Algunos estadounidenses opuestos a la operación del 2002 para democratizar a Afganistán derrocando militarmente al régimen talibán propusieron que a una cultura que estaba alojando a Al Qaeda se la debía bombardear solo con televisión por satélite que trasmitiese los valores occidentales de tolerancia y libertad.

¿Cómo podría una tribu en las montañas remotas de Afganistán, África o la India, empezar a entender esas ideas televisadas? No saben inglés. ¿Y si una tribu salvaje ve películas de acción y mejora su habilidad para cazar cabezas? O peor, ¿y si los hmares ven las películas de Aníbal Lector y añaden el canibalismo a su cacería de cabezas?

Si no tienen dinero en efectivo, ni trabajo, ni bancos, ¿quién les va a dar televisores? ¿Por qué alguien va a hacer negocio con quienes no producen nada, excepto los que tratan de venderlos como esclavos o prostitutas, o tal vez utilizar sus pulmones, hígados, riñones o corazones para trasplante de órganos en países ricos?

Seguro que alguien podría alegar que las tribus de la Edad de Piedra pueden convertirse en socios productivos, lucrativos, en la economía global, siempre y cuando alguien los eduque.

Hay algunos para quienes la misma idea de «educar» a las tribus hiede a actitud misionera condescendiente: «civilizar» a los salvajes. Pero a los críticos tal vez los persuada el argumento de que la educación no tiene por qué cambiar nada. Se podría usar para el fomento de las tribus marginadas del mundo moderno; es decir, darles opciones. Serían libres para mantener su forma de vida o escoger una forma de vida alternativa. La disputa sería sobre quién va a proveer la educación.

«¡El estado, por supuesto!», sería la contestación de algunos.

«Pero, ¿eso no los condicionaría», cuestionarían otros, «a aceptar la forma occidental del estado de bienestar como el ideal?» Más aún, ¿cómo funcionarían las escuelas estatales en selvas remotas en las que padres y jefes analfabetos no tienen ninguna posibilidad de supervisarlas?

El aislamiento de los hmares

En el caso de los hmares, un problema más básico era que ellos no tenían «estado». Era una tribu autónoma incluso a mediados del siglo XIX. Las primeras *Gacetas* del gobierno de la India independiente ni siquiera anotaron su existencia. No pagaban impuestos, porque el imperio mogol (1526–1757) no se extendió a su región, y la Compañía Británica de la India Oriental (multinacional) que gobernó gran parte de la India de 1757 a 1857[1] no se interesaba en las tribus con las que no comerciaba. Para aumentar al máximo el lucro, la Compañía tenía que recortar gastos, no añadir escuelas.

William Wilberforce y Charles Grant, ambos miembros evangélicos del Parlamento, libraron durante veinte años (1793–1813) batallas políticas para persuadir al Parlamento británico de que exigiera que la Compañía gastase al año cien mil rupias indias[2] de sus ganancias para educar a la gente de la India. Esa cantidad, sin embargo, no era suficiente para que funcionase ni siquiera una escuela en cada área urbana grande de la India británica. No había manera de que la Compañía pudiera asumir la responsabilidad de educar a los hmares.

Incluso si hubiera habido disponible dinero para empezar escuelas, ¿qué profesores irían a tales bárbaros? Educar a la gente es un compromiso vitalicio. A fin de educar a una tribu, uno debe vivir con ellos, aprender su dialecto y luego convertirlo en un lenguaje literario. Para que llegue a ser un medio de transferir ideas complejas, su lenguaje necesitaría literatura, gramática y un diccionario. Educar a bárbaros requiere heroísmo misionero. Empieza con hombres como el misionero Watkins R. Roberts, que arriesgó su vida por los hmares; gente que, en el mejor de los casos, jamás podría pagarle por sus servicios. En el peor de los casos, su cabeza decoraría una de sus chozas.

Según resultó, los hmares querían cambio, así que no mataron a Roberts. Más bien, le honraron. Fueron los británicos los que lo expulsaron de la India por desobedecer su orden de que no fuera a los mares.

Los hmares habían vivido en la periferia de las civilizaciones hindú, budista y musulmana. Hoy, algunos hindúes dicen que los hmares son parte del hinduismo; pero los sacerdotes hindúes nunca intentaron educarlos. Consideraban que había mal karma y contaminación ritual para que sirviera a los parias.* Los brahmines tenían su lenguaje sagrado, el sánscrito, y sus escrituras sagradas, los vedas, en tan alta estima que ni siquiera lo enseñaban a las mujeres brahmines ni a ningún hindú de casta baja. El asunto de enseñar a los parias ni siquiera se planteó. Los hindúes no convertían a otros a su fe, porque ellos no tenían ninguna «magia» que pudiera convertir a un no brahmín en un brahmín. El hinduismo es una religión «racial». Los niños nacen en una casta (raza) hindú en particular de acuerdo al karma de sus vidas previas. Los no hindúes quedan excluidos del sistema de castas hindú como razas «intocables».

---

* A las tribus de la India que son no hindúes, por consiguiente, se las clasifica como «parias».

Los musulmanes sí llevaron su lengua, literatura y religión a otros; pero pensaban que el Corán podía escribirse solo en el lenguaje «celestial»: el árabe. Jamás podía ser traducido a otras lenguas sin distorsión. Así que, para aprender el Corán, uno primero tiene que aprender árabe. Por consiguiente, el islam nunca desarrolló las lenguas de los pueblos que conquistó. En contraste, como ya se mencionó en capítulos previos, fueron los traductores de la Biblia quienes desarrollaron las lenguas nacionales de las naciones musulmanas modernas, como el urdu en Pakistán y el bengalí en Bangladesh. La lengua y la literatura, como hemos visto, son clave para el desarrollo de un pueblo. Los traductores de la Biblia sabían que un pueblo no podía progresar sin que primero su lengua se desarrollara y enriqueciera de modo que pudiera comunicar ideas complejas.

Algunos nacionalistas indios, por supuesto, no culpan a los hmares por descabezar a los británicos. Incluso los calificarían de heroicos; uno de los pocos pueblos de la India que fue lo bastante valiente como para mantener su independencia. Considerarían sensacionalistas los relatos de caza de cabezas y argumentarían que no fueron horrendas, teniendo todo en cuenta. Casi todos los pueblos del mundo, de asirios a rumanos, en un momento u otro se han dado al desmembramiento macabro del enemigo. Hoy, el mundo «civilizado» hace eso con sus propios bebés casi nacidos. Los godos germánicos bebían en tazas hechas con los cráneos del enemigo. Vlad el Empalador pudiera haberles enseñado una o dos cosas a los hmares.

Incluso si fuera verdad que todas las culturas se apoyan en la violencia, se mantiene la pregunta: ¿De verdad le va mejor a una tribu si retiene su aislamiento, creencias y valores que la mantienen pobre y vulnerable a enfermedades prevenibles y curables, a merced de brujos y jefes guerreros analfabetos? ¿Se equivocaron los hmares al desear ese cambio fundamental?

Los cazadores de cabezas hallan un Libro

En 1909, un cartero trajo un libro para el jefe del pueblo de Senvon, en el estado de Manipur. Era *El Evangelio de Juan* escrito en la lengua lushai, en alfabeto latino. El jefe hmar no sabía leer. Tampoco estaba acostumbrado a recibir correo publicitario. Nadie jamás había considerado que su tribu fuese tan importante como para ponerla en una lista de correos. El jefe dedujo que alguien pensó que este libro era importante para su pueblo. Un viajero que pasaba por el pueblo leyó las palabras, pero no entendió su significado. Finalmente, en la página de atrás halló la dirección de quien se lo había enviado: el señor Watkins R. Roberts, un hombre de negocios de Gales.

El jefe Kamkhawlun envió mensajeros para que trajeran al señor Roberts a su pueblo para que les explicara el mensaje del libro. Para visitar Senvon, el señor Roberts necesitaba permiso del coronel Locke, superintendente del distrito de las colinas Lushai. El coronel fue contundente: «Los hmares son los más salvajes cazadores de cabezas del mundo. Le cortaran la cabeza y harán una gran celebración sobre su cadáver. Cuando vamos allá tenemos que llevar por lo menos cincuenta soldados para protegernos. No puedo darme el lujo ni siquiera de darle uno».

Sin amilanarse, el señor Roberts halló unos pocos jóvenes para que le guiaran a Senvon a finales de enero de 1910. (Es posible que el maharajá indio de Manipur le concediera permiso.) Después de siete días de avanzar penosamente por unos ciento cincuenta kilómetros de trochas en montañas escabrosas, llegaron a Senvon. El señor Robert se reunió con el jefe y los pobladores. Al principio, nadie se interesó en sus relatos; pero la luz se les encendió a los hmares cuando él explicó el evangelio usando sus tradiciones para resolver guerras tribales.

Imagínense, dijo, que dos tribus llevan años peleándose. Luego una de las tribus decide que quiere la paz. Envía su oferta haciendo sonar un gigantesco tambor de guerra en la cumbre de la montaña más cercana al campamento enemigo. La otra responde haciendo sonar su tambor antes de la caída del sol. La tribu que primero hizo sonar el tambor trae un animal, a menudo una mitun, una vaca, al límite entre las dos tribus. Los dos jefes y sus hombres llegan al cuidadosamente trazado límite. Sacrifican la mitun y dejan que la sangre corra por la frontera.

Los dos jefes ponen entonces sus manos sobre el animal de sacrificio y los portavoces de ambas tribus debaten los términos de la paz. Tan pronto como llegan a un acuerdo, los dos jefes se abrazan sobre el animal sacrificado. Entonces los portavoces pronuncian la paz. La gente se abraza, y la paz queda restaurada. Quedan libres de sus animosidades e inseguridades destructivas. Así, dijo el señor Roberts, es como Dios hizo la paz con nosotros, sus enemigos. Dios hizo a Jesucristo el Cordero sacrificial: «Porque de tal manera amó Dios al mundo, que ha dado a su Hijo unigénito, para que todo aquel que en él cree, no se pierda, mas tenga vida eterna».[3]

El señor Roberts le explicó al jefe que Dios hizo a los seres humanos de manera especial, a su propia semejanza: buenos, felices y libres. Por el pecado, Satanás engañó a los seres humanos y nos esclavizó a toda clase de males que nos acosan: males espirituales, sociales y naturales. Al rebelarse contra Dios, los seres humanos perdieron su relación personal con Dios tanto como su carácter. Asemejándonos a Satanás empezamos a cometer pecados contra Dios y con el prójimo: oprimiendo o asesinando a otros, violando a las mujeres, haciendo daño a nuestros seres queridos y familias, robando a otros, siendo codiciosos, envidiosos, pendencieros e inmorales.

Dios envió profetas y sacerdotes para que nos mostraran el camino a una vida armoniosa, contentamiento, felicidad personal y vida eterna. Pero los hombres y mujeres no pueden cambiar sus caminos por sus propios esfuerzos. Necesitan un Salvador; así que Dios tomó la iniciativa. Él hizo sonar los tambores de paz. Vino a nosotros en forma humana y reveló su amor, su camino de salvación y felicidad eterna. Dios hizo la paz con nosotros, sus enemigos. Él puede hacer que su tribu tenga paz con las demás, incluyendo a las tribus vecinas que han luchado contra ustedes por generaciones.

Roberts dejó Senvon con la promesa de volver y abrir una escuela y una clínica médica para servirlos. Pero, en Aizwal, se enteró de que el coronel Locke lo había expulsado de las colinas Lushai por desobedecer sus órdenes y por «denigrar» a la elevada cultura británica al dormir en casas de la tribu y comer la comida de la tribu. A Roberts nunca más se le permitió volver a las áreas hmar y pueblos del

Manipur y Mizoram. La tribu, sin embargo, siguió hablando del evangelio. El Salvador, que moría como cordero sacrificial, sonaba muy diferente de cualquier otro relato religioso que jamás hubieran oído. Tampoco sonaba como mito moralizador. El señor Watkins dijo que no era un cuento, sino noticias, buenas noticias. Si así era, tenía que ser o falso o verdadero. El padre de Ro, Chawnga Pudaite, entonces un adolescente, oyó las buenas noticias de que Dios había sacrificado a su Hijo en la cruz para hacer la paz con nosotros, sus enemigos. Chawnga se convirtió en uno de los primeros cristianos y junto con sus amigos aprendieron a leer la lengua lushai para memorizar *El Evangelio de Juan*. Entonces le hablaron del evangelio a su gente, pero no tenían Biblia en la lengua hmar.

Rochunga, hijo de Chawnga, decidió convertirse en seguidor de Jesucristo cuando tenía apenas 10 años. Sus padres le pidieron que estudiara en la escuela primaria superior más cercana, ¡distante apenas unos ciento cincuenta kilómetros de casa! Para llegar a la escuela, Ro, a sus 10 años, tenía que caminar por densas selvas infestadas de tigres, osos, pitones y elefantes salvajes. ¿Por qué los padres iban a correr tales riesgos? Por incomprensible que suene, su orden a su hijo fue: «Debes traducir la Biblia para nosotros». Como todos los padres, a ellos también les hubiera gustado que su hijo consiguiera un buen trabajo y los cuidara financieramente en su vejez. Pero ellos sabían que su selva no tenía empleos que ofrecer. Las comunidades «subdesarrolladas» producen pocos empleos.

Chawnga reconoció que la Biblia era la diferencia primaria entre la cultura de los hmares y la cultura del señor Roberts. Concluyó que lo mejor que podía hacer por su pueblo era pedir que su hijo, Ro, tradujera la Biblia a su lengua. Después de terminar la escuela primaria, Rochunga viajó quinientos kilómetros a Jorhat para prepararse para cumplir la petición de su padre.

De Jorhat, Ro fue a la Universidad San Pablo en Calcuta, y luego a la Universidad de Allajabad, a donde después fui yo, dos décadas más tarde. Nuestra universidad no enseñaba ni griego ni hebreo, las lenguas originales de la Biblia. Para estudiarlos, Ro viajó a Glasgow, Escocia. Allí empezó a traducir la Biblia a la lengua hmar. De Escocia fue a Wheaton, Illinois, Estados Unidos, para estudiar teología y traducción de la Biblia. Finalmente, en 1958, Rochunga volvió a la India con el Nuevo Testamento completo en hmar, traducido de los idiomas originales. Fue editado y mejorado con la ayuda de otros, y luego publicado en 1960. El Nuevo Testamento hmar se convirtió en un éxito de librería al instante. Los primeros cinco mil ejemplares se agotaron en seis meses. Pero el sueño de Chawnga apenas empezaba a cumplirse.

Después de tres meses en casa, Ro decidió viajar a las colinas de Manipur, Mizoram y Assam para rememorar las aventuras de su niñez. Halló que allí había solamente una escuela del gobierno entre los pueblos hmares de las colinas Manipur. La gente quería leer la Biblia que había sido traducida para ellos, pero para hacerlo necesitaban escuelas. Empezó nueve escuelas en los pueblos y una secundaria. En menos de diez años, la organización que él fundó había abierto ochenta y cinco escuelas, una universidad y un hospital; todo sin ninguna ayuda del gobierno. Hoy, el 85 por ciento de los hmares disfrutan de la alegría de saber leer y escribir. El promedio de alfabetización de la India es menos del 60 por ciento. La emancipación del analfabetismo y las supersticiones fue apenas el principio. Los hmares ahora han establecido un cauce para desarrollar su potencial dado por Dios y usarlo para servir a Dios y a su tierra natal.

En sus escuelas, los hmares enseñaban la Biblia para desarrollar carácter e infundir un espíritu de valerse por sí mismos. Tradicionalmente, su cultura entendía el heroísmo como una búsqueda de agilidad física. Para ser un buen hmar uno tenía que ser un gran guerrero. Ro se dio cuenta de que la transformación de su tribu requería darles una visión de nuevos y más nobles valores. Creyó en la sabiduría del sueño de su padre y personalmente estaba comprometido con el mismo. ¿Qué podría encender en los corazones de los jóvenes hmares una pasión por la búsqueda de la excelencia en el servicio en lugar de por la guerra?

Ro había estudiado en una universidad secular. Sabía que la literatura secular, occidental o de la India, no tenía nada tan liberador como la Biblia, a menos que se basara en la misma Biblia. Su gente necesitaba cultivar su mente tanto como sus músculos. Pero, ¿de qué sirve una mente buena a menos que sea también moral? Haim G. Ginott (1922–73), psicólogo clínico, educador y autor de éxitos de librería dijo:

> Soy superviviente de un campo de concentración. Mis ojos vieron lo que nadie debe presenciar. Cámaras de gas construidas por cultos ingenieros. Niños envenenados por educados médicos. Bebés asesinados por educadas enfermeras. Mujeres y pequeños a quienes graduados de secundaria y universidad mataron a tiros y quemaron.
>
> Así que soy escéptico en cuanto a la educación. Mi petición es: Ayuden a sus estudiantes a que sean más humanos. Sus esfuerzos jamás deben producir monstruos cultos, psicópatas capacitados o Eichmanns más educados. La lectura, escritura y aritmética son importantes solo si sirven para hacer más humanos a nuestros hijos.[4]

Ro, el traductor de la Biblia convertido en educador, se aseguró de que los ideólogos seculares no intimidaran a sus escuelas. Enseñaban la Biblia como base del crecimiento humano integral: físico, mental, social y espiritual.

Los graduados de esas escuelas llegaron a ser embajadores de la India, ministros principales del estado, un director general de policía, oficiales de alto rango de los Servicios Administrativos de la India, médicos, abogados, ingenieros, profesores y pastores. Algunos bien conocidos hmares son H. T. Sangliana, exdirector general de policía, miembro del Parlamento, y ahora vicepresidente de la Comisión de Minorías; L. T. Pudaite, embajador a cinco o más países, incluyendo Hungría, Corea del Sur y Myanmar; y L. Keivom, alto comisionado a Nueva Zelanda.[5] El carácter del señor Sangliana le ha convertido en leyenda nacional. En medio de la corrupción tan extendida y opresiva de mi país, Bollywood halló su integridad tan fascinante que su experiencia ya ha inspirado tres largometrajes.

El siguiente incidente ilustra con cuánta seriedad toman los hmares la Biblia. Su universidad necesitaba una biblioteca; el subgobernador vio su necesidad y les ayudó a obtener cien mil rupias de la

Comisión de Donativos para la Universidad. Cuando el inspector de universidades vio que habían obtenido fondos del gobierno, exigió que dejaran de enseñar la Biblia en su universidad. En lugar de rendir su libertad, los hmares escogieron cerrar su universidad. Ro me explicó esta decisión: «Los jóvenes deben tener libertad intelectual para buscar la verdad. Pero, ¿cómo podemos cultivar en ellos un amor por la libertad intelectual si rendimos nuestra libertad de enseñar la Biblia?»

En la década de 1970, cuando muchas universidades cacareaban alabanzas al comunismo, Ro vio más allá de su bancarrota. Lo que hizo la Biblia por Occidente y por su pueblo era mejor que el terror y la pobreza que *El capital* de Marx estaba infligiendo en el pueblo de la URSS. El gobierno comunista había proscrito la Biblia; pero Ro quería bendecir a los rusos amigos de la India, así que aprovechó un tratado de amistad indosoviético y envió por correo cien mil ejemplares de Biblias en ruso desde la India a cualquier dirección de los directorios telefónicos de Rusia. Con el correr de los años, la organización de Ro, Biblias para el Mundo, ha continuado enviando por correo Biblias a más de cien países.

La caza de cabezas ya es historia. Los hmares han avanzado considerablemente en el camino a la vitalidad sanitaria y cultural. Cada año, dos docenas de escolares hmares pasan once meses en Estados Unidos, dando conciertos de música y de danzas tribales. Nacido en 1927, Ro ahora se ha acogido a su bien merecida jubilación. Continúa como fundador y presidente de Biblias para el Mundo. Su corazón se conmueve por el alma de nuestra nación, que yace bajo la maldición de los males gemelos de castas e intocabilidad. Cuando Ro era niño, su tribu no sabía cómo vivir civilizadamente con otros. Como adulto, él halla doloroso que sus compatriotas no sepan cómo vivir en amor fraternal con sus semejantes hindúes.

Para trasformar un orden social basado en la casta y la intocabilidad, Ro acuñó el eslogan: «Transformando una nación mediante la educación». Su familia y su organización dedican gran cantidad de tiempo y esfuerzo para transformar primero a sus maestros animándoles a estudiar la Palabra de Dios. Ro les anima a que enseñen cualquier tema con principios bíblicos. En mi estado de U.P., a más de mil seiscientos kilómetros al oeste del estado natal de Ro, en una ciudad grande habitada principalmente por castas bajas, Ro empezó una escuela modelo en un esfuerzo por proveer educación a los intocables de la India. Su escuela ya ha recibido reconocimiento del gobierno estatal.

Esto es importante, porque la presuposición popular de que todas las religiones enseñan los mismos principios es sencillamente falsa. El orden social hindú se basa en la enseñanza: «Excluye a algunos de tus prójimos como intocables». Ro quería reedificar a la India sobre el dicho de Jesús: «Ama a tu prójimo como a ti mismo». La casta, opina él, es la causa más significativa de la debilidad de la India: política, social y económica. Gracias al sistema de castas pudieron venir pequeñas bandas de extranjeros y colonizar a la numerosa y próspera, pero profundamente dividida, sociedad hindú.

Ro desempeñó un papel importante como pacificador entre el gobierno de la India y los rebeldes mizos que empezaron una rebelión armada contra el gobierno en 1965. En 1975, nuestra primera ministra, la señora Indira Gandhi, le pidió a Ro que sirviera como su emisario especial anónimo para negociar la paz con los mizos clandestinos. En el momento en que escribo esto, él está contribuyendo para cambiar el subcontinente indio. El expresidente Clinton lo describió como «el lugar más peligroso de la tierra», debido a las hostilidades entre vecinos nucleares, la India y Pakistán. Ro está atacando la raíz del problema: la espiritualidad de odio[6] que impide que nuestros habitantes se amen unos a otros.

La familia de Rochunga Pudaite continúa promoviendo la Biblia por todo el mundo. Ha estado defendiendo la causa de una nueva universidad en la India: una que se base en una cosmovisión bíblica. Quiere que nuestras generaciones futuras tengan el cimiento intelectual integral sobre el cual construir una nueva India, y sabe que todas las grandes universidades que desarrollaron la civilización moderna occidental (Oxford, París, Cambridge, Princeton, Harvard y otras por el estilo) fueron establecidas para enseñar la Biblia. Ro, traductor y distribuidor de la Biblia, ha estado poniendo los cimientos para una universidad.

Ro coincide con los traductores de la Biblia que le precedieron en que la pluma es más poderosa que la espada. Esa es la sabiduría destilada del segundo milenio después de Cristo. El milenio ha tenido su cuota de héroes y villanos. Pelearon sus guerras y dejaron su marca en la historia. El mundo, sin embargo, reconoció que en última instancia son las ideas, y no la fuerza, las que gobiernan el mundo. Las ideas crean culturas. Las ideas edifican industrias, servicios y trabajos, materializándose finalmente en civilizaciones. Ro está convencido de que las ideas que edificaron las mejores naciones proceden de la Biblia y solo la arrogancia puede motivar a tribus como la suya a rechazar lo que es verdadero y bueno.

La Biblia genera esperanza para todos los pueblos. Ro piensa que no hay virtud alguna en idealizar las miserias de una tribu primitiva que vive a merced de los elementos naturales, gérmenes, demonios y sacerdotes autoritarios y sin escrúpulos. La Biblia libera a la imaginación para que sueñe con lo que su tribu debe ser: educada, libre para interactuar con vecinos y enemigos, capaz de superar el hambre, el odio y la enfermedad, y de contribuir al mundo. Algunos que abogan por el «multiculturalismo» condenan a las personas a vivir en la Edad de Piedra.

Ro está convencido de que la imaginación que nos hace libres es un componente de nuestro don distintivamente humano: la creatividad. Por eso hizo la película *Beyond the Next Mountain* [Más allá de la próxima montaña],[7] basada en su vida. Ro se hizo lingüista porque cree que el lenguaje liga nuestras mentes para hacernos las criaturas únicas que crean cultura en este planeta. Nos capacita para almacenar y trasmitir ideas y mejorar las ideas existentes. Se siente contento de haber sido parte de la tradición histórica que hizo de la Biblia el libro del último milenio.

Este fascinante relato de la Biblia elevando a tribus de la Edad de Piedra de la opresión, pobreza crónica y vida de subsistencia a la libertad y abundancia se puede multiplicar decenas de miles de veces por todo continente y país. Hindúes educados, de castas superiores, como Arun Shourie, desprecian estos esfuerzos heroicos de transformar culturas; sin darse cuenta de que a la mayoría de ellas no les iría nada mejor sin la Biblia y su impacto en la India moderna. He contado la experiencia de la modernización de la India en tres libros. Admito que mis libros tienen un tono periodístico. Felizmente, han empezado a inspirar a jóvenes a investigar a nivel doctoral la historia social de la modernización de la India.

En los años venideros, la historia real de la India moderna será rescatada de las distorsiones de historiadores liberales o de la izquierda nacionalista hindú, orientados políticamente. Una investigación histórica similar ha empezado en muchas naciones para demostrar que la globalización es resultado, no de la colonización militar ni de la coca-colonización. Es cumplimiento parcial de la promesa de Dios a Abraham de que bendeciría a todas las naciones de la tierra por medio de sus hijos que obedecieran su palabra.

Capítulo veinte

EL FUTURO

¿Debe el sol ponerse en Occidente?

Mark Zuckerberg, fundador de Facebook, es el multimillonario más joven de la historia. David Fincher «celebró» la vida de Zuckerberg en la película *La red social,* juzgada como la mejor película del 2010 por la junta estadounidense de reseñas de películas. El personaje más patético de la película es la Universidad de Harvard, representada por sus comités y presidente. Zuckerberg, ley en sí mismo, muestra total menosprecio por Harvard, sus valores y reglas. Y sin embargo, la universidad no puede exigirle cuentas de nada. No retiene absolutamente ninguna base filosófica para apelar a la conciencia o el carácter. La película envía el mensaje de que ahora la universidad existe solo para enseñar habilidades. El carácter ha quedado excluido por la cosmovisión secular. Lo mejor que puede enseñarle a uno es cómo evitar el largo brazo de la ley.

Esta pérdida de un sentido de verdad y bondad me impactó cuando una erudita doctora de Harvard protestó por la campaña de William Carey en contra de la «quema de viudas» en la India. Imponiendo sus valores sobre otra época, exigió: «¿Por qué no pudo este hombre cristiano blanco respetar las creencias y culturas de otros pueblos?» Su disgusto moral expuso clisés de multiculturalismo y relativismo que a duras penas camuflan la bancarrota intelectual y moral de la élite de Occidente. El *relativismo* es ahora la única virtud.

Esta transformada «tolerancia» actúa en detrimento de la brújula de la verdad —la Biblia— que orientó originalmente a Harvard y que podría haber contribuido al éxito de Zuckerberg como innovador, permitiendo que a la vez amase al prójimo, respetase a los compañeros y honrase a sus superiores.

A medida que brillantes pero amorales graduados de universidades seculares como Harvard obtienen el control de la economía y la vida política estadounidenses, el mundo tiene sobradas razones para dejar de confiar en Estados Unidos. La confianza que hacía que el dólar fuese la moneda refugio en el mundo procedía de la Harvard originalmente creada por la Biblia.

Las puestas de sol son espectaculares. La gente se queda encantada con ellas. Las puestas de sol también nos dicen que es hora de encender nuestras lámparas. Muchas culturas que siguieron a Occidente a la luminosa modernidad ahora están desempolvando sus herrumbradas lámparas. Rusia y China han decidido comerciar con sus propias monedas, no con dólares. Incluso puede que Arabia Saudí venda pronto petróleo por euros o yenes. La pérdida de confianza tiene consecuencias más allá de la economía. En 1987, una sección significativa de la clase dirigente hindú respaldó un movimiento masivo para legalizar el *Sati*: la quema de viudas. Los británicos prohibieron el *Sati* por inhumano en 1829, pero, ¿por qué debe la India seguir prejuicios británicos? Apelando al «choque de civilizaciones», las culturas no occidentales están volviendo a sus cosmovisiones tradicionales, incluso el jihad.

El relativismo es el único valor que una cultura sin verdad puede dictar. Lo único que su «tolerancia» halla difícil de tolerar es el sistema tradicional de valores de Occidente.[1] La bondad y la verdad están siendo reemplazadas por la depravación y el libertinaje.La cultura da fama a las estrellas del porno. Los narcotraficantes forman grupos de presión poderosos y respetados por los políticos. Por lo menos hasta el 11 de septiembre, tanto la élite intelectual de Occidente como los países islámicos estaban instando a nuestras naciones a salvarse de la «influencia corruptora» de Occidente. ¿Debe Occidente continuar en su senda de «oscurecimiento» que sigue a la puesta de sol?

En la aurora del tercer milenio, Occidente se parece al legendario pez en un tanque grande. Un investigador bloqueó una sección del tanque con una pared transparente y puso comida de peces en la sección separada. El pez trataba de llegar a su comida, pero no podía. Después de repetidos intentos fracasados, el pez aprendió que su alimento estaba fuera de su alcance, así que dejó de intentarlo. A esas alturas, el investigador quitó la división, pero el pez no trató de llegar a la comida. El investigador añadió comida fresca, pero el pez ya se había dado por vencido. Se murió de hambre.

La esperanza y la confianza de que el espíritu humano puede superar obstáculos eran rasgos definitorios de la civilización moderna occidental. Pero ahora el Occidente secular no está seguro de si el espíritu humano siquiera existe, excepto como palabra. Al mismo tiempo, uno de los resultados de negar el alma es que los filósofos occidentales ya no saben lo que es una «palabra». Muchos están siguiendo la filosofía india del silencio como realidad última. Habiendo rechazado al *logos* (el Verbo o Palabra) divino como su cimiento, ahora Occidente no está seguro de si el lenguaje tiene algo que ver con la verdad. Aunque la historia de Occidente confirma la enseñanza de la Biblia de que a los seres humanos se les ha dotado con dignidad única, sus universidades afirman ahora que la historia es nada más que un punto de vista.

Las universidades seculares han bloqueado en Occidente la verdad. En consecuencia, Occidente da por sentado que el hombre es mera biología, que no hay nadie allá afuera que se interese lo suficiente como para revelar verdad salvadora. ¿Acaso es el hombre algo más que un pez, sin propósito, dignidad o responsabilidad? ¿Es ficción el libre albedrío? ¿Nos determina nuestra química y medio ambiente? El psicólogo John B. Watson (1878–1958) resumió esta cosmovisión secular en una clásica conferencia en 1913. Dijo: «El behaviorista no reconoce ninguna línea divisoria entre el hombre y la bestia».[2] El psicólogo estadounidense B. F. Skinner entendió que su filosofía requería que el Occidente secular fuera «más allá de la libertad y dignidad».[3] Miles de millones están descendiendo de la libertad y la dignidad a la desesperanza fatalista. El divorcio se vende como «decisión propia» pero en la mayor parte de los casos, es resignación. El aborto puede resultar necesario pero al final es fatalismo: la creencia en que ni el niño ni la madre no pueden tener una buena vida sin quitarle la vida al bebé. Los individuos que se resignan a la muerte de su matrimonio o de su hijo son como el pez que ha perdido la fe y, por consiguiente, la esperanza. Incluso la iglesia occidental establecida se está corrompiendo.[4]

Fatalismo secular

Ruth y yo celebramos el amanecer del nuevo milenio en Cambridge, Inglaterra, donde estábamos haciendo la investigación para este libro. A principios del 2000, mientras copiaba algún material en la biblioteca, Ruth conoció a Tomás Dixon, un joven estudiante de doctorado que quedó fascinado por nuestro proyecto. Dixon ya había publicado un documento[5] explicando cómo la noción secular defectuosa de las emociones fisiológicas había reemplazado el uso clínico del más útil paradigma bíblico de que el alma tiene pasiones y afectos.

Nosotros todavía no habíamos oído del libro *The Religious Affections* [Los sentimientos religiosos] (1746), de Jonathan Edwards. Edwards, primer filósofo estadounidense, basó su enseñanza en la noción trinitaria que San Agustín tenía del hombre, derivada del Nuevo Testamento. El paradigma de Edward, decía Dixon, era mucho más útil para la psicología clínica que el libro *La expresión de emociones en el hombre y en los animales*, de Charles Darwin. Freud, Watson, y la mayoría de científicos, psicólogos y filósofos del siglo XX habían adoptado el paradigma de Darwin.

El joven le dijo a Ruth que no era cristiano, pero que su investigación le había convencido de que los cristianos habían perdido la riqueza de su herencia bíblica, y que el mundo estaba más pobre por eso. Mientras Ruth trataba de captar la enormidad de este pensamiento, Dixon le preguntó qué podía hacer un psiquiatra clínico por un paciente lleno de cólera, envidia y odio. ¿Y si la situación de un paciente es tan compleja y tan desesperada que está contemplando el divorcio, el asesinato o el suicidio? El psiquiatra solo puede atender las «emociones» del paciente. No puede asumir el papel de un sacerdote que puede escuchar la confesión del paciente y perdonar a fin de sanar.

El paciente puede ir a ver a un terapeuta que puede describir su cólera y odio como emociones no religiosas. Estas se tratan como cambios químicos o fisiológicos en su cerebro y sus músculos. El terapeuta pudiera remitirlo a un médico para que le recetase algo que pudiera cambiar su química y relajar sus músculos. Pero, ¿existe algún medicamento que tenga la capacidad de producir las «emociones» de perdón o amor por su enemigo, dar significado y propósito a su vida, y esperanza para el futuro? ¿Puede la química crear una paz interna que brota del arrepentimiento y promueva relaciones personales positivas, o fe en una dispensación futura de justicia?

Ruth sabía que muchos suicidas, como Kurt Cobain, continúan en su desesperanza, cólera o manía a pesar de ingerir medicamentos psiquiátricos. Los medicamentos pueden ayudar superficialmente, pero no pueden curar las enfermedades más hondas de nuestra humanidad. Ruth sabía que las ideas de Dixon me interesarían, así que le invitó a que viniera a vernos.

Dixon me explicó que en el último análisis, la cólera del paciente tal vez no sea resultado de su química. A lo mejor se basaba en una creencia —verdadera o falsa— de que alguien lo había insultado, engañado, tratado injustamente, o que corría gran peligro. Su odio y temor tal vez se basaban en una creencia de que a lo mejor podía perder algo precioso: su trabajo, honor, vida, posición, posesión, esposa o hijo. Sus suposiciones tal vez sean ciertas, pero tales emociones empeoran las cosas. Jonathan Edwards llamó a estas emociones negativas las «pasiones del alma».[6] A menudo son involuntarias o por lo menos reactivas.

De igual manera, las emociones deseables de arrepentimiento o perdón tal vez solo puedan venir de una creencia de que Dios nos ordena arrepentirnos y perdonar a otros porque él nos ha perdonado nuestros pecados. El amor a un enemigo puede venir de la oración que pide ayuda sobrenatural. La esperanza y el gozo pueden seguir a una seguridad teológica de que Dios tiene el control. La decisión de devolver bien por mal puede venir de un deseo de obedecer la Palabra de Dios, al apoyarse en la justicia futura de Dios. Estas emociones positivas son esenciales para la sanidad de uno. Edward las llamó los «afectos del alma». La Biblia las describe como «fruto del Espíritu».

Dixon añadió que a él le daba lo mismo si un ser humano tenía espíritu o no. Lo que parecía obvio es que agrupar las pasiones (obras de la carne) y afectos (fruto del Espíritu) en una sola categoría de emociones animales amorales no es útil ni intelectualmente insostenible. Estas emociones positivas y negativas son más que química. Se basan en creencias, conocimiento, cognición, decisión u oración. Son más que un fenómeno biológico. Los filósofos que rechazan el misterio del alma tienen que buscar cómo descartar nuestra experiencia de libre albedrío como algo diferente a lo que parece ser: libre albedrío. Sin embargo, un acto de la voluntad, como el arrepentimiento, la fe o el perdón, puede ser el mejor medio de transformar las emociones internas de uno y las situaciones externas.

Admitió que nadie sabe lo que es el libre albedrío y cómo llegamos a poseerlo. Insistió, no obstante, en que no podemos negar que tenemos libre albedrío: la capacidad de optar por perdonar o desquitarnos. Uno puede decir que esto es un aspecto de nuestro ser mental, antes que espiritual, pero eso es prestidigitación semántica. Aducir que el libre albedrío es pura química es afirmar un dogma filosófico indemostrable. La química no nos ofrece explicación para nuestra experiencia de nosotros mismos. La química afecta la mente. La mente afecta el cuerpo. Con todo, la mente es claramente más que química según la conocemos.

De lo que parecía estar seguro era de que el cambio de nuestras creencias puede transformar emociones negativas, dañinas o destructivas en otras que afirman la vida. También sabemos que no toda creencia es igualmente conducente a una vida feliz y esperanzada. Todos los días, los terapeutas se enfrentan a creencias que hacen de la vida un infierno torturador. Lo que una persona escoge creer con fuerza influye en si vive en paz o en tormento.

¿Por qué creemos que las emociones humanas son meramente versiones evolucionadas de emociones animales? Dixon explicó que el filósofo estadounidense William James popularizó esta idea en su ensayo de 1884 titulado «¿Qué es una emoción?» James opinaba que «una emoción no era otra cosa que [la combinación] de varias sensaciones que resultan de perturbaciones corporales».[7] Esto se convirtió en la presuposición básica de Occidente conforme la cultura se alejaba de la cosmovisión espiritual de la Biblia a la presuposición de que la naturaleza material es todo lo que existe: materialismo filosófico.[8]

Gracias al discurso de Dixon llegué a darme cuenta de que muchos investigadores científicos habían llegado a mirar con suspicacia la noción simplista, reduccionista de la mente y emociones humanas promovidas por Darwin y James. El doctor Jeffrey M. Schwartz, profesor de psiquiatría en la UCLA, explicó por qué la «mente» no se puede reducir a «cerebro».[9] El neurocientífico Beauregard asimismo revisó las evidencias para el alma.[10] Supóngase que el cerebro de alguien funciona mal y que sufre de trastorno de ansiedad, pensamientos obsesivos y conducta compulsiva. ¿Puede su mente (alma o psique) enseñarle a su cerebro a actuar responsablemente? La disciplina de Schwartz, la neuroplástica, echa mano de la capacidad de nuestra mente para restablecer las conexiones en nuestro cerebro.

Los principios no son difíciles de entender: Si uno tiene diabetes o colesterol alto, no come lo que a su cuerpo se le antoja. Escoge ingerir los alimentos que son apropiados para uno. La parte no física de nosotros, nuestra alma (mente, voluntad y emoción) y espíritu (intuición, comunión, conciencia) nos ayudan a hacer separación entre lo bueno y lo malo, lo correcto y lo errado. Nuestras mentes dominan, o por lo menos intentar dominar, nuestros cuerpos y antojos. Los seres humanos nos distinguimos de los animales en que nosotros sujetamos (o debemos sujetar) nuestras pasiones corporales a decisiones que son sabias y morales. Este fenómeno de «deberíamos» nos hace criaturas morales o espirituales, diferentes de otras especies.[11]

Digamos que los seres humanos no tienen alma o mente, y que nuestros cerebros no son sino una máquina bioquímica. Entonces podríamos reaccionar a nuestro entorno pero no podríamos iniciar nada nuevo desde nuestro propio «libre albedrío». Nuestra ley no considera a una persona mentalmente enferma responsable de acciones «criminales». Todo nuestro sistema legal se basa en la presuposición, sin embargo, de que una persona que toma decisiones libres es responsable de ellas. Si nadie fuera realmente libre, nuestras emociones serían respuestas químicas culturalmente condicionadas. Su propósito evolutivo podría ser aumentar nuestras probabilidades de supervivencia y procreación. En otras palabras, sería natural que un organismo en peligro de extinción se desquite. Al verse amenazado, ese organismo lucharía por miedo. Si un individuo es más débil que su enemigo, podría desquitarse con palabras —maldiciones y maltrato— o podría planear vengarse en un momento más favorable. Esto es a lo que la Biblia llama la vida del hombre «natural».[12]

En contraste, considérese la experiencia de Gladys Stains, misionera australiana a la India. Su esposo, Graham, había dedicado su vida a servir a los leprosos en el estado indio de Orissa. Gladys era un ama de casa normal, pero aturdió a nuestra nación al perdonar genuinamente y de manera espontánea, sin pretensiones, humildemente, a militantes hindúes por sus atrocidades. Ellos habían quemado vivo a su esposo, Graham, y a sus dos hijos pequeños, Felipe, de once años, y Timoteo, de siete años, el 23 de enero de 1999.[13] El 26 de enero del 2005, el gobierno de la India honró a Gladys con uno de nuestros más altos honores civiles: *Padma Bhushan*.

¿Por qué a un individuo se le da un honor nacional simplemente por perdonar a asesinos? Para apreciar ese perdón, hay que recordar que el nacimiento de la India y Pakistán como naciones libres vinieron con el terrible dolor de luchas sectarias hindúes, musulmanas y sijs. Como diez millones de personas se quedaron sin hogar. Se mató a más de medio millón de personas, incluyendo a Mahatma Gandhi. Cincuenta años de democracia y educación secular no pudieron librarnos de esta cadena destructiva de violencia y venganza. En enfrentamientos de hindúes con musulmanes se habían quemado trenes repletos de pasajeros inocentes, lo que condujo a revueltas que duraron semanas. Las frecuentes revueltas habían reducido a los musulmanes de la India a la pobreza y la impotencia. Todo hombre de negocios musulmán exitoso era un blanco marcado para la próxima oleada de motines. Incluso sus banqueros amigos vacilaban para hacerle préstamos.

El sencillo acto de perdón de Gladys llegó a ser un fenómeno nacional porque rompió esta cadena común de causa y efecto. Ciudad tras ciudad, líderes hindúes, musulmanes, sijs, budistas, jainistas y seculares se reunieron para honrar públicamente a Gladys como una santa a la que hay que emular. El gobierno de la India simplemente fue el último en reconocer que Gladys Stains es una mujer ordinaria con un espíritu extraordinario: poseedora de una espiritualidad que podía sanar a nuestra nación.

El Salvador

¿Cómo debemos entender a un organismo bioquímico que perdona y bendice a los que lo ridiculizan, se mofan de él, lo desnudan, le insultan y golpean? ¿Cómo puede él amar a los que le escupen, le ponen una corona de espinas en la cabeza y luego lo matan clavándolo a una cruz de madera?

Jonathan Edwards entendió el avivamiento espiritual al leer la Primera Carta del Apóstol Pedro en el Nuevo Testamento. Pedro elogia a los creyentes por gloriarse en su humillación. ¿Por qué unos organismos bioquímicos que luchan por la supervivencia física van a regocijarse cuando sufren discriminación y tratamiento injusto?[14] ¿Cómo pueden bendecir a los que los persiguen?[15] ¿Cómo pueden ellos responder a las injusticias «con gozo inefable y glorioso»?[16]

¿Es posible que alguien sea honrado cuando sus necesidades personales y el entorno social animan o promueven los acomodos morales y la corrupción? Jonathan Edwards desencadenó el primer Gran Despertar de Estados Unidos y el avivamiento metodista en Inglaterra porque la Biblia le enseñó que «los sentimientos religiosos» eran fruto sobrenatural de un avivamiento espiritual. Estos frutos aparecen cuando las personas «nacen de nuevo» a la vida espiritual por la Palabra viviente de Dios.

¿Es todo esto nada más que perogrulladas santurronas? El Gran Despertar no es un dogma religioso. Ejemplificó el secreto histórico de la grandeza de Estados Unidos. Es la razón por la que Inglaterra escapó de una revolución sangrienta. El sol brilló en Occidente cuando sus líderes culturales entendieron que el Espíritu Santo había en realidad capacitado a los lectores originales de Pedro, los creyentes, a vivir como Cristo vivió.

Por supuesto, un avivamiento espiritual que llena a las personas de alegría y propósito personales, que les da poder para perseverar en medio de pruebas severas, y les capacita para amar a los que los maltratan, salvaría a mucho más que la familia occidental. Resolvería los problemas sociales que impulsaron a Kurt Cobain y a muchos otros al suicidio. Revitalizaría las economías agotadas por la pérdida de espíritu, por la desconfianza mutua, los frívolos litigios, las regulaciones asfixiantes, el robo privado y la corrupción corporativa. Jonathan Edwards provocó el Gran Despertar exponiendo 1 Pedro 1.8–9:

> A quien [a Cristo] amáis sin haberle visto, en quien creyendo, aunque ahora no lo veáis, os alegráis con gozo inefable y glorioso; obteniendo el fin de vuestra fe, que es la salvación de vuestras almas.

El gozo del creyente no lo producía la química, sino una «fe más preciosa que el oro» y una «esperanza viva» producida por la «resurrección de Jesucristo». La «Palabra de Dios que vive y permanece para siempre»[17] le dio un «nuevo nacimiento», haciendo posible una vida de santidad sin componendas.

EL GRAN DESPERTAR DE ESTADOS UNIDOS

El Gran Despertar no fue una panacea. Tampoco Jonathan Edwards, George Whitefield y Juan Wesley fueron perfectos. Es correcto someterlos al escrutinio crítico como se sometería a toda figura pública o movimiento social. Es intolerancia secular, sin embargo, hablar de ellos solo con matices negativos. El hecho es que el Despertar estadounidense de la década de 1730 y su equivalente británico llegaron a ser los eventos decisivos que forjaron Estados Unidos e Inglaterra. Al enseñar a la gente a reverenciar la Palabra de Dios y sus principios, aseguraron el éxito de la independencia de Estados Unidos de América y la democracia de Gran Bretaña. En contraste, el Siglo de las Luces secular en Francia condujo a una revolución que degeneró catastróficamente en totalitarismo. Todos los países de América del Sur, Central y del Caribe que siguieron la revolución francesa cayeron en dictaduras. Las revoluciones seculares meramente reemplazan a una autoridad pecadora con otra.

Por el contrario, en el corazón del Gran Despertar había un aviva-miento de la piedad personal. Sus consecuencias sociales tuvieron largo alcance. Unió al ochenta por ciento de todos los estadounidenses en una concepción común del mundo y la vida, que aseguró que Estados Uni-dos siguiera siendo una nación aun cuando los estadounidenses estaban divididos en muchas denominaciones. Gracias a contribuciones poste-riores de hombres como Roger Williams, el Despertar hizo posible que Estados Unidos aceptara denominaciones no establecidas de disidentes europeos. Se estableció un precedente cultural que ha hecho de la tole-rancia religiosa una característica definitoria de la vida estadounidense.

En un capítulo anterior anotamos que el Gran Despertar espiritual condujo al «intelectualismo de raíz». Su énfasis en estudiar la Biblia inspiró a las personas a mejorar la cantidad y calidad de las oportu-nidades educativas estadounidenses. Edwards llegó a ser presidente de la Universidad de Princeton. George Whitefield, el segundo líder más importante del Gran Despertar, fundó la escuela que llegó a ser la Universidad de Pennsylvania. Sus primeros catedráticos eran minis-tros presbiterianos cuyo interés en la educación se fundamentaba en su preocupación por las almas. Reflejaban la noción peculiarmente protestante de que la educación debe estar disponible para todos por-que la Biblia enseña que Dios quiere que todos sepan la verdad.[18]

El sentido de responsabilidad por las almas del Gran Despertar se extendió a los nativos y esclavos estadounidenses. George White-field fue el primer europeo que predicó a los negros. Como resultado de sus esfuerzos, los esclavos estadounidenses empezaron a apreciar la alfabetización. Querían leer la Biblia y se les animó a que lo hicieran. Aunque el primer Gran Despertar no se fijó en la esclavitud, se convir-tió en la fuerza que democratizó Estados Unidos y llevó a la revolución estadounidense. Eso inspiró muchas más búsquedas de libertad polí-tica, acabando con el colonialismo. Algunos evangélicos empezaron a denunciar la esclavitud como pecado. El avivamiento británico condu-jo al fin del tráfico de esclavos. En Estados Unidos, la abolición de la esclavitud siguió al Segundo Despertar, que empezó con predicadores contrarios a la esclavitud, como Charles Finney, Lyman Beecher, sus hijos, y su hija Harriet, quien escribió *La cabaña del tío Tom*.[19]

El Gran Despertar llevó a las masas la promesa de Jesús de hallar «reposo para las almas».[20] Esa promesa libró a muchos de la ansiedad de sus entrañas. Por la autoridad de la Palabra de Dios, los predicadores del avivamiento aseguraban a los creyentes que Dios los había aceptado como sus hijos.[21] Esto ayudó a que las personas corrientes hallaran significado en sus vidas. Un ama de casa podía leer la Biblia y relacionar su vida cotidiana, sus alegrías y tristezas, con el marco de trabajo cósmico bíblico del reino de Dios. La Palabra de Dios la motivaba a amar a Dios adorando con otros cristianos, amar a su prójimo y servir a su comunidad. Esto generó la peculiar actitud de voluntarismo que definió la compasión estadounidense, hasta que el marco mental socialista empezó a desmantelarlo a favor de las actitudes de derechos. Sin embargo, fue el poder del voluntarismo estadounidense, impulsado por la visión bíblica del reino de Dios, lo que permitió que un ejército de desarrapados ganara la más exitosa revolución de la historia.

El historiador Gregory Nobles es uno de los muchos que documentaron cómo el Gran Despertar obligó a las comunidades a asumir un papel más activo en los asuntos políticos y religiosos locales, produciendo la energía de la comunidad que impulsó el espíritu que atizó la guerra de independencia.[22] Después de estudiar los sermones de esa época, el historiador William McLoughlin concluyó que «las raíces de la revolución como movimiento político estaban tan profundamente enterradas en el terreno del Primer Gran Despertar de cuarenta años antes que se puede decir con toda verdad que la revolución fue un resultado natural de ese profundo y ampliamente extendido movimiento religioso».[23]

Unas pocas lumbreras principales de la revolución estadounidense eran en realidad deístas, pero es insensato dar por sentado que el deísmo o el secularismo dieron a luz a la democracia estadounidense. McLoughlin aclara:

El empuje para la revuelta [estadounidense] procedía de fuentes no científicas, y una de las más importantes de estas fue la religión pietista. Jonathan Edwards entendió mejor que la mayoría de deístas de dónde brotaba la acción humana... El conocimiento que los historiadores tienen en cuanto a los puntos de vista deístas de Jefferson,

Adams, Franklin y Washington no era conocido para la gente de su día, porque estos hombres, sabiamente, confinaron su heterodoxia a la correspondencia privada.[24]

La revolución estadounidense fue alimentada por la teología del pacto, que empezó con los hugonotes y vino a Estados Unidos con puritanos y presbiterianos. Daniel Elazar es uno de muchos que ha documentado que «los pactos de la Biblia son los pactos fundadores de la civilización occidental».[25] George Washington honró esta piedra angular de la libertad estadounidense el 30 de abril de 1789, en el Salón Federal de Nueva York, ante su pueblo y su Dios. Levantando su mano derecha y poniendo la izquierda sobre la Biblia, prestó juramento como primer presidente de Estados Unidos, añadiendo «que Dios me ayude».[26] Desde entonces, prácticamente cada presidente de Estados Unidos ha prestado el juramento de su cargo con la mano derecha levantada y la mano izquierda sobre la Biblia. Algunos que no lo hicieron así también estaban siguiendo su manera de entender el mandamiento de Jesús, que les dijo a sus discípulos que no juraran. Para algunos era solo una tradición; pero no así para el general Washington, que dirigió a Estados Unidos de América desde 1755 hasta su libertad y sirvió como su primer presidente. Con el cristianismo bíblico en mente, Washington dijo: «La religión y la moralidad son pilares esenciales de la sociedad civil».[27]

Washington no era el único en creer que la Biblia era clave para el carácter estadounidense. El presidente John Quincy Adams dijo: «Tan grande es mi veneración por la Biblia que cuanto más pronto empiecen mis hijos a leerla más confiada será mi esperanza de que llegarán a ser ciudadanos útiles de su país y miembros respetables de la sociedad. Desde hace muchos años, practico el leer la Biblia una vez al año».[28] El presidente Abraham Lincoln dijo que «la Biblia es el mejor don que Dios les ha dado jamás a los hombres. Todo el bien del Salvador del mundo se nos comunica mediante este libro».[29] En un mensaje público a la Sociedad Bíblica Americana en agosto de 1956, el presidente Dwight D. Eisenhower resumió cuál es el lugar de la Biblia en Estados Unidos: «La Biblia cuenta con el respaldo de los siglos. Nuestra civilización está edificada sobre sus palabras».[30]

Pecadores en manos de un Padre de amor

Las principales críticas contra Edwards se basan en el disgusto por su sermón «Pecadores en manos de un Dios airado», predicado el 8 de julio de 1741. En este, el más conocido de sus sermones de avivamiento, Edwards comparó la condición humana con la de una araña que cuelga de su telaraña sobre un fuego ardiendo. Señaló que cualquier persona podría perder su sujeción a la vida en cualquier momento y que su alma se hundiría en los fuegos de la condenación eterna. A la gente que rechaza la enseñanza de Edwards sobre el alma o el aborrecimiento divino del pecado no le gusta este sermón. No les gusta el pensamiento de que Dios considere a los seres humanos responsables de un modelo absoluto de conducta correcta.

Los principios de responsabilidad y exigencia de cuentas no son sino el otro lado de la moneda de la dignidad y la libertad. Para que una persona sea libre para escoger, debe aceptar su responsabilidad y ser juzgada por las decisiones que toma. Algunos afirman que al violador en serie y al asesino no se les debe castigar, por ejemplo, porque su conducta estuvo condicionada por la forma en que sus padres los trataban. Esto reduce a la persona humana al nivel del pez que no puede tomar decisiones libres, haciendo solo lo que ha aprendido. Las naciones ateas de la URSS, China y Camboya demuestran que, cuando se excluye la dimensión espiritual y se elimina el temor a Dios, como Watson y Skinner hicieron, todo lo que se hace es reemplazarlo por el totalitarismo aterrador. Sermones como el de Edwards ayudaron a producir la libertad de Occidente,[31] porque los oyentes de Edwards sabían que, como Jesús, Edwards estaba invitando a los pecadores al seno eterno de un Padre de amor y perdón.

Dignidad e inmortalidad

Desde antes de San Agustín, la cuestión de la dignidad única del hombre ha estado inseparablemente ligada a la pregunta: ¿Tenemos un alma no material y existimos más allá de la muerte física?

La creencia en la inmortalidad del alma fue un factor de enorme importancia para el respeto de Occidente por los derechos inalienables de todo individuo. La libertad del individuo significaba respetar la conciencia del mismo y no enviar a los disidentes a campos de concentración. Este respeto brotó de la creencia de que habrá un juicio final; por consiguiente los individuos deben tener la libertad para vivir según su conciencia. ¿Es este concepto de la inmortalidad del alma una perogrullada religiosa? Creyendo en un juicio futuro a cargo de un Juez Supremo, la Carta Magna se aseguró mediante juramento delante de Dios. Así, también los fundadores de Estados Unidos requerían que todo legislador y funcionario jurara defender la Constitución. Ante la ley, todo testigo debe primero jurar decir la verdad. Era costumbre que lo hicieran con una mano sobre la Biblia. ¿Por qué es tan importante la Palabra?

¿Qué es la vida? La biología nos dice que, en su raíz, la vida es información: ADN.[32] ¿Qué es una palabra? ¡Información! ¿Qué es la fe? ¡Creer información! Jesús dijo que la Palabra de Dios es la semilla que brota a vida eterna cuando se la combina con nuestra fe.[33]

¿ES PLAUSIBLE LA RESURRECCIÓN?

Durante mis primeros cuatro años en la universidad, el reto más fuerte contra mi fe me lo presentó Chatterjee, como mencionamos antes, que rechazaba incluso la posibilidad de que Jesús hubiera resucitado. Él argumentaba: «No sé quién movió la piedra que sellaba la tumba de Jesús, por qué su tumba estaba vacía, o qué le sucedió a su cuerpo. Lo que sí sé es que Jesús no resucitó de los muertos, porque la resurrección es imposible. Una vez que te mueres, te mueres. La muerte es el fin de nuestra existencia. No hay alma que continúe más allá de la muerte». Pensé en serio en la objeción de mi amigo. Jesús tal vez resucitó de los muertos o tal vez no, pero ¿podía mi amigo afirmar lógicamente que la resurrección es imposible? ¿Cuál es la realidad final: la muerte o la vida?

Es posible creer que la muerte es la realidad original y última. En el principio no había vida, ni Dios, ni ángeles, ni espíritus, ni células, ni amebas. La vida emergió en un accidente cósmico y desde entonces ha estado evolucionando. Un día, tal vez de aquí a unos cuantos miles de millones de años, otro accidente hará que la vida desaparezca por completo del cosmos. Eso hace de la muerte la realidad última.

Pero, si eso es verdad, ¡entonces ya he admitido que toda la vida vino de la muerte! ¿Cómo, entonces, es imposible la resurrección? Por otro lado, si la realidad última es la vida —un Dios «viviente» que vive fuera del continuo espacio tiempo— que puso la vida en nuestro cosmos; entonces la resurrección debe ser posible y hay que esperarla.

La palabra y la fuente de vida

Nuestra época trivializa las palabras y el estado de ser persona porque muchos dan por sentado que la energía impersonal, física, es la realidad última. Por consiguiente, la inteligencia, la información y la comunicación no pueden ser parte de la realidad última. La verdad es que nuestras palabras en efecto describen y contienen leyes invisibles que gobiernan galaxias desconocidas. Las palabras nos ayudan a planear viajes exitosos al espacio exterior. Nuestro don único del lenguaje nos permite crear cultura. Las palabras son creativas. La palabra (información) es vida porque la Biblia dice que Dios creó el universo con sus palabras. Jesús hizo una afirmación insólita en cuanto a la relación de sus palabras con la vida cuando dijo:

> De cierto, de cierto os digo: El que oye mi palabra, y cree al que me envió, tiene vida eterna; y no vendrá a condenación, mas ha pasado de muerte a vida. De cierto, de cierto os digo: Viene la hora... cuando los muertos oirán la voz del Hijo de Dios; y los que la oyeren vivirán. Porque como el Padre tiene vida en sí mismo, así también ha dado al Hijo el tener vida en sí mismo; y también le dio autoridad de hacer juicio... porque vendrá hora cuando todos los que están en los sepulcros oirán su voz; y los que hicieron lo bueno, saldrán a resurrección de vida; mas los que hicieron lo malo, a resurrección de condenación.[34]

Tal afirmación es o locura o verdad. Los críticos de Cristo le condenaron por afirmar que era divino.[35] Sus discípulos, por otro lado, dijeron que sus palabras hicieron volver a la vida a un hombre que había estado muerto cuatro días.[36] Los discípulos oyeron a Jesús predecir su muerte y su resurrección. Vieron a Jesús morir. Luego le vieron resucitado. Esto les quitó su temor a la muerte. A riesgo inminente de martirio, proclamaron a Jesús como el Creador y Salvador del mundo, el que nos da vida eterna con Dios. El apóstol Juan describió el poder de Dios de darnos vida eterna con estas palabras:

Mirad cuál amor nos ha dado el Padre, para que seamos llamados hijos de Dios; por esto el mundo no nos conoce, porque no le conoció a él. Amados, ahora somos hijos de Dios, y aún no se ha manifestado lo que hemos de ser; pero sabemos que cuando él se manifieste, seremos semejantes a él, porque le veremos tal como él es. Y todo aquel que tiene esta esperanza en él, se purifica a sí mismo, así como él es puro.[37]

LA PARÁBOLA DE LOS DOS HUEVOS

Usé una parábola con unos cuantos eruditos internacionales en California. Sostuve un huevo en cada mano y les pregunté si podían decirme alguna diferencia entre los dos. Los estudiantes respondieron que los huevos les parecían idénticos. Podían bien venir de la misma granja, incluso de la misma gallina.

«Ninguno está hervido ni podrido», les aseguré; «pero, si los incuban, uno reventará, y el otro no. ¿Pueden decirme cuál de estos se convertirá en un pollito?»

Nadie tuvo ni la menor idea.

«La diferencia», expliqué, «es que el huevo que tengo en mi mano derecha está fecundado, y el otro no. Ambos son organismos vivos, pero el huevo que tengo en la mano derecha ha recibido "vida". En estos mismos momentos, esa vida está transformándolo desde adentro. Pronto dejará de ser un huevo. Su identidad como huevo morirá pero volverá a nacer como algo mucho más glorioso. Será como sus padres. ¿Qué significa cuando decimos que un huevo ha sido fertilizado, cuando ha recibido nueva vida mediante el esperma».

Uno de los estudiantes captó al instante la cuestión: «Ha recibido cierta información codificada en algunas sustancias químicas».

¡Exactamente! Esa información estableció lo que el huevo llegará a ser. Esa información determinó su género, color y tamaño, en verdad, hasta la última de sus células y órganos, así como también la mayoría de sus características. En su esencia, la vida es información. La información biológica está codificada en el ADN. La información de nuestra mente, de nuestra alma, va contenida en palabras. Los que reciben la Palabra de Dios reciben su misma vida eterna. La Biblia dice

> Si confesares con tu boca que Jesús es el Señor, y creyeres en tu corazón que Dios le levantó de los muertos, serás salvo. Porque con el corazón se cree para justicia, pero con la boca se confiesa para salvación.[38]

Una vez que recibimos y creemos la Palabra de Dios, ella empieza a transformar nuestras almas a semejanza de Dios. Como lo ilustra la transformación de este huevo, en última instancia nuestra vida biológica recibe la semilla imperecedera de Dios que nos hace nacer de nuevo a semejanza eterna de Dios. El apóstol Pedro dijo: «...siendo renacidos, no de simiente corruptible, sino de incorruptible, por la Palabra de Dios que vive y permanece para siempre».[39] Las Escrituras nos fueron dadas para educarnos para recibir vida acogiendo en nuestras vidas la palabra viva de Dios. La Biblia dice:

> A lo suyo vino [Jesús], y los suyos no le recibieron. Mas a todos los que le recibieron, a los que creen en su nombre, les dio potestad de ser hechos hijos de Dios; los cuales no son engendrados de sangre, ni de voluntad de carne, ni de voluntad de varón, sino de Dios.[40]

LA PALABRA Y LA TRANSFORMACIÓN DEL INDIVIDUO

La Palabra de Dios es el poder que transforma nuestro carácter. El apóstol Pablo le escribió a Timoteo:

> Y que desde la niñez has sabido las Sagradas Escrituras, las cuales te pueden hacer sabio para la salvación por la fe que es en Cristo Jesús. Toda la Escritura es inspirada por Dios, y útil para enseñar,

para redargüir, para corregir, para instruir en justicia, a fin de que el hombre de Dios sea perfecto, enteramente preparado para toda buena obra.[41]

Harvard fue nombrado por el reverendo John Harvard. Su lema de 1692 es: *Veritas, christo et ecclesiae* (Verdad, por Cristo y la iglesia). Las reglas y preceptos de Harvard en 1646 decían:

2. Que todo estudiante sea claramente instruido, y fervientemente apremiado a considerar bien que el principal objetivo de su vida y estudios es conocer a Dios y a Jesucristo, quien es la vida eterna (Juan 17.3), y, por consiguiente, poner a Cristo en la base, como el único cimiento de todo conocimiento y aprendizaje sólido. Y viendo que solo el Señor da sabiduría, que cada uno seriamente se proponga en oración privada buscarle (Proverbios 2.3).

3. Cada uno debe ejercitarse en leer las Escrituras dos veces al día, como para estar listo para dar cuenta de su competencia en ella, tanto en observaciones teóricas de lenguaje y lógica, como en verdades espirituales prácticas, según su tutor lo requiera, de acuerdo a su capacidad; viendo que la entrada de la Palabra da luz, da entendimiento a los sencillos (Salmo 119.130).

Universidades como Harvard fueron instituciones que produjeron líderes que edificaron la nación más grande de la historia. Sin embargo, ahora producen graduados brillantes en destrezas, pero no siempre grandes en carácter. ¿Cómo puede un joven mantenerse puro?[42] Jesús venció la tentación aferrándose a las Escrituras que estudió, interiorizó y obedeció.[43] La Palabra de Dios fue su brújula para discernir entre el bien y el mal. Moldeó su carácter. Le dio la fuerza para negarse a buscar atajos para suplir sus necesidades. Le capacitó para negarse a venderle su alma al diablo.[44]

Para Jesús, como para el salmista, la Palabra de Dios era lámpara a sus pies y lumbrera en su camino.[45] La Biblia no es meramente un manual para la piedad privada. Es el mismo cimiento de la civilización occidental.

UNA VISIÓN DE LA RESURRECCIÓN NACIONAL

La Biblia preparó a los colonos estadounidenses para la libertad porque les enseñó la verdad de la intervención redentora de Dios en la historia. Dios liberó a un puñado de esclavos hebreos y los transformó en una nación poderosa. El Antiguo Testamento describe la lucha de doce tribus para llegar a ser una nación. A los reinados gloriosos de David y Salomón les siguió la tiranía política que inflamó el tribalismo latente y dividió a la nación.

El rechazo de Dios por parte de los israelitas condujo a lo que parecía ser el rechazo de ellos por parte de Dios. Dios castigó su corrupción intelectual, moral, religiosa y política destruyendo a ambas naciones: Israel y Judá. El 14 de agosto del 586 A.C. Dios destruyó su propio templo en Jerusalén, enviando a su pueblo escogido al exilio en Babilonia. Muchos judíos pensaban que su sol ya se había puesto. No vieron esperanza para su restauración nacional. El profeta Jeremías se lamentó:

> ¡Cómo ha quedado sola la ciudad populosa!
> La grande entre las naciones se ha vuelto como viuda,
> La señora de provincias ha sido hecha tributaria.[46]

Las tribus que perdieron su fe en sus Escrituras también perdieron su esperanza y desaparecieron del tejido de la historia. Las que mantuvieron su fe viva llegaron a ser modelo para el presente estado de Israel. Después de destruir Jerusalén, Nabucodonosor llevó al profeta Ezequiel a Babilonia en cautiverio. El pueblo de Ezequiel era como el pez de nuestra parábola inicial. Creían que su nación estaba muerta y que eran como huesos secos sin futuro. Ezequiel, sin embargo, buscó a Dios, interiorizando el rollo divino.[47] En una dramática visión, Dios le preguntó a Ezequiel:

> Hijo de hombre, ¿vivirán estos huesos?... Me dijo luego: Hijo de hombre, todos estos huesos son la casa de Israel. He aquí, ellos dicen: Nuestros huesos se secaron, y pereció nuestra esperanza, y somos del todo destruidos. Por tanto, profetiza, y diles: Así ha dicho Jehová

el Señor: He aquí yo abro vuestros sepulcros, pueblo mío, y os haré subir de vuestras sepulturas, y os traeré a la tierra de Israel. Y sabréis que yo soy Jehová, cuando abra vuestros sepulcros, y os saque de vuestras sepulturas, pueblo mío. Y pondré mi Espíritu en vosotros, y viviréis, y os haré reposar sobre vuestra tierra; y sabréis que yo Jehová hablé, y lo hice, dice Jehová.[48]

El cumplimiento de la profecía de Ezequiel y el gran despertar de Israel empezó cuando el emperador persa Ciro conquistó Babilonia y se encontró cara a cara con el conocimiento de Dios, el amor a su nación y la obediencia a la fe que poseía Daniel, que comentamos en el apéndice. En contra de sus propios sentimientos, el rey dejó que Daniel fuese arrojado al foso de los leones. Su milagrosa liberación dio como resultado que el rey emitió su revolucionaria proclamación en el 538 A.C.:

Esto es lo que ordena Ciro, rey de Persia: El SEÑOR, Dios del cielo, que me ha dado todos los reinos de la tierra, me ha encargado que le construya un templo en la ciudad de Jerusalén, que está en Judá. Por tanto, cualquiera que pertenezca a Judá, que se vaya, y que el SEÑOR su Dios lo acompañe.[49]

Esto inició el cumplimiento de la profecía de Isaías:

Tu sol no volverá a ponerse,
   ni menguará tu luna;
será el Señor tu luz eterna,
   y llegarán a su fin tus días de duelo.
Entonces todo tu pueblo será justo
   y poseerá la tierra para siempre.
Serán el retoño plantado por mí mismo,
   la obra maestra que me glorificará.

ISAÍAS 60.20-21, NVI

LA BIBLIA

¿Es un fax del cielo?

E n su novela *El código Da Vinci*, Dan Brown escribió que, puesto que «la Biblia no llegó por fax desde el cielo», no puede ser la Palabra de Dios.[1]

¿Puede el presidente de Estados Unidos de América valerse de un escritor de discursos para que prepare su discurso del estado de la unión? ¿Puede tener una docena de colaboradores que enmienden, vuelvan a escribir, revisen y editen ese discurso? Si, en una emergencia, el presidente le pidiera a otro que pronunciase su discurso en el Congreso, ¿sería todavía la palabra del presidente?

El código Da Vinci da por sentado que el Creador no puede hacer lo que un presidente puede hacer. Peor todavía, da por sentado que, puesto que el Creador no puede comunicarse, la mente humana no puede saber la verdad. Se inventa un mito para revivir la enseñanza gnóstica y tántrica de que podemos experimentar la iluminación al silenciar nuestras mentes mediante sexo místico. Dan Brown implementa la recomendación de Joseph Campbell de que, habiendo perdido su esperanza de hallar la verdad, Occidente procuró inventar relatos para imaginarse el significado de la existencia. El héroe de Dan Brown también examina símbolos ocultos por místicos ficticios como Leonardo da Vinci, un racionalista del Renacimiento, que se convirtió en maestro gnóstico.

Si es cierto que no podemos saber qué es verdad, entonces, ¿qué sucede con la Declaración de Independencia de 1776? Los fundadores dijeron: «Sostenemos como evidentes por sí mismas estas verdades: que todos los hombres son creados iguales; que son dotados por su Creador de ciertos derechos inalienables; que entre estos están la vida, la libertad y la búsqueda de la felicidad». ¿Son estas verdades evidentes por sí mismas en la mente humana?

Un posmodernista tendría absolutamente toda la razón al insistir en que la Declaración de Independencia estaba equivocada. Estas «verdades» no son evidentes en sí mismas. La igualdad humana no es evidente en sí misma en ninguna parte del mundo; ni siquiera en Estados Unidos. En este país no se trata como iguales a las mujeres ni a los negros. La igualdad jamás fue evidente en sí misma para los sabios hindúes. Para ellos, la desigualdad era evidente en sí misma. Su pregunta era, ¿por qué los seres humanos nacen desiguales? El hinduismo enseñaba que el Creador hizo diferentes a las personas. Las castas más altas fueron hechas de su cabeza, hombros y vientre, y las castas más bajas fueron hechas de sus pies. La ley del karma acentuaba estas diferencias básicas. Buda no creía en el Creador, pero aceptó la doctrina del karma como la causa metafísica de la desigualdad de los seres humanos.

Tampoco había derechos inalienables evidentes en sí mismos para Roma. Durante el juicio de Jesús, Pilato, gobernador de Roma y encargado de la justicia en Israel, declaró: «Ningún delito hallo en este hombre».[2] Pilato entonces le dijo a Jesús: «¿A mí no me hablas? ¿No sabes que tengo autoridad para crucificarte, y que tengo autoridad para soltarte?»[3]

¡Un momento! ¿Tienes tú el poder de crucificar a alguien a quien has declarado inocente? ¿No es evidente en sí mismo que él tiene un derecho inalienable a la vida?

O tómese el caso del apóstol Pablo. Una serie de comandantes, jueces, gobernadores y reyes romanos lo juzgaron. Todos estaban de acuerdo en que era inocente. ¿Lo puso alguno de ellos en libertad? No, lo dejaron preso por años para complacer a sus acusadores y tratar de sacarle sobornos.[4] No fue evidente en sí mismo para ninguno de ellos que Pablo tenía un derecho inalienable a la libertad.

La igualdad y los derechos humanos no son verdades evidentes en sí mismas. En su borrador original, Thomas Jefferson escribió: «Sostenemos que estas verdades son sagradas e inalienables». Esa era la verdad. Por eso la declaración basó los derechos inalienables en el Creador, en lugar de en el estado. La declaración más honesta habría sido: «Sostenemos que estas verdades son divinamente reveladas». La revelación es la razón por la que Estados Unidos de América creía lo que algunos deístas atribuyeron al «sentido común». Para ser precisos, estas verdades parecían de sentido común a los fundadores estadounidense debido a que su sentido estaba forjado por el impacto común de la Biblia; aun cuando unos cuantos de ellos dudaran de que la Biblia fuera divinamente revelada.

¿Importa todo esto?

Sí; es cuestión de vida y muerte. Jesús y Pablo fueron servidores públicos altamente respetados; sin embargo, ni sus vidas estaban seguras en una cultura que había perdido la noción misma de verdad. Jesús le dijo a Pilato que él había venido para revelar la verdad.[5] ¡Qué oportunidad! Pilato podía haberles dicho a sus acusadores: «Nunca he conocido a nadie que supiera la verdad. Ahora que ustedes me lo han traído, voy a dejarlo vivo por lo menos por un tiempo para aprender todo en cuanto a la verdad». Pero Pilato no tenía paciencia para «galimatías». ¿Cómo podía este carpintero saber la verdad cuando los más grandes filósofos griegos y poetas latinos no tenían ni la menor idea? Para el tiempo de Pilato, Europa había perdido la esperanza de conocer la verdad e incluso todo interés por buscarla. Como el Occidente posmoderno de hoy, Pilato pensaba que nadie sabía la verdad; no en ningún sentido racional que pudiera explicarse en palabras. Los gnósticos que hablaban de «experimentar» la verdad mística usaban el mismo tipo de verborrea mítica que Dan Brown. Lo cual dista mucho de un debate teórico.

¿Qué le sucede a una cultura que no tiene ni idea de lo que es verdadero, bueno y justo? Pilato contestó a esa pregunta cuando declaró: «Tengo poder para crucificarte o soltarte». Cuando creemos que la verdad es incognoscible, la privamos de toda autoridad. Lo que queda es poder bruto esgrimiendo fuerza arbitraria. El que una persona o una minoría étnica sea culpable o inocente se vuelve irrelevante. Su derecho a la vida depende exclusivamente de los caprichos de quienquiera que tenga el poder. Cualquier nación que rehúsa vivir bajo el reinado de la verdad se condena a sí misma a vivir sometida a hombres pecadores.

Dan Brown tiene toda la razón en que la Biblia no fue enviada por fax desde el cielo. Es muy diferente de otros libros, como el Corán, que afirma que fue inspirado. Por lo general, no usa la frase «Palabra de Dios» como otras «revelaciones» antiguas y contemporáneas. Por ejemplo, a diferencia del profeta Mahoma, ninguno de los escritores de los cuatro Evangelios afirma haber recibido su información en un trance profético por revelación de Dios o de un ángel. Tampoco los escritores de los Evangelios aducen que una entidad espíritual los usó como canales para una «escritura automática».

Normalmente, las revelaciones privadas no pueden ser confirmadas como divinamente inspiradas. Pueden ser inspiradas sobrenaturalmente, pero, ¿cómo sabríamos si son de Dios o del diablo, ángeles o demonios?[6] La mayoría de los libros de la Biblia no son revelaciones recibidas en una experiencia subjetiva, como en trance.[7] Los Evangelios, por ejemplo, afirman ser verdad pública objetiva. Dan el testimonio valiente de eventos públicos de la enseñanza, milagros, profecías, crucifixión, resurrección y ascensión de Jesús; presenciados por quinientas personas. Los escritores de los Evangelios, «los evangelistas», cuestionaron las interpretaciones de la erudición judía y de un estado romano brutal. Se prestaron al careo. Mateo, Marcos y Juan dieron testimonio ocular como evidencia de su verdad. Lucas describió con cuánto rigor había investigado los hechos, verificándolos cuidadosamente con testigos oculares. ¡Esta es realmente una manera humana muy académica de escribir!

¿Pueden los hombres registrar la Palabra de Dios?

El apóstol Pablo les escribió a los Tesalonicenses: «Cuando recibisteis la Palabra de Dios que oísteis de nosotros, la recibisteis no como palabra de hombres, sino *según es en verdad, la Palabra de Dios*».[8] El cumplimiento documentado de profecías anteriores proporciona una fuerte evidencia de que los escritores comunicaron «la Palabra de Dios». J. Barton Payne, por ejemplo, detalla 1,817 predicciones bíblicas que incluyen 8,352 versículos de predicción (el 27 por ciento de la Biblia).[9] El cumplimiento sistemático de profecías a corto y medio plazo ha dado fuerza a la creencia en que el canon refleja la Palabra de Dios que fue dicha por los profetas.

¿Pueden las palabras de los hombres ser Palabra de Dios?

Los críticos mal informados dan por sentado que los cristianos creen en la Biblia porque algunos concilios de la Iglesia Católica la declararon Palabra de Dios. La realidad es que la iglesia cree en la Biblia porque Jesús vivió y murió «conforme a las Escrituras».[10]

Los Evangelios dejan claro que Jesús no tenía complejo de mártir: él no quería morir.[11] Pudo haber escapado de su arresto en el huerto del Getsemaní. De hecho, en el momento de su arresto Pedro le dio a Jesús una oportunidad excelente de escapar en la oscuridad, pero Jesús le reprendió.[12] Jesús también podía haber salvado su vida durante su juicio, porque sus jueces le hallaron inocente. En lugar de tratar de salvar su vida, Jesús la entregó. Y lo hizo por una sola razón: a fin de que las Escrituras se cumplieran.[13] ¿Por qué Jesús tomó las Escrituras judías tan en serio que escogió morir para cumplirlas?

Los científicos apenas han empezado a descubrir la asombrosa comunicación que tiene lugar en las comunidades de criaturas unicelulares que llamamos amebas.[14] Estamos muy lejos de figurarnos por qué la vida está tan inseparablemente relacionada a la información y su trasmisión. Desde el mismo principio, las Escrituras hebreas (el Antiguo Testamento) revelan a un Dios que habla: «Y dijo Dios: Sea la luz; y fue la luz».[15] De este modo, la cosmovisión judía ve el lenguaje como fundamental para la realidad. Nosotros, los seres humanos, hablamos porque somos hechos a imagen de un Espíritu que dijo: «Hagamos al hombre a nuestra imagen».[16] El hombre llegó a ser un «alma viviente» cuando Dios sopló su espíritu («aliento») en un cuerpo de barro.[17] De este modo, el lenguaje humano tiene aspectos tanto espirituales como físicos.

La Biblia enseña que Dios es amor. El amor incluye comunicación. Tanto el Antiguo como el Nuevo Testamentos enseñan que Dios nos habla porque nos ama. Nos dio el don del lenguaje a fin de que podamos conocerle y amarle a él y unos a otros como sus hijos. El amor, enseñó Jesús, era todo el tema de la revelación divina; es decir, de la comunicación.[18] En la comprensión judeocristiana, el amor y el lenguaje no son aspectos de química, sino de nuestra psiquis o alma. Nuestra química está diseñada para facilitar el amor, el conocimiento, la comunicación y la adoración.

JESÚS, DANIEL Y LAS ESCRITURAS JUDÍAS

Jesús trató a las Escrituras hebreas de la misma manera que el profeta hebreo, Daniel, administrador en Babilonia.

Daniel fue un joven contemporáneo del profeta Jeremías. En su día, muchos profetas afirmaban recibir revelaciones de Dios. Los profetas que predecían paz y prosperidad para Jerusalén disfrutaban de patrocinio religioso y político. Sin embargo, sus profecías resultaron falsas. Jeremías, por otro lado, llamó a su nación al arrepentimiento; de otra manera, dijo, Dios traería condenación y destrucción por medio de los babilonios. Condenaron a Jeremías por traición y casi lo mataron, pero eventos posteriores demostraron que tenía razón. Daniel, por consiguiente, tomó en serio las profecías de Jeremías.

Décadas después de que Jeremías ya fuera historia, Daniel siguió leyendo los rollos del profeta, aunque Jeremías ni siquiera estaba todavía en el canon judío. Cuanto más leía Daniel, más se convencía de que, puesto que las predicciones de Jeremías se habían cumplido, él era profeta de Dios.[19] Finalmente, Daniel quedó tan convencido de que las palabras de Jeremías eran Palabra de Dios que estuvo dispuesto a que lo echaran en el foso de los leones.[20] Esto fue lo que sucedió:

Jeremías profetizó que Jerusalén sería reconstruida setenta años después de su destrucción.[21] Eso sería alrededor del tiempo cuando la coalición medo persa derrotó a Babilonia. La profecía de Jeremías, en conjunción con los sueños de Nabucodonosor y del mismo Daniel, ayudaron a este a entender la importancia de ese momento histórico. Él creyó «la palabra de Jehová al profeta Jeremías»[22] y empezó a orar por la reedificación de Jerusalén.[23] Entonces engatusaron al rey para que emitiera un devastador edicto: Durante treinta días, nadie debía orar a ningún dios que no fuera el rey. ¡La pena por desobediencia era el foso de los leones!

Daniel, para entonces administrador en jefe del imperio, sabía que sus rivales habían tramado ese edicto para destruirlo. Tuvo que escoger. ¿Dejaría de orar por la ciudad muerta de Jerusalén para salvarse, o confiaría en las palabras de Jeremías a riesgo de su vida?

La pregunta más importante era: ¿Quién era el soberano: Dios o el rey? La única base que Daniel tenía para desobedecer al rey y arriesgar su vida era su confianza en que las palabras de Jeremías eran las palabras de Dios. Dios era el soberano de la historia. Dios había usado a Babilonia para destruir a una Jerusalén pervertida para así cumplir sus palabras dichas por numerosos profetas, empezando con Moisés. Ahora, Dios iba a usar al emperador persa para reconstruir su templo, a pesar de las maquinaciones de los rivales de Daniel.[24] Daniel creyó en la profecía de Jeremías. Por consiguiente, continuó con su práctica de abrir sus ventanas hacia Jerusalén y orar tres veces al día.

Arrestaron a Daniel, lo juzgaron y lo echaron al foso de los leones. Después de una noche de insomnio, el rey quedó perplejo al descubrir que algo —o, más bien, alguien— había impedido que los leones le hicieran daño a Daniel. Su milagrosa protección conmovió tanto al rey ¡que emitió un edicto animando a los judíos a volver para reedificar un templo para el Dios viviente en Jerusalén, y a orar por el rey![25]

Como Daniel, Jesús trató las palabras de las Escrituras hebreas como Palabra de Dios. Vivió conforme a las Escrituras,[26] murió, y fue sepultado conforme a las Escrituras, y al tercer día resucitó «conforme a las Escrituras»[27] y a sus propias profecías.[28] Los apóstoles de Jesús, incluyendo Pedro y Pablo, seguían a Jesús al enseñar que las Escrituras hebreas fueron escritas por hombres pero inspiradas por Dios.[29]

¿Puso Jesús su vida para cumplir las Escrituras porque era un judío del primer siglo condicionado por la errada idea de las Escrituras que sostenía su cultura? ¿O era el Antiguo Testamento su propia palabra? En ese caso, Jesús estaría enseñando la lección que John Locke derivó de ella, es decir, usar nuestro don del lenguaje responsablemente, decir lo que queremos decir y querer decir lo que decimos, y guardar nuestra palabra cueste lo que cueste.[30]

Incluso una lectura superficial de los Evangelios es suficiente para mostrar a un escéptico que la cultura de Jesús le rechazó porque él trastornó su comprensión de las Escrituras.[31] Él fue cualquier cosa excepto un producto de su cultura. Él no hablo como exégeta, sino como alguien con autoridad única para exponer la intención original de Dios que había detrás de las palabras de las Escrituras.[32] Los judíos persiguieron a Jesús porque afirmaba tener una autoridad mayor que la de Moisés,[33] que había recibido las *mismas palabras de Dios».[34]

¿Es el Nuevo Testamento Palabra de Dios?

La Epístola a los Hebreos exhorta a los seguidores judíos del Mesías: «Acuérdense de sus dirigentes, que les comunicaron la Palabra de Dios».[35] ¿Cómo podían las palabras de los apóstoles ser consideradas como «las palabras de Dios»?

Los apóstoles ya creían que la Palabra de Dios creó el universo.[36] Habían visto cómo las palabras de Jesús calmaban tormentas, sanaban a los enfermos y revivificaban muertos. Jesús les aseguró: «Las palabras que yo os hablo, no las hablo por mi propia cuenta, sino que el Padre que mora en mí, él hace las obras».[37] Prometió que si ellos permanecían en su palabra, conocerían la verdad y la verdad los haría libres,[38] y que sus oraciones serían contestadas si permanecían en su palabra.[39]

Habiendo visto cómo las palabras de Jesús levantaron a varias personas de la muerte, ¿qué iban los apóstoles a hacer con su afirmación de que iba a llegar el día en que los muertos oirían su voz, y los que oyeran resucitarían y vivirían eternamente?[40]

Para empeorar las cosas, los apóstoles pensaban que el Mesías vencería a Roma, pero Jesús predecía que sería crucificado y que tres días después resucitaría. Los apóstoles presenciaron que las palabras de Jesús se cumplieron. Sus experiencias de primera mano de la muerte y resurrección de Cristo les obligaron a concluir que las palabras de Jesús eran las palabras de Dios. Jesús era el Verbo (*logos*) eterno, creador, de Dios hecho carne.[41] Jesús mismo usó el testimonio de las Escrituras, más que sus increíbles milagros, como prueba de su divinidad.[42]

En su oración a su Padre, Jesús dijo: «Las palabras que me diste, les he dado [a los apóstoles]».[43] Sopló su Espíritu sobre los apóstoles,[44] asegurándoles que el Espíritu Santo les recordaría lo que les había enseñado,[45] y que los guiaría a toda la verdad.[46] Jesús no los envió meramente a enseñar y predicar lo que habían visto y oído. También les dio autoridad para sanar a los enfermos y echar fuera demonios con sus palabras.[47] Los apóstoles llegaron a ser los servidores o «ministros de la palabra».[48] Se dedicaron al «ministerio [servicio] de la palabra».[49] El Espíritu de Dios confirmó las palabras de los apóstoles mediante señales y maravillas sobrenaturales.[50] ¿Qué hubiera pensado usted si hubiera visto cómo las palabras de Pedro sanaban a un hombre que nació cojo?[51] Incluso los no creyentes trataron las palabras de los apóstoles como Palabra de Dios.[52]

Los contemporáneos de los apóstoles interpretaron el crecimiento de la iglesia como el crecimiento de la Palabra de Dios: «Y crecía la palabra del Señor, y el número de los discípulos se multiplicaba grandemente».[53] Siguiendo el ejemplo de Jesús, los apóstoles sellaron sus palabras con su sangre. No lucharon por la supervivencia personal, porque la palabra de Cristo les aseguraba su supervivencia eterna.

Al contrario de lo que sostienen los críticos de la Biblia como Dan Brown y Arun Shourie, la iglesia no inventó la Palabra de Dios: la iglesia fue edificada «sobre el fundamento de los apóstoles y profetas»,[54] es decir, sobre el Nuevo y Antiguo Testamentos.

Los escépticos mal informados dan por sentado que la Biblia, sobre todo el Nuevo Testamento, recibió la consideración de Palabra de Dios en el 325 A.D., en el concilio de Nicea, que compiló el canon de las Escrituras. Los versículos que siguen muestran que Jesús creía que su mensaje era Palabra de Dios. Sus apóstoles creyeron que lo que estaban predicando era Palabra de Dios mucho antes de la convocación de cualquier concilio eclesiástico. Los compañeros y seguidores originales de Cristo en Jerusalén eran todos judíos. Los que habían acompañado y seguido a Cristo en Jerusalén aceptaron las palabras de los apóstoles como Palabra de Dios, así como los tesalonicenses aceptaron las palabras de Pablo como Palabra de Dios.

¿Cómo podría el apóstol Juan decirles a sus lectores que ellos ya sabían la verdad y no necesitaban que nadie (ni siquiera un concilio de la iglesia) determinara por ellos la Palabra de Dios?[55] La iglesia de los siglos primero y segundo ya sabía cuáles libros tenían el respaldo de autoridad apostólica genuina. No necesitaban que un concilio estableciera el canon de los escritos de los apóstoles para empezar a arriesgar sus vidas por «la Palabra de Dios». Estaban afirmando su fe en estos escritos, al escoger el martirio, durante más de doscientos años antes de Constantino.[56]

El canon del Antiguo Testamento existía antes del tiempo de Jesús. El establecimiento del canon del Nuevo Testamento se hizo necesario solo después de que empezaron a aparecer libros espurios que se presentaban como escritos por los apóstoles originales. La canonicidad no convirtió a las epístolas de Pablo en Palabra de Dios. El propósito al fijar el canon era rechazar como no auténticos los libros espurios, como el supuesto «Evangelio de Tomás» y el «Evangelio de Bernabé».

Es importante señalar que solo un libro del Nuevo Testamento, Apocalipsis (de Juan), afirma haber sido recibido sobrenaturalmente en visiones, y este libro fue recibido con el más riguroso escrutinio antes de ser integrado en el canon. Un libro con un título similar, *El Apocalipsis de Pedro,* fue rechazado. ¿Por qué? Porque el cristianismo es asunto de verdad pública, no de experiencia privada, subjetiva, no verificable, secreta, interna, «religiosa». En realidad, hay intuición privada que puede venir de Dios, pero tiene que ser autenticada públicamente antes de que el público pueda seguirla. El Apocalipsis de Juan fue incluido en el canon precisamente porque no era un «fax del cielo». Juan «vio», «miró», y «oyó» ciertas cosas y luego escribió su testimonio de testigo ocular; exactamente como lo hizo en el Evangelio de Juan.[57] La iglesia estableció como canónicos los libros con autoridad apostólica reconocida para deshacer el engaño de los profetas, apóstoles y místicos «religiosos» sedientos de poder.

Se ha disputado la autoría de Apocalipsis, pero está claro que si algún otro que no fue Juan falsificó el libro en nombre de Juan, entonces el falsificador hubiera hecho algún esfuerzo para establecer sus credenciales como apóstol. El autor del libro de Apocalipsis simplemente dice que se llamaba Juan, y espera que sus destinatarios reconozcan su demostrada autoridad apostólica.

El punto es este: La iglesia no cree en las Escrituras porque el concilio de Nicea declarase canónicos algunos libros. Los católicos reconocen que los concilios de la Iglesia se han equivocado a veces. El concilio niceno no creó la Biblia. El proceso de establecimiento del canon del Nuevo Testamento empezó con un hereje, Marción (90–160 A.D.), que identificó un canon ampliamente aceptado a fin de cuestionarlo. Como respuesta a tales intentos, la iglesia afirmó el canon del Nuevo Testamento a fin de rechazar herejías.

La inclusión en el canon no dependía de una «inspiración divina» no verificable, sino de asuntos verificables. La primera era la autoridad apostólica, incluyendo la autoridad apostólica implícita, como el caso de los libros de Marcos, Lucas, Hechos y la Epístola a los Hebreos. Igualmente importante era la armonía teológica con el canon del Antiguo Testamento que Jesús confirmó como Palabra de Dios. Las falsificaciones gnósticas alegaban su autoría apostólica, pero ni tenían ni podían afirmar armonía con el Antiguo Testamento. Por ejemplo, el Apocalipsis de Juan es un desarrollo muy deliberado del libro de Daniel. En Apocalipsis 5, por ejemplo, el Cordero de Dios recibe el título de propiedad de la tierra que había sido prometido al Mesías en el Salmo 2 y el Salmo 110. Los capítulos que siguen se vuelven clave para explicar cómo Jesús era el Mesías profetizado por el Antiguo Testamento.

¿PUEDE LO NATURAL SER TAMBIÉN SOBRENATURAL?

Los padres de la iglesia sabían que hombres falibles habían sido los autores de los libros del Nuevo Testamento. El concilio de Nicea luchó con una cuestión de cosmovisión suscitada por el gnosticismo: ¿Podría lo natural (material, físico) ser simultáneamente espiritual, inmaterial, sobrenatural y bueno?

Los gnósticos presuponían que el ámbito natural era malo. Por consiguiente, concluyeron que palabras humanas no pueden ser Palabra de Dios; Cristo Espíritu no podía haberse encarnado; Cristo no podía haber muerto en la cruz; fue el cuerpo humano, material de un hombre, Jesús, el que fue crucificado; Cristo Espíritu se reía de la insensatez de sus enemigos mientras ellos crucificaban a Jesús pensando que estaban matando a Cristo.

El concilio de Nicea rechazó esta cosmovisión gnóstica a favor de la enseñanza del Antiguo Testamento dc que el mundo material —expresión tangible, física de las palabras de Dios— era bueno. El hombre (varón y mujer) realmente fue hecho a imagen de Dios; el cuerpo humano era bueno. Dios pudo hacerse hombre, y nuestros cuerpos físicos pueden ser, y deberían llegar a ser, templo del Dios santo.[58]

Así como Satanás pudo entrar en Judas para hacer el mal,[59] el Espíritu de Dios puede utilizar y en efecto utiliza a los seres humanos para decir sus palabras[60] y hacer su voluntad. La obra y palabras de hombres y mujeres pueden ser humanas, satánicas o divinas. Tal como Jesús pudo ser plenamente hombre y plenamente Dios, así las palabras del hombre pueden ser las palabras de Dios. Si un presidente puede tomar las palabras de un escritor de discursos y hacerlas suyas, ¿por qué no podía Pablo comunicar las palabras de Dios, tal como un embajador dice las palabras del rey?[61] Es absurdo afirmar que Jesús fue el más grande profeta, como Dan Brown implica, y simultáneamente decir que las Escrituras en que Jesús creía, hasta el punto de poner su vida, eran meramente una patraña humana.

Los padres de la iglesia no entendían el misterio del lenguaje humano más que nosotros. Tampoco concluyeron que el Nuevo Testamento era Palabra de Dios basándose en argumentos filosóficos abstractos. Se apoyaron en testigos presenciales que vieron cómo las palabras de Jesús y sus apóstoles hacían andar a los cojos, a los ciegos ver, expulsar demonios, y a los muertos volver a la vida. El Espíritu Santo confirmó las palabras de Jesús y de los apóstoles con señales y maravillas, tal como las acciones sobrenaturales de Dios habían confirmado las palabras de Moisés.[62] Generaciones futuras tal vez entiendan el lenguaje mejor que nosotros. La medicina contemporánea apenas ha empezado el estudio del poder sanador de las palabras humanas. Sin embargo, al día de hoy, ni siquiera nuestra ciencia ficción tiene el menor indicio de cómo las palabras podrían hacer que una persona muerta vuelva a la vida o, lo que maravillaba a Einstein, cómo nuestra mente y nuestras palabras podían comprender el universo físico.*

El colapso de Roma significó que Europa perdiera su alma —la fuente de su autoridad civilizadora— y descendiera a la «Edad del oscurantismo». La Biblia fue el poder que revivió a Europa. Los europeos se entusiasmaron tanto con la Palabra de Dios que rechazaron sus mitos sagrados para oír la Palabra de Dios, estudiarla, interiorizarla, hablarla y promoverla para construir el mundo moderno. En la aurora del siglo XXI, Occidente está de nuevo perdiendo su alma. ¿Volverá a caer en una nueva era de oscuridad o se humillará ante la Palabra de Dios Todopoderoso?

Los siguientes versículos demuestran que el Nuevo Testamento veía la enseñanza —hablada y escrita— de Jesús y sus apóstoles como «la Palabra de Dios» siglos antes de los concilios de la iglesia.

> ACONTECIÓ QUE ESTANDO JESÚS JUNTO AL LAGO DE GENESARET, EL GENTÍO SE AGOLPABA SOBRE ÉL PARA OÍR LA PALABRA DE DIOS. (LUCAS 5.1)

> PORQUE EL QUE DIOS ENVIÓ, LAS PALABRAS DE DIOS HABLA; PUES DIOS NO DA EL ESPÍRITU POR MEDIDA. (JUAN 3.34)

> PORQUE LAS PALABRAS QUE ME DISTE [PADRE], LES HE DADO [A LOS APÓSTOLES]. (JUAN 17.8)

> TODOS FUERON LLENOS DEL ESPÍRITU SANTO, Y HABLABAN CON DENUEDO LA PALABRA DE DIOS. (HECHOS 4.31)

> NO ES JUSTO QUE NOSOTROS DEJEMOS LA PALABRA DE DIOS, PARA SERVIR A LAS MESAS. (HECHOS 6.2)

> Y CRECÍA LA PALABRA DEL SEÑOR. (HECHOS 6.7)

---

* Véase capítulo 4.

Cuando los apóstoles que estaban en Jerusalén oyeron que Samaria había recibido la Palabra de Dios, enviaron allá a Pedro y a Juan. (Hechos 8.14)

También los gentiles habían recibido la Palabra de Dios. (Hechos 11.1)

Pero la palabra del Señor crecía y se multiplicaba. (Hechos 12.24)

Anunciaban la Palabra de Dios en las sinagogas de los judíos. (Hechos 13.5)

El procónsul Sergio Paulo, varón prudente. Éste, llamando a Bernabé y a Saulo, deseaba oír la Palabra de Dios. (Hechos 13.7)

Entonces Pablo y Bernabé, hablando con denuedo, dijeron: A vosotros a la verdad era necesario que se os hablase primero la Palabra de Dios; mas puesto que la desecháis... he aquí, nos volvemos a los gentiles. (Hechos 13.46)

Y se detuvo allí un año y seis meses, enseñándoles la Palabra de Dios. (Hechos 18.11)

Pues no somos como muchos, que medran falsificando la Palabra de Dios, sino que con sinceridad, como de parte de Dios, y delante de Dios, hablamos en Cristo. (2 Corintios 2.17)

Antes bien renunciamos a lo oculto y vergonzoso, no andando con astucia, ni adulterando la Palabra de Dios. (2 Corintios 4.2)

De la cual fui hecho ministro... para que anuncie cumplidamente la Palabra de Dios. (Colosenses 1.25)

Dios, habiendo hablado muchas veces y de muchas maneras en otro tiempo a los padres por los profetas, en estos postreros días nos ha hablado por el Hijo. (Hebreos 1.1–2)

La revelación de Jesucristo, que Dios le dio, para manifestar a sus siervos las cosas que deben suceder pronto; y la declaró enviándola por medio de su ángel a su siervo Juan, que ha dado testimonio de la Palabra de Dios. (Apocalipsis 1.1–2)

Y el ángel me dijo: Escribe:... Éstas son palabras verdaderas de Dios. (Apocalipsis 19.9)

Y me dijo: Estas palabras son fieles y verdaderas. Y el Señor, el Dios de los espíritus de los profetas, ha enviado su ángel, para mostrar a sus siervos las cosas que deben suceder pronto. (Apocalipsis 22.6)

NOTAS

PREFACIO

1. Alan Bloom, *The Closing of the American Mind: How Higher Education Has Failed Democracy and Impoverished the Souls of Today's Students* (Nueva York: Simon & Schuster, , 1987), p. 58 [*El cierre de la mente moderna* (Barcelona: Plaza & Janés, 1989)].

2. Richard Rorty y Gianni Vattimo, *The Future of Religion* (Nueva York: Columbia UP, 2005), p. 72 [*El futuro de la religion* (Barcelona: Paidós, 2005)].

3. C. S. Lewis, *Surprised By Joy* (Nueva York: Harcourt, Brace, and World, 1955), pp. 207–208 [*Cautivado por la alegría: historia de mi conversión* (Nuvea York: Rayo, 2006)].

PRÓLOGO

1. *Missionaries in India: Continuities, Changes, Dilemmas* (Nueva Delhi: ASA Publications, 1994) y *Harvesting Our Souls: Missionaries, Their Designs, Their Claims* (Nueva Delhi: ASA Publications, 2000).

2. Ambos libros están disponibles en www.RevelationMovement.com.

PARTE I

Epígrafe: H. Grady Davis, «History of the World», http://all-history.org/religions17.html, acceso 5 diciembre 2010.

CAPÍTULO UNO

Epígrafe: «Notes on the Way», de George Orwell, se publicó primero en *Time and Tide*, 30 marzo–6 abril 1940. Se reimprimió en *Collected Essays, Journalism and Letters of George Orwell* (Nueva York: Harcourt Brace & World, 1968). Véase http://orwell.ru/library/articles/notes/english/e_notew.

1. «Endless, Nameless» en *Nevermind* (Los Ángeles: Geffen Records, 1991). Esta canción es una pista oculta al final de algunas copias del CD.

2. Editores de The Rolling Stone, *Cobain* (Boston: Little, Brown and Company, 1994), p. 128. Véase «Suicidal Tendencies» de Diana Grains, 128–32.

3. Ibid.

4. Charles R. Cross, *Heavier Than Heaven* (Nueva York: Hyperion, 2001), p. 15 [*Heavier Than Heaven: Kurt Cobain: La biografía* (Barcelona: Reservoir Books, 2005)].

5. La segunda topografía de Freud socava la comprensión moderna, cartesiana, del yo que la mayoría de Occidente entiende por el «yo». El yo de Freud está descentrado.

6. El grupo de rock AC/DC.

7. Véase un sumario sencillo en el ensayo de Connie Zweig, «The Death of the Self in a Postmodern World», en *The Truth About The Truth: Deconfusing and Re-Constructing the Postmodern World,* ed. Walter Truett Anderson (Nueva York: Penguin Putnam, 1995), pp. 145–50.

8. *Rolling Stone,* 3 noviembre 2005, p. 54.

9. Kurt Cobain, *Journals* (Nueva York: Riverhead, 2003), pp. 108–109 [*Diarios* (Barcelona: Reservoir, 2006)].

10. Steven Blush, *American Hardcore: A Tribal History* (Los Ángeles; Nueva York: Feral House, 2001), p. 9.

11. Letra de Agent Orange, «Living in Darkness», *Agent Orange,* Warner/Elektra/Atlantic, 1981.

12. El 25 de febrero del 2009 el Bureau of Democracy, Human Rights and Labour, presentó el Informe del 2008 de Derechos Humanos para Turkmenistán: «El gobierno demostraba escaso o ningún respaldo para la música no turkmenista-na, sino que en todo el país se enseñaba y tocaba música clásica. La orquesta sin-fónica respaldada por el gobierno, previamente proscrita, fue restablecida en el Centro Cultural Nacional y empezó a presentar conciertos mensuales de músi-ca clásica de Turkmenistán y del mundo. El presidente decretó que se reabriera el espectáculo, y la primera presentación de ópera tuvo lugar en junio. La músi-ca local tradicional, que no se había presentado en años, se tocó en conciertos y en reuniones sociales». http://www.state.gov/g/drl/rls/hrrpt/2008/sca/119142.htm, acceso 16 enero 2011.

13. Efesios 5.18–21.

14. Por favor, véase una descripción bíblica de la música en el cielo, en Apocalipsis 5.7–9, 14.1–3, 15.1–4.

15. "Tibetan Buddhist Monk Nominated for Grammy award", 3 febrero 2006, International Campaign for Tibet, http://www.savetibet.org/media-center/ict-news-reports/tibetan-buddhist-monk-nominated-grammy-award, acceso 4 diciembre 2010.

16. Job 38.4–7.

17. J. R. R. Tolkien, *The Silmarillion* (Boston; Nueva York: Houghton Mifflin, 2001), pp. 15–16 [*El silmarillion* (Barcelona: Minotauro, 2002)]. El pasaje ficticio de Tolkien es una expresión de la enseñanza bíblica en Job 38, Juan 1 y el libro de Apocalipsis.

18. Martín Lutero, prólogo a *Symphoniae Lucundae,* de Georg Rhau, colección de breves piezas corales de 1538, reimpresa en *From Liturgy and Hymns,* ed. Ulrich S. Leupold; trad. Paul Zeller Strodach; vol. 53 de *Luther's Works,* edición esta-dounidense, ed. Jaroslav Pelikan y Helmut T. Lehmann (Filadelfia: Fortress, 1965).

19. Martín Lutero, *The Table Talk of Martin Luther,* trad. y ed. William Hazlitt (Londres: H. G. Bohn, 1857), p. 340.

20. Por ejemplo, véase 1 Samuel 19.18–24 ó 1 Crónicas 25.1–6. «Asimismo David y los jefes del ejército apartaron para el ministerio a los hijos de Asaf, de Hemán y de Jedutún, para que profetizasen con arpas, salterios y címbalos; y el número de ellos, hombres idóneos para la obra de su ministerio, fue: De los hijos de Asaf... el cual profetizaba bajo las órdenes del rey. De los hijos de Jedutún:... el cual profetizaba con arpa, para aclamar y alabar a Jehová. De los hijos de Hemán: ...vidente del rey en las cosas de Dios, para exaltar su poder... Y todos

estos estaban bajo la dirección de su padre en la música, en la casa de Jehová, con címbalos, salterios y arpas, para el ministerio del templo de Dios».

21. Hechos 2.30.
22. 1 Corintios 14.1.
23. Wilfrid Mellers, *Bach and the Dance of God* (Oxford: Oxford UP, 1981), p. 82.
24. Christoph Wolff, *Johann Sebastian Bach: The Learned Musician* (Nueva York: Norton, 2000), p. 8 [*Johann Sebastian Bach: El músico sabio* (Barcelona: Ma Non Troppo, 2008)].
25. Ulrich Meyer, *Biblical Quotations and Allusions in Cantata Libretti of Johann Sebastian Bach* (Londres: Scarecrow, 1997), pp. 177-216. Referencias bíblicas que Bach citó o a las que hizo alusión en sus composiciones y escritos.
26. Romanos 8.28.
27. Jacques Barzun, *From Dawn to Decadence: 1500 to the Present, 500 years of Western Cultural Life* (Harper Collins, Nueva York, 2000) [*Del amanecer a la decadencia: 500 años de vida cultural en Occidente (de 1500 a nuestros días)* (Madrid: Taurus, 2008)]. Su concepto de «decadencia» se explica en su introducción en la p. xx.
28. Stanley Fish, que se jubiló como decano del College of Liberal Arts and Sciences de la Universidad de Illinois en Chicago argumentó en un artículo, "Why We Built the Ivory Tower", *New York Times*, 21 mayo 2004, que la universidad ni siquiera debía intentar enseñar moralidad y buena ciudadanía. Escribió: «Desempeñar el trabajo académico responsablemente y al más alto nivel es un trabajo lo suficientemente grande como para cualquier erudito o para cualquier institución. Y, cuando veo a mi alrededor, no me parece que nosotros, los académicos, hacemos ese trabajo tan bien que ahora podamos irrogarnos la obligación de hacer también el trabajo de todos los demás. Debemos mirar las prácticas en nuestro propio corral, estrechamente concebido, antes de disponernos a alterar el mundo entero formando carácter moral, o moldeando ciudadanos democráticos, o combatiendo la globalización, o abrazando la globalización, o cualquier otra cosa».
29. Citado por Orwell, ibid.

PARTE II

CAPÍTULO DOS
1. A Sri Jayaprakash Narayan a veces de le llama el «segundo Gandhi».
2. Los digestores de biogás convierten materiales de desecho en gas metano para energía. Nuestro digestor de biogás, instalado en la granja Kadari, fue el primero en el área. El Gandhi Ashram de Chhatarpur se asoció con nosotros para traer expertos para enseñar a los picapedreros locales cómo hacer uno, y a los campesinos cómo mantenerlos.
3. Éxodo 3.
4. Génesis 15.1.
5. 2 Corintios 1.3.
6. Mi estudio de los gurús populares de India lo publicó Vikas Publishing House, Delhi. Apareció luego en una serie en el semanario más destacado de India, *Sunday*.

7. Romanos 13.1–2; 1 Pedro 2.13–17. Pronto descubrí que la Biblia provee base teológica para la desobediencia civil.

8. La Association for Comprehensive Rural Assistance (ACRA) fue inscrita como organización sin fines de lucro en 1977, con el doctor D. W. Mategaonker como presidente de una junta directiva de nueve miembros. Yo serví como OEJ y la dirigía desde nuestra casa. Otros que se unieron a nosotros llegaron a ser una expresión de nuestra familia; y de aquí una «comunidad». Un núcleo básico, en teoría, tomaba las decisiones diarias. En la práctica, sin embargo, toda la comunidad se reunía todas las mañanas para las oraciones y participaba en la toma de decisiones que afectaban a todos.

9. Mateo 7.7.

10. Santiago 4.2.

11. Hechos 4.19. El primer capítulo de mi libro *Truth and Social Reform* trata de una teología bíblica de desobediencia civil según se fraguó en esta confrontación.

12. El Señor Jesús estaba enfrentado al poder establecido social, religioso y político de su tiempo. Esto culminaría en su crucifixión. Por consiguiente, pidió a todos los que deseaban seguirle que tomaran su cruz y se prepararan para el martirio. Véase, por ejemplo, Lucas 9.23–26.

Capítulo cuatro

1. Juan 8.12.

2. Helen Keller, *The Story of My Life* (Nueva York: Grosset and Dunlap, 1905), pp. 23–24 [*Helen Keller, la historia de mi vida* (México: EDAMEX, 2004)].

3. Albert Einstein, "Physics and Reality", *Journal of the Franklin Institute* 221, no. 3 (marzo 1936): pp. 349–82.

4. Génesis 2.9.

5. Isaías 66.2.

6. Génesis 12.3, 18.18, 22.18, 26.4, etc.

7. Apocalipsis 22.2.

8. Tres de mis libros estudian el último punto: 1) *William Carey and the Regeneration of India*, 2) *Missionary Conspiracy: Letters to a Postmodern Hindu*, y 3) *India: The Grand Experiment*.

PARTE III

Epígrafe: *The Broken Covenant: American Civil Religion in Time of Trial* (Nueva York: Crossroad, 1975), pp. 12–13.

Capítulo cinco

1. Proverbios 31. 8–9.

2. *Bhagavad Gita* II.22.

3. *Bhagavad Gita* II.12–13.

4. Génesis 39–41.

5. Los eruditos cuestionan el título exacto de *Oration on the Dignity of Man* de Giovanni Pico Della Mirandola, 1463–94 [*Discurso sobre la dignidad del hombre*

(México: UNAM, Coordinación de Difusión Cultural, Dirección General de Publicaciones y Fomento Editorial, 2003)].

6. Henry Thode, *Franz von Assisi und die Anfange der Kunst der Renaissance in Italien* (Berlín: F. Grote, 1885).
7. Paul Sabatier, *Vie de S. François d'Assise* (Paris: Fischbacher, 1894) [*Francisco de Asís* (Valencia: Asís, 1994)].
8. Wallace K. Ferguson, "The Reinterpretation of the Renaissance", *Facets of the Renaissance: the Arensberg Lectures* (Los Angeles: Harper Collins, 1959).
9. Charles Trinkaus, *In Our Image and Likeness* (Londres: Constable, 1970). Otro erudito importante que desarrolló esta línea de pensamiento fue Charles Norris Cochrane, cuyo estudio *Christianity and Classical Culture* (Oxford: Oxford UP, 1940 [*Cristianismo y cultura clásica* (México: Fondo de Cultura Económica, 1983])) demostró que la confianza occidental en la capacidad humana para cambiar la historia se originó en la obra de padres de la iglesia como San Agustín. Más importante todavía, estos hombres produjeron la base intelectual para criticar la fe clásica en *Fortune and Fate* como entidades divinas.
10. Génesis 1.26.
11. Trinkaus, *In Our Image and Likeness*, vol. 1, p. 3.
12. Génesis 1.1.
13. Trinkaus, *In Our Image and Likeness*, p. 510.
14. Citado por Trinkaus, *In Our Image and Likeness*, p. 510.
15. Hebreos 1.7, 14, NVI.
16. Trinkaus, *In Our Image and Likeness*, p. 37.
17. Ibid.
18. Francesco Petrarca, *On Religious Leisure, De Otio Religioso*, ca. 1357 A.D., ed. y trad. de Susan S. Schearer (Nueva York: Italica, 2002), pp. 60–61.
19. Mark Kramer et al., The *Black Book of Communism: Crimes, Terror, Repression* (Cambridge: Harvard UP, 1999).
20. Éxodo 3.
21. Richard Hell, *Hot and Cold* (Nueva York: powerHouse, 2001).
22. Wesley J. Smith, *A Rat Is a Pig Is a Dog Is a Boy: The Human Cost of the Animal Rights Movement* (Nueva York: Encounter Books, 2010).
23. Gene Edward Veith y Marvin Olasky, *Postmodern Times: A Christian Guide to Contemporary Thought and Culture* (Wheaton, IL: Crossway, 1994), p. 76.
24. "Zoo in Copenhagen Exhibits New Primates, (Fully Clothed)", *New York Times*, 29 agosto 1996.

CAPÍTULO SEIS

1. E. Haldeman-Julius, *The Meaning of Atheism*, Little Blue Book #1597 (Girard, KS: Haldeman-Julius).
2. George Holmes, ed., *The Oxford History of Medieval Europe* (Oxford: Oxford UP, 1992), p. 1.
3. Edward Grant, *God and Reason in the Middle Ages* (Cambridge: Cambridge UP, 2001), p. 1.
4. L. C. Goodrich, "Revolving Book Case in China", *Harvard Journal of Asiatic Studies* VII, 1942, p. 154.

5. Lynn White Jr., *Medieval Religion and Technology* (Berkeley: University of California Press, 1978), p. 47 [*Tecnología medieval y cambio social* (Buenos Aires: Paidos, 1973)].

6. Véase, por ejemplo, Maharishi Mahesh Yogi, *Science of Being and Art of Living: Transcendental Meditation* (Nueva York: New American Library, 1963 [copyright], 1968 [primer tiraje]), pp. 294ss. [*La ciencia del ser y el arte de vivir* (Barcelona: Era de la Iluminación, 1981)].

7. A. L. Basham, *The Wonder That Was India*, 3ª ed. (Nueva Delhi: Rupa, 2000), pp. 269-70.

8. Raoul Mortley, *From Word to Silence* (Bonn: Peter Hanstein Verlag GmbH, 1986).

9. Ibid., pp. 33-34.

10. Ibid., p. 160.

11. Ibid., p. 43.

12. Juan 14.6.

13. Juan 18.37.

14. Juan 1.14

15. Mortley, *From Word to Silence*, p. 50.

16. Ibid., pp. 50-51.

17. Citado por Cochrane, *Christianity and Classical Culture* (Oxford: Oxford UP, 1940), p. 401.

18. Ibid., p. 37.

19. Edward Grant, *God and Reason*, p. 29.

20. Ibid., p. 39.

21. Ibid., p. 41.

22. Por ejemplo, Juan 17.3; Colosenses 2.3.

23. Juan Damasceno, *The Fount of Knowledge*, from *Writings*, trad. Frederic H. Chase, Jr., en serie *The Fathers of the Church*, vol. 37 (Nueva York: Fathers of the Church, 1958), p. 7.

24. David S. Landes, *The Wealth and Poverty of the Nations* (Nueva York: Norton, 1998), p. 139.

25. Eamon Duffy, historiador revisionista, ilustra esto en su controvertido estudio, *The Stripping of the Altars: Traditional Religion in England 1400-1580* (New Haven: Yale UP, 1992). Como católico romano, Duffy considera que la acción de Enrique es la responsable de promover el faccionalismo y la división «[Enrique VIII] había esperado que la Biblia inglesa se leería "con mansedumbre... y no para defender opiniones erróneas". Más bien, la gente disputaba "arrogantemente" en las iglesias, cantinas y tabernas, y se difamaban unos a otros "por palabra tanto como por escrito, una parte de ellos llamando a los otros papistas, y los otros llamando herejes a los demás"», p. 422.

26. Véase, por ejemplo, Jared M. Diamond, *Guns, Germs and Steel: The Fates of Human Societies* (Nueva York: Norton, 1997) [*Armas, gérmenes y acero: La sociedad humana y sus destinos* (Madrid: Debate, 1998)].

27. Cedric B. Cowing, *The Great Awakening and the American Revolution: Colonial Thought in the 18th Century* (Chicago: Rand McNally, 1971), p. 72.

28. Isaías 11.2.

29. Proverbios 1.7.

30. Landes, *Wealth and Poverty of the Nations*, p. 317.

31. Ibid.
32. Ibid.
33. Acharya Rajneesh, *Beyond and Beyond* (Bombay: Jeevan Jagruti Kendra, 1970), p. 15.

CAPÍTULO SIETE

1. "The Historical Roots of Our Ecological Crisis", *Science* 155 (1967): pp. 1203–207.
2. Lynn White Jr., *Medieval Religion and Technology: Collected Essays* (Berkeley: Univ. of California Press, 1978), p. 22.
3. David S. Landes, *Revolution in Time* (Cambridge, MA: Harvard UP, 2000), pp. 39–44 [*Revolución en el tiempo: El reloj y la formación del mundo moderno* (Barcelona: Crítica, 2007)].
4. Ibid., p. 20.
5. Su tesis es presentada más popularmente en el capítulo "The Christian Expectation of the End Time and the Idea of Technical Progress", de su libro *Evolution and Christian Hope: Man's Concept of the Future from the Early Fathers to Teilhard de Chardin* (Nueva York: Garden City, 1966).
6. Génesis 2.15.
7. Véase un sumario más ampliado del punto de vista de Benz, en Lynn White hijo, *Medieval Religion and Technology*, pp. 236–37.
8. 2 Tesalonicenses 3.10.
9. Cardinal Gasquet, trad., *The Rule of St. Benedict* (Londres: Medieval Library, 1925), capítulo 48.
10. Génesis 1.3—2.2.
11. Génesis 3.17–19.
12. White, *Medieval Religion and Technology*, p. 22.
13. Ibid., p. 131.
14. Barzun, *From Dawn to Decadence*, pp. 600–601.
15. White, *Medieval Religion and Technology*, p. 22.
16. Para una consideración más a fondo, véase *Angels in the Architecture* de Douglas Jones (Moscow, ID: Canon Press, 1998). Los autores argumentan que la Edad del Oscurantismo no fue «oscura», sino que fue en realidad el principio de una cultura moldeada por la Biblia. Los críticos pueden hallar algo de romanticismo de la Edad del Oscurantismo, pero los autores destacan en efecto puntos fascinantes por lo general ignorados por los eruditos.
17. Lynn White Jr., "Technology and Invention in the Middle Ages", *Speculum: A Journal of Medieval Studies*, abril 1940, pp. 141–59.
18. Ibid., p. 291.
19. Ibid., p. 245.
20. Shirley MacLaine, actriz de Hollywood, introdujo el concepto de la India del tiempo a los lectores occidentales. Véase su concepto de «Nowness» («Ahoridad») eterna en su libro *Going Within* (Nueva York: Bantam Books, 1989) [*Dentro de mí* (Barcelona: Plaza & Janés, 1992)].
21. Génesis 2.7.
22. Hechos 18.3.
23. 2 Tesalonicenses 3.10.
24. Citado por Philip Mason, *The Men Who Ruled India* (Calcutta: Rupa, 1992), p. 12.

25. Stanley Wolpert, *A New History of India*, 5ª ed. (Nueva York: Oxford UP, 1997), pp. 155–56.
26. Rodney Stark, *For the Glory of God: How Monotheism Led to Reformations, Science, Witch-hunts, and the End of Slavery* (Princeton: Princeton UP, 2003), pp. 359, 360, 244.

Parte IV

Capítulo ocho

1. Jonathan Swift, «Cadenus and Vanessa», en *Jonathan Swift: The Complete Poems*, ed. Pat Rogers (New Haven: Yale UP, 1983), p. 149, lín. 740–41.
2. Véase Jacques Ellul, *Subversion of Christianity*, trad. Geoffrey W. Bromiley (Grand Rapids: Eerdmans, 1986), capítulo 5.
3. Para un relato de primera mano de las atrocidades de los conquistadores, véase Bartolomé de Las Casas, *Brevísima relación de la destrucción de las Indias colegida por el obispo don Fray Bartolomé de las Casas, de la orden de Santo Domingo, año 1552* (Barcelona: Juventud, 2008). Aunque hubo movimientos significativos en España resistiendo los abusos de las Indias occidentales, el momento de los conquistadores resultó ser difícil de detener.
4. *Lord Curzon in India: Being a Selection from His Speeches as Viceroy and Governor-General of India, 1898–1905* (Londres: MacMillan, 1906), p. 393.
5. Véanse mis libros *India: The Grand Experiment; Missionary Conspiracy: Letters to a Postmodern Hindu;* y *William Carey and the Regeneration of India.*
6. La nueva edición ampliada se titula, *Truth and Transformation: A Manifesto for Ailing Nations* (Seattle, WA: YWAM, 2009).
7. Lucas 9.23–24.
8. Heredé un rifle calibre 22 de mi suegra. La policía se negó a darme una licencia, así que no pude conservarlo más de unos pocos meses. Durante un tiempo tuve también una pistola de aire, que era buena para espantar a los monos. Nuestra arma más aterradora, sin embargo, era el secador de pelo de Rut; ¡que creían que era una pistola láser!
9. William Blake, «Auguries of Innocence», renglón 97 [*Canciones de inocencia y de experiencia* (Madrid: Cátedra, 1987)].
10. Sidney Painter, *French Chivalry: Chivalric Ideas and Practices in Medieval France* (Baltimore: Johns Hopkins Press, 1940), p. 150. La mayoría de la información en páginas 136-38 sobre el héroe medieval viene de este libro.
11. Roland Bainton, *Here I Stand* (Baltimore: Johns Hopkins Press, 1940), p. 174.
12. Ibíd., pp. 181–82.
13. Mateo 20.27–28.
14. 1 Corintios 1—3.
15. Hebreos 2.14–15.
16. Juan 15.13.

Capítulo nueve

1. Juan 18.37.
2. Juan 14.6

3. Mateo 22.21.

4. Mateo 26.52.

5. San Cipriano, *Letters: 1-81*, (249–58 A.D.) en *The Fathers of the Church*, vol. 5, trad. Sister Rose Bernard Donna (Washington, DC: Catholic Univ. of America Press, 1964), p. 43 [véase en *Obras de San Cipriano* (Madrid: Católica, 1964) o en *Cartas selectas* (Sevilla: Apostolado Mariano, 1992)].

6. Véase ejemplos de tal abuso del supuesto poder para conceder indulgencia, en Henry C. Sheldon, *History of the Christian Church*, vol. 2, pp. 320–21.

7. 1 Pedro 2.9.

8. *The Catholic Encyclopedia,* eds. Charles G. Herbermann, Edward A. Pace, Thomas J. Shahan, Condé B. Pallen, John J. Wynne, «Donation of Constantine» (NY: The Encyclopedia Press, 1913), p. 119, dice: «Este documento es sin duda un fraude, inventado en algún momento entre los años 750–850». Aunque John Wycliffe y otros críticos de Roma habían cuestionado la legitimidad de este documento antes de la crítica de Valla, es la obra de Valla la que demostró indiscutiblemente que el documento era ilegítimo [véase http://ec.aciprensa.com/d/donacionconstan.htm (acceso 31 enero 2011)].

9. David Daniell, *William Tyndale: A Biography* (New Haven: Yale UP, 1994), pp. 181–85.

10. Citado por Henry C. Sheldon, *History of the Christian Church*, vol. 2 (Peabody, MA: Hendrickson, 1988), p. 411.

11. Nietzsche estaba mucho más cerca de la verdad cuando escribió: «El cristianismo, surgido de raíces judías y solo explicable como planta característica de ese suelo representa el movimiento opuesto a toda moral de cría, de raza y de privilegio. Es la religión antiaria por excelencia». De "The Twilight of the Idols", en *The Portable Nietzsche*, trad. Walter Kaufmann (Nueva York: Viking, 1954), pp. 504–505 [*El ocaso de los ídolos* (Barcelona: Tusquets, 2009)].

12. Alister McGrath, *In the Beginning: The Story of King James Bible* (Londres: Hodder & Stoughton, 2001), p. 19.

13. Ibid., p. 20.

14. Douglas C. Wood, *The Evangelical Doctor* (Herts, RU: Evangelical Press, 1984), p. 82.

15. Christopher De Hamel, *The Book: A History of the Bible* (Londres: Phaidon Press, 2001), pp. 168–69.

16. Hebreos 11.25.

17. Lucas 7.22.

18. Desiderio Erasmo, "The Paraclesis", en *Christian Humanism and the Reformation: Selected Writings of Erasmus*, ed. y trad. John C. Olin (NY y Evanston: Harper and Row, 1965), p. 97 [véanse sus *Obras escogidas* (Madrid: Aguilar, 1956)].

19. «Hubo más de 50 tirajes entre 1522 y 1529 solamente, sin incluir tirajes de porciones separadas del Nuevo Testamento. El clímax tuvo lugar en 1524, cuando hubo 47 tirajes diferentes de la traducción de Lutero», De Hamel, *The Book*, p. 232.

20. John F. D'Amico, *Renaissance Humanism in Papal Rome: Humanists and Churchmen on the Eve of the Reformation* (Baltimore: Johns Hopkins UP, 1983), pp. 5–6. La Biblia no exigía el voto de castidad del clero. Lo que sí exigía era

que los líderes espirituales actuaran con integridad; pero el papa, no la Biblia, mandaba en la Iglesia.

21. Joseph McCabe, *Crises in the History of the Papacy: A Study of Twenty Famous Popes Whose Careers and Whose Influence Were Important in the Development of the Church and in the History of the World* (Nueva York: G.P. Putnam's Sons, 1916), p. 263.

22. Daniell, *William Tyndale*, p. 77.

23. F. Douglas Price, "Gloucester Diocese under Bishop Hooper, 1551–3", *Transactions of the Bristol and Gloucestershire Archaeological Society*, 55 (1938): p. 101.

24. John Foxe, *The Acts and Monuments of John Foxe*, vol. 5 (Londres: R.B. Seeley and W. Burnside, 1837–41), p. 117.

25. William Barclay, *New Testament Words* (Norwich, UK: SCM Press, 1964) [*Palabras griegas del nuevo testamento* (El Paso, TX: Casa Bautista, 1996)].

26. Alister McGrath, *In the Beginning: The Story of the King James Bible* (Londres: Hodder & Stoughton, 2001), pp. 127–29.

27. R. C. Sproul, ed., *The Reformation Study Bible* (Nashville: Thomas Nelson, 1995), p. iv.

28. McGrath, *In the Beginning*, p. 140.

29. Ibid., pp. 143, 144.

30. http://bible.crosswalk.com/Commentaries/GenevaStudyBible/gen.cgi?book=da&chapter=006.

31. http://bible.crosswalk.com/Commentaries/GenevaStudyBible/gen.cgi?book=da&chapter=011.

32. McGrath, *In the Beginning*, p. 143.

33. Génesis 12.3; 18.18, Oseas 4.6 y 14; Romanos 1.18–32; Mateo 28.18–20, etc.

34. Juan 8.31–32.

PARTE V

Epígrafe: Fred Kaplan, *Lincoln: The Biography of a Writer* (Nueva York: HarperCollins, 2008), pp. 3–4.

CAPÍTULO DIEZ

1. *Christianity and Conservatism*, eds. The Rt Hon Michael Alison MP y David L. Edwards (Londres: Hodder and Stoughton, 1990), pp. 337–38.

2. Claudius Buchanan, *Christian Researches in Asia: With Notices of the Translation of Scriptures into the Oriental Languages*, 9ª ed. (Londres: G. Sidney, 1812), pp. 213–14.

3. The Kashi Society for Promotion of Nagari Script.

4. *Shabd Sagar* (Varanasi: Nagri Pracharini sabha, 1924).

5. Hugh Tinker, *South Asia: A Short History* (Londres: Macmillan, 1989), pp. 100–101.

6. Hechos 17.26–28.

7. Génesis 12.1–4; 15.4–7; 18.18–19.

8. Salmo 102.13–14.

9. Salmo 137.1, 5–6.
10. 1 Crónicas 23.25.
11. Jeremías 29.7.
12. Mateo 10.6.
13. Mateo 28.18–20, Hechos 1.8, etc.
14. Génesis 18.18.
15. Traducido al inglés por Nivad C. Chaudhuri en *The Autobiography of an Unknown Indian,* http://books.google.com/books?id=lPGJJMFYkykC&prints ec=frontcover&dq=The+Autobiography+of+an+Unknown+Indian&hl=en&ei =pMFQTZH1Ncmr8Aa8nNDpCQ&sa=X&oi=book_result&ct=result&resnu m=1&ved=0CCsQ6AEwAA#v=onepage&q&f=false.
16. Michael Madhusudan Dutt, *The Anglo-Saxon and the Hindu* (Madras, 1854).

CAPÍTULO ONCE

1. Ruth apRoberts, *The Biblical Web* (Ann Arbor, MI: Univ. of Michigan Press, 1994), p. 10.
2. Génesis 20.1–17.
3. Erich Auerbach, *Mimesis: The Representation of Reality in Western Literature,* trad. Willard R. Trask. (Princeton: Princeton UP, 2003), p. 14 [*Mimesis: La representación de la realidad en la literatura occidental* (México: Fondo de Cultura económica, 1983)].
4. Génesis 18.
5. Génesis 12.1.
6. Génesis 17.1–2.
7. Meenakshi Mukherjee, *Realism and Reality: The Novel and Society in India* (Delhi: OUP, 1996), p. 7.
8. Auerbach, *Mimesis,* p. 15.
9. T. S. Eliot, *Selected Essays* (Londres: Faber and Faber, 1999), p. 390 [*Ensayos escogidos* (México D.F.: Universidad Nacional Autónoma de México, 2000)].
10. Beda el Venerable, *Bede's Ecclesiastical History of the English Nation,* trad. J. Stevens, rev. J. A. Giles (Nueva York: E.P. Dutton, 1ª ed. 1910, reimp. 1958), pp. 205–208.
11. Mateo 10.29.
12. William Shakespeare, *The Tragedy of Hamlet, Prince of Denmark* (escena 2). En español, versión descargada de http://literatura.itematika.com/descargar/libro/265/hamlet.html, acceso 15 diciembre 2010.
13. Shakespeare, *King Lear* (acto 4, escena 1) [en español, múltiples ediciones, como por ejemplo, *El rey Lear* (Madrid: Castalia, 1992)].
14. *Invitation to the Classics,* ed. por Louise Cowan y Os Guinness (Grand Rapids, MI: Baker, 1998), pp. 19–20.
15. 1 Pedro 2.11.
16. Hebreos 11.10.
17. Dante Alighieri, *La divina comedia* (1320) Canto XXXIII [en español, versión descargada de http://literatura.itematika.com/descargar/libro/414/la-divina-comedia.html, acceso 15 diciembre 2010].
18. Mateo 6.10.

19. John Bunyan, *The Pilgrim's Progress*, ed. W. R. Owens, (Oxford: Oxford UP, 2009), pp. xii, 10 [en español, cuenta con numerosas ediciones, como por ejemplo, *El progreso del peregrino* (Madrid: Cátedra, 2003)].

20. Juan Bunyan, *Works*, Vol. III, p. 235, edición de George Offor. Este gran himno tiene muchas versiones, algunas de las cuales destacan el heroísmo de peregrino mejor que el mismo original.

21. Barzun, *From Dawn to Decadence*, p. 264.

22. Ibid., p. 270.

23. Romanos 2.11 y véase Romanos 10.12.

24. Henry Van Dyke, *The Poetry of Tennyson*, 10ª ed. (Nueva York: Charles Scribner's Sons, 1905), pp. 391–437.

25. Cleland Boyd McAfee, *The Greatest English Classic: A Study of the King James Version of the Bible and Its influence on Life and Literature* (Harper, 1912), p. 286.

26. Stephen King, *On Writing: A Memoir of the Craft* (NY: Scribner, 2000), p. 197 [*Mientras escribo* (Barcelona: Debolsillo, 2004)].

Capítulo doce

1. Michael Edwardes, *British India 1772-1947* (Nueva Delhi: Rupa & Co., 1994), p. 110.

2. Para documentación detallada de este punto véase mi libro *India: The Grand Experiment*.

3. Edwardes, *British India*, pp. 115–17.

4. Para el texto de su carta, véase mi libro, *Missionary Conspiracy* (Mussoorie: Good Books), pp. 154–59.

5. *Selections from the Educational Records* (Nueva Delhi: National Archives of India), pp. 81–90.

6. Samuel Wilberforce, *The Life of William Wilberforce* (Londres: John Murray, 1872), p. 340.

7. Mateo 28.28.

8. El rey danés le concedió a Serampore una constitución real en 1827. Tristemente, en 1883, Serampore empezó a entregar solo títulos teológicos. En lugar de enseñar materias «seculares» desde la perspectiva de la cosmovisión cristiana, las abandonó a la ideología del secularismo.

9. En el norte de la India, por ejemplo, Tulsidas había producido una versión «Hindi» del *Ramayana*; pero los brahmines rehusaron aceptarlo como escrituras.

10. Carta escrita desde Calcuta, fechada el 11 dic. 1823, *Selections from the Educational Records* (Nueva Delhi: National Archives of India), pp. 81–90.

11. Charles Trevelyan, *On the Education of the People of India* (Londres: Longman, Orme, Brown, 1838), pp. 192–93.

12. Mr. Macaulay, 26 julio 1833, *Hansad Parliamentary Debates*, tercera serie, vol. xx (Londres, 1833).

13. Thomas Babbington Macaulay, "Minute of the 2nd of febrero, 1835", en *Speeches by Lord Macaulay with His Minute on Indian Education* (Londres: Oxford Univ. Press, Humphrey Milford, 1935), p. 359.

14. Mateo 5.5.

15. Charles H. Haskins, *The Rise of Universities* (Nueva York: Henry Holt, 1923), p. 3.

16. R. W. Southern, *The Making of the Middle Ages* (1953) (Londres: Pimilco, 1993), p. 164 [*La formación de la edad media* (Madrid: Revista de Occidente, 1955)].

17. Ibid., p. 165.

18. Ibid., p. 207.

19. Ibid.

20. Ibid., p. 208.

21. H. G. Wells, *The Outline of History* (NY: Garden City Books, 1961), pp. 587–88 [*Esquema de la historia: Historia sencilla de la vida y de la humanidad* (Madrid: Atenea, 1925)]

22. *Luther's Works*, vol. 44, *The Christian in Society*, ed. James Atkinson (Filadelfia: Fortress Press, 1966), p. 202 [en español, consúltense al respecto sus *Escritos políticos* (Madrid: Tecnos, 2008)].

23. Ibid., p. 200.

24. Ibid.

25. Ibid., p. 201.

26. Ibid., p. 202.

27. Ibid.

28. Ibid., p. 203.

29. Ibid.

30. Ibid., p. 204. Las *Sentencias* de Pedro Lombardo eran comentarios sobre la Biblia.

31. Ibid., p. 205.

32. John Dewey, "The American Intellectual Frontier", *New Republic* 30 (10 mayo 1922): p. 303 (Nueva York: Republic Publishing, 1922).

33. Hermann Weimer, *Concise History of Education* (Nueva York: Wisdom Library, 1962), p. 78 [*Historia de la pedagogía* (México: Uteha, 1961)].

34. En su libro *The Soul of the American University: From Protestant Establishment to Established Nonbelief* (NY: Oxford Univ. Press, 1994), p. 33, George Marsden escribe: «Uno de los hechos asombrosos de la historia estadounidense es que apenas seis años después de establecerse en los yermos de Massachusetts los puritanos establecieron lo que pronto llegaría ser una universidad digna de respeto. La educación superior siempre fue para ellos una alta prioridad para edificar la civilización».

35. Ibid.

Capítulo trece

1. Génesis 1.27–29.

2. Thomas Sprat, *History of the Royal Society*, p. 62, citado por Peter Harrison, p. 231.

3. Génesis 1.25, 31 «Y vio Dios que era bueno... Y vio Dios todo lo que había hecho, y he aquí que era bueno en gran manera».

4. Proverbios 27.17.

5. Fritjof Capra, *Tao of Physics* (Flamingo S., 1975 [*El tao de la física* (Málaga: Sirio, 2006)]), p. 317. Las ideas de Aldous Huxley y Lynn White hijo habían empezado a circular en la India en la década de 1960. Más tarde, Capra, físico convertido en místico y medioambientalista llegó a ser popular en la India. Capra es uno de muchos que condena al cristianismo por producir la ciencia y el caos

ecológico. También popular fue el libro de Marilyn Ferguson, *Aquarian Conspiracy* (Los Ángeles: J. P. Tarcher, 1980 [*La conspiración de acuario* (Barcelona: Kairós, 1989)], que dedica gran cantidad de espacio a culpar al cristianismo por la ciencia, la tecnología, la opresión social y la crisis ecológica.

6. Véase el ensayo de Oakley: "Christian Theology and the Newtonian Science: The Rise of the Concept of the Laws of Nature", en *Church History*, vol. 30 (The American Society of Church History, 1961), pp. 433–57.
7. Proverbios 8.29. Tales versículos, explica el historiador Francis Oakley, forjaron la idea original de las «leyes naturales». Véase Oakley, Ibid.
8. Constitución de Estados Unidos, Declaración de Independencia, 1776.
9. Génesis 1.26, 27 «Hagamos al hombre a nuestra imagen, conforme a nuestra semejanza; y señoree en...»
10. Alfred North Whitehead, *Science and the Modern World: Lowell Lectures, 1925* (Nueva York: Macmillan, 1967), p. 12 [*La ciencia y el mundo moderno* (Buenos Aires: Losada, 1949)].
11. Joseph Needham, *Science and Civilisation in China*, vol. 2 (Cambridge: Cambridge UP, 1956), p. 581.
12. *More Letters of Charles Darwin*, ed. por Francis Darwin y A. C. Seward, vol. 1 (Nueva York: Appleton & Co, 1903), p. 195.
13. Génesis 1.28.
14. Harrison, *The Bible*, p. 207.
15. Las escrituras hindúes tienen muchos relatos de la creación. Kurma, la gran tortuga, es la segunda encarnación del dios Visnú. Vino para sostener la tierra cuando los dioses y los demonios estaban agitando el océano de leche buscando el néctar de la vida. Véase Bramhi Samhita, del *Kurma Purana*, ~ 500–800 A.D. El primer obispo anglicano de India, Reginald Heber, 1783–1826, supo que esto se enseñaba en la Universidad Sánscrita en Benarés (presente en la actualidad). El informe de Heber, «A Journey Through India», 1828, ayudó a obligar a la Compañía de India Oriental a introducir la educación moderna en la India. V. Mangalwadi, *Missionary Conspiracy: Letters to a Postmodern Hindu* (1996).
16. Los eruditos han mostrado que la política universitaria dirigida por la Liga fue la causa primaria de la persecución de Galileo. Véase, Roy E. Peacock, *A Brief History of Eternity: A Considered Response to Stephen Hawkings' A Brief History of Time* (Wheaton, IL: Crossway Books, 1991).
17. Alocución de Juan Pablo II, 31 octubre 1992, la Santa Sede.
18. Richard Lewontin, "Billions and Billions of Demons" (reseña de *El mundo y sus demonios: La ciencia como una luz en la oscuridad*, de Carl Sagan, 1997), *The New York Review*, p. 31, 9 enero 1997.
19. Rodney Stark, *For the Glory of God: How Monotheism Led to Reformations, Science, Witch-Hunts and the End of Slavery* (Princeton: Princeton UP, 2003), pp. 178–92; 394.
20. Michael J. Behe, *The Search for the Limits of Darwinism* (Nueva York: Free Press, 2008).
21. J. Sanford, J. Baumgardner, W. Brewer, P. Gibson, y W. Remine, "Mendel's Accountant: A biologically realistic forward-time population genetics program" SCPE 8, no. 2 (julio 2007): pp. 147–65. http://mendelsaccount.sourceforge.net/, acceso 15 enero 2011.

22. William A. Dembski, Jonathan Wells, *The Design of Life* (Dallas: The Foundation for Thought and Ethics, 2007).
23. Harrison, *The Bible*, p. 18.
24. Ibid., p. 4.
25. Para una buena introducción véase *Biblical Origins of Modern Secular Culture: An Essay in the Interpretation of Western History* de Willis B. Glover (Macon, GA: Mercer UP, 1984).
26. Véase Stark, *For the Glory of God*, pp. 160–63 y 198–99.
27. Elaine Howard Ecklund, *Science vs. Religion: What Scientists Really Think* (Oxford: Oxford UP, 2010).
28. Stark, *For the Glory of God*, p. 159.
29. Ibid., p. 171. Newton escribió extensos comentarios sobre los libros de Daniel y Apocalipsis de la Biblia.
30. Véase Oakley, "Christian Theology", pp. 438–39. El necesitarismo metafísico quería decir que las cosas se comportan de cierta manera debido a su «forma» inherente o lógica interna. Las leyes naturales eran de este modo «inmanentes» en la naturaleza, y no impuestas por Dios sobre la naturaleza. Debido a que eran inmanentes en las cosas, eran obligatorias para Dios.
31. M. B. Foster, "Christian Theology and Modern Science of Nature", *Mind: A Quarterly Review* 44 (1935): p. 31.
32. M. B. Foster, "The Christian Doctrine of Creation and the Rise of Modern Natural Science", *Mind: A Quarterly Review* (enero 1934): p. 448.
33. Glover, *Biblical Origins*, pp. 10–11.
34. Véase James MacLachlan, *Galileo Galilei, First Physicist* (Nueva York: Oxford UP, 1997).
35. Francis Bacon, *The Advancement of Learning* (Londres: Henrie Tomes, 1605). La edición de 1893 de David Price (Cassell & Company) está en línea en www.fullbooks.com [*El avance del saber* (Madrid: Alianza, 1970)].
36. Galileo Galilei, *Cartas del señor Galileo Galilei, académico linceo, escritas a Benedetto Castelli y a la señora Cristina de Lorena, Gran Duquesa de Toscana* (Madrid: Alambra, 1986).
37. Constitución de Estados Unidos, Declaración de Independencia, 1776.
38. Glover, *Biblical Origins*, pp. 83–85.
39. Ibid., p. 84.
40. Proverbios 25.2.
41. Glover, *Biblical Origins*, p. 84–85.
42. 1 Juan 4.1–3.
43. Véase 1 Timoteo 4.1–5.
44. Salmo 19.1; Apocalipsis 4.11.
45. Génesis 3.17–18; 2 Crónicas 7.14; Oseas 4.1–6.
46. Harrison, *The Bible*, p. 58.
47. Génesis 4.10–12; 6.3–7.
48. Mateo 1.21.
49. Gálatas 3.13.
50. 1 Corintios 15.3.
51. 1 Juan 1.8–9.
52. 2 Crónicas 7.14.
53. Romanos 8.19–23.

54. Francis Bacon, *Novum Organum with Other Parts of the Great Instauration*, trad. y eds. de Peter Urbach y John Gibson (Chicago: Open Court, 1994), pp. 292–93 [*Instauratio magna: Novum organum: Nueva Atlántida* (México: Porrúa, 1991)].

55. Harrison, *The Bible*, p. 194.

56. Sir Thomas Browne, *Religio Medici*, en *Browne's Religio Medici and Digby's Observations*, ed. Henry Frowde (London: Clarendon Press, 1909), p. 32 [*Religio Medici = La religión de un médico; Hydriotaphia = El enterramiento en urnas* (Madrid: Reino de Redonda, 2002)].

57. Tertuliano, *Adversus Marcionem*, ed. y trad. de Ernest Evans (Oxford: Clarendon Press, 1972), p. 47 [consúltese *"Prescripciones" contra todas las herejías* (Madrid: Ciudad Nueva, 2001)].

58. Harrison, *The Bible*, p. 63.

59. Juan 8.32.

60. 1 Pedro 2.9.

61. 1 Corintios 10.31.

62. Apocalipsis 4.11.

63. Salmo 19.1.

Parte VI

Epígrafe: "Constitutional Practice of Community of Memory? Some Remarks on the Collective Identity of Europe", *Reflections on Multiple Modernities: European, Chinese, and Other Interpretations*, eds. Dominic Sachsenmaier y Shmuel Eisenstadt (Boston: Brill, 2002), p. 211.

Capítulo catorce

1. http://www.finfacts.com/corruption.htm, Eigen Press Release 27 agosto 2002, Bribe Payers Index 2002 Transparency International, p. 34.

2. Hebreos 4.13 NVI.

3. Malaquías 3.8–9.

4. Efesios 4.28.

5. El ensayo de Lord Macaulay, *Clive*, se publicó como Apéndice 3 en la edición de la India de mi libro, *Missionary Conspiracy: Letters to a Postmodern Hindu* (Mussoorie: Nivedit Good Books, 1996).

6. Ian Bradley, *The Call To Seriousness: The Evangelical Impact on the Victorians* (Nueva York: Macmillan, 1976).

7. Mangalwadi, *Missionary Conspiracy* (Mussoorie: Nivedit, 1996) e *India: The Grand Experiment* (RU: Pippa Rann Books, 1997).

8. 1 Corintios 1.18–25.

9. 1 Corintios 15.3–4 NVI.

10. Apocalipsis 20.11–15.

11. Apocalipsis 3.20.

12. El texto completo de la conferencia se publicó en mi libro *Missionary Conspiracy*. En esta conferencia él resumió el estudio clásico de 1939 de J. W. Bready, *England Before and After Wesley*.

13. *Journal of John Wesley*, Christian Classics, Ethereal Library, http://www.ccel. org/ccel/wesley/Journal [en español, aparece en *Obras de Wesley* (Franklin, TN: Providence House, 1996)].

CAPÍTULO QUINCE

1. Alexis de Tocqueville, *Democracy in America*, tr. George Lawrence, ed. J. P. Mayer, (HarperPerennial, 1988), p. 603 [*La democracia en América* (Madrid: Trotta, 2010)].
2. Ibid., p. 590.
3. Ibid., p. 261.
4. Ibid., p. 291.
5. Mateo 19.4–6.
6. Ibid., p. 603. Énfasis agregado.
7. Génesis 1.26–27.
8. Génesis 3.16.
9. Tocqueville, *Democracy in America*, p. 731.
10. Para el relato completo véase *Why I Am not a Muslim*, de Ibn Warraq (Nueva York: Prometheus Books, 1995), pp. 99–101 [*Por qué no soy musulmán* (Barcelona: Ediciones del Bronce, 2003)].
11. «Oísteis que fue dicho: No cometerás adulterio. Pero yo os digo que cualquiera que mira a una mujer para codiciarla, ya adulteró con ella en su corazón. También fue dicho: Cualquiera que repudie a su mujer, dele carta de divorcio. Pero yo os digo que el que repudia a su mujer, a no ser por causa de fornicación, hace que ella adultere; y el que se casa con la repudiada, comete adulterio» (Mateo 5.27–32).
12. Para una consideración más detallada, véase el capítulo "Tantric Sex—A Celebration of Life?" en mi libro *When The New Age Gets Old: Looking for a Greater Spirituality* (Downer's Grove, IL: IVP, 1992).
13. Ibid. Véase el capítulo "Doing Ecology Is Being Human".
14. Nicol McNicol y Vishal Mangalwadi, *What Liberates a Woman: The Story of Pandita Ramabai—A Builder of Modern India* (Landour, Mussoorie, UA, India: Nivedit Good Books, 1996). También *The Legacy of William Carey: A Model for Transforming a Culture*.
15. Tocqueville, *Democracy in America*, p. 287.
16. Para el relato completo véase Ibn Warraq, Ibid., pp. 100–101. En la sura 66.1–5 Dios dice: «¡Profeta! ¿Por qué, para agradar a tus esposas, declaras prohibido lo que Alá ha declarado lícito para ti [i.e., María]? Pero Alá es indulgente, misericordioso. Alá os ha prescrito la anulación de vuestros juramentos. Alá es vuestro Protector. Él es el Omnisciente, el Sabio [...] Si él os repudia, quizá su Señor le dé, a cambio, esposas mejores que vosotras, sometidas a Él, creyentes, devotas, arrepentidas, que sirven a Alá, que ayunan, casadas de antes o vírgenes». La Sura le convenía a María, pero ella la pasó por alto y nunca se convirtió al islam. Por consiguiente, nunca pudo convertirse en esposa.
17. Mateo 19.9–11.
18. Stark, *Rise of Christianity* (Princeton: Princeton UP, 1996) [*La expansión del cristianismo* (Madrid: Trotta, 2009)].
19. «No matarás», Éxodo 20.13.

20. «Porque Jehová Dios de Israel ha dicho que él aborrece el repudio, y al que cubre de iniquidad su vestido, dijo Jehová de los ejércitos. Guardaos, pues, en vuestro espíritu, y no seáis desleales» (Malaquías 2.16).
21. Levítico 18.6–18.
22. «No cometerás adulterio» (Éxodo 20.14).
23. «Pero es necesario que el obispo sea irreprensible, marido de una sola mujer» (1 Timoteo 3.2).
24. Stark, *Rise of Christianity*, pp. 104–105.
25. «La religión pura y sin mácula delante de Dios el Padre es ésta: Visitar a los huérfanos y a las viudas en sus tribulaciones, y guardarse sin mancha del mundo» (Santiago 1.27).
26. Stark, *Rise of Christianity*, p. 106.
27. Ibid. Véase también Keith Hopkins, "The Age of Roman Girls at Marriage", *Population Studies* 18 (1965): pp. 309–27.
28. C. Schmidt, *The Social Results of Early Christianity*, trad. por Mrs. Thorpe (Londres: William Isbister Limited, 1889), p. 47.
29. Citado por el historiador antiguo Aulo Gellio en *The Attic Nights of Aulus Gellius*, vol. 1, trad. de John C. Rolfe (Nueva York: G.P. Putnam's Sons, 1927), p. 31 [*Noches áticas* (León: Universidad de León, 2006)].
30. Beryl Rawson, "The Roman Family" en *The Family in Ancient Rome: New Perspectives*. ed. Beryl Rawson (Ithaca: Cornell UP, 1986), p. 11.
31. Minucio Félix, *The "Octavius" of Minucius Felix*, trad. J. H. Freese (NY: Macmillan, sin fecha), p. 83 [*Octavio* (Madrid: Ciudad Nueva, 2000)].
32. Heiko A. Oberman, *Luther: Man Between God and the Devil* (Nueva York: Image Books, 1992), p. 277 [*Lutero: Un hombre entre Dios y el diablo* (Madrid: Alianza, 1982)].
33. Swami Sivananda, *Bliss Divine*, Sivanandanagar (Sivanandanagar, Divine Life Society, 1974), pp. 539–40 [*Senda divina* (Madrid: Ediciones Librería Argentina, 2006)].
34. Roland Bainton, *Here I Stand: Martin Luther* (RU: Lion, 1978), p. 298 [*Lutero* (Buenos Aires: Sudamericana, 1978)].
35. Ibid.
36. Génesis 1.31.
37. Génesis 2.18.
38. Génesis 2.24.
39. Los apóstoles Pedro y Pablo llamaron sacerdote a todo creyente, y a sus cuerpos templos del Espíritu Santo. Véase, por ejemplo, 1 Pedro 2.9 y 1 Corintios 6.19.
40. Bainton, *Here I Stand*, p. 352.
41. Como católico romano, lo llama «protestantismo».
42. Tocqueville, *Democracy in America*, pp. 585–88.
43. Génesis 18.17–19.
44. Lucas 1.17.
45. Tocqueville, *Democracy in America*, p. 595.
46. Ibid., p. 42.
47. Ibid., pp. 393–94.
48. Génesis 2.18.
49. Efesios 5.23.

50. Martín Lutero, *Treatise on Good Works* in *Luther's Works: The Christian in Society*, ed. James Atkinson, ed. gen. Helmut T. Lehmann, trad. de W.A. Lambert, vol. 44 (Filadelfia: Fortress Press, 1966), pp, 98–99.

51. Véanse los capítulos sobre ecología y vegetarianismo en *When The New Age Gets Old*, (Mangalwadi) para una consideración más detallada de la enseñanza bíblica sobre el pecado original, maldición, eco feminismo, adoración de diosas, etc.

CAPÍTULO DIECISÉIS

1. Friedrich Nietzsche, "The Twilight of the Idols" en *The Portable Nietzsche*, trad. de Walter Kaufmann (Nueva York: Viking Press, 1954), p. 505 [*El ocaso de los ídolos* (Barcelona: Tusquets, 2009)].

2. Gálatas 5.22–23.

3. Hechos 1.8; Juan 15, etc.

4. 2 Corintios 1.3.

5. *Culture Matters*, eds. Lawrence E. Harrison y Samuel P. Huntington (Nueva York: Basic Books, 2000), p. 2 [*La cultura es lo que importa: Cómo los valores dan forma al progreso humano* (Buenos Aires: Ariel, 2001)].

6. Este comentario no pretende sugerir que toda la medicina «alternativa» o sanidad divina sea una patraña. Para una consideración de la sanidad holística, por favor véase el capítulo "My Course in Miracles" en mi libro *When The New Age Gets Old* (InterVarsity Press, 1992).

7. Lawrence E. Stager, *Ashkelon Discovered: From Canaanites and Philistines to Romans and Moslems* (Washington D.C.: Biblical Archaeology Society, 1991), p. 51.

8. Para una consideración de la naturaleza radical de la compasión de Jesús véase mi capítulo: "His Compassion: Jesus, The Trouble Maker", en *Truth and Transformation*.

9. Lucas 4.18.

10. Mateo 9.36.

11. Mateo 10.16; Juan 10.11.

12. Mateo 12.10–12; Marcos 3.2–5; Lucas 13.10–16.

13. Mateo 19.13.

14. Mateo 8.3, 9.10–13; Lucas 17.11–19; Juan 4.

15. San Justino Mártir, *The First and Second Apologies, in Ancient Christian Writers*, vol. 56, trad., ed. de Leslie William Barnard (Nueva York: Paulist Press, 1997), pp. 31–32.

16. Véase Paul Johnson, *A History of Christianity* (Nueva York: Atheneum, 1976), p. 75.

17. Swami Vivekananda (1863–1902), fundador de la misión Ramakrishna, fue el primer hindú que imitó el servicio cristiano para impedir conversiones a Cristo.

18. San Agustín, *On Nature and Grace* (415 A.D.) [*Obras de San Agustín* VI (Madrid: Católica, 1956)], citado en Charles Noris Cochrane, *Christianity and Classical Culture* (Oxford: Oxford UP, 1940), p. 489 [*Cristianismo y cultura clásica* (México: FCE, 1992)].

19. Thomas Sydenham, *The Works of Thomas Sydenham, MD*, Prefacio a la 1ª ed. 1666, trad. R.G. Latham, Sydenham Society, 1848, p. 25.

20. Dorothy Clarke Wilson, *DR. IDA: The Story of Dr. Ida Scudder of Vellore* (Londres: Hodder & Stoughton, 1961).

21. K. Spink, *Mother Teresa: A Complete Authorized Biography* (Nueva York: HarperOne, 1998) [*Madre Teresa: Biografía autorizada* (Barcelona: Plaza & Janés, 1997)].

22. Para una mayor consideración, véanse mis libros anteriores, por ejemplo, *Missionary Conspiracy: Letters to a Postmodern Hindu* e *India: The Grand Experiment.*

23. Malcolm Muggeridge, *Jesus Rediscovered* (Nueva York: Pyramid, 1969), p. 157.

CAPÍTULO DIECISIETE

1. Reuben G. Thwaites, *Cyrus Hall McCormick and the Reaper,* vol. 1 y 2 (State Historical Society of Wisconsin, 2009).

2. Max Weber, *The Protestant Ethic and the Spirit of Capitalism,* trad. por Talcott Parsons (Nueva York: Charles Scribner's Sons, 1958), p. 80 [*La ética protestante y el "espíritu" del capitalismo* (Madrid: Alianza Editorial, 2001)].

3. Richard Baxter, *Baxter's Practical Works,* vol. 1 (Letterman Assoc., 2007), p. 115.

4. Véase por ejemplo, George Marsden, *Fundamentalism and American Culture* (Oxford: Oxford UP, 2006).

5. Proverbios 14.34.

6. William T. Hutchinson, *Cyrus Hall McCormick: Seed Time, 1809–1856* (Nueva York: Century, 1930), p. 271.

7. Mateo 6.24.

8. Mateo 25.14–30.

9. Su libro se titulaba *Summa de Arithmetica, Geometria, Proportioni et Proportionalita* (Venecia, 1494).

10. David Landes, *The Wealth and Poverty of Nations* (Nueva York: W. W. Norton, 1998), p. 94 [*La riqueza y la pobreza de las naciones* (Barcelona: Javier Vergara, 1999)].

11. Ibid., pp. 350–59.

12. Rafael Aguayo, *Dr. Deming: The American Who Taught the Japanese About Quality* (Nueva York: Fireside, 1991) [*El método Deming* (Buenos Aires: J. Vergara, 1993)].

13. Véase, por ejemplo, Max Weber, *The Protestant Ethic and the Spirit of Capitalism,* (citado arriba) o Talcott Parsons, "Christianity and Modern Industrial Society", en *The Talcott Parsons Reader,* ed. Bryan S. Turner (Malden, MA: Blackwell, 1999), pp. 23–50.

14. *The Dictionary of American Biography* (Nueva York: Charles Scribner's Sons, 1946).

CAPÍTULO DIECIOCHO

1. O. I. A. Roche, *The Days of the Upright: A History of the Huguenots* (Nueva York: Clarkson N. Potter, 1965), p. 340.

2. «Cambridge History of the Reformation», http://www.third-millennium-library.com/readinghall/MODERN-HISTORY/REFORMATION/9/5-Massacre-of-the-Waldenses.html, acceso 27 noviembre 2010.

3. David Gress, *From Plato to NATO* (Nueva York: Free Press, 1998). Véase capítulo 1, "The Grand Narrative and its Fate".
4. Lucas 4.18.
5. Paul Johnson, "Laying Down the Law", en *The Wall Street Journal*, 10 marzo 1999, p. A22.
6. Éxodo 20.2.
7. F. N. Lee, *Alfred the Great and Our Common Law* (Queensland Presbyterian Theological Seminary, 2000).
8. Lucas 1.52–53; Mateo 5.3, 5, 10; Lucas 12.32.
9. Juan 8.36.
10. Números 14.
11. Éxodo 3.13–20; 4.29.
12. Deuteronomio 17.14–20.
13. Manegold de Lautenbach, *Liber ad Gebehardum*, A.D. 1085.
14. Traducción de J. C. Holt en *Magna Carta* (Cambridge, RU: Cambridge UP, 1965), p. 327.
15. François Hotman, *Francogallia* in *Constitutionalism and Resistance in the Sixteenth Century: Three Treatises by Hotman, Beza, & Mornay*, ed., trad. y abr. de Julian H. Franklin (Nueva York: Penguin, 1969), p. 79.
16. Hugo Grocio, *The Law of War and Peace*, 1625 [*Del derecho de la guerra y de la paz* (Madrid: Reus, 1925)]; Emmerich de Vattel, *The Law of Nations or the Principles of Natural Law*, 1758 [*Derecho natural y de gentes, aplicado á la conducta y á los negocios de las naciones y de los soberanos* (Madrid: R Campuzano, 1846)].
17. Seven Bishops' Trial, 12 Howell's State Trials 183, 1688.
18. English Bill of Rights, 1 Will. & Mar., Sess. 2, C. 2.
19. Mark Hall, *Vindiciae, Contra Tyrannos: The Influence of the Reformed Tradition on the American Founding*, reunión anual de la American Political Science Assoc., Washington, D.C., sept. 2010.
20. William Carey, *An Inquiry into the Obligations of Christians* (Londres: Baptist Missionary Society, 1991), pp. 95–96.
21. Actas de la Cámara de los Comunes, 26 julio 1833. Para el texto de su discurso, véase el capítulo, "The Evangelical Manifesto For India's Freedom", en *India: The Grand Experiment*, pp. 87–108.
22. Juan Locke, *Two Treatises on Civil Government*, 2ª ed. (Londres: George Routledge & Sons, 1887), p. 293 [*Segundo Tratado sobre el Gobierno Civil* (Madrid: Alianza, 2006)].
23. Donald S. Lutz, "The relative influence of European writers on late eighteenth-century American political thought", *The American Political Science Review*, 1984, p. 189. Al analizar 3154 documentos de 1760 a 1805, Hyneman y Lutz hallaron que el 34% citaban la Biblia, 8.4% citaban a Montesquieu, 7.9% a Blackstone y el 2.9% a Locke.
24. Gary T. Amos detalla "How the Bible and Christianity Influenced the Writing of the Declaration of Independence", en *Defending the Declaration* (Providence Foundation, 1994).
25. Edmund Burke, *A Letter from Mr. Burke to a Member of the National Assembly: In Answer to Some Objections to His Book on French Affairs* (Nueva York: Hugh Gaine, 1791), p. 31.

26. Robert C. Winthrop, "The Bible: An Address Delivered at the Annual Meeting of the Massachusetts Bible Society in Boston, mayo 28, 1849", en *Addresses and Speeches on Various Occasions*, vol. 1 (Boston: Little, Brown, and Co., 1852), p. 172.
27. Conversación con el autor en 1999.

PARTE VII

Epígrafe: Peter Berger en *Globalization and the Challenges of a New Century: A Reader* ed. O'Meara, Mehlinger, y Krain (Bloomington, IN: Indiana UP, 2000), p. 425.

CAPÍTULO DIECINUEVE

1. De 1857 a 1947 la mayor parte de la India estaba gobernada directamente por la corona británica.
2. En 1813, 2.13 rupias = US$1 ó Rs 8 = 1 £. En 2010, 48 rupias = US $1.
3. Juan 3.16.
4. Haim G. Ginott, *Teacher and Child: A Book for Parents and Teachers* (Nueva York: Avon Books, 1975) [*Maestro-Alumno: El ambiente emocional para el aprendizaje* (México D.F.: Pax-México, 1974)].
5. El relato de los hmares se toma de Rochunga Pudaite, *The Book That Set My People Free* (Wheaton, IL: Tyndale House, 1982); Joe Musser y James y Mari Hefley, *Fire on the Hills: The Rochunga Pudaite Story* (Wheaton, IL: Tyndale House, 1998).
6. Véase el librito del autor *Spirituality of Hate: A Futuristic Perspective on Indo-Pakistan conflict*. Disponible en www.VishalMangalwadi.com.
7. *Beyond the Next Mountain*, 1987, James F. Collier, director: Rolf Forsberg, productor, (Vision Video, DVD 2004). Disponible en Netflix.

CAPÍTULO VEINTE

1. William J. Federer, *Backfired: A Nation Born for Religious Tolerance No Longer Tolerates Religion* (St. Louis: Amerisearch, 2007).
2. La conferencia "Psychology as the Behaviorist Views It" fue pronunciada en la Universidad de Columbia.
3. B. F. Skinner, *Beyond Freedom and Dignity* (Indianapolis: Hackett Publishing, 2002). Publicada originalmente en 1971 [*Más allá de la libertad y la dignidad* (Barcelona: Martínez Roca, 1986)].
4. Nancy Pearcey, *Total Truth: Liberating Christianity from its Cultural Captivity* (Wheaton, IL: Crossway Books, 2004).
5. En la «conversación» que sigue me he tomado la libertad de simplificar los argumentos académicos de Dixon. Por consiguiente, estoy poniendo algunas palabras en su boca. Los que quieran leer su brillante ensayo: "Theology, Anti-Theology and Atheology: From Christian Passions to Secular Emotions", pueden hallarlo en *Modern Theology* 15, no. 3 (Blackwell Publishers, Oxford, julio 1999).

6. Un significado anterior de *pasión* era estar lo suficientemente comprometido a una causa o persona como para sufrir por ella. Mel Gibson usó ese significado en su película *La pasión del Cristo*. Pablo llama a las pasiones negativas y positivas «actos (obras) de la carne» y «fruto del Espíritu». «Y manifiestas son las obras de la carne, que son: adulterio, fornicación, inmundicia, lascivia, idolatría, hechicerías, enemistades, pleitos, celos, iras, contiendas, disensiones, herejías, envidias, homicidios, borracheras, orgías, y cosas semejantes a éstas... Mas el fruto del Espíritu es amor, gozo, paz, paciencia, benignidad, bondad, fe, mansedumbre, templanza» (Gálatas 5.19, 21a, 22–23a).

7. Dixon, "Teología", p. 308.

8. Nancy Pearcey, *Saving Leonardo: A Call to Resist the Secular Assault on Mind, Morals, and Meaning* (Nashville: B&H, 2010).

9. Jeffrey M. Schwartz y Sharon Begley, *The Mind and the Brain: Neuroplasticity and the Power of Mental Force* (Nueva York: Regan Books, 2002).

10. Mario Beauregard y Denyse O'Leary, *The Spiritual Brain: A Neuroscientist's Case for the Existence of the Soul* (Nueva York: HarperOne, 2007).

11. En el 2005, Schwartz, el físico teórico Henry P. Stapp y el psicólogo Mario Beauregard cuestionaron la interpretación material de que la mente es nada más que cerebro. Véase "Quantum Physics in Neuroscience and Psychology: A Neurophysical Model of Mind/Brain Interaction", *Philosophical Transactions of the Royal Society*, RU.

12. Romanos 6.19; 9.8; Corintios 15.46; Judas 1.19.

13. Vijay Martis, et al., *Burnt Alive: The Staines and the God They Loved* (GLS, Mumbai 1999, 2008).

14. Mateo 5.11–12.

15. Mateo 5.44.

16. 1 Pedro 1.8.

17. Véase 1 Pedro 1.14–23.

18. Jesús: «Y conocerán la verdad, y la verdad los hará libres» (Juan 8.32 NVI).

19. Timothy L. Smith, *Revivalism and Social Reform* (Eugene, OR: Wipf & Stock, 2004).

20. «Llevad mi yugo sobre vosotros, y aprended de mí, que soy manso y humilde de corazón; y hallaréis descanso para vuestras almas» (Mateo 11.29).

21. Juan 1.11–12.

22. Véase Gregory H. Nobles, *Divisions Throughout the Whole: Politics and Society in Hampshire County, Massachusetts, 1740-1775* (Cambridge: Cambridge UP, 1983).

23. William G. McLoughlin, "'Enthusiasm for Liberty': The Great Awakening as the Key to the Revolution", *Preachers and Politicians: Two Essays on the Origins of the American Revolution* (Worcester: American Antiquarian Society, 1977), p. 48.

24. Ibid., pp. 49–50.

25. Un buen estudio es el de Daniel J. Elazar, *Covenant and Commonwealth: From Christian Separation Through the Protestant Reformation, the Covenant Tradition in Politics*, vol. 2 (New Brunswick: Transaction, 1996), p. 2.

26. «Y respondió Abram al rey de Sodoma: He alzado mi mano a Jehová Dios Altísimo, creador de los cielos y de la tierra» (Génesis 14.22).

27. David Barton, *Original Intent* (Aledo, TX: WallBuilders, 2008), p. 182.

28. Citado en www.Americanchronicle.com de John Quincy Adams, *Letters of John Quincy Adams to His Son on the Bible and Its Teachings* (Auburn: James M. Aden, 1850).

29. *Washington Daily Morning Chronicle*, 8 septiembre 1864, citado en *The Collected Works of Abraham Lincoln*, vol. 7, p. 543.

30. *America's God and Country: Encyclopedia of Quotations*, William J. Federer, ed. (St. Louis: Amerisearch, Inc., 2000), p. 227.

31. Para el papel del púlpito en el establecimiento de la Inglaterra moderna, véase Herbert Schlossberg, *The Silent Revolution and the Making of Victorian England* (Columbus, OH: Ohio State UP, 2000).

32. Werner Gitt, *In the Beginning Was Information, A Scientist Explains the Incredible Design in Nature* (Green Forest, AR: Master Books, 2006).

33. Lucas 8.4–15.

34. Juan 5.24–29.

35. «Los judíos le respondieron [a Pilato]: Nosotros tenemos una ley, y según nuestra ley debe morir, porque se hizo a sí mismo Hijo de Dios» (Juan 19.7).

36. Juan 11.

37. 1 Juan 3.1–3.

38. Romanos 10.9–10.

39. 1 Pedro 1.23.

40. Juan 1.11–13.

41. 2 Timoteo 3.15–17.

42. Salmo 119.9.

43. Dietrich Bonhoeffer, *Meditating on the Word* (Cambridge, MA: Cowley, 1986); A. W. Tozer, *The Pursuit of God* (Camp Hill, PA: WingSpread, 1992) [*La búsqueda de Dios* (Camp Hill, PA: WingSpread, 2006)].

44. Mateo 4.1–10.

45. Salmo 119.105.

46. Lamentaciones 1.1–3.

47. Ezequiel 2.9—3.3.

48. Ezequiel 37.1–14. Véase también Isaías 45.

49. 2 Crónicas 36.22–23 NVI. Véase también Esdras 1.

APÉNDICE

1. Dan Brown, *The Da Vinci Code* (Nueva York: Doubleday, 2003), p. 231 [*El código Da Vinci* (Barcelona: Umbriel, 2003)].

2. Lucas 23.4.

3. Juan 19.10

4. Hechos 24.26–27.

5. Juan 18.37.

6. En Hechos 10.9–19, Pedro recibió una revelación en una visión como en un trance. Episodios subsiguientes en los capítulos 9 y 10 confirmaron que la visión vino de Dios.

7. Daniel, que recibió visiones en privado, no trató de hacer que sus contemporáneos creyeran sus profecías: «Aquí fue el fin de sus palabras. En cuanto a mí, Daniel, mis pensamientos me turbaron y mi rostro se demudó; pero guardé el asunto en mi corazón» (Daniel 7.28). Generaciones posteriores, incluyendo

Jesucristo, le creyeron porque sus profecías se cumplieron, tanto que muchos eruditos modernos piensan que su libro debe de haber sido escrito siglos después de la época de Daniel.

8. 1 Tesalonicenses 2.13, énfasis agregado.
9. Barton Payne, *Encyclopedia of Biblical Prophecy* (Nueva York: Harper & Row, 1973) [*Enciclopedia de profecía bíblica* (Barcelona: CLIE, 1993)].
10. 1 Corintios 15.2–3; Lucas 24.44–48.
11. Lucas 22.41–42.
12. Lucas 22.49–51.
13. Mateo 26.54; Marcos 14.49.
14. http://www.cosmicfingerprints.com/blog/intelligent-bacteria/, John Tyler Bonner, *The Social Amoeba: The Biology of Slime Molds* (Princeton: Princeton UP, 2008).
15. Génesis 1.3.
16. Génesis 1.26.
17. Génesis 2.7.
18. Mateo 22.37.
19. Deuteronomio 18.21, 22.
20. Deuteronomio 4.7, 29; 9.26; Jeremías 29.7, 12–13; 31.4–14, 23–28; 50.4; Lamentaciones 2.18, 19.
21. Jeremías 25.11–12.
22. Jeremías 1.1–3; 25.3, 2 Crónicas 36.21; Esdras 1.1; Daniel 9.2.
23. Daniel 9.2.
24. 2 Crónicas 36.21–23; Isaías 44.24–28; 45.1, 13.
25. Véase pasajes tales como Daniel capítulos 9 y 6, Esdras 1.1: «En el primer año de Ciro rey de Persia, para que se cumpliese *la palabra de Jehová por boca de Jeremías,* despertó Jehová el espíritu de Ciro rey de Persia, el cual hizo pregonar de palabra y también por escrito por todo su reino» (énfasis agregado).
26. Mateo 4.1–10.
27. 1 Corintios 15.2–3.
28. Marcos 8.31–33; 9.30–32; 10.32–34.
29. 2 Pedro 1.19–21; 2 Timoteo 3.15–16.
30. Mateo 5.37.
31. Mateo 22.29.
32. Mateo 7.28–30.
33. Mateo 19.1–11.
34. Romanos 3.2; Hebreos 3.1–6.
35. Hebreos 13.7 NVI (énfasis añadido).
36. Génesis 1; Juan 1.1–3.
37. Juan 14.10.
38. Juan 8.32.
39. Juan 15.7.
40. Juan 5.24–25.
41. Juan 1.1, 14.
42. Juan 5.39.
43. Juan 17.8.
44. Juan 20.22.
45. Juan 14.26.

46. Juan 16.13.
47. Mateo 10.1–8.
48. Lucas 1.2.
49. Hechos 6.4.
50. Hechos 2.42–44; 5.12; 14.3.
51. Hechos 3.1–10.
52. Hechos 13.7.
53. Hechos 6.7.
54. Efesios 2.20.
55. 1 Juan 2.19–21.
56. Apocalipsis 20.4.
57. En Apocalipsis 1.11 se le dice a Juan: «Escribe en un libro lo que ves, y envíalo a las siete iglesias que están en Asia». Aunque Juan estaba «en el espíritu» cuando recibió sus visiones, está muy claro en el libro que las funciones racionales de Juan nunca quedaron marginadas. Su libro no fue «escritura del espíritu» automática. Es testimonio de testigo ocular. Apocalipsis 1.2 indica que Juan «ha dado testimonio de la Palabra de Dios, y del testimonio de Jesucristo, y de todas las cosas que ha visto». En los escritos de Juan, *martureo*, «dar testimonio» implica «ser testigo presencial». Véase Juan 1.32: «También dio Juan [el bautista] testimonio, diciendo: Vi al Espíritu que descendía del cielo como paloma, y permaneció sobre él».
58. 1 Corintios 6.19.
59. Juan 13.27.
60. Isaías 59.21; 1 Corintios 2.13.
61. 2 Corintios 5.20.
62. Éxodo 7.2–4; Deuteronomio 6.22; Hechos 2.22, 43; 14.3.

CON GRATITUD

E ste libro es meramente un hito en una jornada que Ruth y yo empezamos hace mucho tiempo. El profesor Prabhu Guptara nos animó desde el principio y se ha mantenido cerca como una fuente de sabiduría, dirección y respaldo práctico. Las largas conversaciones con Udo y Debbie Middelmann contribuyeron a forjar mi perspectiva. Ranald Macaulay, Larry y Melinda Landis, Christine Colby, Darrow Miller, Bob Moffitt, Bob Osburn, Art Lindsley, Jim y Betsy Burkett, Brad Bailey, el finado Dr. Ralph Winter, Rich y Sue Gregg, David y Amber McDonald, Graham y Ann Fraser, Tim Mahoney, Rob Hoskins, Steve Ferguson, James Catford, Mark Elliott, Babu Verghese, Jeff Fountain, e Ivan y Silvia Kostka han brindado palabras clave de aliento en el camino.

Además de Ruth, que fue mi investigadora principal en 1999 y 2000, las siguientes personas ayudaron en la investigación y edición: David Hagen, Tracey Finck, Jonathan Rice, Doug Gallo, Scott y Mary Keys, y Jesse Bjoraker. Nate Andrews hizo una contribución significativa para el capítulo sobre literatura. Ranjeet Guptara investigó la historia de medicina y compasión. Nuestra hija Nivedit ayudó en la investigación del nacionalismo de la India, y, junto con M. M. Dutt. Ro y Mawii Pudaite, contribuyó para el capítulo que relata la experiencia de Ro. Donald Drew aportó su investigación sobre Juan Wesley. Art Lindsley, Chris Watkins, Ian Cooper, David Hagen, Scott y Mary Keyes, Peyton Beard, Ranjeet Guptara, y muchos otros leyeron el manuscrito para dar sugerencias útiles y reducir al mínimo los errores.

Durante estos años de peregrinaje, las siguientes personas nos ofrecieron refugio «de larga duración»: Hugh y Ruth Bradby, Basil y Shirley Scott, Pat Babbington Smith, Alice Landis, Thom y Linda Wolf, Moses y Mercy David, Ron y Colleen Johannsen, Bob y Nancy Brydges, Mike y Beth Keglar-Gray, Ray y Anita Sandberg, Alan Meenan, Susan Rigby, Paul y Sue Sailhamer, Tim y Becky Lewis, y ahora nuestra hija Anandit y su esposo, Albert.

El número de los que nos ayudaron con oración y económicamente en esta jornada es demasiado elevado para contarlo. Con toda probabilidad, ninguno de ellos va a leer esta página buscando su nombre. Sin embargo, debo mencionar unos pocos: Doug y Beth Heimberger, Jay y Ruth Story, Galen Watje, Alice Landis, Gene Willlis, David y Pamela Makela, Howard y Roberta Ahmanson, el finado Dr. Ken Taylor, Promod y Dorcas Haque, Senthil y Malathy Nathan, Bob y Mahinder Guibord, Bonagh y Mark Dalton, Bob y Cathie Baldwin, Terry y Karen Thigpen, Gwen Henson, Jim y Marlys Manthei, Tim y Pam Manthei, Del y Geri Weirich, Terry y Pamela Bosgra, Dean Cozzens, Marlys Sanford, Satish y Gladys Amancharla, Larry y Mary Ehrlich, Alex y Robin George, Chander y Geri Mehta, Warren y Nancy Martin, Solomon y Margaret, Marilyn Bohne, Daniel y Sunita Pardhe, Jyoti Guptara, Kent Larue, Clell y Marcella Rogers, Dennis y MaryAnn Barnett, Andrew y Kris Engles, Scott y Carol Bertilson, (difunto) Stan y Marilyn Reuter, Davis y Renee Citron, Luis y Doris Bush, Jeff y Dawn Siemon, (difunto) Pierre y Sandra Tullier, Richard y Susan Kendal-Bell, Ron Williams, David y Catherine Hicks, Ranjeet Guptara, Dwight y Christine Erickson, Archie y Barbara Linert, Sushil Singh, Thomas y Mary Kraft, Tom y Marty Hoag, Craig y Sonia Andersen, Tim y Kim Dulas, Erik Barr, Michael y Jayati Chelian, B. J. Dabhade, Joseph y Subhashini Ladella, Nelson y Naomi Hard, Jane McNally, Ann Hillstrom, Rishi y Eunice Goel, Phil y Lois Svalya, Daniel Thomas, Hugh y Nancy Maclellan, y Vinay Mangalwadi.

En esta jornada, Mark Harris ha sido una colosal fuente de consejo práctico y ayuda administrativa. Otros que ofrecieron una notable contribución administrativa son Brad Olson, Samraj Gandhi, Anjali Guptara, Marla Muckala, y Elizabeth Skrivanek. La asistencia legal la proveyeron Galen Watje y Scott Moen. Larry Frenzel hizo innecesario que trabajáramos con la mediación de un agente literario. Mahoney

Media, Ted y Yvonne McDonald, Steve Law, Andre Dantzler, Carolyn Rafferty, Lee Behar, y Allan Carrington están haciendo posible preparar mi investigación para los medios digitales, como www.RevelationMovement.com.

Joel Miller, vicepresidente de la empresa Thomas Nelson, tuvo la visión de publicar este libro, y quedó enormemente complacido con el trabajo de Janene MacIvor como editora.

En los meses finales del alumbramiento de este libro, Surya, de dieciocho meses, nuestra quinta nieta, fue una fuente siempre presente de gozo humanizador. Ella aseguró que yo no desapareciera en una torre de marfil.

ACERCA DEL AUTOR

Vishal Mangalwadi (n. 1949) estudió Filosofía en universidades de India, en ashrams hindúes, y en L'Abri Fellowship en Suiza.

En 1976, él y su esposa Ruth fundaron la Association for Comprehensive Rural Assistance (Asociación para ayuda rural comprensiva) para servir a los campesinos pobres y de castas inferiores de la India central. El primer libro de Vishal, *The World of Gurus* [El mundo de los gurús] (1977), un estudio del hinduismo contemporáneo, lo escribió en compañía de amigos analfabetos, lejos de ninguna torre de marfil. Llegó a ser un éxito instantáneo y se ha mantenido como libro de texto en muchas universidades.

De iniciar y gestionar proyectos de servicio, Vishal pasó a organizar a campesinos e intocables en partidos políticos, y con el tiempo ha llegado a servir en la sede nacional de dos partidos políticos en Nueva Delhi, India. Por sus escritos, respaldados por su servicio al pobre, la *Bhartiya Dalit Sahitya Academy* le honró con el «Galardón Nacional de Servicio Distinguido», la William Carey International University, Pasadena, California, le honró con un Doctorado en Literatura y el gobierno del condado de Los Ángeles le honró con un pergamino de elogio.

Vishal y Ruth tienen dos hijas y cinco nietos.

Conferenciante motivador, Vishal ha dictado conferencias en treinta y tres países. Muchos de sus videos están disponibles en www.RevelationMovement.com.

Printed in the USA
CPSIA information can be obtained
at www.ICGtesting.com
LVHW030713050824
787165LV00013B/159